L'ANNÉE 1790 – KANT

CRITIQUE DE LA FACULTÉ DE JUGER

BEAUTÉ, VIE, LIBERTÉ

L'ANNÉE 1790
KANT

CRITIQUE DE LA FACULTÉ DE JUGER
BEAUTÉ, VIE, LIBERTÉ

Sous la direction
de
Christophe BOUTON, Fabienne BRUGÈRE
et Claudie LAVAUD

Publié avec le concours du centre de recherches
« Lumières, Nature, Société » (LNS)
de l'Université Michel de Montaigne – Bordeaux 3

PARIS
LIBRAIRIE PHILOSOPHIQUE J. VRIN
6, place de la Sorbonne, V^e^

2008

Imprimé en France

ISSN 0249-7875

ISBN 978-2-7116-1986-3

www.vrin.fr

LISTE DES ABRÉVIATIONS

Les œuvres de Kant (voir ci-dessous la liste des sigles utilisés) sont citées dans l'édition de l'Académie de Berlin, *Kant's gesammelte Schriften* de la manière suivante : la mention abrégée « Ak » est suivie du numéro du tome en chiffres romains, puis de celui de la page en chiffres arabes. Les références à la *Critique de la raison pure* mentionnent la pagination des éditions A ou B. Chaque auteur indique les traductions qu'il a utilisées, lorsqu'il n'a pas traduit lui-même les textes.

AP	Anthropologie du point de vue pragmatique
CF	Le conflit des facultés
CJ	Critique de la faculté de juger
Conjectures	Conjectures sur les débuts de l'histoire de l'humanité
CRPr	Critique de la raison pratique
CRP	Critique de la raison pure
Découverte	Sur une découverte selon laquelle toute nouvelle critique serait rendue superflue par une plus ancienne
Dissertation	De la forme et des principes du monde sensible et du monde intelligible
Fondements	Fondements de la métaphysique des mœurs
Forces vives	Pensées sur la véritable évaluation des forces vives
Grandeurs négatives	Essai pour introduire en philosophie le concept de grandeur négative
Histoire	Histoire générale de la nature et de la théorie du ciel
IH	Idée d'une histoire universelle au point de vue cosmopolitique
Logique	Logique
Lumières	Réponse à la question : qu'est-ce que les Lumières ?
MM	Métaphysique des mœurs
Nouvelle définition	Nouvelle définition du mouvement et du repos
Nouvelle explication	Nouvelle explication des premiers principes de la connaissance métaphysique

Observations	Observations sur le sentiment du beau et du sublime
OP	Opus postumum
PP	Projet de paix perpétuelle
PPP	Annonce de la prochaine conclusion d'un projet de paix perpétuelle en philosophie
Pédagogie	Propos de pédagogie
Prolégomènes	Prolégomènes à toute métaphysique future qui voudra se présenter comme science
Premier fondement	Du premier fondement de la différence des régions dans l'espace
Premiers principes	Premiers principes métaphysiques de la science de la nature
Progrès	Quels progrès effectifs a accomplis la métaphysique depuis l'époque de Leibniz et de Wolff ?
Qu'est-ce que s'orienter ?	Qu'est-ce que s'orienter dans la pensée ?
Recherche	Recherche sur l'évidence des principes de la théologie naturelle et de la morale
Religion	La religion dans les limites de la simple raison
Reflexion	Handschriftlicher Nachlass (Ak XIV *sq.*)
Remarques	Remarques touchant les observations sur le sentiment du beau et du sublime
Rêves	Rêves d'un visionnaire expliqués par des rêves métaphysiques
TP	Sur le lieu commun il se peut que ce soit juste en théorie, mais, en pratique, cela ne vaut point
Unique argument	Unique argument possible pour une démonstration de l'existence de Dieu
Usage	Sur l'usage des principes téléologiques en philosophie

PRÉSENTATION

Ce volume est composé des actes d'un colloque international qui s'est tenu à Bordeaux du 5 au 8 avril 2006, sous le patronage de la Société d'Études Kantiennes de Langue Française, avec pour thème: «Les fins de la nature: beauté, vie liberté. Autour de la *Critique de la faculté de juger* de Kant». Il a été organisé dans le cadre du «Centre de Recherches Philosophiques sur la Nature» de l'Université Michel de Montaigne – Bordeaux 3 (CREPHINAT, EA 3654), en collaboration avec la Société d'Études Kantiennes de Langue Française, qui consacre depuis une vingtaine d'années ses activités scientifiques à l'étude de la philosophie de Kant. Notre intérêt s'est porté sur la *Critique de la faculté de juger* car, outre la richesse et l'importance de ses thématiques, il s'agit d'une des œuvres de Kant qui a été la plus lue et discutée, de sa parution en 1790 jusqu'à aujourd'hui. Malgré cette postérité et cette actualité philosophiques, on ne recense à ce jour que fort peu d'ouvrages collectifs en français qui lui aient été consacrés [1]. Ce recueil aborde la *Critique de la faculté de juger* selon différentes perspectives. Les conférences plénières donnent une vision d'ensemble du projet de Kant ainsi que de la complexité et des innnovations conceptuelles du texte. La première section porte ensuite sur l'esthétique, thème qui reste présent comme un fil d'Ariane tout au long de l'ouvrage. La deuxième section se concentre sur la téléologie, dans ses deux aspects, la connaissance du vivant et la finalité morale. La dernière partie donne des aperçus sur la réception de la *Critique de la faculté de juger* dans divers courants philosophiques: l'idéalisme allemand (Fichte, Schelling, Hegel), l'herméneutique (Gadamer), la tradition analytique (Wittgenstein, Cavell), la pensée française contemporaine (Lyotard, Derrida, Deleuze, Bourdieu).

Ce colloque et la publication qui en découle n'auraient pas été possibles sans le soutien de plusieurs personnes et institutions que nous souhaitons remercier ici, en premier lieu Charles Ramond, directeur du CREPHINAT, et Jean Ferrari,

1. On peut mentionner notamment J. Derrida, V. Descombes, G. Kortian, P. Lacoue-Labarthe, J.-F. Lyotard, J.-L. Nancy, *La faculté de juger*, colloque de Cerisy juillet-août 1982, Paris, Minuit, 1982, ouvrage collectif dont la contribution de Michèle Cohen-Halimi rappelle toute l'importance.

Président de la Société d'Études Kantiennes de Langue Française. Nous avons bénéficié des financements du Centre Interdisciplinaire Bordelais d'Étude des Lumières (CIBEL), dirigé par Jean Mondot[1], et du Centre d'Études en Rhétorique, Philosophie et Histoire des Idées (CERPHI, UMR 5037), sous la responsabilité de Pierre-François Moreau. Ce colloque a été soutenu par d'autres institutions : l'Université Michel de Montaigne – Bordeaux 3, le Pôle Universitaire de Bordeaux, la Maison des Sciences de l'Homme d'Aquitaine, le Conseil Régional d'Aquitaine, le Ministère de la Recherche, la Mairie de Bordeaux, et la cellule Re. Val. Ed., en particulier Mmes Mandouce et Martin. Philippe Huneman, Jean-Philippe Narboux et Layla Raïd ont apporté leur aide précieuse pour la traduction des conférences des collègues américains.

Christophe BOUTON, Fabienne BRUGÈRE
et Claudie LAVAUD

1. Le CREPHINAT et le CIBEL se sont associés en 2007 pour former le centre de recherches « Lumières, Nature, Société » (LNS, EA 42 01).

CONFÉRENCES PLÉNIÈRES

LA LAIDEUR INTROUVABLE
LES MULTIPLES VISAGES DU DÉPLAISIR

I

Dans son *Essai pour introduire en philosophie le concept de grandeurs négatives*, en 1763, Kant proposait de penser le déplaisir non pas comme un simple manque de plaisir, mais comme un principe positif de privation du plaisir; le déplaisir serait alors à considérer comme un opposé réel du plaisir, et pourrait être appelé un plaisir *négatif*. La dynamique de l'esprit qui en résulte, qui a pu être suggérée à Kant aussi bien par l'*Essai de philosophie morale* de Maupertuis que par l'*Enquête philosophique sur l'origine de nos idées du sublime et du beau* d'E. Burke, qu'il a pu connaître à travers la recension de Moses Mendelssohn [1], lui permet de souligner la positivité des principes négatifs dans l'esprit humain et de distinguer entre un état d'indifférence, qui résulte d'un simple manque de plaisir ou de déplaisir, et un état d'équilibre, qui résulte de l'égalité de l'action et de la réaction de deux principes, le plaisir et le déplaisir, qui s'opposent de manière réelle. Prolongeant son raisonnement, Kant suggère d'appeler l'aversion un *désir négatif*, la haine, un *amour négatif*, et la laideur une *beauté négative*.

Dans cette présentation, la laideur s'oppose à la beauté comme son négatif, laissant ouverte la possibilité de deux sortes de non-beauté : le non-beau par manque de beauté et de laideur agissant sur l'âme, et le non-beau résultant de l'équilibre entre l'action du beau et l'action du laid. Il y a là une structure séduisante qui semble s'appliquer immédiatement à l'analyse de l'expérience esthétique : tout comme le plaisir positif s'oppose au déplaisir positif, l'objet de l'expérience esthétique oscille entre le beau et son contraire, le laid. Cette structure simple semble facile à transposer sur la structure de l'analyse des jugements de goût : puisque dans un jugement de goût la représentation d'un objet est seulement rapportée au sentiment de plaisir et de déplaisir du sujet, on semble autorisé à conclure que le goût aura deux objets : le beau et son opposé réel, le laid. Toutefois, il n'est presque pas fait mention du laid ou de la laideur dans la *Critique*

1. Dans la *Bibliothek der schönen Wissenschaften und der freyen Künste*, III/2, 1758.

de la faculté de juger esthétique. Cela n'a pas empêché plusieurs interprètes de Kant de vouloir suppléer à cette absence et de tenter de reconstruire une hypothétique théorie kantienne des jugements esthétiques sur la laideur. En règle générale, ces interprètes fondent leur entreprise sur les formulations mêmes de Kant à propos du sentiment de plaisir et de peine; en effet, plaisir et déplaisir (ou peine) sont fréquemment présentés conjointement. Si le pouvoir de l'esprit qu'est le sentiment est susceptible de recevoir une détermination symétrique, dans le sens du plaisir et du déplaisir, on semble pouvoir en déduire que le jugement esthétique, qui s'appuie uniquement sur l'état du sujet dans le rapport à une représentation, doit pouvoir concerner autant la peine que le plaisir, et par conséquent, qu'il doit pouvoir juger aussi bien du non-beau (ou du laid) que du beau. Le succès de ce genre d'entreprise semble d'entrée de jeu compromis par le fait que Kant concentre entièrement ses efforts sur la légitimation des jugements de goût qui portent sur le beau et sur la recherche des conditions de validité normative des expériences esthétiques qui reposent sur le sentiment de plaisir; mais, pourrait-on répliquer, il ne s'agit pas ici de s'en tenir à ce que Kant a dit, mais plutôt de tester la validité et la solidité de l'édifice théorique qu'il a mis en place.

Je voudrais soutenir ici que, dans le contexte de la théorie transcendantale des jugements de goût purs, qui se concentre dans l'« Analytique du beau » et dans la « Déduction des jugements de goût », soit dans les § 1-22 et 31-38 de la *Critique de la faculté de juger*, la place qui correspond, ou qui devrait correspondre, au sentiment de *déplaisir* doit être laissée vacante. Même s'il y a manifestement des expériences perceptuelles douloureuses ou déplaisantes, qui s'opposent réellement au plaisir, il ne peut y avoir pour Kant d'expérience *esthétique* du « laid », c'est-à-dire d'expérience esthétique identifiable qui s'oppose à proprement parler au beau. Le beau n'a pas de contraire, ou, pour être plus précis, il a plusieurs contraires apparents, mais il n'a aucun contraire réel. La raison en est que, si l'on accepte la théorie kantienne de l'expérience esthétique qui est sous-jacente à sa théorie du goût, on ne peut identifier aucune expérience du déplaisir, et par conséquent aucun jugement de laideur, qui puisse satisfaire aux exigences épistémiques et affectives auxquelles le jugement esthétique est soumis. Ce que je voudrais en même temps soutenir, c'est que s'il n'y a pas chez Kant une expérience unique de la laideur, capable de donner lieu à des jugements esthétiques en bonne et due forme, on trouve dans la troisième *Critique* une multitude de remarques sur la « laideur » au sens large, mais qu'aucune de ces expériences ne donne lieu à des jugements purement *esthétiques* sur la « laideur libre ». En fait, pour Kant, toute laideur est « adhérente », et sa perception repose sur une évaluation de type téléologique, à l'exception peut-être de cette sorte de laideur qui relève purement et simplement du *dégoût* sensible.

Rappelons brièvement les exigences épistémiques et affectives du jugement de goût auxquelles je viens de faire référence. D'abord, en tant que jugement esthétique, le jugement de goût, contrairement au jugement logique qui peut reposer sur une médiation conceptuelle, n'a pour principe de détermination que le sentiment du sujet qui juge. À ce stade, rien n'exclut la possibilité de jugements sur le non-beau. Mais le jugement de goût qui fait l'objet de l'analyse transcendantale est uniquement celui qui est en mesure d'émettre une prétention de validité normative en dépit de son statut « esthétique », c'est-à-dire non conceptuel. Autrement dit, l'appréciation du jugement de goût doit s'appuyer sur la validité « subjectivement universelle et nécessaire » de « l'état d'esprit » du sujet qui juge. Pour remplir cette condition, le jugement doit donc être non seulement esthétique, mais également *pur*. La satisfaction esthétique pure est dite *inactive* (Ak VI, 212) ou *contemplative* (Ak VI, 212 ; V, 209), c'est-à-dire qu'elle n'est pas liée au désir (ou à l'aversion) de l'objet de la représentation et qu'elle ne repose pas sur un intérêt que nous prenons à maintenir ou à produire l'existence de cet objet. C'est en ce sens très précis que Kant la dit *désintéressée*, et elle se distingue alors de la satisfaction pratique, qui mobilise toujours la faculté de désirer, que celle-ci soit pathologiquement conditionnée par des *stimuli* sensibles (l'agréable ou le désagréable), ou qu'elle soit le résultat d'une détermination pratique rationnelle, sous la forme d'un jugement sur l'utile ou d'un jugement sur le bien. La satisfaction esthétique *pure* doit également rester indépendante de l'attrait et de l'émotion (*Reiz* et *Rührung*), qui relèvent de l'effet exercé par un objet ou une représentation sur la sensibilité (§ 13). Le charme sensible et la secousse émotionnelle sont incompatibles avec l'impartialité requise pour ressentir et évaluer la communicabilité universelle de l'état d'esprit dans lequel l'activité libre, auto-régulatrice et harmonique des facultés de représentations place le sujet qui juge. Du moins, lorsque l'attrait et l'émotion s'associent à la perception de la beauté, l'expérience esthétique ne doit-elle pas fonder le critère de son approbation sur une telle détermination passive de la sensibilité, ce qui conduirait à remplacer pour ainsi dire la « forme » de la représentation par sa « matière ». S'agissant de l'émotion, Kant se dissocie radicalement des courants émotionnalistes de l'esthétique du XVIIIe siècle qui, de Dubos à Burke, ont valorisé les sentiments et les passions pour eux-mêmes et fondé une part importante de la satisfaction esthétique sur l'intensité intrinsèque de l'émotion passionnelle[1]. L'expérience de la laideur s'associe habituellement à une dimension fortement émotive, que ce soit dans l'expérience de la terreur, de la crainte ou du pathétique, c'est-à-dire dans les formes émotionnelles nouvelles qu'ont revêtues au siècle des Lumières les émotions issues de la tragédie et du sublime. Dans certaines formes extrêmes, la laideur prend l'aspect du *dégoûtant*, et à ce titre, elle suscite l'aversion, c'est-à-dire le désir de nous détourner de l'objet, et donc d'interrompre la contemplation libre[2].

Avant d'entrer directement dans la question de savoir pourquoi il ne peut pas y avoir d'« Analytique du laid » dans l'esthétique kantienne, il convient de rappeler une dernière caractéristique du jugement de goût, que je propose d'appeler l'*indétermination objectale* de la beauté. Il est parfaitement légitime de considérer la théorie kantienne du goût comme une théorie *formaliste*, dans la mesure où elle

1. Et dans le cas de l'attrait, Kant prend ses distances par rapport à l'érotisation généralisée des formes de la « beauté » dans le rococo tardif.

2. Voir *CJ*, § 48, et l'*AP*, Ak VII, 241. Je reviens plus loin sur la question du dégoût.

laisse entièrement indéterminée la nature des qualités et des propriétés objectives des objets qui suscitent l'expérience du beau. Le goût est la faculté d'évaluer la dimension « esthétique » normative d'une représentation pour la satisfaction du sujet qui juge et pour tout autre sujet à qui le jugement est adressé. On appelle « beau » l'objet de cette appréciation, c'est-à-dire le corrélat objectif de cette expérience d'autodétermination du sentiment. Le jugement esthétique pur ne touche ni la nature de l'objet, ni son effet sur la réceptivité du sujet. Il se borne à évaluer la portée normative, c'est-à-dire la validité universelle et nécessaire, de l'état d'âme (*Gemüthszustand*) dans lequel nous place l'activité de nos facultés de connaissance *à l'occasion* d'une représentation par laquelle un objet (naturel, artistique ou technique) nous est donné. Dès lors, l'objet esthétique n'est pas une *cause* de notre satisfaction – comme c'est le cas dans le sensualisme humien –, mais plutôt *l'occasion* (*Anlass*) par laquelle nous faisons l'épreuve d'un certain genre de liberté des facultés de représentation que sont l'imagination et l'entendement. C'est pourquoi la satisfaction esthétique doit être vue en même temps comme le constat d'un libre jeu (ou de l'harmonie) non conceptuel de nos facultés de représentation qui se révèle, et ne peut se révéler, que par un « plaisir », d'une part, et comme l'évaluation de la validité transsubjective de cet état d'esprit, d'autre part. Comme on le sait, Kant considère que dans le libre jeu de l'imagination et de l'entendement dans l'expérience esthétique, nous avons conscience d'un état où « ces deux facultés s'accordent entre elles comme cela est requis pour toute *connaissance en général* » (V, 218), et par conséquent nous avons conscience de la communicabilité universelle subjective de cet état. C'est pourquoi le plaisir esthétique pur n'est rien d'autre que la conscience de la finalité subjective, ou formelle, d'une représentation pour l'animation des facultés de connaître en vue de la connaissance en général. Cet état d'harmonie subjective des facultés, favorable à la connaissance, tend à se maintenir et à se fortifier (§ 12). La représentation, disait encore Kant dès le paragraphe initial de la troisième *Critique*, est alors rapportée au sentiment vital du sujet sous la forme du sentiment de plaisir. Le beau est déjà un *analogon* de la vie, et le goût est rapproché d'entrée de jeu implicitement de la réceptivité morale.

À partir de ces quelques remarques, nous pouvons poser de nouveau la question de savoir s'il y a « quelque chose », dans la théorie du goût, qui s'oppose au beau [1]. Quelle expérience du déplaisir esthétique serait en mesure de remplir les conditions épistémiques et affectives requises par le jugement de goût pur? Examinons le cas des jugements qui prennent la forme « x est laid ». Plusieurs

1. Certains textes pré-critiques laissent croire à une tripartition esthétique : au beau s'oppose le laid, et ces deux états sont séparés par un état intermédiaire d'indifférence ou de neutralité. À ce sujet, voir la *Logik-Philippi*, Ak XIV, 364, certaines *Reflexionen* sur la logique, notamment *R.* 1941 (Ak XVI, 166) et *R.* 1947 (Ak XVI, 167), et la *Reflexion* 669 sur l'anthropologie (Ak XV, 296). Faute d'espace, je dois laisser de côté la question d'un jugement portant sur l'indifférence esthétique. Quoi qu'il en soit, si la théorie transcendantale du goût devait accommoder une telle tripartition, il faudrait qu'elle montre la différence et la légitimité des deux types de jugements suivants : « x est non-beau » et « x est laid ».

tentatives ont été faites pour justifier la place d'un jugement de ce genre dans la théorie du goût[1]. D'abord, il pourrait exprimer l'épreuve d'une *cessation* du « jeu » de l'imagination et de l'entendement, ressentie sous la forme d'un état de déplaisir universellement valide et transmissible. Ce qui vient créer une discordance des facultés de connaissance ou un blocage de l'activité représentative placerait le sujet dans un état de malaise pouvant prétendre à la validité universelle. L'erreur, ici, à mon sens, est de croire que la simple inhibition de l'activité représentative est suffisante pour fournir les conditions d'une évaluation esthétique pure. En fait, comme j'espère le montrer dans ce qui suit, il y a plusieurs sortes d'interruptions de l'activité harmonique des facultés de connaître qui s'accompagnent d'un déplaisir; mais la plupart d'entre elles reposent sur des évaluations « téléologiques » au sens large, et non sur une évaluation esthétique. Une deuxième tentative pour sauvegarder un jugement pur de laideur consiste à imaginer la possibilité d'un rapport des facultés visant à *conserver le déplaisir*, c'est-à-dire une sorte de « jeu répulsif », de conflit constamment ravivé, s'accompagnant d'un déplaisir qui serait néanmoins la cause de sa propre conservation[2]. Mais qu'est-ce qu'un « conflit » qui se maintient et se fortifie entre l'imagination et l'entendement ? Le plaisir esthétique, chez Kant, repose sur la conscience de la finalité d'une représentation pour la promotion de la connaissance en général, c'est-à-dire d'une finalité formelle d'un objet pour le mode de présentation de nos concepts; même dans le sublime, qui s'appuie d'abord sur une impuissance et une douleur, le « plaisir » vient de la finalité qui s'établit entre l'imagination impuissante et humiliée et la raison, dans la mesure où le sentiment de cette impuissance révèle sa finalité en vue d'une présentation négative des Idées de la raison. Et il ne faut pas s'y tromper : ce n'est pas le déplaisir qui fait l'objet de l'appréciation par la faculté de juger, mais bien le plaisir qui accompagne l'état ou la disposition d'esprit sublime. L'idée même d'une communicabilité d'un état de « conflit » entre l'imagination et l'entendement, engendrant un sentiment de déplaisir reposant sur des conditions universellement valides, et communicables sans concept, me semble intenable dans le contexte de la théorie esthétique kantienne. Elle exigerait de postuler une causalité interne à un déplaisir qui se conserve, et qui suggère pour ainsi dire au sujet une diminution de son sentiment vital. Au

1. H. Allison (« Pleasure and Harmony in Kant's Theory of Taste », dans H. Parret (dir.), *Kants Æsthetik/Kant's Aesthetics/L'esthétique de Kant*, Berlin-New York, Walter de Gruyter, 1998), Ch. Fricke (*Kants Theorie des reinen Geschmacksurteil*, Berlin-New York, Walter de Gruyter, 1990), Dieter Lohmar (« Das Geschmacksurteil über das faszinierend Hässliche », dans H. Parret, *op. cit.*) et C. Strub (« Das Hässliche und die "Kritik der Urteilskraft" », *Kant-Studien*, 80, 1989), notamment, soutiennent la nécessité de reconnaître une place pour une expérience esthétique de la laideur dans l'analyse kantienne du jugement esthétique. R. Brandt (« Zur Logik des ästhetischen Urteils », dans H. Parret, *op. cit.*) soutient que le laid ne peut pas, dans la perspective kantienne, donner lieu à un jugement esthétique à proprement parler. Ma position est proche de la sienne, même si je suis une ligne d'argumentation différente. Faute d'espace, il m'est impossible ici de discuter techniquement chacune de ces interprétations. Au moment d'écrire cet article, je n'avais pas pu prendre connaissance du texte de P. Guyer : « Kant on the Purity of the Ugly », dans *Values of Beauty. Historical Essays in Aesthetics*, Cambridge, Cambridge UP, 2005.

2. C'est à peu de choses près la thèse de D. Lohmar, art. cit.

contraire, pour Kant, tout engagement esthétique est guidé par une satisfaction, et la négativité, même violente, doit pouvoir être convertie en plaisir pour faire l'objet d'une expérience esthétique pure, comme en témoignera l'expérience du sublime. Sans conscience d'une finalité subjective et libre entre nos facultés de connaissance, aucune expérience esthétique, et *a fortiori* aucun jugement esthétique ne sont possibles. Donc, il ne peut pas exister de jugement sur la négation du beau, ni sur son contraire ; seul le jugement positif permet d'énoncer un jugement esthétique pur portant sur la validité universelle et nécessaire du sentiment.

Naturellement, cette simple fin de non recevoir opposée aux interprètes qui souhaitent trouver avec les instruments kantiens une place pour l'expérience de la « laideur » n'est pas suffisante, ni au plan exégétique ni au plan philosophique. C'est pourquoi je voudrais revenir à ce que j'ai proposé d'entrée de jeu : il ne peut y avoir de jugement esthétique pur sur le laid, parce que l'expérience du « laid » n'est pas univoque. Il y a certes des déplaisirs, qui sont autant de « forces » opposées aux plaisirs. Mais aucun de ces déplaisirs ne vient remplir la place laissée vide en face du beau. La conséquence que tire l'*Essai sur le concept de grandeurs négatives* (c'est-à-dire que la laideur est une beauté négative) est trop vague et trop indéterminée, car il y a plusieurs « beautés », comme il y a plusieurs « laideurs ». Pour illustrer brièvement ce point, on me permettra de prolonger librement une distinction entre la conception *prédicative* et *attributive* de l'adjectif « beau » que nous devons à l'esthéticien britannique Frank Sibley[1]. Chez Kant – et chez des penseurs qui ont une approche analogue, comme Francis Hutcheson –, le jugement de goût sur le beau est un jugement prédicatif absolu. « Beau » est un prédicat absolu, parce que son application correcte dépend de la satisfaction de certaines conditions générales qui transcendent toutes les catégories d'objets. Chez les théoriciens qui défendent une conception attributive du jugement de goût, en revanche, l'attribution correcte de la beauté est toujours liée à la connaissance préalable de la catégorie à laquelle se rapporte l'objet évalué. Dans ce cas, « beau » ne vaut jamais absolument, mais ce qui est jugé « beau » est toujours évalué « beau » *comme* ou *en tant que* quelque chose. Une église, une fleur, un champ, une action vertueuse, une toile de Rubens, un cheval ou un athlète sont toujours beaux en tant qu'édifice, en tant qu'être végétal, en tant que porteur d'utilité pour l'être humain, en tant qu'action morale, en tant que peinture historique ou en tant que corps humain de sexe masculin ou féminin. Une très grande partie des théories traditionnelles de la beauté et de l'art, qui ont identifié la beauté à la perfection, à la convenance, à l'utilité (personnelle ou générale), à la proportion ou à l'intégration organique des parties appartiennent au versant « attributif » de la beauté. À peu de choses près, cette distinction recoupe l'opposition que fait Kant entre la beauté *libre*, qui juge sans concept préalable de la validité de la satisfaction engendrée par le jeu libre des facultés, et la beauté *adhérente*, qui juge de la perfection d'un objet eu égard à un concept ou une fin particulière. Kant

1. Voir l'article de R. Pouivet, « Frank Sibley, Peter Geach et les adjectifs esthétiques », *Revue francophone d'esthétique*, n°1, « Évaluer l'œuvre d'art », 2003, p. 101-110.

prend beaucoup de soin pour distinguer la beauté « libre » de la beauté « catégorielle », qui ne produit une satisfaction que sous la condition de l'accord de la représentation avec un concept de ce que la chose « doit être »[1]. Il ne nie jamais l'existence de telles expériences (plaisantes ou déplaisantes), ni même leur légitimité ; mais pour Kant, elles ne peuvent être prises pour paradigmes de l'expérience esthétique pure.

J'ai avancé que rien, dans la théorie kantienne du goût, ne pouvait correspondre à un contraire du beau, et que par conséquent il ne pouvait y avoir de jugement esthétique pur sur la laideur. J'ai également affirmé que ce qui donnait l'illusion, sans doute forcée par le besoin de symétrie inhérent à la systématicité kantienne, de s'opposer réellement au beau ne constituait aucune expérience déterminée, mais reposait plutôt sur une diversité hétérogène d'objets et d'expériences que l'on ne peut regrouper qu'improprement sous l'étiquette de « laideur » au sens large. Il s'agit maintenant de suggérer que les différentes expériences qui semblent s'opposer au « beau » s'opposent en fait à des formes adhérentes de la beauté. Autrement dit, il me semble possible d'affirmer que presque toutes les « laideurs », dans le contexte kantien, sont des laideurs *catégorielles*, qui s'opposent à des beautés catégorielles, ou adhérentes, à l'exception peut-être du dégoûtant, qui constitue pour Kant un cas limite de la laideur, et qui semble être enraciné dans l'effet physiologique désagréable immédiat de l'objet sur la sensibilité du sujet, lequel effet est assez fort pour se traduire en aversion pour l'objet. La validité de ces jugements de « laideur » est analogue à celle des jugements sur la beauté adhérente : elle s'articule à un concept, une fin, une perfection ou une comparaison intra-catégorielle. La nomenclature des « laideurs » dans la *Critique de la faculté de juger esthétique* nous révèle plusieurs types de soi-disant « beautés négatives », toutes couplées avec des beautés adhérentes, et toutes incapables de donner lieu à une expérience esthétique au sens strict. La laideur *physique* se ramène souvent à une propriété comparative, par laquelle nous jugeons de l'inadéquation biologique d'un individu eu égard à l'espèce à laquelle il appartient, et dans le cas de l'être humain, à la destination physique et morale de l'homme et de la femme. La laideur *morale* est un manquement à la beauté et à la sublimité du caractère déterminé par des lois morales. Le *colossal* dans les ouvrages humains, qui s'identifie sous certaines conditions au sublime de grandeur, s'oppose au concept technique dont la présentation est adéquatement proportionnée. Le *monstrueux* (*das Ungeheure*), qui se dit de la grandeur qui ruine sa propre finalité, s'oppose au normal dans l'ordre naturel. La *disproportion, la confusion et l'irrégularité logiques* s'écartent de la régularité et de la proportion logiques et géométriques que les philosophes ont souvent confondues avec la beauté ; d'ailleurs, l'inverse est également vrai et la régularité excessive peut elle-même être « laide », dans la mesure où elle ennuie et opprime le besoin de liberté

1. C'est la base de la critique de l'esthétique de la « perfection » développée au § 15 de la *Critique de la faculté de juger*.

de l'imagination dans le rapport aux représentations [1]. La difformité et la contrefinalité, le désordre, l'inutilité, l'absence de convenance, constituent autant de « laideurs » qui ne sont possibles que sur la base d'une comparaison catégorielle, ou parce qu'elles déçoivent des attentes cognitives. Le terrible, le menaçant, la dévastation, la puissance extrême, qui composent le champ objectif de ce qui sera jugé « dynamiquement » sublime, ne sont pas tant des phénomènes de « laideur » que des sources d'émotions qui mobilisent notre sentiment de résistance vitale. La transformation *esthétique* de ces émotions négatives ne passe pas par un jugement sur leur « laideur », mais par la « sublimité » de la disposition d'esprit que la représentation de ces phénomènes est en mesure de susciter.

II

Si l'on quitte la théorie du goût, qui constitue le noyau normatif de l'esthétique de Kant, pour examiner son application élargie à l'art, à la nature, au sublime et à la moralité, nous verrons que dans le prisme de la « laideur », seules seront préservées les manifestations qui peuvent être « sublimées » sous forme de plaisir, ce qui constitue une preuve supplémentaire, s'il en était besoin, que pour Kant la réflexion esthétique ne peut s'opérer que dans l'horizon d'une satisfaction positive. D'une part, la « laideur » pourra se présenter dans l'art, sous la condition de la « beauté » de la représentation artistique. D'autre part, l'expérience du sublime pourra intégrer une partie des émotions négatives et des satisfactions paradoxales auxquelles l'esthétique du XVIIIe siècle avait prêté attention. C'est dans l'analyse du sublime que se trouve la véritable réponse kantienne au problème des satisfactions paradoxales qui traverse toute l'esthétique des Lumières. Les limites de ce texte m'empêchent d'aborder en détail la question du sublime. C'est pourtant par l'identification de ces deux modalités légitimes, mais irréductibles, de la sensibilité esthétique que sont le beau et le sublime que se constitue la *Doppel-Æsthetik* kantienne [2]. Il suffira peut-être de préciser deux choses en rapport à mon propos. Premièrement, Kant a canalisé les plaisirs « négatifs » sous deux formes : le grand absolument et le terrible menaçant; ces deux formes du sublime, qui rapprochent la tradition addisonnienne et la tradition burkienne de réflexion sur le sublime, n'épuisent peut-être pas tout ce que le XVIIIe siècle a pu retenir sous l'étiquette des sentiments que Mendelssohn qualifiait de « douloureux-agréables ». Deuxièmement, le sublime ne s'identifie pas au laid, et il n'est d'ailleurs pas le « contraire » du beau. Le sublime permet à la subjectivité autonome de faire l'épreuve d'elle-même, c'est-à-dire de la disposition qu'elle manifeste à l'endroit de certains phénomènes naturels, en mobilisant les Idées d'infini et de résistance morale. La seule chose qui soit commune à ces phénomènes, c'est

1. À ce sujet, voir la « Remarque générale » qui suit le § 22 de l'« Analytique du Beau ».

2. J'emprunte cette expression à l'excellent ouvrage de Carsten Zelle, *« Angenehmes Grauen » : literaturhistorische Beiträge zur Æsthetik des Schrecklichen im achzehnten Jahrhundert*, Hamburg, F. Meiner, 1987.

leur caractère *in-forme*, *contre-final* du point de vue des attentes de la subjectivité, pourvu que cette nature soit considérée comme « nature brute » (*rohe Natur*)[1]. Cette opposition forme/sans forme, final/contre-final, participe selon moi de la phase ultime de la rédaction de l'esthétique kantienne[2], et elle conduit à durcir l'opposition entre la beauté des formes naturelles et le sublime de la « nature brute », au détriment des autres modes d'expérience esthétique.

Revenons donc à la question de l'art. Quelle place l'esthétique kantienne est-elle prête à accorder à la « laideur » et au déplaisir dans l'art ? Kant, qui possédait une connaissance élaborée de la réflexion théorique des Lumières européennes sur l'esthétique, comme en témoignent ses leçons et ses réflexions logiques et anthropologiques des années soixante et soixante-dix[3], n'ignorait pas que l'un des problèmes les plus discutés de la nouvelle anthropologie esthétique concernait les satisfactions paradoxales, c'est-à-dire les expériences esthétiques qui impliquaient ce que Mendelssohn appelait des sentiments mêlés, ou douloureux-agréables. Dans le prolongement de la réflexion traditionnelle sur les passions tragiques, les esthéticiens du XVIIIe siècle, de Dubos à Lessing et à Diderot, ont mis l'accent sur les plaisirs liés au pathétique théâtral, romanesque et pictural, en même temps que les nouveaux théoriciens du sublime ont fait valoir les pouvoirs esthétiques de la terreur, de l'immensité et de l'énergie du mal. La conception classique de la laideur et de la terreur en art trouve son expression typique dans l'*Art poétique* de Boileau. Si la poésie peut représenter la laideur, c'est parce que sa force repoussante est vaincue par l'habileté de l'imitation artistique ; la forme artistique « embellit » la laideur, la rend saisissable et en fait un objet de satisfaction : c'est alors l'imitation, et non la « laideur », qui est l'objet de l'admiration. Baumgarten, au § 18 de son *Æsthetica*, reprendra la même idée en soutenant que la beauté visée par l'esthétique est celle de la connaissance sensible elle-même, et non pas celle des objets de la représentation ; on peut produire une belle connaissance d'un objet laid. Depuis Dubos, en revanche, c'est plutôt l'explication émotionnaliste des plaisirs paradoxaux qui occupe le centre du terrain en esthétique et qui oblige tous les auteurs à fournir une explication de l'alchimie affective par laquelle une émotion douloureuse peut non seulement produire du plaisir, mais faire l'objet d'une satisfaction plus intense que le plaisir que nous prenons à la beauté. Burke, Hume, Mendelssohn, Lessing, Rousseau fourniront différents niveaux de réponse à cet émotionnalisme, qui tendait à substituer la recherche du pathétique à la distinction plus traditionnelle entre le beau et le laid en art.

La réponse kantienne à la question de la négativité dans l'art reste proche de la théorie classique. On le sait, Kant, au § 48, fait la distinction entre une *chose belle* et une *belle représentation* d'une chose. Une beauté *naturelle* est une belle chose, tandis que la beauté *artistique* est une belle représentation d'une chose, quelle

1. Voir *CJ*, § 23.

2. À ce sujet, voir mon article « Genèse de la *Troisième Critique* : le rôle de l'esthétique dans l'achèvement du système critique », dans H. Parret, *op. cit.*, p. 18-40.

3. Je développe amplement ces questions dans mon livre, *Kant et la genèse de la subjectivité esthétique*, Paris, Vrin, 1999.

qu'elle soit. L'objet réel de l'activité réflexive de l'imagination esthétique, dans le cas de l'art, n'est pas la chose représentée, mais la représentation elle-même. Mais nous n'apprenons pour ainsi dire rien sur le fonctionnement « esthétique » des propriétés artistiques, si ce n'est que l'art produit des représentations ou des descriptions de choses qui, en elles-mêmes, peuvent être belles ou laides. Le § 45 précise très clairement que l'attitude esthétique se rapporte de la même façon à la beauté naturelle et à la beauté artistique : dans les deux cas, on appelle « beau » ce qui « plaît dans le simple jugement » (Ak V, 306), c'est-à-dire ce qui place nos facultés représentatives dans un état de libre harmonie à l'occasion d'une représentation. Que cette représentation, dans le cas de l'art, soit pour ainsi dire la représentation (imaginative) d'une représentation (artistique), et que cette seconde représentation soit toujours initialement le résultat d'une *intention*, et donc d'un « concept », ne change rien à l'histoire, selon Kant ; en effet, les productions des beaux-arts, pour faire l'objet d'une appréciation purement esthétique, doivent « revêtir l'apparence de la nature » (Ak V, 307) ou de la *naturalité*, et ce sera justement la fonction du génie de *désintentionnaliser* les productions des beaux-arts. Lorsqu'un théoricien classique de l'imitation comme l'abbé Batteux [1] soumet les beaux-arts au principe unique de l'imitation de la « belle nature », il prend soin de préciser la nature de l'imitation et ses conditions de réussite. Mais Kant, en raison du primat des conditions subjectives de l'expérience esthétique sur l'ensemble des objets auxquels elle peut s'appliquer, se voit contraint de traiter indistinctement l'art et la nature. L'art, en dépit de la nature fortement intentionnelle de la causalité pratique qu'il implique, est soumis aux conditions générales de l'autonomie du jugement esthétique, y compris sur le versant de sa production, puisque l'Idée esthétique, qui constitue le moment expressif et significatif de l'art, doit être pensée comme le résultat de l'activité partiellement inconsciente du génie, « par le truchement duquel la nature donne sa règle à l'art » (§ 46), pour que l'œuvre d'art puisse être en accord avec l'exigence non cognitive de l'appréciation esthétique pure. Dès lors, puisque Kant refuse de considérer l'œuvre d'art, en tant qu'objet pour une appréciation esthétique, autrement que comme un « pan de nature », il semble très difficile de savoir *sur quoi* porte exactement la réflexion esthétique sur une œuvre d'art, c'est-à-dire si elle porte sur les propriétés « formelles » de l'œuvre d'art, sur ses propriétés « représentationnelles », ou sur les deux – même si dans le cas de la poésie, qu'affectionne particulièrement Kant, l'éminence des propriétés sémantiques et représentationnelles est indiscutable.

Néanmoins, Kant voit une certaine prééminence des beaux-arts dans leur capacité de donner une « description belle » de choses qui dans la nature seraient laides ou déplaisantes, voire même nuisibles, telles les furies, les maladies, les ravages de la guerre, etc. Le § 49, consacré à la genèse de l'Idée esthétique poétique, étend le domaine de l'imagination productive à des êtres moraux et religieux partiellement inaccessibles dans l'expérience sensible, qui sont

1. *Les Beaux-arts réduits à un même principe*, Paris, 1746.

porteurs de déplaisir, comme l'enfer, la mort, l'envie, les vices. L'*Anthropologie pragmatique* va dans le même sens et affirme que la «*figuration* [artistique] du mal et de la laideur (ainsi l'image de la mort en personne chez Milton) », de même que la *représentation* [artistique] du sublime, peuvent et doivent être belles, « s'il s'agit de donner à un objet, dût-il être un Thersite, une représentation esthétique » (Ak VII, 241). C'est le cas « même en peinture », c'est-à-dire pour un art qui est directement lié à la vue, et qui nous oblige pour ainsi dire à voir la forme laide [1]. La limite de cette belle figuration de la laideur, toutefois, est celle de notre liberté esthétique dans le jeu avec la représentation. Dans le cas de la laideur qui provoque le *dégoût*, cette liberté est suspendue, puisque l'objet s'impose à l'imagination au point de rendre impossible de distinguer, dans notre sensation, la représentation artistique de l'objet déplaisant de la nature de cet objet. La laideur dégoûtante dissout l'espace esthétique de l'imagination, et réduit à néant la distinction entre l'imitation et la chose imitée. C'est exactement la description qu'avait faite Moses Mendelssohn de la force aversive du dégoûtant dans la 82e *Lettre sur la littérature actuelle* [2]; contrairement à d'autres sensations désagréables, qui peuvent plaire lorsqu'elles font l'objet d'une reproduction artistique – comme l'effroi, la tristesse, la crainte et la pitié –, l'image du dégoût fait la même impression sur l'âme, que l'objet soit tenu pour réel ou non. Lessing, qui a discuté cette question dans son *Laocoon*, en vient à la conclusion que le dégoûtant, tout comme la laideur des formes, peut avoir sa place dans la poésie en donnant de la force au ridicule ou au terrible; mais selon lui le dégoûtant et le laid devraient être évités dans la peinture (et dans la sculpture), où ils ne peuvent être rien de plus que repoussants. Johann Georg Sulzer, dans ses articles «*Hässlich*» et «*Ekel, Ekelhaft*» de la *Théorie générale des beaux-arts*, a fortement réagi à ce débat, en s'opposant à la règle selon laquelle le dégoûtant ne devrait jamais être représenté. Non seulement, fait-il justement remarquer, les grands maîtres l'ont-ils constamment outrepassée, mais en plus, dans la conception de l'art très moralisatrice de Sulzer, le sentiment de dégoût joue un rôle essentiel, celui d'indiquer les objets dont on doit se détourner. Le laid est pour lui le moyen du dégoût en art, et sa finalité est de fermer au mal l'accès au cœur humain [3]. Kant semble donc très proche de Mendelssohn sur ce point. D'une part, il refuse l'esthétisme plastique trop rigide de Lessing en reconnaissant que la laideur artistique laisse à notre âme la possibilité d'éprouver du plaisir tant que le versant subjectif de la représentation peut être distingué de l'objet lui-même; d'autre part, contre Sulzer, il retire toute fonction morale à ce qui est dégoûtant ou odieux en art au nom de l'autonomie de la réflexion esthétique.

La « beauté » artistique peut donc être comprise comme une expérience complexe qui est en mesure d'intégrer un certain degré de tension entre le « laid » et le « beau », et de fondre des émotions partiellement négatives dans une satisfac-

1. L'influence du *Laocoon* de G.E. Lessing (1766) est sensible ici, jusque dans l'exemple choisi.

2. *Briefe, die Neueste Litteratur betreffend*, 5 tomes, 1760 (14 février), p. 97-104.

3. J.G. Sulzer, *Allgemeine Theorie der schönen Künste*, Hildesheim, Olms, 1967 (reproduction de la 2e éd. de 1792), t. II, p. 38-39 pour « Ekel, Ekelhaft », et p. 457-459 pour « Hässlich ».

tion *esthétique* globale. À l'exception de la forme extrême de la laideur dégoûtante, le « laid » peut être mis au service du « beau », le déplaisir au service du plaisir. L'art ne peut donc viser que la beauté, et cette beauté est entièrement mobilisée au profit de l'expressivité des Idées morales. Désormais, la beauté naturelle et la beauté artistique sont toutes deux pensées comme l'expression d'Idées esthétiques[1], et le goût est « une faculté d'appréciation de l'incarnation sensible des Idées morales »[2] au moyen d'une analogie des modes de réflexion sur le beau et sur le bien. La beauté, et notamment la beauté artistique, devient ainsi un symbole du bien moral, et la disposition esthétique, sans perdre son autonomie, peut ainsi contribuer à la tâche plus vaste d'une culture morale des individus. Kant va même parfois jusqu'à dire que sans l'expressivité morale, l'art, même autonome, sombrerait dans l'insignifiance[3].

III

Il y a cependant une forme importante de jouissance artistique paradoxale sur laquelle Kant semble avoir fait totalement l'impasse. La *Critique de la faculté de juger esthétique* ne fait aucune place claire aux passions tragiques et aux émotions de crainte et de pitié qui caractérisent l'esthétique du pathétique. Le spectacle de la cruauté, de la souffrance physique ou morale, de la vertu éprouvée, fournit à l'esthétique l'un de ses paradoxes les plus durables, puisque la satisfaction semble y être proportionnelle à l'affliction du spectateur. Pourquoi Kant n'a-t-il pas voulu confronter sa théorie esthétique à un défi aussi stimulant? Comment a-t-il même pu éviter une problématique aussi massive? C'est une question difficile, mais je voudrais l'aborder uniquement dans le contexte de la mobilisation de la « laideur » au sens large. Je voudrais proposer une piste provisoire d'explication de cette absence. Le pathétique qui suscite le « plaisir tragique » au XVIIIe siècle est directement lié à la capacité de la représentation de susciter des émotions, et

1. *CJ*, § 51 ; Ak V, 320.
2. *Ibid.*, § 60.
3. « C'est là le destin finalement réservé aux beaux-arts, s'ils ne se lient pas, de près ou de loin, à des idées morales qui seules s'accompagnent d'une satisfaction indépendante. Ils sont alors au service de la seule distraction, dont on devient d'autant plus dépendant qu'on en use pour dissiper l'insatisfaction de l'âme, et qu'on devient toujours plus vain et moins satisfait de soi. D'une façon générale, ce sont les beautés de la nature qui conviennent le mieux à la première intention – à savoir de lier les idées morales aux manifestations de la satisfaction esthétique indépendante –, à condition de s'être habitué de bonne heure à les observer, à les apprécier et à les admirer » (*CJ*, § 52; Ak V, 326 [traduction Pléiade modifiée, Paris, Gallimard, 1985]). L'argument de Kant – qui constitue un épisode tardif de la réfutation de la théorie de l'abbé Dubos, qui faisait reposer le plaisir esthétique sur le besoin de l'âme de dissiper l'ennui qui la hante – mérite d'être souligné : même les manifestations de la subjectivité esthétique « désintéressée », dans le domaine de l'art, lorsqu'elles se coupent de leur « mission » de renforcer la disposition morale, peuvent dégénérer jusqu'à être mises au service du simple besoin pathologique non seulement de dissoudre l'ennui, mais de masquer le « dégoût de soi » qui en résulte. Que la contemplation des beautés de la nature et l'intérêt intellectuel qui en découle échappent à ce destin, c'est ce que Kant avait tenté d'expliquer au § 42 de la *CJ*.

plus particulièrement les émotions de pitié, de crainte et de terreur. On peut aisément comprendre les raisons de la méfiance de Kant à l'endroit des sentiments mêlés tragiques, qui paraissent si étroitement dépendants de l'intensité émotionnelle et qui produisent des effets directs, non rationnels, sur le désir et sur l'aversion. De plus, le pathétique dramatique, romanesque et pictural, qui exerce une forte emprise sur la pitié, suppose l'apitoiement sur la souffrance d'un personnage. Or, pour lui, cette identification à la souffrance de l'autre et la réponse de compassion qui en résulte procèdent par le truchement d'un mécanisme « sympathique », qui relève d'une inclination sensible dont Kant, comme tous les rationalistes en morale, se méfie. La pitié, la crainte et l'indignation qui sont le résultat de la représentation de la vertu et du vice, ressemblent davantage à des déterminations pathologiques de la faculté de désirer qu'à l'état d'esprit contemplatif que requiert l'expérience esthétique.

La question qui a été au cœur de la réflexion philosophique sur l'émotion tragique depuis la seconde moitié du XVIIe siècle a été celle de sa valeur *cathartique*, c'est-à-dire la question de la purgation ou de la purification des passions soulevées par le spectacle tragique. La plupart des esthéticiens des Lumières ont conclu au rôle positif des inclinations tragiques dans la formation de la sensibilité morale, comme c'est le cas notamment chez Lessing et chez Diderot, qui ont vu dans l'excitation des passions artistiques, soumise à certaines conditions, une école de vertu, compatible avec l'autonomie du sentiment esthétique[1]. Mais Kant ne pouvait être séduit ni par les sirènes émotionnalistes – qui voient une valeur esthétique en soi dans l'intensité émotionnelle, quelle qu'elle soit –, ni par celles du sentimentalisme de l'éducation des dispositions morales – qui présupposent que la vertu repose sur une disposition modifiable à répondre affectivement de manière correcte aux actions et aux situations morales. Ni la pitié, ni la crainte, ni l'indignation ne sont des sources fiables de la moralité. Dès lors, il devient difficile pour Kant, dans le cadre de la théorie de la réflexion esthétique, de rendre justice aux problèmes des émotions « douloureuses-agréables » suscitées par la tragédie.

Pourtant, Kant a été conduit tout près de cette question dans deux passages peu commentés de la *Critique de la faculté de juger*. Il s'agit du § 17, qui porte sur l'idéal de la beauté, et de la « Remarque générale sur l'exposition des jugements esthétiques réfléchissants », qui fait suite à l'« Analytique du sublime », où il examine la possibilité d'une description esthétique des affects et particulièrement de ce qu'il est permis de nommer *sublime* dans la nature *en nous*. Il faudrait un commentaire élaboré pour rendre compte de l'intérêt exceptionnel de ces passages, où Kant réussit partiellement à raccorder sa théorie esthétique aux problématiques néo-classiques de l'idéal de la beauté humaine et de la représentation de la beauté et de la dignité humaine au sein de la souffrance, qui ont été

1. Sur cette question, je renvoie à mon article, « L'emprise du *Mitleiden*. Mendelssohn et Lessing sur les émotions tragiques et la moralité du théâtre », *Revue Germanique Internationale*, 4/2006, « Esthétiques de l'Aufklärung », p. 121-136.

discutées par Winckelmann, par Lessing et qui occuperont bientôt Schiller, dans ses écrits de 1793 sur le sublime, le pathétique et sur la grâce et la dignité.

On ne peut chercher à figurer l'idéal de la beauté que si nous avons affaire à une beauté fixée ou adhérente, et non pas à une beauté *libre* ou vague[1]. Pour que l'imagination tente une figuration de l'idéal d'un type de beauté, il faut qu'une fin soit à la base de sa possibilité. Or, comme on le sait, Kant en conclut que seul l'être humain, « qui comporte en soi-même la fin de son existence »[2], fait l'objet d'une telle tentative. L'objet de la figuration de l'idéal de beauté, en un mot, ne peut être autre chose que l'être humain *sous des lois morales*, en tant qu'il est possible de représenter et d'évaluer esthétiquement cet accord. L'idéal du beau est l'expression de la moralité dans la forme humaine, la manifestation dans la corporéité d'un effet spécifique de l'intériorité. La représentation de l'idéal du beau vise le lien « qu'il y a entre ces Idées morales et tout ce que notre raison rattache au bien moral, comme la bonté d'âme, la pureté, la force ou la sérénité, etc. »[3]. Mais ce que Kant néglige ici, et dont va s'emparer Schiller, c'est le fait qu'une telle « présentation du suprasensible » dans et à travers la forme humaine doit forcément choisir entre deux orientations, celle de la *grâce* ou celle de la *dignité*, peut-être sans espoir de réconciliation effective des deux. La « Remarque générale » a bien vu que l'affect *enthousiaste*, ou l'affect noble (comme résistance sereine à l'extériorité sous l'effet de la fermeté des principes moraux) peuvent être dits sublimes d'un point de vue esthétique. Mais pour en tirer toutes les conséquences possibles au plan de la théorie esthétique, il aurait fallu que Kant parvienne à articuler clairement cette représentation à une théorie du sublime *en art*.

C'est ce que Schiller a tenté de faire, dans son essai *Sur le pathétique* (1793), en montrant que le pathétique, qui caractérise l'émotion tragique, est une modalité du sublime. Schiller est conscient du fait qu'une telle assimilation n'est possible que si l'on éloigne le pathétique du simple affect compatissant (que préconise la théorie lessingienne de la tragédie) ou du simple hédonisme énergétique (défendu par Dubos et Burke). La fin de l'art, dans le contexte kantien, n'est plus le plaisir, mais la présentation sensible d'une faculté morale suprasensible. L'affect, en lui-même, est dénué de valeur esthétique réelle s'il ne s'adresse pas à la liberté en nous. C'est pourquoi le *pathétique* ne peut devenir esthétique que s'il est sublime, c'est-à-dire s'il rend visible une force morale de résistance qui est irréductible à nos instincts sensibles. Le sublime pathétique est soumis à deux conditions fondamentales : d'abord, une vive représentation de la souffrance qui puisse susciter un affect compatissant par le biais d'une identification sympathique – c'est le mouvement involontaire du pathétique; ensuite, une représentation de la résistance à la souffrance, qui est la condition de la prise de conscience de la liberté intérieure de notre âme – c'est le mouvement qui permet au pathétique de devenir *sublime*. La violence du *pathos* est à la fois condition de la visibilité de la résistance et

1. Sur cette opposition en général, voir *CJ*, § 16.
2. *Ibid.*, § 17 ; Ak V, 233.
3. *Ibid.*, Ak V, 235.

condition de la production de cet état d'esprit chez le spectateur. Dans son « Sur le sublime », Schiller pourra affirmer que le pathétique artistique agit comme une « inoculation du destin inéluctable » [1], comme une sorte d'intériorisation de l'aptitude à l'autonomie. Cette fonction, que Kant aurait peut-être accepté d'accorder au sublime de la nature, il me semble qu'il aurait pu la voir à l'œuvre dans l'art tragique sans inconséquence pour son système, et que par conséquent sa théorie esthétique est en mesure d'ouvrir une place plus importante pour la « laideur » dans l'art que celle qu'il lui reconnaît officiellement.

Il y a une seule forme de laideur que l'esthétique de Kant n'a jamais effleurée : c'est celle de la *beauté du mal* et de l'énergie du vice, qui fascinait tant Diderot, que Schiller reprendra dans certaines pièces et dans certains contes [2], et qui occupe la dernière phase de la littérature libertine, chez Révéroni Saint-Cyr ou chez Sade. C'est là, me semble-t-il, au même titre que le dégoût, une limite absolue de l'esthétique kantienne.

Daniel DUMOUCHEL
Université de Montréal

1. « Sur le sublime » (1801), dans *Textes esthétiques. Grâce et dignité et autres textes*, trad. fr. N. Briand, Paris, Vrin, 1998, p. 184.

2. Voir par exemple « Criminel pour cause d'honneur perdu ».

POURQUOI FAUT-IL UNE SECONDE PARTIE À LA *CRITIQUE DE LA FACULTÉ DE JUGER* ? DU JUGEMENT ESTHÉTIQUE À L'ÊTRE ORGANISÉ

Kant est fort clair sur ce qui ouvre une troisième fois le champ critique : il s'agit de « ce qu'il y a d'énigmatique » dans les jugements esthétiques. Ils concernent en effet le sentiment de plaisir et de déplaisir[1], et prétendent en même temps à une nécessité consistant en ce que tout autre pourrait faire sien ce sentiment, en attestant ainsi l'universalité. Or il est une autre fonction de la faculté de juger, qui met des êtres du monde en rapport avec un « suprasensible inconnaissable » qui n'est autre que le rapport de finalité, et pour lequel la partie théorique de la philosophie contient déjà des règles suffisantes[2]. Si donc il y a une seconde partie, la *Critique de la faculté de juger téléologique*, qui revient sur une question à laquelle il avait été suffisamment pourvu, c'est qu'un nouvel éclairage est porté. Il faudra montrer qu'il concerne proprement le vivant, en ce qui touche au tournant que prend alors la biologie, passant de l'animal machine à l'organisme. Mais il y a une sorte de réciprocité. L'éclairage nouveau ainsi apporté par le jugement esthétique dans la question de la finalité fait paraître en celle-ci des dimensions qui sans cela seraient demeurées méconnues, si bien que cette seconde partie, d'abord inattendue, appartient bien à l'unité de l'œuvre. La *Critique de la faculté de juger téléologique* n'est pas une « quatrième critique ». – Il faudra, dans un premier moment faire paraître ce qui donne la clé de l'œuvre, en cette unité de ses deux parties, et qui est le jugement réfléchissant, qui se découvre d'abord dans le jugement esthétique. Il sera possible de faire voir alors le déploiement gagné dans les deux parties de l'œuvre, d'un côté au niveau critique, la raison, en son pouvoir et ses limites, et de l'autre dans l'ouverture sur le champ entier de la philosophie.

1. *CJ*, Ak V, 169,34-170,1 (cité : tome, page, ligne), Kant, *Œuvres philosophiques*, F. Alquié (dir.), « Bibliothèque de la Pléiade » (Pléiade), Paris, Gallimard, 1985, t. II, p. 920 (cité : tome, page).

2. *CJ*, Préface, Ak V, 169,26-170,5, Pléiade II, 919-920. – Voir *Critique de la raison pure*, *Appendice à la Dialectique transcendantale*.

La faculté de juger réfléchissante : le jugement esthétique

On se donne une bonne entrée dans la *Critique de la faculté de juger* en partant de la *faculté de juger réfléchissante*, comme ce qu'introduit dans le champ critique le jugement esthétique, avec pour premier effet, de situer la faculté de juger en position médiane entre entendement et raison. C'est une finalité qu'elle a pour principe, finalité concernant le sujet, mais on ne peut éviter la question d'une finalité objective, où on peut retrouver la démarche de la faculté de juger réfléchissante. C'est ce qui appelle la seconde partie sur la faculté de juger téléologique.

La faculté de juger, entre entendement et raison

C'est sur cette position de la faculté de juger entre entendement et raison que s'ouvre l'introduction de l'œuvre de 1790, qui n'était pas le simple élagage d'une première introduction trop longue[1], mais qui apportait des précisions décisives, spécialement dans ses trois premières sections. Kant prend appui sur la division de la philosophie en philosophie de la nature et philosophie de la liberté[2], déterminant ce qu'il appelle deux « domaines », ainsi nommés puisque c'est un type de *législation* qui caractérise chacun d'eux, *lois de la nature* pour l'un, *lois de la liberté* pour l'autre[3]. En filigrane on distingue l'entrée propre à chacune des deux premières *Critiques*, l'entendement, avec la physique mathématique newtonienne, la raison pratique pure, fait unique de la raison, loi de liberté en son caractère inconditionné. – C'est à ce point qu'intervient la faculté de juger, dont le rapport à la loi ne peut être celui d'une législation propre, la division des législations est disjonctive, mais « cependant un principe propre pour chercher des lois ». En rapport avec les deux législations, sans être elle-même législation, c'est une position que Kant n'hésite pas à dire *médiatrice* et qui revient à la faculté de juger[4].

Or, en la netteté de leur définition, les deux « domaines » se présentent d'abord comme séparés par un « gouffre dont la vue ne saisit pas le fond », les mondes définis par ces deux législations paraissant ne pouvoir avoir quelque « influence » l'un sur l'autre, tant sont opposées leurs législations. Il n'y a pas de *passage* de l'un à l'autre. Et pourtant à partir du second, et de la loi du devoir qu'il articule, il *doit* y avoir un tel passage[5]. C'est donc au *terrain* de la faculté de juger que l'on est renvoyé[6]. – Le jugement esthétique intervient à ce point. Il faut rappeler, en appui

1. Kant avait écrit une longue introduction, sans doute dès 1789 (*cf.* Pléiade II, 807), publiée dans le *Nachlass* (Ak XX, 195-251). Son intérêt indéniable ne saurait lui donner le pas sur l'introduction effectivement publiée par Kant.

2. *CJ*, Introduction I, Ak V, 171, 171, 13-15, Pléiade II, 923.

3. *CJ*, Introduction II, Ak V, 174, 23-31, Pléiade II, 927.

4. *CJ*, Introduction III, Ak V, 177, 4-12, Pléiade II, 930-931.

5. *CJ*, Introduction II, Ak V, 175,36-176,15, Pléiade II, 929.

6. *CJ*, Introduction III, Ak V, 177,9-12, Pléiade II, 931.

de la nouveauté qu'il représente sur le chemin critique, la note de la *Critique de la raison pure*, refusant l'usage fait du terme par Baumgarten, prenant pour parler du goût l'appellation valant pour *la science de la sensibilité*. Aussi bien Kant s'insurgeait-il contre cette extension indue de la science dans la détermination du beau, plaisir sensible, esquissant par là ce qui serait un trait fondamental de son analyse du beau. Les corrections introduites dans la seconde édition indiquent un changement dans cette appréciation [1], où la reconnaissance de la conscience de la loi morale comme *fait de la raison* donnant lieu à la deuxième *Critique* pouvait jouer un rôle, en introduisant cette sorte d'oxymore qu'est un « fait de raison », le « fait » ayant pour paradigme le constat sensible. – En son rapport à son objet, ainsi le beau, le jugement de goût ne se rapporte à aucune des deux législations caractérisant les deux domaines, nature et liberté, résultat qui s'obtient d'un coup pour l'un et l'autre en remarquant qu'il ne s'intéresse pas à *l'existence* de son objet, même si évidemment il la présuppose [2]. Il appartient en effet au *sentiment de plaisir et de peine*, il est un « senti », ce que Kant veut dire chaque fois qu'il parle de son caractère « subjectif ». – Il faut éclairer ici, et ce point est capital, son rapport à la *faculté de juger*. Il n'est, en aucune façon, ce qui précèderait le *senti* (ceci est beau, donc je le sens tel). Il n'est pas même ce qui suivrait le *senti*, ce qui le ramènerait à une analyse psychologique. *La faculté de juger s'identifie au senti même* [3]. On a ici l'entière position kantienne. On est au ras du sentir, et Kant ira jusqu'à parler simplement de *sensation* [4]. Or ce ne saurait être n'importe quel sentir, car *le jugement est d'un coup à l'universel*, il en connote la pleine *nécessité*, mais, clé valant de bout en bout de l'esthétique kantienne, *une universalité sans concept* [5]. On pressent ici que la faculté de juger esthétique est en position médiatrice, faisant, formule pleinement kantienne de la médiation, le *passage* dû entre les deux bords du gouffre. Je me contente de rappeler que la forme de *l'exposition des jugements de goût* fonde là-dessus sa structure ternaire : le beau prend place entre l'*agréable* et le *bien* au sens absolu de la morale [6].

Une finalité dans le sujet

Il faut faire voir, à ce point, comment, dans ce qui vient d'être dit du jugement esthétique, se découvre ce que Kant appelle « faculté de juger réfléchissante ».

1. *CRP*, Ak III, 50, 30-51, Pléiade I, 783. Ainsi une des corrections atténue le caractère empirique des « sources » de l'esthétique en ajoutant le qualificatif de « principales », l'exclusion du rapport à des lois *a priori* est précisée par « déterminées », qui va dans le sens de la mise à l'écart du concept dans le jugement de goût. *Cf.* Pléiade I, 1581, la note du traducteur concernant ce passage.

2. Il s'agit du « premier moment » de l'*Analytique du beau*, aboutissant à une première définition » du beau, *CJ*, § 5, Ak V, 211, 1-4.

3. *CJ*, § 9, Ak V, 216-218, Pléiade II, 974-978 : « Examen de la question de savoir si dans le jugement de goût, le sentiment de plaisir précède l'appréciation qui juge de l'objet ou si c'est l'inverse ».

4. *CJ*, § 39, Ak V, 291, Pléiade II, 1069, le titre : « la communicabilité d'une sensation ».

5. *CJ*, § 6, Ak V, 211, Pléiade II, 967, le titre : « Le beau est ce qui est représenté sans concept comme objet d'un plaisir universel ».

6. *CJ*, § 5, Ak V, 209,29-210,2, Pléiade II, 965.

L'introduction l'expose clairement. La faculté de juger en général est « le pouvoir de penser le particulier comme contenu sous l'universel », définition recevable dans la tradition de l'*Organon* aristotélicien. Entre les deux termes du jugement, pris selon la quantité, l'ordre va dans les deux sens. Le plus satisfaisant va de l'universel, sous lequel un particulier est subsumé, l'autre part du particulier, donné, et cherche l'universel qui pourra le subsumer. Le premier est *déterminant*, ce qui indique un point atteint, satisfaisant en cela. Le second est *réfléchissant*, il est, partant du particulier, *recherche* de l'universel[1]. On voit vite que l'on resterait dans une logomachie s'il s'agissait seulement du premier procédé inversé. – On a l'essentiel en reprenant la façon dont la faculté de juger a été présentée dans sa position médiatrice : elle n'a pas de principe pour une législation, mais elle a « un principe propre pour *chercher* des lois »[2]. C'est sur ce fond de recherche que se situe l'universel à trouver, et il faudra alors examiner les rapports entre ces deux moments de la faculté de juger, réfléchissante, déterminante.

Il faut d'abord rappeler comment le jugement esthétique rend manifeste toute la signification de la faculté de juger réfléchissante. Le départ est bien dans le particulier, en la plus forte particularité, celle du senti, émergeant dans la sensation. Et c'est d'un coup qu'il est à l'universel, en sa nécessité. Certes, on pourrait craindre une réussite trop grande. Elle se paie de l'absence de *concept*, qui serait un singulier appauvrissement si elle ne signifiait en même temps les « idées esthétiques », « donnant beaucoup à penser ». Mais je retrouverai cela plus avant[3]. – Pour l'instant, il faut cerner un peu plus ce que le jugement esthétique a en effet d'*énigmatique*. Je vais le faire, en me référant à la *Déduction des jugements de goût*, déduction évidemment fort nécessaire. En bref, ce jugement est à dire *synthétique a priori*, joignant, avec quel succès, sensible et intelligible. Je retiens l'expression étonnante qui parle de lui comme « d'une sensation de l'imagination et de l'entendement ». La référence à la sensation fait paraître un contexte de *schématisation*, mais elle ne peut consister, comme il en allait dans la première *Critique*, en image fournie pour un concept, puisque celui-ci fait défaut. Il y a bien, l'expression retenue le dit, imagination et entendement. Dans le ramassé du senti, il faut comprendre une schématisation réciproque des deux facultés prises en leur entier, échangeant leur caractéristique, liberté de l'imagination passant à l'entendement, la première s'imprégnant de la régularité du second. Ceci ayant pour lieu l'instant du senti – sensation donc et de l'imagination et de l'entendement[4]. – Or, la régularité donnée à la liberté se prend de la visée de la faculté de désirer qui la porte, une *fin*, donc, dans un dynamisme qui se régularise. Il est permis alors de parler de *vivification* des deux facultés[5], se rattachant au *sentiment de plaisir et de peine*. La *finalité*, en l'universalité de son dynamisme, est

1. *CJ*, Introduction IV, Ak V, 179,19-26, Pléiade II, 933.

2. *Supra*, p. 30.

3. *Infra*, p. 41.

4. *CJ*, § 35, Ak V, 287, 17-21, Pléiade II, 1063-1064.

5. *CJ*, § 35, Ak V, 287, 18-19, Pléiade II, 1064 (la traduction Pléiade rend *belebend* par « animant », ce qui affaiblit le sens).

bien ce qui habite ce *senti*. Et il est bien cette fois *passage*, joignant, en leur irréductibilité les deux bords de l'abîme.

L'être organisé, fin de la nature, transformation d'une finalité logique

Le rôle d'une finalité subjective, dans l'*Analytique de la faculté de juger esthétique* ne peut pas ne peut pas soulever la question d'une finalité *objective*. Or sur ce point la réponse est positive : il y a bien une telle question, en ajoutant, dans la Préface et dans l'introduction qu'il y est déjà pourvu, dès la *Critique de la raison pure*. Il s'agit de l'*Appendice à la Dialectique transcendantale*, et précisément de la *systématicité* à introduire dans les sciences de la nature. L'introduction à la *Critique de la faculté de juger* les rappelle expressément à propos de la question des *lois particulières*, qui contiennent une sorte de *contradictio in adjecto* : comment une loi peut-elle aller sans universalité [1] ? Un chemin était celui de la vieille tradition des prédicables, s'occupant de cette première manifestation de la raison humaine qu'est la *classification* procédant par *définitions*. Ces dernières ont pour forme un *prédicat* attribué à un sujet, d'où l'appellation de *prédicables*. Il s'agit d'unité donnée à une diversité. L'unité est apportée par le *genre* et la règle est de « ne pas les multiplier sans nécessité », afin de pousser au plus loin l'unification. Mais c'est tailler large, et il faut la *différence spécifique*, comme ajustage, car il ne faudrait pas « diminuer témérairement les variétés ». Cette tension entre unité générique et variété des espèces appelle un troisième principe logique, celui de la *continuité des formes*. Elle est rendue possible par des *affinités*, thème largement développé dans la première forme de l'introduction, permettant des rapprochements, autorisés par une *finalité*, ainsi la *vie*, fin unifiant tous les *vivants*, en l'immense variété de ses formes [2].

Qu'il suffise de cette brève évocation : on voit que ce qui l'autorisait était finalement une finalité, permettant les rapprochements, suivant des *affinités*, thème largement développé dans la première forme de l'introduction. Il y avait la finalité *objective*, faisant appel aux concepts, mais en son usage, elle revenait vers la finalité subjective, répondant à un *besoin de systématisation* de notre entendement, lié en cela à une attente de la raison. La visée de ces considérations était dans la première *Critique* de donner aux trois idées de la raison un statut régulateur, et non constitutif [3]. Mais tout cela n'était au bout du compte que redire l'inutilité d'une reprise dans le cadre d'une *Critique de la faculté de juger*. Rien ne s'ouvrait par là qui aille au jugement réfléchissant.

On peut, il est vrai, dans cette question des *lois empiriques* déplacer l'attention de la loi valant dans une particularité de certaines conditions de l'expérience (attention qui invite, en effet, à chercher les voies d'une systématisation), sur l'*expérience* elle-même, toujours particulière, en sa qualité de donné sensible. Une telle attention nous aiguille vers la problématique du jugement réfléchissant.

1. *CJ*, Introduction IV, Ak V, 180, 18-30, Pléiade II, 934-935.
2. Cf. *CRP*, A 652-658, B 680-686, Ak III, 432,23-436,3, Pléiade I, 1254-1258.
3. *CRP*, A, 689-692, B 717-720, Ak III, 453, 35-455,17, Pléiade I, 1280-1282.

Pour aller à l'essentiel, je noterai tout d'abord que l'Analytique de la faculté de juger téléologique s'organise selon une triade, ainsi qu'il en allait dans l'exposition du jugement de goût. Il s'agit d'un côté d'une téléologie formelle, fondée sur la recherche d'applications possibles de régularité mathématique, finalité qui s'épuise en elle-même une fois qu'elle a été exprimée. D'un autre côté, il y a une finalité externe, ouvrant sur des dispositifs utiles, ainsi le vent du soir, venant de la mer, avec pour finalité le bien-être des habitants. Mais il est une troisième finalité, en position médiane, qui a quelque chose de la rigueur de la finalité formelle, mais qui cette fois n'est plus finalité externe, mais bien *finalité interne* constitutive de cet être. C'est du vivant qu'il s'agit, en tant qu'il est non plus le vivant machine du cartésianisme, mais l'*être organisé* de la biologie, contemporaine de Kant, et dont il a su saisir très vite la portée[1].

Un premier point, essentiel, est qu'il n'est pas possible de *déduire* la nécessité d'existence d'un être vivant. Il y a en ce point une différence irréductible par rapport à un système du monde, comme l'était celui de Newton. L'illustration la plus remarquable du propos kantien est, au XIXe siècle, la découverte de l'existence d'un nouveau satellite du soleil, Neptune, par Le Verrier, à partir de calculs. Le vivant en sa spécificité, et tout autant en son individualité ne peut être *connu que par l'observation*. Mais, en cette observation même il est connu comme système, celui où il y a causalité réciproque du tout et des parties, un organisme donc, où la finalité se recourbe en quelque sorte sur elle-même, en finalité interne depuis les différentes sortes de sa formation, germination ou gestation, en passant par sa naissance, sa croissance, le maintien de sa vie, les suppléances possibles pour un organe défaillant, la continuation de l'espèce, et jusqu'à sa mort, en tout cela se vérifie cette causalité, et c'est pourquoi il faut le considérer comme une *fin naturelle*[2].

Il faut parler ici de *jugement réfléchissant*. D'abord, et c'est essentiel, il est bien du côté de la sensation vive, comme il en allait avec le jugement de goût, puisqu'on ne saurait partir de quelque élément prévu par un système. Il y faut *l'observation*. Mais c'est en cette observation même qu'il est perçu comme *système*, en raison des *organes* qui le mettent en rapport avec son environnement, dans les échanges qu'exige sa vie. Ce n'est pas le cas pour l'observation d'un rocher, ou d'une montagne, et si quelque mouvement est perceptible, ainsi les vagues et les marées, on se hâtera de conjecturer quelque vie. On est bien dans la faculté de juger réfléchissante, partant du donné sensible, à la recherche de ses lois, mais immédiatement prises dans une totalité, scellée par une fin. Certes, il n'y a plus cette énigmatique conjonction du plus particulier à l'universel, par quoi le jugement esthétique découvrait le jugement réfléchissant. – Qu'il suffise à ce

1. *CJ*, Il s'agit des trois premières sections ouvrant l'*Analytique de la faculté téléologique* : § 62 : Finalité objective (prise du point de vue formel), § 63 : Finalité relative de la nature (différente de la finalité interne), § 64 : Les choses comme fins naturelles (finalité interne réciproque entre tout et partie pour le vivant).

2. *CJ*, § 64, Ak V, 371,7-372,11, Pléiade II, 1162-1163.

point de mentionner l'ouverture qui s'annonce ainsi. Parler de fin naturelle ne permet pas de dire que « l'existence de cette chose est fin de la nature ». Mais, dans ce qui appartient encore à la simple analytique du jugement téléologique, une perspective s'ouvre sur une « fin de la nature », mais à condition que soit connue une « fin ultime », relevant du supra-sensible, « car la fin de la nature même doit être recherchée au-delà de la nature »[1].

C'est, cette fois, une *Critique de la faculté de juger téléologique* qui se déploie, faisant signe déjà vers une dialectique. On est dans les promesses du jugement réfléchissant qui se formait dans le jugement esthétique, bien au-delà de la simple redite de l'Appendice à la dialectique transcendantale de la *Critique de la raison pure*. Ce sont deux moments de ce déploiement que nous avons maintenant à présenter.

LA RAISON EN EXCÈS
LE SUBLIME, L'ENTENDEMENT INTUITIF

On a vu l'importance de la structure ternaire dès l'exposition des jugements esthétiques mettant en position médiane la faculté de juger, en sa forme réfléchissante. Le même dispositif se retrouve pour la faculté de juger téléologique : entre entendement et raison vient l'imagination, en même position de passage. – Il se trouve qu'un quatrième terme s'ajoute, de manière très claire, au niveau des jugements esthétiques. Cela invite à examiner si un pareil dispositif ne pourrait pas être repéré dans la seconde partie, et c'est à l'entendement intuitif que l'on peut penser. Dans les deux cas, en effet, c'est de la raison qu'il s'agit, proche et inaccessible.

Le sublime, échec éprouvé de l'imagination

L'*Analytique du sublime* se clôt avec une *Remarque générale sur l'exposition des jugements esthétiques réfléchissants*. Elle commence en reprenant les diverses sortes de sentiment de plaisir, mais c'est cette fois une division quadripartite, puisque, entre l'*agréable* et le *bien* viennent le *beau* et le *sublime*. L'agréable dit la satisfaction des désirs, par rapport auxquels il est en position de mobile. Le bien est pris au sens absolu du commandement adressé à une liberté. Le sentiment de plaisir résulte de tout ce qui est éprouvé comme obstacle à ce commandement, et de la supériorité alors ressentie. On reconnaît là, au niveau du sentiment de plaisir et de peine, le *respect*, unique sentiment moral, conjuguant humiliation et élévation. Dans le rapport à l'*esthétique*, Kant note qu'à la différence de l'agréable, l'action bonne peut être dite sublime, mais aussi *belle*, ce qui n'est pas sans anticiper sur le beau « symbole de la moralité »[2]. – On peut certes dire que le passage

1. *CJ*, § 67, Ak V, 378,12-19, Pléiade II, 1170-1171.
2. *CJ*, Ak V, 266,18-267,21, Pléiade II, 1038-1039.

de la division tripartite à une division quadripartite tient simplement au fait que ce qui est alors repris est la double analytique du beau et du sublime, deux sortes du jugement *esthétique*.

Il aurait été donc possible, pour garder la structure ternaire dont on a vu l'importance, de mentionner ici globalement les jugements esthétiques. Mais c'eut été masquer une dissymétrie entre les deux sortes de jugements esthétiques. Les indices en sont d'abord la déclaration que le beau a besoin d'une déduction, ce qui n'est pas le cas pour le sublime. Une des raisons de cela est l'impossibilité de qualifier un objet de *sublime*, car c'est seulement une disposition du sujet qui et indiquée[1]. – Cette espèce d'isolement du sublime, qui n'aura pas à revenir par la suite, le place en même temps dans une sorte de *culmination*. Cela paraît un peu plus avant, quand lui est rattaché l'affect d'*enthousiasme*, avec l'illustration du peuple juif éprouvant ce sentiment pour la loi « sublime » d'interdiction de toute image taillée qui voudrait représenter le Dieu de l'Alliance, qui l'a choisi comme son peuple[2]. – À la racine de cette fierté, se trouve ce qui est à la source et de la parenté, et de la différence entre beau et sublime, et qui est leur rapport à la *schématisation*. Les jugements esthétiques en relèvent, à la jointure du particulier sensible et de l'universel. Il y a certes une sorte de distension avec les jugements de goût, se déplaçant de l'objet des facultés à conjoindre aux facultés elles-mêmes. Mais elle est positive. Si elle est *subjective*, c'est qu'elle est, en sa qualité de senti, vivification des facultés, et elle dit un rapport à la nature et à l'art, qui demanderont justement une déduction[3]. – Avec le sublime, on est en face de *l'échec de la schématisation*, rendant inutile la déduction. Mais en même temps, cet échec de l'imagination en sa tentative de schématiser indique que des concepts, écartés par le beau, elle est passée au niveau des idées et de la raison. Et, paradoxalement, cet échec dans la tentative de *présentation des idées de la raison* est la seule présentation possible[4] – le Dieu de l'Exode est celui que l'on approche seulement en écartant toutes les images. C'est la destination totale de l'homme qui se dit dans cet échec.

L'entendement autre que le nôtre : l'entendement intuitif

C'est bien de notre entendement que s'occupe Kant, lorsqu'il place la faculté de juger entre entendement et raison, et expose, dans l'introduction, les facultés supérieures de la connaissance. Aussi l'insistance, dans la *Dialectique de la faculté de juger téléologique*, sur un *entendement autre que le nôtre* fait-elle penser à une culmination dans la structure de l'œuvre homologue à celle qui représente le sublime dans la première partie. On peut certes relever dans l'introduction

1. *CJ*, § 30, Ak V, 280,1-15, Pléiade II, 1055.
2. *CJ*, Ak V, 274, 20-28, Pléiade II, 1048.
3. *CJ*, § 31, Ak V, 280, 21-29, Pléiade II, 1056.
4. *CJ*, Ak V, 268, 1-14, Pléiade II, 1039-140.

elle-même de brèves allusions à « un autre entendement », le plus souvent entre parenthèses, et pris dans le questionnement sur les lois empiriques, se dégageant difficilement d'une perspective purement logique[1].

Il faut revenir ici au raccourci qui, de l'être organisé comme fin naturelle, reconnaît la nécessité de penser une fin de la nature, qui va aller jusqu'à poser une fin ultime, à valeur absolue, de l'ordre de l'inconditionné, je reviendrai là-dessus à propos du terme des deux parties de la *Critique de la faculté de juger*[2]. Il est bien difficile d'éviter l'impression d'un saut indu d'un genre à un autre. – Pour faire droit à la démarche kantienne, ici, il faut *voir dans l'entendement intuitif l'exigence du jugement réfléchissant*, tel qu'il se rencontre dans le jugement sur le vivant, compris comme être organisé. – Le jugement réfléchissant est toujours à penser en couple avec le jugement déterminant, les modalités du couplage étant fort diverses. C'est ce dernier qui accomplit le vœu du concept, la saisie de ce que l'on cherche à connaître, qui a valeur opératoire. C'est à partir d'elle que peuvent se déterminer cause matérielle et formelle, permettant l'effectivité. Mais c'est cette dernière dimension du processus causal que la fin *pensée par l'entendement humain* ne saurait poser. Le régulateur kantien, pensée d'un processus sans son effectivité, rejoint ainsi le jeu des quatre causes aristotéliciennes. L'observation du vivant, où l'antinomie est surmontée dans la fécondité qui fait aller ensemble finalité et mécanisme, était un domaine où Aristote a été maître[3].

Le centrage sur la faculté de juger chez Kant est ici très précieux, et il faut se rappeler qu'il est tout entier présent dans la *Critique de la raison pure*, les « principes de l'entendement pur » sont sous le titre général d'une *Analytique du jugement*. Le jugement réfléchissant est à la recherche de la loi de ce qui vient dans le donné de l'expérience, partant de lui, réfléchissant sur lui la lumière où il prend sens. Mais la loi trouvée devra porter les déterminations, le regard de l'esprit, l'*intuition*, interrompant en quelque sorte la patiente montée du jugement réfléchissant depuis la luxuriance du donné sensible. – L'entendement intuitif est celui qui ne perd rien du multiple, tout en étant regard de pleine unité – le vœu, en quelque sorte, du beau titre de l'ouvrage majeur d'Emmanuel Levinas, *Totalité et infini*, compris non pas comme choix à faire entre les deux notions, mais comme leur réunion en un impossible regard. On comprend l'insistance de Kant sur l'altérité d'un tel entendement, pas le nôtre. Davantage encore nous ne pouvons nous en faire une idée, sans cependant trouver quelque poste dans la table du rien de la première *Critique*[4], pour la raison qu'il est l'inversion complète du « vide » à partir de quoi s'énonce chacun de ses moments, au titre de *réflexion* accomplie sans reste, entière altérité pour notre entendement.

1. *CJ*, par exemple Introduction IV, Ak V, 180,23-24, Pléiade II, 934.
2. *Infra*, p. 41-42.
3. Aristote, *Physique*, II, 3, 194b-195a.
4. *CRP*, A 292, B347, Ak III, 245, Pléiade I, 1011.

L'antinomie de la faculté de juger, la biologie naissante

L'entendement intuitif appartient à la *Dialectique de la faculté de juger téléologique*, et il suit l'exposé de l'antinomie au début de cette *Dialectique*. J'ai préféré le présenter à partir de la notion même de jugement réfléchissant. Il importe cependant d'examiner pour elle-même cette antinomie, précisément parce qu'elle marque bien la place de la considération du vivant dans la troisième *Critique*. C'est, il est vrai, par la question des *lois particulières* que Kant l'aborde. Il rappelle d'abord « les lois universelles de la nature matérielle en général », auxquelles suffit le jugement déterminant. Le problème se pose quand on a affaire à ces « lois particulières », connues seulement par expérience, et où il y a diversité et hétérogénéité. Elles débordent sans aucun doute le monde des vivants, mais ce sont bien celles qui peuvent se regrouper dans le schéma ternaire de l'*Analytique de la faculté de juger téléologique*, avec au centre l'être vivant, comme fin naturelle, à comprendre comme *être organisé*[1]. Je n'entre pas dans les débats sur les diverses manières d'aborder chez Kant la question de la vie.

L'antinomie, unique, comme il est de règle dans la *Critique de la faculté de juger*, affirme en thèse l'universalité de l'explication par des lois mécaniques, tandis que l'antithèse oppose quelques productions impossibles par de telles lois, qui doivent être rapportées à une causalité finale. On peut remarquer que cette antinomie retrouve la forme classique des antinomies de la première *Critique*, ce qui n'était pas le cas pour l'Esthétique. C'est la formule rigoureuse de la contradiction[2]. – La résolution est remarquable, car elle consiste à traiter en valeur *régulatrice* les deux côtés de l'antinomie[3]. Il faut tout de suite dire que l'on est entièrement dans la perspective du jugement réfléchissant, dans la mesure où il est *recherche de loi*. Pour éclairer cela, il n'est pas inintéressant de rappeler les analogies de l'expérience, principes de l'entendement pur, en lien étroit avec la structure des *Principia* de Newton. Il se trouve que ces analogies sont dites *régulatrices*, ce qui ne laisse pas d'étonner, puisque l'on est dans la constitution même de la physique mathématique. Une mise au point vient dans l'*Appendice* plusieurs fois rencontré, expliquant que cette valeur régulatrice est à entendre du rapport à l'intuition, les analogies étant constitutives par rapport à l'expérience[4]. – Cette régulation renvoie à la base de la limite *critique* : *l'existence* de l'objet ne se laisse pas construire, elle ne peut être que donnée, et de ce point de vue, les analogies donnent la marque et la règle pour la chercher dans l'existence. L'existence étant donnée, l'articulation des principes mathématiques et des principes dynamiques permet de constituer l'objet, selon une construction mathématique[5].

Ici l'existence est toujours ce qui ne peut être que donné. Mais il s'agit cette fois d'un *organisme*, avec la causalité réciproque entre le tout et les parties. Cela

1. *CJ*, § 70, Ak V, 386,13-387,2, Pléiade II, 1179-1180.
2. *CJ*, § 71, Ak V, 387,3-9, Pléiade II, 1180.
3. *CJ*, § 71, Ak V, 387,10-16. Pléiade II, 1180-1182.
4. *CRP*, A 664, B 692, Ak III, 439,15-21, Pléiade I, 1263.
5. *CRP*, A 179-180, B 221-222, Ak III, 160,20-161,14, Pléiade II, 916-917.

veut dire d'abord qu'il y a causalité selon des processus de type mécanique, des parties en coordination avec le tout, par rapport à quoi elles se définissent comme parties. Mais il y a aussi, et en même temps, la réciprocité qui met le tout au service des parties, avec tout particulièrement les systèmes de suppléance possibles, évidemment limités. Une part d'aléa s'inscrit du coup dans une telle structure, interdisant de consolider les séries mécaniques comme c'est le cas dans les corps inertes. – Kant était déjà dans une telle perspective, lorsque dans son premier grand ouvrage personnel, *Histoire générale de la nature ou théorie du ciel*, il cherchait à dépasser Newton par Newton. Il s'agissait en effet, à partir des lois de base de la gravitation universelle, d'exposer la formation du monde qui est le nôtre à partir d'un état primitif de chaos. Et à l'objection d'une impossible prétention, le jeune Kant répliquait que le défi n'était pas grand, de qui déclarait : « Donnez-moi de la matière et je vous ferai un monde », alors qu'il était sûr d'être perdu pour qui dirait : « donnez-moi la matière, je vous ferai une chenille » [1]. Bien trop grande est la complexité du vivant.

L'organicité, apport majeur de la biologie au XVIIIe siècle, ne rendait pas caduc le modèle de l'animal machine de la tradition cartésienne, mais en demandait une révision, telle celle que tentait Kant dans la solution de l'antinomie. Pareillement, les progrès de la biologie aux XIXe et XXe siècles, avec en particulier la place faite à la recherche au niveau cellulaire et à la génétique, ne rendent pas caduque la pensée de l'organisme du XVIIIe siècle, mais en demande une révision, pour laquelle je pense que la façon dont Kant faisait aller ensemble mécanisme et finalité demeure un modèle utile.

AU TERME, SYMBOLE ET FIN ULTIME, VERS LE CONCEPT COSMOPOLITIQUE DE LA PHILOSOPHIE

Je voudrais maintenant venir au terme des deux parties de la *Critique de la faculté de juger*, pour vérifier une avancée commune, en des formes diverses, qui sont autant de marques de l'unité de l'œuvre en deux parties, et du profit réciproque de la reprise de la finalité objective, qui avait déjà été traitée. On a affaire dans les deux cas à l'ampleur de l'horizon ouvert. Dans la première partie, il s'agit du paragraphe sur le symbole, couvrant le champ entier de la connaissance. Dans la seconde, il s'agit de ce qui est désigné comme *fin ultime*, ouvrant sur des problèmes théologiques. On peut remarquer tout de suite que le texte sur le symbole appartient à ce qui, dans la première partie, relève de la *Dialectique*. Il y a bien une *Méthodologie*, extrêmement brève, pour respecter la structure d'une *Critique*. Au contraire, ce qui va être évoqué de l'aboutissement de la seconde partie appartient à une très longue *Méthodologie*.

1. *Histoire*, Ak I, 229-230, Pléiade I, 46-48.

Hypotypose schématique, et hypotypose symbolique

Sous le titre de « la beauté comme symbole de la moralité », c'est le champ entier de la connaissance qu'ouvre Kant, et très précisément au niveau où dans la *Critique de la raison pure* est abordée la *Doctrine transcendantale de la faculté de juger*, avec la question du *schématisme*. C'est de l'articulation entre sensible et intelligible qu'il s'agit, pris en sa difficulté majeure, celle des concepts purs de l'entendement. Kant commence ici par une sorte de recentrage terminologique, sous le terme général d'*hypotypose*, littéralement de *modèle* (*type*) *mis en dessous*. Le terme est précisé par une formule latine : *subjectio sub adspectum*, mise sous le regard, parfaite description du mouvement de la pensée, l'équivalent global allemand étant *Darstellung*, terme auquel Kant donne comme répondant latin *exhibitio*, et que l'on rend bien en français par *présentation*. Il s'agit là, résumant cet effort de précision dans l'expression du questionnement transcendantal, d'une *Versinnlichung* du concept, de son *passage au sensible*, hors de toute confusion entre sensible et intelligible[1].

Sans pouvoir faire le commentaire détaillé que demanderait ce texte, où deux fois le terme de *réflexion* intervient, je prendrai appui sur un exemple donné par Kant, le moulin à bras, symbole de l'État despotique, et le corps animé, symbole de l'État constitutionnel. La faculté de juger est occupée à une double affaire en une telle *hypotypose*. La première est l'hypotypose schématique, appliquant un concept à un donné intuitif, en un jugement déterminant (corps animé, machine à bras), en une présentation directe. En cette double et unique procédure, l'hypotypose symbolique consiste alors, pour la faculté de juger, « à appliquer la règle de réflexion sur cette intuition sur un tout autre objet » (État despotique ou constitutionnel), en produisant une *présentation indirecte*. Le symbole consiste alors à remettre la chose connue dans le champ du sensible, au départ donc du jugement réfléchissant, mais afin cette fois de l'appliquer à ce qui n'est pas une chose du monde sensible, un État[2]. – On tombe dans une impasse, lorsqu'on prend le symbole comme une chose, alors qu'il s'agit *d'une opération de connaissance*.

Il faut même faire un pas de plus, en prêtant attention à une problématique de langage expressément abordée par Kant, pour se distinguer de la *caractéristique* leibnizienne. Le symbole dont il est alors question n'est aucunement ce que Leibniz nomme *symbole*, signes, algébriques ou mimiques, qui sont des « expressions pour des concepts »[3]. En revanche, Kant explique que « notre langue est pleine de telles représentations indirectes » qui offrent « un symbole pour la réflexion », et c'est l'exemple des métaphores du langage philosophique qu'il propose. Il y a couplage, dans la vie du langage, entre faculté de juger déterminante et faculté de juger réfléchissante, que ce rapport soit ou non explicité[4]. – Tout au long de la *Critique de la faculté de juger esthétique* affleurent des

1. *CJ*, § 59, Ak V, 351,23-31, Pléiade II, 1142.
2. *CJ*, § 59, Ak V, 352,8-25, Pléiade II, 1142-1143.
3. *CJ*, § 59, Ak V, 351,32-252,7, Pléiade II, 1142.
4. *CJ*, § 59, Ak V, 352,25-353,2, Pléiade II, 1143.

problèmes de langage. Les idées esthétiques sont une voie pour exprimer l'ineffable[1]. C'est le fond de l'antinomie esthétique, appuyée sur l'absence de concept : il s'ensuit que l'on ne peut *disputer*, fournir des arguments probants. Et pourtant il faut *discuter*, faire place à la parole, seule assurance de l'universalité du jugement de goût[2]. Il s'agit de la *communicabilité d'un sentiment*, qui va jusqu'à valoir comme définition d'un tel sentiment[3]. Ce n'est pas immédiatement le langage, mais cela en indique les racines, la promotion d'un organe du corps sensible, l'oreille, recevant et réglant la voix.

Nous revenons à la seconde partie de la *Critique de la faculté de juger*, avec la question de l'être organisé.

Fin dernière et fin ultime

Il faut revenir au vivant, à l'être organisé, qualifié de fin naturelle. C'est dire qu'il y a un produit de la nature, qui atteste la possibilité de la penser comme système de fins, avec donc une *fin dernière*, expression de cette systématicité. Cela peut paraître beaucoup, mais comme il s'agit seulement d'exigence *logique*, rien n'est dit de ce qui verra attribuer la place de fin dernière. Kant prend plaisir au propos de Linné, expliquant que les végétaux existent pour nourrir les animaux, ceux-ci étant pour la nourriture et le service des hommes, les hommes étant fin dernière. Mais on peut aussi dire que les animaux sont là pour éclaircir les plantes, de sorte qu'elles ne s'étouffent pas, et que l'homme est là pour que les animaux fassent correctement ce travail, si bien que les végétaux sont la fin dernière de la nature[4]. – Et c'est pourquoi en ce point, il faut introduire la *liberté*, inconditionné qui stabilise le système. Et l'homme ne sera pas alors seulement *fin dernière* (*letzter Zweck*), mais bien *fin ultime* (*Endzweck*), en entendant par là une fin valant absolument. Aussi faut-il noter que la liberté ne peut pas être un simple paramètre supplémentaire. Il faut note Kant, que l'homme choisisse et veuille la liberté[5].

Il devient possible, dès lors, de donner à la nature une fin dernière stable – l'homme. Encore faut-il préciser la façon dont la nature s'ordonne à l'homme. Cette fin ne saurait être le bonheur, l'homme est traité avec la même rudesse que les autres vivants. Elle est la culture de l'homme, puissamment définie comme aptitude à toutes sortes de fins[6]. C'est de l'homme en société qu'il s'agit dès lors, et la dureté même de la nature stimule le développement des institutions et des arts. L'homme est ainsi plus civilisé, mais pas pour autant plus moral. C'est même une « brillante misère » qu'évoque Kant, avec les jalousies entre individus et peuples[7]. Le ton, en ces lignes, ne contredit pas « l'insociable sociabilité » de l'écrit sur l'histoire de 1784, mais il met bien l'accent sur l'adjectif.

1. *CJ*, § 49, Ak V, 316, 19-25, Pléiade II, 1100.
2. *CJ*, § 56, Ak V, 338,31-339,2, Pléiade II, 1127.
3. *CJ*, § 40, Ak V, 295,26-29, Pléiade II, 1075.
4. *CJ*, § 82, Ak V, 427,4-13, Pléiade II, 1229.
5. *CJ*, § 83, Ak V, 431,3-11, Pléiade II, 1233-1234.
6. *CJ*, § 83, Ak V, 431,28-30, Pléiade II, 1234.
7. *CJ*, § 83, Ak V, 432,13-27, Pléiade II, 1235.

En passant de la *fin dernière* à la *fin ultime*, Kant ne parle plus de *nature*, mais de *création*, et on comprend que cette méthodologie fasse une large place à la question théologique[1]. Je me borne ici à une fort importante remarque, sur la preuve morale de l'existence de Dieu, qui semble bien requise pour assurer la cohérence de ce statut de l'homme, fin ultime de la création. – C'est la question de l'*athée* que pose Kant. L'enjeu est grand, s'il est vrai que le tournant dans la réflexion morale dont il est le témoin consiste à refuser que l'obligation morale soit dépendante d'un fondement théologique. L'athée a donc connaissance de la loi morale, et il cherche à la faire sienne, en sa sainteté. Il voit cependant que le monde, avec tous ses désordres, traite l'homme sans prendre en compte sa dignité, inscrite comme une exigence de la loi morale. Ce n'est pas quelque sentiment d'injustice qu'il ressent alors. Il sent cependant que cette sorte d'impuissance de la loi morale face à la réalité du monde et ce que porte en elle la loi morale pourrait diminuer le respect qu'il lui porte, et dès lors il se fait croyant *dans une visée pratique* selon l'inconditionné d'une loi de liberté[2].

Conclusion

La *Critique de la faculté de juger* téléologique n'est donc pas une quatrième Critique, elle est la seconde partie de la troisième *Critique* qui marque, comme Kant le dit explicitement, l'achèvement de l'œuvre critique. Au fondement de cela est la structuration de la philosophie en deux domaines définis par deux législations, celle de la nature relevant de l'entendement et celle de la liberté, relevant de la raison pratique pure. La faculté de juger ne vient pas en position séquentielle, mais en médiation, bouclant de ce fait l'entreprise critique. Cette position résultait de l'énigme de la faculté de juger esthétique, dès lors que l'on prenait au sérieux cette appellation, le plus particulier porté d'un coup à l'universel, obligeant à penser la faculté de juger réfléchissante. Le paradoxe était alors la réouverture d'un dossier déjà clos, celui de la finalité qui est une façon d'exprimer l'exigence de systématicité propre à la raison.

Je voudrais en conclusion revenir sur le gain ainsi obtenu sans faire tort à l'unité de l'œuvre. Il ne serait pas impossible de chercher cela du côté logique, la place faite aux lois particulières y serait favorable. On ne peut s'y tenir cependant, car il s'agit là d'une logique formelle, à un niveau où le point de vue transcendantal est seul pertinent. L'unité provient de *l'être vivant*, irréductible à la *notion* de vie. Dans la première partie, il est question de la *vivification* mutuelle des deux facultés, entendement et imagination. On aurait tort d'y voir un indice léger, car c'est ce qui situe le jugement esthétique dans le sentiment de plaisir et de peine. Et on comprend que les lois particulières dans la seconde partie soient finalement celles du *vivant*, où le départ est non le concept de vie, mais l'*observation* de l'être vivant, identifié comme l'être qui se maintient comme un tout, et disparaît aussi

1. Cf. *CJ*, § 84, le titre : « De la fin ultime de l'existence d'un monde, c'est-à-dire de la création même ».

2. *CJ*, § 87, Ak V, 450,31-453,5, Pléiade II, 1257-1260.

d'un coup, par la mort. – Vient en appui de cela une particularité de la structure de la troisième Critique que je voudrais relever. L'ampleur maximale de visée, repérée dans la *Critique de la faculté de juger esthétique*, est atteinte dans la *Dialectique*. Il s'agit des hypotyposes, c'est-à-dire de présentation, par là d'expression. Aussi la problématique du langage se fait-elle explicite, elle sert à illustrer l'hypotypose symbolique. La méthodologie est très courte, le but étant déjà rejoint. Si dans la *Critique de la faculté de juger téléologique* l'ouverture sur le champ entier de la philosophie appartient à la *Méthodologie*, c'est qu'en elle le *tournant pratique* est pleinement explicité, puisqu'il fallait, pour passer de la fin dernière de la nature à la fin ultime expliciter la liberté en son acte. Et c'est pourquoi le parcours de la *Métaphysique des mœurs*, du droit à la morale, y est esquissé. Le passage entre la législation de la nature et la législation de la liberté est assuré. Il n'est pas besoin d'une quatrième *Critique*. La *Critique de la faculté de juger*, dans l'unité de ses deux parties, est l'achèvement de la Critique.

François MARTY
Centre Sèvres

KANT ET LA TÉLÉOLOGIE[1]

Le traitement kantien de la finalité a toujours été subordonné à des considérations systématiques plus vastes concernant la « philosophie critique » envisagée comme un tout. Or la biologie créait de sérieuses difficultés pour concevoir l'unité de la science dans un « ordre de la nature » cohérent selon le cadre privilégié par Kant. La voie choisie dans sa philosophie de la science biologique consistait à reformuler les enjeux de la biologie comme régulateurs plutôt que constitutifs, c'est-à-dire comme descriptifs (heuristiques) plutôt qu'explicatifs (scientifiques). La troisième *Critique* propose essentiellement la réduction de la biologie à une espèce de descriptivisme préscientifique, voué à ne jamais atteindre l'authentique scientificité, à ne jamais avoir son « Newton du brin d'herbe »[2].

Plusieurs historiens et philosophes de la biologie ont crédité Kant d'une élucidation de « l'être organisé » ayant rendu possible la cristallisation de la biologie comme science autonome. Mais Peter McLaughlin s'est livré à un examen fort utile du développement de la pensée du XVIIIe siècle sur les organismes, qui attribue à John Locke la percée décisive. Selon McLaughlin, Locke

> tenta de déterminer la différence entre l'identité dans le temps d'un agrégat ou d'une masse, et celle d'un organisme. L'identité d'une substance matérielle ou d'un corps physique consiste dans l'identité de ses parties et ultimement dans l'identité des atomes qui la composent [...]. L'identité d'un organisme, d'un autre côté, ne consiste pas dans une identité substantielle mais plutôt dans l'identité virtuelle (modale), dans l'identité du processus de renouvellement continué et de régénération des parties du système de l'organisme [...]. Un corps organique est maintenant conceptualisé comme quelque chose qui reste identique à soi-même par la reproduction continuelle de soi-même et de ses parties[3].

1. Je remercie Philippe Huneman pour avoir traduit cet essai en français.

2. *CJ*, § 75, Ak V, 400.

3. P. McLaughlin, *What Functions Explain: Functional Explanation and Self-Reproducing Systems*, Cambridge, Cambridge UP, 2001, p. 76.

Ainsi, le remplacement d'un atome de carbone par un autre – au niveau des particules – n'affecte en rien l'identité de la *partie* ou de l'organisme. Pour Locke, et *a fortiori* pour Buffon et ceux qui le suivirent, la « finalité intrinsèque » était un état de fait concernant les phénomènes biologiques concrets; les caractéristiques de l'autorégulation interne étaient des hypothèses émergeant de la pratique de recherche réelle. Ceci fut la reprise et la reformulation, décisive au XVIIIe siècle, de la notion aristotélicienne d'entéléchie, de finalité intrinsèque. Buffon en fit l'une des questions empiriques cardinales des sciences de la vie du XVIIIe siècle, posée en particulier à partir de sa notion de *moule intérieur*[1]. Kant l'a héritée par le biais des discussions qui suivirent parmi les biologistes de l'époque.

Kant entame sa « Critique du jugement téléologique » par une considération sur « la structure d'un oiseau, la cavité présente dans ses os, la disposition de ses ailes en vue du mouvement et de sa queue pour diriger son vol, etc. »[2]. La question qu'il pose immédiatement est celle de savoir comment la nature aurait pu produire celle-ci. Il affirme qu'il n'y a aucun autre moyen que le « simple *nexus effectivus* » qui puisse rendre compte dans la nature de cette production; celle-ci est irréductiblement contingente. Sa thèse célèbre est que nous recourons au *nexus finalis*, à la causalité selon des fins, pour organiser notre réception de ce phénomène. Mais nous faisons ceci « uniquement de manière à soumettre la nature, par analogie avec la causalité d'après des *fins*, à des principes d'observation et d'investigation, sans prétendre par là l'*expliquer* »[3]. Considérer la téléologie comme explicative serait « introduire une nouvelle causalité dans la science naturelle, même si en fait nous empruntons simplement cette causalité à nous-mêmes »[4]. Ce serait alors un « genre spécial de causalité, ou au moins une légalité de la nature » et « même l'expérience ne peut pas prouver qu'il existe réellement de telles fins »[5].

Kant caractérise provisoirement ce qui se présente phénoménalement sous forme de fin naturelle comme « une chose qui est *à la fois cause et effet d'elle-même* »[6]. Nous « pouvons penser cette causalité sans contradiction, sans toutefois pouvoir la saisir (*begreifen*) »[7]. C'est-à-dire que nous ne pouvons la ramener aux concepts de notre entendement. L'organisme est-il un fait ou une confusion de l'expérience? La *reconnaissance* même d'un organisme est problématique pour Kant. Nous avons besoin de pouvoir *saisir* l'objet en premier lieu comme un tout organisé. Nous pouvons seulement construire cette signification en termes d'artifice, et Kant savait que ceci en dit bien trop peu sur la nature et ses produits organisés. Comme le dit Hannah Ginsborg, « reste la question de savoir comment nous pouvons même *considérer* de manière cohérente quelque chose à la fois

1. Ph. Sloan, « The Gaze of Natural History », dans C. Fox, R. Porter and R. Wokler (ed.), *Inventing Human Science*, Berkeley, University of California Press, 1995, p. 112-151.

2. *CJ*, § 61, Ak V, 360.

3. *Ibid.*

4. *Ibid.*, p. 361.

5. *Ibid.*, p. 359.

6. *Ibid.*, § 64, p. 370.

7. *Ibid.*, p. 371.

comme but et comme être naturel »[1]. Le « recours à l'analogie ne supprime pas la difficulté », continue-t-elle[2]. Kant lui-même l'admettait :

> à proprement parler, l'organisation de la nature n'a rien d'analogue avec une quelconque causalité connue de nous. [...] Une *perfection intrinsèque naturelle*, telle qu'elle est présente en ces choses qui ne sont possibles qu'en tant que *fins naturelles* et qui par là sont appelées êtres organisés, n'est pas concevable ou explicable par une analogie avec quelque capacité physique connue que ce soit, c'est-à-dire naturelle ; et pas même – puisque nous appartenons à la nature au sens le plus large – selon une analogie précisément appropriée avec l'art humain [3].

En prenant l'exemple d'un arbre, Kant souligne trois traits que la science de la vie du XVIIIe siècle considérait comme empiriquement établis à propos des organismes. D'abord, concernant l'espèce, l'arbre se produit lui-même : avec son espèce, il est à la fois cause et effet, il se génère lui-même et est du même coup constamment généré par lui-même. Ensuite, s'agissant des fonctions *physiologiques* des organismes proprement individuels – *nutrition et croissance* –, Kant est des plus attentifs au fait que l'arbre transforme la matière *inorganique en matière organique* (phénomène dont il a la certitude que la matière inorganique ne saurait le produire elle-même, car cela serait un cas de *generatio aequivoca*, génération spontanée, ou d'« hylozoïsme »). Il ajoute : « pour ce qui est des éléments constitutifs que l'arbre reçoit de la nature extérieure, nous devons considérer que c'est seulement une éduction »[4]. Une « éduction » (*Educt*) redéploie simplement ce qui est déjà donné. En revanche, un « produit » (*Produkt*) fait quelque chose de nouveau. Un arbre *transforme* la matière inorganique en matière organique : il constitue un produit. Kant reconnaît que le métabolisme est une affaire de (ré)intégration systémique. Dans la *Critique de la raison pure*, il distingue fortement entre croissance par intégration interne et croissance par simple agrégation[5]. Le *mécanisme* ne peut pas aller plus loin que cette dernière, mais les *systèmes* peuvent faire plus.

Le contraste entre *éduction* et *produit*, tel que Kant l'élabore dans la *Critique de la faculté de juger*[6], est crucial, et je l'ai étudié dans ma discussion de ses conceptions de l'épigenèse, qui reposent sur cette distinction[7]. Kant poursuit :

> la séparation et la recombinaison de ce matériel brut montre que ces êtres naturels ont une capacité séparatrice et formatrice (*Scheidungs- und Bildungsvermögen*) d'une très grande originalité ; tout notre art s'en trouve infiniment éloigné [8].

1. H. Ginsborg, « Kant on Understanding Organisms », dans E. Watkins (ed.), *Kant and the Sciences*, Oxford-New York, Oxford UP, 2001 (p. 231-258), p. 236.
2. *Ibid.*, p. 238.
3. *CJ*, § 65, Ak V, 375.
4. *Ibid.*, § 64, Ak V, 371.
5. *CRP*, A 833/B 861.
6. *CJ*, § 81, Ak V, 423.
7. J. Zammito, « "This inscrutable *principle* of an original *organization*": epigenesis and "looseness of fit" in Kant's philosophy of science », *Studies in History and Philosophy of the Biological and Biomedical Sciences* 34 (2003), p. 73-109.
8. *CJ*, § 64, Ak V, 371.

Cet accent mis sur la spontanéité créatrice de la nature en tant qu'elle est incomparablement supérieure à l'artifice humain se retrouve ultérieurement dans un passage décisif de la troisième *Critique*, qui disqualifie sensiblement l'« analogie du *design* » dans notre conception des organismes[1].

Le dernier des trois traits phénoménaux propres aux organismes que Kant formule à partir du modèle de l'arbre est le pouvoir de la *régénération*, c'est-à-dire le pouvoir de guérir et même de restaurer les organes. C'est l'enjeu de l'une des découvertes expérimentales les plus excitantes des sciences empiriques du milieu du XVIIIe siècle, à savoir les expériences de Trembley, Bonnet et Blumenbach[2].

Ces « merveilleuses propriétés des créatures organisées »[3] font partie des données empiriques et expérimentales accessibles à des humains qui cherchent à comprendre « l'ordre de la nature ». Une telle caractérisation des organismes – c'est-à-dire leur *description phénoménale* –, semble pour Kant aller de soi. Mais comment ces « merveilleuses propriétés » peuvent-elles être expliquées, et comment peuvent-elles être *intégrées* dans un système de lois empiriques en tant qu'ordre de la nature? Aux yeux de Kant, cela reste une énigme philosophique. Pour une entité quelconque, être « cause et effet de soi-même » revient tout simplement à devenir *inexplicable* pour toutes les ressources de la science du point de vue du *nexus effectivus*.

Mais qu'est-ce que désigne, au juste, ce *nexus effectivus*? Nous disposons maintenant d'une interprétation convaincante selon laquelle Kant, dans la troisième *Critique*, entendait la « causalité mécaniste » en un sens plus restreint. McLaughlin a défendu et développé l'idée selon laquelle Kant en était venu à penser que la causalité mécaniste, telle qu'elle se rencontre dans les sciences naturelles, introduisait une restriction supplémentaire, selon laquelle la relation causale entre touts et parties ne se faisait qu'agrégativement, à partir des parties vers le tout, et jamais mutuellement ou inversement[4]. Dans un essai important, Henry Allison a soutenu cette interprétation[5], et d'autres auteurs ont reconstruit la pensée de Kant en distinguant eux aussi différents sens du mécanisme dans la troisième *Critique*, de sorte que cette thèse a fini par s'imposer. La causalité, au niveau déterminant ou constitutif, demeure universellement valable pour Kant, ainsi qu'il le soutenait dans la première *Critique*, et donc il devient possible de faire « l'expérience » de ce phénomène bizarre de quelque chose qui est cause et effet de soi-même, mais seulement en le traduisant immédiatement dans une analogie qui est *prima facie* inadéquate. Cependant, l'« explication » scientifique

1. *Ibid.*, § 65, Ak V, 374-375.

2. A. Vartanian, « Trembley's Polyp, La Mettrie and Eighteenth-Century French Materialism », *Journal of the History of Ideas* 11 (1950), p. 259-286.

3. *CJ*, § 64, Ak V, 371.

4. P. McLaughlin, *Kant's Critique of Teleology in Biological Explanation : Antinomy and Teleology*, Lewiston, Mellen, 1990.

5. H. Allison, « Kant's Antinomy of Teleological Judgment », *Southern Journal of Philosophy* 30 (1991, Supplement), p. 25-42.

ne peut s'en accommoder, dans la mesure où elle est restreinte elle-même à la maxime mécaniste.

Kant affirme lui-même clairement qu'il est pleinement approprié de suivre la maxime de l'explication mécaniste. Il introduit simplement cette réserve épistémologique que, en tant qu'intelligences finies – c'est-à-dire, discursives – nous ne pourrons jamais être capables de la suivre jusqu'à son terme. L'unité de la science en tant qu'ordre de la nature dans ses lois empiriques constitue un idéal régulateur auquel nous avons besoin de croire afin de continuer à faire de la science, mais qui en même temps ne saurait jamais être atteint.

« Comment Kant peut-il à la fois soutenir que les organismes sont mécaniquement inexplicables et que néanmoins il est possible qu'ils soient mécaniquement produits ? »[1]. S'il y a une « antinomie du jugement », c'est bien à propos de cette question concernant le mécanisme plutôt qu'à propos de la téléologie par elle-même. Si nous voulons comprendre ce que Kant a pu vouloir dire en affirmant que nous pouvons à la fois *faire l'expérience* des organismes et pourtant ne pas être capables de les *expliquer* dans l'ordre des lois naturelles, nous devons tracer une ligne de partage entre expérience et explication, c'est-à-dire entre le caractère *a priori* et contraignant du jugement déterminant statuant sur un objet en général, qui fait partie d'une nature dont nous pouvons faire l'expérience, et le caractère multiplement *contingent* du « jugement réfléchissant », c'est-à-dire de l'explication scientifique *a posteriori*.

Joan Steigerwald place au centre de ces considérations la question de savoir comment Kant concevait la « téléologie immanente » – c'est-à-dire la « capacité de s'auto-organiser et de maintenir l'organisation comme processus advenant naturellement dans les corps organiques ». Elle note :

> dans un être vivant, ce n'est pas seulement nécessaire que nous concevions les parties comme dépendantes, pour leur existence et leur forme, du tout, mais aussi que toutes les parties par leur propre causalité se produisent réciproquement les unes les autres en ce qui concerne leur forme et leur combinaison, et de cette manière produisent le tout[2].

Hannah Ginsborg sauve l'idée de fin naturelle en insistant sur ceci que « regarder quelque chose comme une fin est la regarder comme sujette à des règles ou des standards normatifs »[3]. Kant lui-même introduisait la notion de ce qu'une chose « est supposée être » dans un passage clé de la Première introduction à la *Critique de la faculté de juger*[4]. Cela paraît signifier que la *fin* ne peut pas être restreinte au simple concept, qui est la cause de l'existence de l'objet, mais qu'elle caractérise quelque chose d'intrinsèque à l'objet lui-même. H. Ginsborg consi-

1. M. Quarfood, *Transcendental Idealism and the Organism : Essays on Kant*, Stockholm, Almqvist & Wiksell, 2004, p. 196.

2. J. Steigerwald, « Immanent Teleology : Re-Orientating the Study of Life », *Studies in History and Philosophy of the Biological and Biomedical Sciences*, 37, 4, 2006, p. 712-734.

3. H. Ginsborg, « Kant on Understanding Organisms », art. cit., p. 232.

4. Kant, « Première Introduction de la *Critique de la faculté de juger* », Ak XX, 240.

dère clairement le normatif comme *immanent* à l'objet, et non simplement comme une règle, un plan référé, par analogie, à un « *designer* » qui n'existe pas. Comme les théories contemporaines des systèmes ou de l'auto-organisation, elle semble attribuer une normativité au réel et à l'ordre empirique, malgré l'insistance célèbre de Kant sur le fait que cela ne peut exister que sur le mode du « comme si ».

Pourquoi cette immanence normative-systémique est-elle si irréductiblement inconnaissable pour Kant, et pourquoi croit-il que l'analogie avec le dessein est une alternative adéquate ? Avec quoi cette analogie est-elle faite ? Kant suggérait qu'il y a une « analogie éloignée avec notre causalité selon des fins »[1]. Mais l'analogie est-elle vraiment « éloignée », et notre causalité est-elle transparente à notre « connaissance » ? Dans son *Opus Postumum*, Kant écrivait que « L'homme est conscience de lui-même comme machine qui se meut elle-même, sans être capable de comprendre davantage une telle possibilité »[2]. L'analogie fondamentale de Kant se situe entre l'organisme et la raison en tant que système[3]. Est-ce *juste* une analogie ? Logiquement, l'analogie postule au moins *quelque* concept commun sous lequel deux objets différents peuvent être subsumés, quelque correspondance au moins en termes de *relation*. Mais la raison et les organismes sont-ils simplement des espèces d'un genre *logiquement* plus haut de système ? Ou bien sont-ils des espèces d'un ordre *génératif*, tel que la « raison » serait l'expression de l'organisme particulier appelé homme ? Ceci est bien sûr l'horizon du programme naturaliste en philosophie de l'esprit.

Comment pouvons-nous comprendre la *raison* chez Kant ? Quelle est sa *nature* ? Paul Guyer écrit :

> est-ce simplement notre conscience intime de la liberté de notre propre intentionnalité qui nous pousse à concevoir la finalité/intentionnalité des organismes comme nécessitant un partage fondamental entre visions téléologiques et mécaniques de la nature ?[4].

Considérons la conception « conative » de la raison que les chercheurs ont commencé à discerner dans les écrits de Kant : l'usage étrange des « besoins » et des « intérêts » de la raison, et du discours en termes de « droits » de ces tendances selon Kant[5]. Que peut-on faire de cela ? Est-ce que le « fondement suprasensible » ici révèle des propriétés « actancielles », quoique non nécessairement *humaines* ? (en termes hégéliens, devons-nous rendre « raison » par *Geist* ?). Kant est catégorique sur le fait que les principes de la raison sont *a priori*, qu'ils ne peuvent pas être empiriquement dérivés. C'était là l'occasion de sa fameuse analogie entre la raison pure et l'épigénèse. D'où vient ce pouvoir (*Vermögen* ou *Kraft*) ? Qu'est-ce qui le rend « réel » ? Tout ceci s'éclaire lorsque nous prenons en compte la

1. *CJ*, § 65, Ak V, 375.
2. *OP*, Ak XXI, 213.
3. *CRP*, A 832-833/B 860-861.
4. P. Guyer, « Organism and the Unity of Science », dans E. Watkins (ed.), *op. cit.*, p. 264.
5. P. Kleingeld, « The Conative Character of Reason in Kant's Philosophy », *Journal of the History of Philosophy* 36 (1998), p. 77-97.

différence entre le concept kantien d'*organisme* et son concept de *vie*, et que nous en tirons toutes les implications.

Dans un passage clé Kant écrit :

> En considérant la nature et la capacité (*Vermögen*) qu'elle montre dans ses produits organisés, nous en disons bien trop peu quand nous l'appelons un *analogon de l'art*, car dans ce cas nous la pensons comme un artiste (un être rationnel) extérieur à la nature [...]. Nous pourrions nous approcher plus près de cette inscrutable propriété de la nature si nous l'appelons un *analogon de la vie*[1].

Cette déclaration peut sembler bizarre à un lecteur moderne : *la vie* est ce qui pour nous définit les organismes. Quelle analogie pourrait-il bien y avoir dès lors entre l'organisme et la vie ? Kant poursuit : « Mais en ce cas nous devons soit doter la matière, en tant que simple matière, d'une propriété (hylozoïsme) qui contredit sa nature; soit nous devons lui associer un principe étranger (une âme) qui serait *en communauté* avec elle »[2]. *La vie*, comme cela apparaît ici, porte avec elle un lourd bagage métaphysique.

On doit être prudent en affirmant que Kant n'introduisit pas de force métaphysique spéciale dans la matière organique. Dans ses cours de métaphysique, il était plus explicite que cela lui était permis de l'être dans la troisième *Critique* :

> toute matière qui est animée a un principe intérieur qui est séparé des objets du sens externe, et est objet du sens interne [...]. Ainsi, toute matière qui vit est vivante non pas en tant que matière mais plutôt en tant qu'elle a un principe de vie et est animée. Mais dans la mesure où la matière est animée, dans cette mesure elle est *douée d'une âme*[3].

Ce qu'Aristote avait identifié comme « âme », Kant dut le reformuler pour l'accommoder au contexte de la science moderne. Il reconnut dans la nouvelle popularité du terme *Lebenskraft* un substitut au concept traditionnel d'âme. Il fit bon accueil à un tel changement, car il soutenait que lorsque nous connaissons un effet, nous devons être attentifs à ne pas hypostasier sa cause en une substance[4].

Quelle est la portée propre de la vie (*Leben*) et quel est son sens philosophique ? Autrement dit, quelles sont l'extension et la compréhension du concept de vie ? Parmi les nombreux énoncés de Kant sur la vie, un bon point de départ est celui qui se trouve dans sa *Critique de la raison pratique* : « la vie est le pouvoir d'un être d'agir en accord avec les lois de la faculté de désirer ». La faculté de désirer est le pouvoir « d'être cause par ses représentations de la réalité de ces représentations »[5]. Personne ne peut manquer le parallèle entre cette définition de la faculté de désirer et la définition, dans la *Critique de la faculté de juger*, du terme de *fin*. Dans ses *Rêves d'un visionnaire*, Kant écrivait : « toute vie consiste

1. *CJ*, § 65, Ak V, 374.
2. *Ibid.*, 374-375.
3. Kant, *Cours de métaphysique*, Ak XXVIII, 275.
4. *PP*, Ak VIII, 413.
5. *CRPr*, Ak V, 9 n.

dans la capacité intérieure à l'autodétermination en accord avec le libre arbitre (*Willkür*) »[1]. Dans ses *Reflexionen*, il observait : « la vie n'est rien d'autre que la faculté de désirer dans son extension minimale (*in der geringsten Ausübung*) »[2]. Et l'*Opus postumum* donne la définition suivante : « la vie dans le plus strict sens du terme est la capacité de spontanéité d'une entité physique afin d'agir en accord avec certaines de ses représentations »[3].

Kant soutient inflexiblement que la matière brute ne saurait posséder ce caractère. L'essence de la matière est l'inertie : tout changement dans le mouvement doit avoir une cause externe. Assigner à la matière brute la capacité « intérieure » de commencer un mouvement serait « la mort de toute philosophie naturelle »[4]. L'hylozoïsme était pour Kant une hérésie. Mais quelle alternative « l'analogie avec la vie » lui offrait-elle pour expliquer les organismes? H.W. Ingensiep suggère que nous rangions le discours de Kant sur la vie dans l'échelle aristotélicienne du vivant, qui va de la matière brute en passant par les plantes jusqu'à l'homme et au monde comme tout. La matière brute est sans vie, morte; l'homme est un organisme vivant. Mais si le concept de vie est restreint à une volonté intelligente, « l'homme est-il alors la *seule* chose vivante? »[5]. Qu'en est-il des ordres intermédiaires : des animaux, des plantes?

Kant semble vouloir attribuer au moins un aspect du désir – l'action en accord avec les représentations – aux animaux. Mais qu'en est-il des plantes? Kant n'a *jamais* attribué de désir psychologique, même analogiquement, aux plantes, de sorte que les plantes illustrent la distinction conceptuelle entre vie et organisme. Comme nous l'avons vu, il exemplifiait les caractères de l'organisme précisément par une plante – un arbre. La notion de *Bildungstrieb* selon Blumenbach a obtenu l'approbation de Kant pour toutes les formes organiques. Même les plantes ont un *Bildungstrieb* (tendance formatrice) et non juste une *Bildungskraft* (force formatrice), selon la distinction reprise par Kant à Blumenbach[6], c'est-à-dire qu'elles ont un « principe de mouvement interne, quasi-spontané »[7]. Ce point soulève plus généralement la question de la signification de la notion de *Trieb* dans la philosophie de Kant. Qu'était un *Trieb* pour Kant, et comment le distinguait-il d'une *Kraft*? Comment une force « intérieure » pourrait-elle être réelle pour la recherche scientifique? La notion kantienne d'*organisme* est plus large que celle de *vie*, et l'échec de ces deux termes à prendre la même extension laisse Kant dans l'incapacité de fournir réellement un concept philosophique adéquat de *Bildungstrieb*. L'organisme est une anomalie capitale. Il ne rentre pas dans le système de la

1. *Rêves*, Ak II, 327.
2. *Reflexion*, Ak XV, 465.
3. *OP*, Ak XX, 566.
4. Kant, *Premiers principes*, Ak IV, 544.
5. H.W. Ingensiep, « Organismus und Leben bei Kant », dans H.W. Ingensiep, H. Baranzke und A. Eusterschulte (ed.), *Kant-Reader : Was kann ich wissen? Was soll ich tun? Was darf ich hoffen?* Würzburg, Königshausen & Neumann, 2004 (p. 107-136), p. 121.
6. *CJ*, § 81, Ak V, 424.
7. H.W. Ingensiep, « Organismus und Leben bei Kant », art. cit., p. 128.

science de Kant et pourtant, sans une bonne compréhension de celui-ci, le système lui-même devra à la fin se révéler inadéquat.

CONCLUSION

Il est tout à fait juste de reconnaître que Kant parle des *jugements* des biologistes sur les organismes et non du *contenu* de leurs jugements[1]. Mais les biologistes ne peuvent être indifférents au contenu de leurs jugements. Marcel Quarfood le reconnaît clairement. Dans sa thèse, il insiste sur la « distinction entre le point de vue du biologiste et le méta-niveau de la perspective du philosophe »[2]. Ce qui est frappant, ce n'est pas seulement qu'il croie que « si le point de vue téléologique est une condition pour la biologie, la téléologie devrait plutôt être vue comme constitutive pour cette science » (ce qui fait de M. Quarfood un bon philosophe naturaliste), *mais qu'il pense que Kant aussi soutenait cette thèse!* M. Quarfood affirme que selon sa lecture de Kant, « la téléologie, quoique régulatrice, peut être dite constitutive pour une biologie, en tant que condition de la possibilité des objets biologiques (des organismes) ». Il ajoute : « les fonctions aristotéliciennes doivent être considérées comme valides au niveau-objet de l'investigation biologique. Le déni de leur objectivité ne prend place qu'au méta-niveau de la réflexion. Pour le biologiste, les organismes présentent des fonctions de manière indiscutable »[3]. Mais je ne peux trouver aucun passage où Kant autoriserait qu'on lui attribue cette concession faite aux praticiens de la biologie. Au contraire, il les mit lui-même en garde contre l'« aventure audacieuse de la raison »[4].

Je suggère que la réflexion kantienne ne fut pas vraiment très profitable pour les biologistes, même s'ils ont réellement essayé de la mettre à profit[5]. Ce n'est qu'en mécomprenant Kant que la biologie comme science autonome a émergé à la fin du XVIIIe siècle. Robert Richards le formule succinctement :

> l'impact de la *Kritik der Urteilskraft* de Kant sur les disciplines de la biologie a été, je crois, radicalement mal compris par beaucoup d'historiens contemporains [...]. Ces biologistes qui ont trouvé quelque chose en affinité avec eux dans la troisième *Critique* de Kant ont soit mécompris son projet (Blumenbach et Goethe), soit reconstruit certaines idées de sorte qu'elles aient des conséquences très différentes de ce dont Kant avait eu originellement l'intention[6].

1. H. Ginsborg, « Kant on Understanding Organisms », art. cit., p. 235.
2. M. Quarfood, *Transcendental Idealism and the Organism*, *op. cit.*, p. 119.
3. *Ibid.*, 153 ; 152.
4. *CJ*, § 80, Ak V, 419 n.
5. J. Zammito, « "Method" versus "Manner" ? Kant's Critique of Herder's *Ideen* in the Light of the Epoch of Science, 1790-1820 », *Herder Jahrbuch/Herder Yearbook*, 1998, p. 1-26.
6. R. Richards, *The Romantic Conception of Life : Science and Philosophy in the Age of Goethe*, Chicago-London, University of Chicago Press, 2002, p. 229.

Kant – s'appuyant sur ses prédécesseurs au XVIIIᵉ siècle – a fourni une caractérisation puissante et perspicace de ce que les biologistes cherchent à expliquer dans la forme organique. À la différence du reste de ses contemporains, il soutint toutefois qu'il était *impossible* de l'expliquer. Tout ce que l'on pouvait faire était d'en tirer de faibles analogies. L'« inscrutabilité » de l'organisme lui était intrinsèque. C'est là ce que suggère le titre provocateur de Clark Zumbach, *The transcendent science*[1]. Nous devons prendre l'assertion kantienne d'inscrutabilité au sérieux. C'est la frontière dure et inflexible que Kant a placée entre la science accessible et la métaphysique spéculative. Mais marqua-t-il correctement cette frontière ? Devons-nous nous arrêter là ? Et nous sommes-nous arrêtés là ? Il y a, bien sûr, une frontière floue entre le domaine où finissent les « hypothèses » et celui où commence la « spéculation » – et les angoisses à propos de cette frontière étaient aussi aiguës dans le contexte newtonien du XVIIIᵉ siècle, pour lequel « ne pas forger d'hypothèses » était un principe sacré, que dans le contexte (post-) positiviste de la fin du XXᵉ siècle, soucieux de réduire tout coût métaphysique. Mais la science – Buffon a toujours insisté sur ce point – est *probabiliste*, non pas apodictique. Elle procède par inférence à la meilleure explication, toujours contingente puisqu'elle est faillible, mais pas du tout arbitraire ou sans espoir.

Si la biologie doit concevoir l'auto-organisation comme réelle dans le monde, la distinction kantienne entre le régulateur et le constitutif est en pratique sans intérêt et la philosophie (naturaliste) de la biologie doit accomplir un travail urgent pour lequel Kant s'avère ne *pas* être très utile. Je pense que pour les philosophes de la biologie d'aujourd'hui, spécialement ceux qui sont naturalistes, Kant a peu à offrir. Locke et les autres théoriciens des organismes du XVIIIᵉ siècle seraient peut-être plus utiles. Kant n'est un refuge que pour ceux qui cherchent un abri épistémologique les protégeant des difficiles problèmes du « discours fonctionnel ». Une fois que nous glissons en dehors des sûrs pontons épistémologiques de Kant, nous tombons dans des eaux troubles, mais ce sont *nos* eaux : ce sont les questions de notre naturalisme. Je considère qu'un philosophe des sciences qui ne se prononce que du haut de ses cimes épistémologiques n'a pas de place avec nous dans le bateau de Neurath[2] sur la mer naturaliste.

John H. ZAMMITO
Rice University

1. C. Zumbach, *The Transcendent Science : Kant's Conception of Biological Methodology*, The Hague, Nijhoff, 1984.

2. N.d.T. : Un bateau dont on devrait impérativement changer des planches, alors qu'il est en pleine mer. C'est pour Neurath (O Neurath, « Protokollsätze », *Erkenntnis* 3, 1932/33, p. 204-214) l'image de la situation du scientifique devant le choix des énoncés de base de sa théorie. Cette image est familière aux philosophes anglo-saxons, car elle a été popularisée par Quine, qui en fit la métaphore de la position de l'épistémologie naturaliste, seule possible après l'échec du programme positiviste – soit une épistémologie qui étudie la connaissance et les sciences en usant des résultats de ces mêmes sciences.

QU'EST-CE QUE LA FACULTÉ DE JUGER ?

L'idée d'un jugement (*Urteil*) et du pouvoir de juger (*Vermögen zu urteilen*) joue un rôle cardinal dans l'argumentation de la *Critique de la raison pure*. L'argument central de la première *Critique* vise à montrer comment les concepts purs de l'entendement peuvent s'appliquer aux objets qui nous sont donnés dans l'expérience. Cet argument dépend de l'idée que l'expérience n'est pas l'affaire de la sensibilité à elle seule, mais qu'elle implique, dès le début, le concours de l'entendement. Or, l'entendement n'est rien d'autre que la capacité de faire des jugements. Comme dit Kant, « nous pouvons ramener tous les actes de l'entendement à des jugements, de telle sorte que l'entendement peut être représenté en général comme un *pouvoir de juger* » (*CRP*, A69/B94)[1]. Cette identification est au cœur de la déduction métaphysique des catégories, où Kant affirme découvrir, suivant le fil conducteur offert par les formes logiques du jugement, les concepts purs de l'entendement. Et elle réapparaît dans la déduction transcendantale, où il s'agit non pas d'établir la table des catégories, mais de prouver que les catégories s'appliquent à l'expérience. Car si l'expérience exige le concours de l'entendement, et si l'entendement est un pouvoir de juger, il s'ensuit que le divers de représentations données doit être soumis aux fonctions logiques par lesquelles les représentations se lient pour former des jugements. Or, cela revient à dire, selon Kant, que le divers doit être soumis aux catégories de l'entendement pur.

La question que j'aborde ici concerne le rapport entre ce pouvoir de juger (*Vermögen zu urteilen*) dans la première *Critique*, et la faculté de juger (*Urteilskraft*) dans la troisième. La *Critique de la faculté de juger* a-t-elle quelque chose à nous enseigner sur la capacité de faire des jugements, dans le sens qui joue un rôle si important pour la déduction des catégories dans la première *Critique*? Il semblerait, à première vue, que la réponse doit être négative. Bien qu'elle présente au début quelques généralités sur la capacité de juger en général, la *Critique de la faculté de juger* semble pour l'essentiel s'occuper de jugements appartenant à deux classes très spéciales : en premier lieu les jugements esthé-

1. J'ai suivi la traduction d'A. Renaut, Paris, GF-Flammarion, 1997, avec quelques modifications.

tiques (surtout les jugements de beauté purs); en second lieu, les jugements sur la téléologie dans la nature. Ces deux genres de jugements restent en apparence à l'écart des jugements dont il est question dans la *Critique de la raison pure*. Les jugements de beauté surtout ne semblent même pas satisfaire les conditions du jugement au sens propre. Nous produisons ces jugements, d'après Kant, par un jeu de l'imagination qui n'est pas soumis aux règles de l'entendement, et qui n'implique donc l'application d'aucun concept déterminé. La faculté de juger semble donc être très loin du pouvoir de juger tel que Kant le conçoit dans la première *Critique*: il permet bien sûr certains jugements, mais ce sont des jugements d'une sorte tout à fait particulière, et dont on ne saurait apparemment pas tirer de conclusions valables pour la formation des jugements en général.

Je vais essayer de montrer que cette réponse est incorrecte. La faculté de juger dans la troisième *Critique* n'est certes pas identique au pouvoir de juger dans la première, mais elle est la condition préalable de sa possibilité. Si nous n'avions pas de faculté de juger, telle qu'exposée dans la troisième *Critique*, nous ne pourrions pas lier nos représentations pour former les jugements objectifs dont il est question dans la *Critique de la raison pure*. Et puisque cette capacité de former des jugements, c'est-à-dire de lier nos représentations dans l'unité de l'aperception, est identifiée par Kant avec la faculté de l'entendement, cela revient à dire que l'entendement même, chez les êtres humains, dépend de la faculté de juger dans la troisième *Critique*. Cette thèse paraîtra sans doute osée, puisque l'unité de l'aperception est décrite par Kant comme « le principe suprême de toute la connaissance humaine » (*CRP*, B135). Mais cela ne veut pas dire qu'il n'y a pas de conditions pour se soumettre à ce principe. Et j'essaierai de montrer que la faculté de juger est en effet une telle condition. Ce n'est que par notre faculté de juger, cette même faculté qui se révèle par excellence dans les jugements de beauté, que nous atteignons à l'unité de l'aperception, c'est-à-dire à ce « point le plus élevé » dont dépend « tout l'usage de l'entendement » (*CRP*, B 133 n).

Le rapprochement ici proposé entre le pouvoir de juger dans la première *Critique* et la faculté de juger dans la troisième pourrait rappeler l'interprétation offerte par Béatrice Longuenesse dans son livre magistral sur le pouvoir de juger chez Kant. Cette interprétation, selon ses propos, « fait apparaître l'unité profonde de la première et la troisième *Critique* quant à la conception du jugement qui s'y trouve mise en œuvre »[1]. Mais bien que je sois d'accord avec elle sur l'existence d'une telle unité, je la conçois tout à fait autrement. Car tout en m'appuyant sur sa conception du pouvoir de juger dans la première *Critique*, je m'écarte nettement de son interprétation lorsqu'il s'agit de la faculté de juger dans la troisième. L'un des buts de ce travail est de mettre au clair notre désaccord sur ce point, et par là sur le rapport qui existe entre les deux *Critiques*.

Le texte qui suit est divisé en trois parties. Dans la première, je considère un problème soulevé par la définition du jugement présentée par Kant dans la Déduction transcendantale, un problème qui servira de cadre pour mon interprétation de

1. B. Longuenesse, *Kant et le pouvoir de juger*, Paris, PUF, 1993, p. 215.

la faculté de juger. Dans la seconde, j'examine la solution offerte par Longuenesse à ce problème, et je propose des raisons pour la rejeter. Dans la troisième j'expose une autre solution, en essayant de montrer par là ce qu'est la faculté de juger, et quel est son rapport avec le pouvoir de juger dans la première *Critique*.

I

Commençons donc par le § 19 de la *Critique de la raison pure*, où Kant nous explique ce qu'est un jugement. Kant introduit cette explication en disant qu'il n'a « jamais pu être satisfait par la définition que les logiciens donnent d'un jugement en général : il s'agit, à ce qu'ils disent, de la représentation d'un rapport entre deux concepts » (*CRP*, B 140). Cette définition, d'après Kant, a deux défauts. Premièrement, elle ne reconnaît pas qu'un jugement puisse lier non seulement des concepts, mais aussi des éléments qui ont, eux-mêmes, déjà la forme d'un jugement. C'est-à-dire que les jugements peuvent être non seulement catégoriques, liant deux concepts, mais aussi hypothétiques et disjonctifs, liant deux jugements pour qu'un troisième en résulte[1]. Deuxièmement, et c'est surtout ce défaut que Kant veut souligner, la définition ne détermine pas en quoi consiste ce rapport entre concepts. Quel est, justement, le rapport entre deux concepts qui en fait un jugement ? Kant répond à cette question en offrant sa propre définition : un jugement « n'est pas autre chose que la manière d'amener des connaissances données à l'unité objective de l'aperception » (*CRP*, B 141). Cette définition, en se rapportant aux « connaissances données », au lieu de « concepts », autorise un jugement qui n'est pas catégorique, mais hypothétique ou disjonctif. Mais, plus important encore, elle nous explique comment le rapport entre les éléments d'un jugement se distingue des rapports quelconques qui peuvent exister entre ces mêmes éléments sans qu'un jugement soit effectué. En particulier, elle indique la distinction entre le genre de rapport qui constitue un jugement, et le rapport psychologique qui existe quand deux éléments sont pensés ensemble dans un même esprit en vertu des lois psychologiques de l'association des représentations. Car l'unité objective de l'aperception a une nécessité qui lui est propre, et qui n'appartient pas à l'unité effectuée par ces lois d'association. Kant illustre ce contraste au moyen d'un exemple, celui du jugement : « les corps sont pesants ». Dans ce jugement, des représentations données

> se rapportent les unes aux autres grâce à l'unité nécessaire de l'aperception dans la synthèse des intuitions [...]. Ainsi seulement procède de ce rapport un jugement, c'est-à-dire un rapport qui possède une validité objective et se distingue suffisamment du rapport entre ces mêmes représentations dont la validité serait simplement subjective, par exemple celui qui s'établit d'après les lois de l'association. En suivant ces dernières je pourrais dire seulement : si je porte un corps, je sens une impression de pesanteur; mais non pas : le corps lui-même est pesant; ce qui

1. Un jugement peut aussi réunir plus de deux éléments (concepts ou jugements eux-mêmes), par exemple dans le jugement disjonctif cité en *CRP* A74/B99.

> équivaut à dire que ces deux représentations sont liées dans l'objet, c'est-à-dire sont indifférentes à l'état du sujet (*CRP*, B 142).

Cette explication du jugement est sûrement plus satisfaisante que celle attribuée par Kant aux logiciens dans le § 19. Mais on pourrait quand même reprocher à Kant qu'elle ne réussisse pas à nous faire entièrement comprendre la possibilité de juger. Elle explique bien sûr les conditions sous lesquelles une liaison entre représentations conceptuelles – c'est-à-dire entre concepts ou jugements – atteint la qualité d'un jugement plutôt que d'une simple combinaison psychologique par laquelle deux représentations sont associées ou entretenues ensemble. Mais elle n'explique pas comment on arrive à ces représentations conceptuelles elles-mêmes, ni comment elles s'appliquent aux objets donnés par la perception. Elle explique par exemple ce que c'est que de lier les concepts de corps et de pesanteur d'une façon qui permettrait de juger que les corps sont pesants. Mais elle n'explique pas comment on peut seulement arriver à ces concepts de corps et de pesanteur. Et elle n'explique pas non plus comment on peut juger d'un objet particulier qui nous est présenté dans la perception, que ceci est un corps, ou que ceci est pesant. Ces deux manques sont en effet étroitement liés. Car la possibilité d'acquérir le concept de corps ou de pesanteur va de pair avec la possibilité de reconnaître tel ou tel objet comme corps, ou comme pesant[1]. De plus, lorsqu'on reconnaît un objet donné comme pesant, on n'en fait pas moins un jugement, me semble-t-il, que lorsqu'on juge que ce corps est pesant ou que tous les corps sont pesants. Mais la possession des concepts, et la possibilité de les appliquer aux objets donnés dans l'expérience, semblent être déjà présupposées dans la définition du jugement, et non pas expliquées par elle. La définition nous permet de comprendre le jugement que les corps sont pesants comme l'établissement d'un lien entre deux faits en apparence plus fondamentaux : le fait de reconnaître un *x* donné en tant que corps, et le fait de reconnaître un *x* donné en tant que pesant. Juger que les corps sont pesants, c'est juger que pour n'importe quel *x*, si je le reconnais comme corps, je dois aussi le reconnaître comme pesant[2]. Mais pour comprendre ce que c'est que de juger, nous avons besoin de plus : nous avons besoin de comprendre au départ ce que c'est que de reconnaître un *x* donné comme corps ou comme pesant. Car juger, ce n'est pas seulement lier les représentations conceptuelles, c'est aussi arriver à ces représentations elles-mêmes.

II

Selon l'interprétation de Longuenesse, c'est dans la *Logique* de Kant qu'il faut chercher ce qui nous manque. Car Kant donne là une explication de ce qu'il appelle « l'origine logique des concepts » (*Logique*, § 5, Ak IX, 93) ou « l'origine

1. Il faut le préciser ici, puisqu'on peut acquérir des concepts théoriques (par exemple celui d'un électron) sans être capable de reconnaître leurs objets. L'acquisition de tels concepts dépend cependant de la possession des concepts plus étroitement liés avec l'observation.

2. Voir B. Longuenesse, *op. cit.*, p. 97, 126, 146.

des concepts quant à leur forme » (*ibid.*, 94). Cette explication fait appel à trois actes de l'entendement, désignés sous les noms de comparaison, de réflexion, et d'abstraction. C'est par ces actes, apparemment, que l'on arrive à former des concepts empiriques à partir de la matière qui nous est donnée par la perception. Kant nous présente, comme exemple, la formation du concept d'arbre :

> Par exemple, je vois un pin, un saule, et un tilleul. En comparant tout d'abord ces objets entre eux, je remarque qu'ils diffèrent les uns des autres au point de vue du tronc, des branches, des feuilles, et caetera; mais je réfléchis aussitôt après à ce qu'ils ont de commun entre eux, le tronc, les branches, les feuilles même, et je fais abstraction de leur taille, de leur figure et caetera; ainsi je forme un concept d'arbre (*Logique*, § 6, Ak IX, 94-95) [1].

Ces actes de comparaison, de réflexion, et d'abstraction nous permettraient donc de conceptualiser un objet particulier qui nous est donné par la perception, afin que nous soyons en mesure de faire des jugements dans le sens de la définition du § 19 de la *Critique de la raison pure*, comme par exemple « les arbres sont grands » ou « cet arbre est un pin ».

On pourrait peut-être croire que ces actes par lesquels nous arrivons à former des concepts sont indépendants du pouvoir de juger, et qu'ils représentent une étape antérieure à celle où les représentations sont liées dans l'unité de l'aperception. Mais d'après Longuenesse, ce serait une grave erreur. Les trois actes décrits dans la Logique proviennent eux aussi du même pouvoir de juger dont il est question au § 19 de la *Critique de la raison pure*. C'est-à-dire que le pouvoir de juger n'est pas uniquement le pouvoir de lier des représentations déjà conceptuelles dans l'unité de l'aperception, mais aussi le pouvoir de former des concepts qui entrent dans ces liaisons. La formation de ces concepts par comparaison, réflexion et abstraction est donc elle-même un acte de juger, mais un acte de juger qui est pour ainsi dire « silencieux » (*CRP*, B 146). Cette thèse constitue une partie essentielle de l'interprétation par Longuenesse de la Déduction des catégories. Car elle garantit que non seulement les liaisons entre deux concepts, mais aussi la formation des concepts eux-mêmes, sont guidées par les formes du jugement. Et elle garantit par là que les catégories, qui expriment ces formes du jugement, s'appliquent à l'expérience perceptuelle dans laquelle ces concepts se dessinent comme règles d'appréhension.

Selon Longuenesse, c'est par cette explication de la formation des concepts que le pouvoir de juger dans la première *Critique* se rapproche de la faculté de juger dans la troisième [2]. L'acte de juger « silencieux » qui est responsable de la formation des concepts empiriques peut s'identifier à l'acte de juger par lequel nous arrivons aux jugements esthétiques et téléologiques décrits dans la *Critique de la faculté de juger*. Ces jugements résultent d'un exercice de cette même procédure dont nous nous servons pour arriver aux concepts empiriques à partir

1. J'ai suivi ici la traduction de L. Guillermit, Paris, Vrin, rééd. 1996, citée par B. Longuenesse, *op. cit.*, p. 137.

2. Voir surtout *op. cit.*, p. 208-210.

du sensible; c'est-à-dire la comparaison, la réflexion et l'abstraction. Mais au moins dans le cas central du jugement esthétique, la procédure n'aboutit pas à la formation d'un concept. Pour employer les termes des Introductions, ces jugements sont seulement réfléchissants (*bloß reflektierend*), au lieu d'être à la fois réfléchissants et déterminants. À la différence du cas où l'on forme le concept d'un arbre qui s'applique aux objets présentés dans la perception, la réflexion ne parvient pas à la détermination conceptuelle. Mais dans les cas non esthétiques où l'on parvient à un concept, comme dans l'exemple de l'arbre, il y a malgré tout de la réflexion au sens de la troisième *Critique*: «on rencontre, au cœur de la première *Critique*, une conception de l'exercice du jugement qui est déjà celle de la *Critique de la faculté de juger*»[1].

L'explication dans la Logique de «l'origine logique des concepts» est donc indispensable, d'après Longuenesse, pour comprendre le pouvoir de juger dans la première *Critique* aussi bien que les jugements réfléchissants dans la troisième. La procédure de comparaison, réflexion et abstraction, selon elle, est à la fois une réponse à la question, «comment parvenons-nous aux concepts empiriques?», et un moyen de comprendre ce qui se passe dans les jugements esthétiques ou téléologiques où les concepts empiriques semblent manquer. Mais à mon avis, son interprétation accorde à cette procédure une importance qu'elle ne mérite pas. Car je ne trouve pas que ce triple acte de l'entendement réussisse à résoudre la question de la conceptualisation empirique. Et puisque je suis d'accord avec Longuenesse pour affirmer que la faculté de juger réfléchissante dans la troisième *Critique* doit précisément expliquer comment nous obtenons les concepts empiriques, je dois conclure que ce triple acte ne nous aide pas à comprendre cette faculté non plus.

Considérons encore une fois l'explication de l'origine logique du concept d'arbre. Quand je vois les trois arbres, je remarque d'abord en les comparant qu'ils sont différents au point de vue du tronc, des branches et des feuilles, mais ensuite que le fait d'avoir un tronc, des branches et des feuilles est quelque chose qu'ils ont en commun. J'arrive donc au concept d'arbre en réfléchissant à ce que les trois arbres ont en commun, tout en faisant abstraction des différences révélées par la comparaison. Si l'on prend cette explication au sérieux comme visant à éclairer l'acquisition des concepts à partir du sensible, elle semble insuffisante, et ceci pour deux raisons. Premièrement, elle présuppose que nous avons déjà les concepts de tronc, de branche et de feuille. Elle soulève donc une question du même genre, et non moins difficile, que celle qu'elle prétend résoudre: à savoir, comment obtenons-nous ces concepts à leur tour? Deuxièmement, ce qui est peut-être pire, elle semble présupposer non seulement que nous possédons ce que Kant appelle les caractères (*Merkmale*) du concept d'arbre, mais que nous possédons le concept d'arbre lui-même. Car si je ne vois pas les trois arbres déjà en tant qu'arbres, donc compris sous le concept d'arbre, je n'ai pas de raison pour privilégier dans ma réflexion les attributs communs qui sont essentiels aux arbres, en négligeant tous les autres attributs communs qui ne le sont pas. Les trois arbres

1. *Op. cit.*, p. 209.

cités par Kant ont en commun, par exemple, de nous abriter du soleil, de ne pas produire de fruits comestibles, d'être habités par des insectes; or, ce sont des attributs qui ne sont pas partagés par tous les arbres, mais qui sont communs, par contre, à beaucoup de maisons. Ou pour prendre des attributs plus exotiques, les trois arbres de Kant partagent aussi la propriété disjonctive d'avoir soit des branches, soit des tentacules; une propriété commune aux arbres et aux poulpes. Sans supposer qu'on possède déjà le concept d'arbre, nous ne pourrions pas expliquer comment le soi-disant concept acquis par cette procédure contient uniquement les caractères propres aux arbres, à l'exclusion de ceux partagés par les maisons ou les poulpes. Il semblerait donc plus charitable de lire ce passage de la *Logique* non pas comme une explication manquée de l'acquisition des concepts tout court, mais plutôt comme montrant la façon dont on peut rendre clair un concept qu'on possède déjà sans pouvoir l'articuler de façon explicite.

Longuenesse elle-même semble parfois admettre une lecture semblable. Elle dit par exemple que l'acte de comparaison est responsable de la détermination d'un concept qui existe déjà à l'état indéterminé « c'est-à-dire à l'état intuitif, ou plus exactement à l'état de règle pour la synthèse de l'intuition encore non réfléchie »[1]. Comparaison, réflexion, et abstraction sont donc responsables, non pas du concept en tant que règle, mais du concept en tant de « conscience claire » de cette règle. Mais si cela est vrai, la procédure de la *Logique* ne suffit pas pour expliquer l'origine des concepts empiriques dans le sens qui nous intéresse. Pour comprendre comment nous parvenons aux représentations conceptuelles susceptibles d'être liées dans l'unité objective de l'aperception, d'après la définition du jugement du § 19, il faut comprendre comment nous arrivons aux règles mêmes. La possibilité de juger que les corps sont pesants demande non seulement que l'on ait clairement conscience de ce que c'est qu'un corps, ou de ce que c'est que d'être pesant, mais que l'on soit en mesure de voir ceci comme un corps, ou de sentir ceci comme pesant; or, cela n'est pas expliqué par la comparaison, la réflexion et l'abstraction, mais plutôt présupposé par elles.

Pour éviter tout malentendu, mais aussi pour comprendre la suite, il faut préciser ce qui à mon avis reste encore à expliquer. La possession d'un concept, même à l'état de règle non réfléchie, ne se réduit pas à la possession d'une capacité pour discriminer des objets auxquels le concept puisse s'appliquer. Pour avoir le concept d'arbre, même à l'état intuitif, il ne suffit pas qu'on soit capable de distinguer les arbres des autres objets. Car les animaux savent faire de telles discriminations sans pour autant posséder le concept qui leur correspond. L'oiseau qui bâtit régulièrement son nid dans un arbre et non pas dans une cheminée ou sur une statue sait distinguer les arbres des cheminées et des statues. On pourrait dire que son acte de discrimination est conforme à la règle correspondant au concept d'arbre, mais l'on ne pourrait pas dire qu'il possède cette règle, ni que son appréhension est dirigée par elle. Cette discrimination ne demande pas à être dirigée par une règle, mais peut s'accomplir d'une manière

1. *Op. cit.*, p. 141.

purement machinale, comme les discriminations effectuées par un thermomètre qui « sait » en effet distinguer telle ou telle température de telle ou telle autre. Ce qu'il faut donc expliquer n'est pas comment notre appréhension peut se conformer aux règles dans ce sens machinal, mais comment nous pouvons arriver aux règles susceptibles de diriger notre activité et dont nous sommes, ou au moins dont nous pouvons devenir, conscients. Les actes de l'entendement décrits dans la *Logique* ne suffisent pas, parce qu'ils présupposent déjà que notre appréhension dépasse celle des animaux et surtout celle des machines. Ils présupposent donc que notre appréhension est gouvernée par des règles dont la conscience n'est peut-être pas claire, mais que nous sommes en mesure de rendre claires, et qui sont par là présentes dans notre perception. Ce qui reste à expliquer, c'est donc comment nous arrivons à ces règles. Et c'est une question qui paraît d'autant plus difficile lorsqu'on admet que ces règles dirigent l'appréhension par laquelle l'expérience même est constituée. Car étant donné que ces règles sont responsables de la constitution de l'expérience, comment pouvons-nous faire appel à l'expérience pour expliquer leur acquisition ?

III

C'est en faisant appel à la faculté de juger, à mon avis, qu'il faut chercher la réponse à cette question. Mais comme nous le verrons par la suite, je comprends cette faculté autrement que ne le fait Longuenesse. Kant, comme je l'ai déjà dit, définit la faculté de juger comme le pouvoir de penser le particulier comme contenu sous l'universel. Je prends cette formule comme point de départ, mais j'interprète l'idée de l'universel d'une façon qui peut paraître insolite. Je la rapproche tout d'abord non pas de l'universalité par laquelle un concept peut s'appliquer à un univers indéfini d'objets, mais plutôt de l'universalité par laquelle un jugement peut être valable pour un univers indéfini de sujets[1]. C'est-à-dire que je la rapproche de ce que Kant appelle l'universalité subjective; l'universalité qui caractérise avant tout les jugements de beauté dans la « Critique de la faculté de juger esthétique ». Cette universalité subjective, qui est aussi une universalité normative, est soulignée par Kant au deuxième et au quatrième moments de l'Analytique du Beau. En faisant un jugement de beauté, j'exige l'accord de tous : tout autre qui perçoit l'objet doit, d'après mon jugement, le juger comme moi. Je conçois donc mon propre jugement comme l'exemple d'un jugement que tout le monde devrait faire confronté au même objet. Mais mon jugement m'est en même temps particulier. Il dépend uniquement de ma propre réponse perceptuelle à l'objet, de la façon dont l'objet me frappe, de son effet sur mes sens et mon imagination. C'est-à-dire qu'il ne dépend pas d'un concept ou d'une règle quelconque dont j'ai déjà reconnu l'applicabilité. En percevant l'objet

1. Je développe cette interprétation dans mon « Thinking the Particular as Contained under the Universal », dans R. Kukla (ed.), *Aesthetics and Cognition in Kant's Critical Philosophy*, Cambridge, Cambridge UP, 2006.

avec plaisir, je regarde cette perception même comme la perception que je devrais en avoir, c'est-à-dire comme ayant une validité normative et universelle, sans pour autant que ma conscience de cette validité s'appuie sur l'autorité d'une règle préalablement adoptée. Cette propriété des jugements de beauté, d'exprimer une normativité qui ne présuppose pas de règle, fournit, à mon avis, la clef de la question posée dans mon titre, de ce qu'est la faculté de juger. Que nous ayons la faculté de juger, cela veut dire que nos perceptions empiriques des objets qui nous entourent impliquent une conscience légitime de leur propre validité normative, une normativité qui ne présuppose pas de règle antérieurement valable. Percevoir un objet, c'est en même temps reconnaître l'universalité normative de son propre acte d'appréhension[1]. J'appelle cette normativité – c'est-à-dire la normativité qui ne dépend pas d'une règle préalablement adoptée – la normativité primitive. Elle est primitive en ce que nous pouvons en être conscients sans être déjà munis de règle pour prescrire ce qu'on doit faire. Mais cela ne veut pas dire que c'est une normativité sans règles. Car, du fait même qu'on est conscient de la normativité primitive on est, par là, conscient d'une règle; une règle qui n'est pas présupposée, mais plutôt rendue possible, par la conscience de cette normativité.

Je tenterai d'éclaircir cette idée de normativité primitive par un exemple. Imaginons un enfant à qui on essaie d'apprendre le concept de rouge. On lui montre plusieurs perles de couleurs différentes, et on commence à les ranger par couleur : les perles rouges dans cette boîte-ci, les perles vertes dans cette boîte-là. On demande à l'enfant de nous aider dans cette tâche, et il commence lui aussi à ranger les perles. Nous pourrions imaginer qu'il commence au début par ranger les perles d'une façon arbitraire, mais qu'on le corrige chaque fois en remettant la perle mal rangée avec les autres perles de la même couleur, et qu'au bout de quelques temps il arrive à classer les perles comme nous, c'est-à-dire, les rouges avec les rouges, les vertes avec les vertes. Or, l'enfant qui a maîtrisé cette activité de classement ne l'effectue pas d'une façon machinale, comme le ferait par exemple un pigeon que l'on aurait dressé à réagir aux perles rouges par un coup de bec. L'enfant qui range une perle rouge avec les autres perles rouges fait cela avec la conscience que ce rangement convient à cette perle; que la perle appartient à cette boîte-ci et non pas à cette boîte-là. Il est donc conscient de la normativité de ce qu'il fait; en rangeant chaque perle il est conscient de la ranger comme elle devrait être rangée. Mais cette normativité est primitive : elle ne présuppose pas que l'enfant ait déjà acquis le concept de rouge, ni même une règle plus simple pour classer les perles rouges. Car si la règle était présupposée de cette façon, il ne serait pas possible que de tels exercices puissent servir à acquérir des concepts, comme ils semblent en effet le faire. Plutôt que de dépendre d'une règle de classement dont l'enfant serait déjà conscient, cette normativité est une condition pour l'acquisition d'une telle règle. Et je voudrais ici aller encore plus loin, en proposant que nous avons ici une condition non seulement nécessaire mais aussi suffisante, pour que l'enfant possède

1. Pour plus de précisions, voir mon « Aesthetic Judgment and Perceptual Normativity », *Inquiry* 49, 2006, p. 403-437.

une règle. Posséder une règle de classification, d'après la thèse que je veux proposer, ce n'est rien d'autre qu'avoir la capacité ou la disposition de classer les objets d'une manière déterminée, pourvu que l'exercice de cette capacité implique la conscience de faire ce que tout le monde devrait faire dans les mêmes circonstances. C'est précisément cette conscience d'une normativité primitive qui fait le contraste entre les discriminations effectuées par le pigeon dressé, d'une part, et les discriminations effectuées par l'enfant, de l'autre. C'est donc cette même conscience d'une normativité qui nous permet de regarder l'activité de l'enfant comme gouvernée par une règle au lieu d'être purement machinale.

C'est en m'appuyant sur ce modèle que je propose d'interpréter l'acquisition des concepts empiriques selon Kant. Car la notion de normativité primitive s'applique non seulement au comportement manifeste de l'enfant rangeant les perles, mais aussi à la perception sous-jacente dont ce comportement est l'expression. En termes kantiens, elle s'applique à l'activité imaginative d'appréhension et de reproduction qui constitue cette perception. Si l'enfant range la perle dans cette boîte-ci plutôt que dans celle-là, c'est parce qu'il la perçoit ainsi et non autrement. Et sa conscience de ranger la perle comme elle devrait l'être appartient aussi à l'appréhension à travers laquelle il la perçoit. C'est la conscience, impliquée dans la perception même, que son acte d'appréhension convient à la perle, c'est-à-dire que tout autre devrait la percevoir ainsi. Or, d'après le modèle que je viens de proposer, posséder une règle qui dirige l'appréhension, ce n'est rien d'autre qu'appréhender le divers de telle ou telle manière, tout en étant conscient que l'appréhension convient à l'objet dans le sens que j'ai précisé. La normativité primitive permet donc d'expliquer l'acquisition des concepts empiriques en tant que règles. L'enfant qui classe ensemble les perles rouges avec la conscience chaque fois de faire ce qui leur convient, est *ipso facto* conscient d'une règle ou d'un schème qui dirige son appréhension et reproduction du divers. Et c'est par là également que sa perception des perles n'est pas limitée à la simple détection de la couleur rouge, mais s'élève à la perception de ces perles comme rouges, ou en tant que rouges.

Revenons maintenant à l'explication du jugement proposée par Kant au § 19 de la *Critique de la raison pure*. J'ai voulu montrer, dans la première partie de mon exposé, que cette explication est insuffisante. Elle définit le jugement comme une certaine liaison de représentations conceptuelles, mais elle n'explique pas la possibilité des représentations conceptuelles elles-mêmes. Je viens de proposer que c'est la faculté de juger dans la troisième *Critique* qui répond à ce manque. La *Critique de la faculté de juger* nous offre en effet une conception élargie de ce que c'est que de juger. Pour résumer cette conception en une formule : nous jugeons lorsque notre représentation d'un objet implique la conscience de cette même représentation comme universellement valable. L'acte de juger, ainsi compris, se manifeste à l'état pur dans les jugements de beauté. Mais il s'effectue aussi chaque fois qu'on perçoit quelque chose comme ayant tel ou tel attribut; il est donc une condition indispensable de la représentation conceptuelle, et par là des jugements cognitifs auxquels nous avons affaire dans la *Critique de la raison pure*.

Considérons, pour terminer, une objection que l'on pourrait soulever contre l'interprétation que je viens d'esquisser. C'est que cette interprétation, par opposition à celle de Longuenesse, ne paraît accorder aucun rôle aux catégories ni aux formes de jugement dans l'acquisition des concepts empiriques. Or, il semble par contre évident que l'on ne peut pas posséder les concepts de rouge, de corps ou de pesanteur sans posséder aussi les concepts de qualité réelle, de substance, et de causalité. La possession de ces concepts paraît donc être une condition nécessaire pour la conceptualisation empirique. Ce serait donc une erreur de proposer, comme je viens apparemment de le faire, que la conceptualisation empirique est uniquement une affaire de discrimination perceptuelle pourvue d'une dimension normative. J'aurais également tort de la traiter comme si elle était indépendante du rapport des représentations dans l'unité de l'aperception. Car les concepts empiriques présupposent les mêmes catégories, et par là les mêmes formes logiques de l'entendement, que les jugements dont il est question au § 19.

Je veux bien admettre que la possession des concepts empiriques n'est pas possible sans la possession des concepts purs de l'entendement, donc que la conceptualisation empirique dépend de la possibilité de lier ses représentations conformément aux catégories. Mais le fait que la conceptualisation empirique dépende de la conceptualisation pure ne nuit pas, me semble-t-il, à l'interprétation proposée ici. Car elle est, pour ainsi dire, orthogonale à la dépendance de la conceptualisation empirique de la faculté de juger comme je l'ai définie ici. Autrement dit, le fait seul que la possession des concepts purs est condition nécessaire de la possession des concepts empiriques ne constitue pas une explication suffisante de la conceptualisation empirique : il faut toujours faire appel à la faculté de juger pour comprendre à la fois la possibilité de la conceptualisation empirique, et la possibilité de la conceptualisation pure dont elle dépend. Rappelons tout d'abord qu'il s'agit ici de l'acquisition des concepts empiriques en tant que règles d'appréhension ou schèmes. J'admets volontiers que l'acquisition de telles règles – correspondant par exemple aux concepts de rouge, d'arbre, de pesanteur – dépend de la possession de certaines règles de second ordre correspondant aux concepts de qualité, de substance, de causalité. On ne peut pas appréhender quelque chose en tant qu'arbre, c'est-à-dire selon la règle correspondant au concept d'arbre, sans l'appréhender en même temps en tant que substance qui entre dans des relations causales. Mais cette dépendance est d'une certaine manière réciproque : l'appréhension ne peut pas être dirigée par des règles de second ordre correspondant aux catégories sans être en même temps dirigée par des règles de premier ordre aussi. Ce n'est pas possible d'appréhender un objet comme substance tout court; je dois, en l'appréhendant en tant que substance, l'appréhender aussi comme ayant tels ou tels traits empiriques – soit comme arbre, soit comme chien, soit comme objet qui est rouge et sphérique.

Lorsqu'on reconnaît cette dépendance réciproque entre conceptualisation empirique et conceptualisation pure, on peut voir que la conceptualisation pure, c'est-à-dire la liaison des représentations conforme aux catégories et aux formes du jugement, ne suffit pas pour expliquer l'acquisition des concepts empiriques. Car il reste une question que nous pouvons formuler en nous comparant, encore une fois, avec les animaux : comment se fait-il que notre appréhension du divers ne soit pas uniquement une affaire de discriminations pour ainsi dire aveugles, mais qu'elle soit plutôt dirigée par des règles dont nous sommes en mesure de devenir clairement conscients ? La faculté de juger, en répondant à cette question, se révèle comme condition de la possibilité à la fois des concepts empiriques et des concepts purs. Il n'y a donc pas d'incompatibilité entre l'interprétation ici proposée, et l'idée que les concepts empiriques présupposent les catégories et l'unité de l'entendement.

En admettant cela, on verra plus clairement le rapport entre le pouvoir de juger dans la *Critique de la raison pure* et la faculté de juger dans la troisième *Critique*. Longuenesse résume ce rapport en disant que le pouvoir de juger « pourrait être considéré comme une possibilité ou potentialité de former les jugements » tandis que la faculté de juger « constituerait l'effectuation ou l'activation [de cette potentialité] en rapport avec les affections sensibles » [1]. D'un certain point de vue, cette explication est tout à fait légitime. Si nous nous supposons déjà munis de concepts, empiriques aussi bien que purs, la faculté de juger peut se représenter comme la faculté d'appliquer ces concepts à ce qui nous est donné dans l'expérience. Nous possédons donc cette faculté dans la mesure où notre pouvoir de juger peut s'activer, comme le dit Longuenesse, en rapport avec les affections sensibles. Considérée de ce point de vue, c'est la capacité désignée par Kant sous le nom de « faculté de juger déterminante ». Mais ce point de vue, en supposant que nous soyons déjà munis de concepts, c'est-à-dire en possession de règles, fait abstraction de notre statut empirique. Il ne tient pas compte de ce que nous sommes nous-mêmes des êtres situés dans l'espace et le temps, entourés d'objets également spatio-temporels, et soumis aux lois naturelles physiologiques et psychologiques par lesquelles nos réactions à ces objets sont déterminées. Lorsque nous tenons compte de notre condition en tant qu'objets empiriques, la question se pose : comment sommes-nous capables non seulement de réagir à notre environnement, à la manière des bêtes, mais aussi de le conceptualiser ? Et comme j'ai essayé de le montrer, c'est la faculté de juger, cette fois-ci réfléchissante, qui répond à cette question. Selon cette nouvelle perspective, le rapport de priorité entre le pouvoir de juger et la faculté de juger est l'inverse de ce que nous venons de voir. Loin de présupposer la possibilité de faire des jugements au sens du § 19, la faculté de juger l'explique. C'est donc elle qui permet que les liaisons entre nos représentations soient soumises à des règles universelles, et que nous atteignions donc à l'unité de l'aperception, ce point « le plus élevé » de tout usage de l'entendement [2].

Hannah GINSBORG
University of California, Berkeley

1. *Op. cit.*, p. XIV.

2. Je remercie vivement Layla Raïd, qui a relu le texte avec beaucoup d'attention et qui a corrigé de nombreuses erreurs et maladresses. Mes remerciements s'adressent aussi à Andie Ginsborg, Bernard Ginsborg, Arpy Khatchirian et Adam Stephenson, qui m'ont également aidée à formuler mes pensées en français.

ESTHÉTIQUE

PLAISIR DE CONTEMPLATION, PLAISIR DE CRÉATION KANT ET L'ÉCOLE WOLFFIENNE SUR LA NATURE DU PLAISIR ESTHÉTIQUE

Lorsque Kant aborde l'esthétique wolffienne au § 15 de la *Critique de la faculté de juger*, cette référence lui sert à préciser sa propre notion du plaisir esthétique, un plaisir ayant pour objet la beauté définie comme une finalité non pas objective mais subjective. La position wolffienne n'est esquissée que brièvement, en une seule phrase :

> [Mais] une finalité objective interne, c'est-à-dire la perfection, se rapproche déjà davantage [que l'utilité] du prédicat de beauté, aussi des philosophes de renom l'ont identifiée à la beauté, en ajoutant il est vrai le complément suivant toutefois : quand elle est pensée de façon confuse [1].

Il est important de garder à l'esprit ce contexte argumentatif : manifestement, Kant ne cherche pas, ni dans le paragraphe présent, ni dans un passage ultérieur, à restituer l'argument des wolffiens pour lui-même. La présentation qu'il en donne le fait d'ailleurs paraître sous un jour contradictoire : d'une part, le plaisir de la beauté serait aux yeux des wolffiens un plaisir cognitif, produit par la connaissance d'une perfection et plus précisément d'une finalité. D'autre part, ce plaisir relèverait de la connaissance confuse, témoignerait donc de notre incapacité à connaître et à saisir la beauté autrement que par un « je ne sais quoi ». Présentés sous ce jour, les wolffiens semblent se battre avec le même problème esthétique que Kant, sans toutefois encore être parvenus à en trouver la solution, laquelle consisterait à distinguer entre jugement et plaisir objectif et subjectif. Leur obstination à maintenir l'idée de la beauté comme perfection objective les conduirait donc tout simplement dans une contradiction.

Cette interprétation kantienne de la position wolffienne comme virtuellement contradictoire a été généralement admise sans discussion par tous les commen-

1. *CJ*, § 15, Ak V, 227 (nous avons suivi la traduction des *Œuvres philosophiques*, Pléiade, t. II, p. 917-1299).

tateurs de la troisième *Critique* d'Alfred Baeumler[1] à Ernst Cassirer[2] et au-delà. J'aimerais proposer ici une autre manière de comprendre la position wolffienne. Je crois que l'argument wolffien est en effet nettement plus complexe et plus pertinent qu'il ne paraît à la lecture du paragraphe 15 de la *Critique de la faculté de juger* ou à celle des commentaires qui lui ont été consacrés, et j'aimerais le détailler un peu plus pour reconstruire une option philosophique sur le plaisir esthétique qui, je crois, mérite une meilleure défense que celle offerte par la littérature secondaire.

Je procéderai en trois temps : je chercherai d'abord à reconstituer l'argument de Wolff lui-même, je me tournerai ensuite vers son disciple Alexander Gottlieb Baumgarten qui est le véritable auteur de la thèse du plaisir de beauté fondée sur la connaissance confuse et donc le plus directement visé dans ce paragraphe, je retracerai, enfin, la genèse de la position de Kant, à travers son débat avec les wolffiens.

WOLFF SUR LE PLAISIR DE L'INVENTION ET DE LA RÉINVENTION

Pour reconstruire le subtexte wolffien qui sous-tend la discussion de la *Critique de la faculté de juger*, tournons-nous d'abord vers Wolff lui-même. Wolff consacre en fait un grand nombre de textes, sections ou chapitres d'ouvrages à la question du plaisir. Au nombre de ceux-ci, il faut relever un écrit de 1729 qui n'est que trop rarement cité par la littérature secondaire et qui s'intitule, en allemand, *Von dem Vergnügen, welches man aus der Erkenntnis der Wahrheit schöpfen kann*[3]. Le titre indique déjà le contexte épistémologique dans lequel Wolff développe son argument sur le plaisir : la question concerne le plaisir que l'on peut retirer de la connaissance, et s'inscrit dans le cadre d'un débat moderne, dont les participants, désignés nommément par Wolff, sont Descartes, Leibniz et Tschirnhaus[4]. Plus précisément, l'ouvrage porte non pas sur le plaisir cognitif en général, mais sur ce que j'appellerai le « plaisir heuristique », le plaisir

1. A. Baeumler, *Das Irrationalitätsproblem in der Ästhetik und Logik des 18. Jahrhunderts bis zur Kritik der Urteilskraft*, Halle, 1923; trad. fr. O. Cossé, *Le problème de l'irrationalité dans l'esthétique et la logique du XVIIIe siècle*, Paris, Presses universitaires de Strasbourg, 1999.

2. E. Cassirer, *Die Philosophie der Aufklärung*, Tübingen, 1932; trad. fr. *La philosophie des Lumières*, Paris, Agora, 1986.

3. Ch. Wolff, *De voluptate ex cognitione veritatis percipienda*, dans *Horae subsecivae Marburgenses*, 1729; réimp. dans *Gesammelte Werke*, vol. II, 34.1, Hildesheim, Olms, 1983. La traduction allemande, publiée en 1740 sous le titre *Von dem Vergnügen, welches man aus der Erkenntnis der Wahrheit schöpfen kann* se trouve au vol. 21.5 de la même édition (1981); nos citations proviennent de cette traduction. Sur la question du plaisir de Leibniz à Kant *cf.* aussi récemment A. Vesper, « Le plaisir du beau chez Leibniz, Wolff, Sulzer, Mendelssohn und Kant », *Esthétiques de l'Aufklärung*, *Revue germanique internationale* 4/2006, S. Buchenau et E. Décultot (éd.), Paris, CNRS Éditions, 2006, p. 23-36.

4. *Cf.* aussi l'analyse de cette filiation par Cl. Schwaiger, *Das Problem des Glücks im Denken Christian Wolffs. Eine quellen-, begriffs- und entwicklungsgeschichtliche Studie zu Schlüsselbegriffen seiner Ethik*, Stuttgart, Frommann-Holzboog, 1995, en particulier p. 120-139.

produit par la découverte ou l'invention. Certains fragments de Leibniz réunis sous le titre *De la sagesse* peuvent déjà être lus comme des contributions à cette réflexion. Mais le philosophe qui a, selon Wolff lui-même [1], véritablement orienté son attention vers la question du plaisir heuristique et auquel il se réfère avec le plus grand respect, dès le premier paragraphe, est Tschirnhaus, auteur d'un traité sur l'art d'inventer, la *Medicina mentis sive artis inveniendi praecepta generalia*, *Médecine de l'esprit ou Préceptes généraux de l'art de découvrir* parue à Leipzig en 1695 [2]. Le plaisir auquel réfléchit Tschirnhaus est celui que l'on retire de la *découverte*, la connaissance de vérités *inconnues*. Je cite Wolff :

> En effet, voici comment il [Tschirnhaus] s'exprime : jusqu'à maintenant, je n'ai pu apercevoir rien de plus nécessaire à la promotion de notre bonheur que le fait de *découvrir* des vérités *inconnues* et de choisir parmi elles celles qui servent le mieux à promouvoir notre bonheur [3].

Si dans la suite du texte, Wolff place résolument sa réflexion sous la tutelle de Tschirnhaus, il élargit le champ heuristique considéré par son prédécesseur en y intégrant celui de l'invention. Le terme allemand *Erfindung*, tout comme celui d'*inventio* recouvre en effet les deux sens. Il se réfère à la fois à la découverte d'objets qui *pré-existent* à l'acte créatif de la découverte et à la création/invention d'objets *nouveaux*. En d'autres termes, Wolff élargit le débat de la simple question épistémologique de la découverte de vérités, que considérait exclusivement Tschirnhaus, vers la question plus large de l'invention, dans sa triple dimension épistémologique, technique et esthétique. Notons que cet essai n'est pas le lieu où Wolff explicite toutes les conditions de possibilité de cette ouverture. Pour comprendre l'ampleur du tournant heuristique opéré par Wolff, il faut lire ses écrits logiques et psychologiques où il développe notamment une nouvelle conception large de la raison méthodique, laquelle n'est pas une prérogative de l'esprit philosophique mais une faculté que l'homme ordinaire et l'inventeur artisanal ont également en partage, disposant, comme le philosophe, d'une logique naturelle et de connaissances historiques qui servent de base à un raisonnement. Parallèlement, Wolff y esquisse l'idée d'une méthode d'invention qui systématiserait les préceptes des inventeurs et offrirait un guide certain pour les inventions futures.

1. *Cf.* la lettre de Wolff consacrée à la question de l'art d'inventer : « Epistula gratulatoria ad Joh. Ulricum Cramerum [...] qua disquiritur : num utile sit artem inveniendi in systema redigi », *Meletemata mathematico-philosophica*, Halle, 1755 ; réimp. dans *Gesammelte Schriften* vol. 35 (1974), et la traduction allemande « Glückwunschschreiben an Herrn Professor Cramer, darinnen untersucht wird, ob es nützlich sey, wenn die Erfindungskunst in einen zusammenhängenden Lehrbegriff gebracht würde » [Lettre en hommage à M. le Professeur Cramer où l'on étudie s'il est utile d'exposer l'art d'inventer sous forme de système], *Gesammelte Werke*, 21.2, p. 310-416.

2. E.W. von Tschirnhaus, *Médicine de l'esprit ou Préceptes généraux de l'art de découvrir*. intro., trad. fr., notes et appendices J.-P. Wurtz, Paris, Ophrys, 1980.

3. *Von dem Vergnügen*, § 1.

Sa nouvelle thèse sur l'invention au sens large conduira Wolff à introduire le concept de « technologie » ou *Kunstwissenschaft*[1], une nouvelle science traitant des arts mécaniques, mais aussi des arts libéraux, et des beaux-arts comme la poésie et de la peinture. Parmi les exemples d'invention cités par Wolff on compte donc tout ensemble des vérités (la démonstration mathématique), des artefacts (l'horloge), et des productions des arts libéraux et des beaux-arts (le poème, la peinture et le bâtiment). Toutes ces inventions se jugent selon leur perfection (*Vollkommenheit*), c'est-à-dire selon leur finalité (*Absichten*). Comme Kant l'aura bien observé, le terme de finalité, plus précis que celui de perfection (que nous trouvons déjà sous la plume de Leibniz) et autrement plus large que celui de vérité, joue en effet un nouveau rôle-clé chez Wolff dans la mesure où le plaisir ressenti à produire ou à contempler une invention naît de la connaissance de sa finalité; à ce titre le plaisir heuristique représente un plaisir téléologique. C'est pourquoi Wolff, qui regrette dans ce traité le manque d'une discipline consacrée à la téléologie générale, pense que la réalisation d'une telle discipline serait une chose extrèmement plaisante. Afin d'appuyer sa thèse sur le plaisir heuristique comme plaisir téléologique, Wolff analyse un certain nombre d'exemples. Ainsi, la finalité d'une démonstration réside dans la découverte de sa vérité, et plus précisément, dans la mesure où la vérité dépend de la mise en ordre, dans la construction d'un ordre. La contemplation de cet ordre produit un plaisir d'autant plus grand qu'il est à la fois analytique ou distinct (qu'il détaille tous les éléments) et intuitif :

> Que ceux qui considèrent bien l'ordre qui peut être trouvé dans une preuve bien conduite, en tirent un très grand plaisir, cela est enseigné par la raison, tout autant que confirmé par l'expérience. Pour cela, il suffit de correctement analyser une preuve et cela plus particulièrement, lorsqu'elle est un peu vaste, et de la reproduire ensuite, sous sa forme analysée, distinctement sur le tableau, afin de la saisir en une seule fois (*auf einmal begreifen*) et de mettre devant ses yeux (*vor Augen legen*) l'ordre qui est contenu en elle[2].

C'est d'ailleurs ce plaisir constant d'analyser et de produire l'ordre de la démonstration mathématique sur un tableau, devant les yeux des élèves qui fonde, malgré tous les ennuis (*Verdruss*) quotidiens, le bonheur du professeur de mathématiques que fut Wolff à Halle : « c'est pourquoi je prends autant de plaisir à enseigner les bases des éléments mathématiques »[3].

1. *Cf.* la définition de la technologie au § 71 du *Discours préliminaire sur la philosophie en général*; trad. fr. Th. Arnaud, W. Feuerhahn, J.-F. Goubet et J.-M. Rohrbasser (dir.), Paris, Vrin, 2006 : « Bien que négligée jusqu'ici [...], une philosophie des arts est également possible. Tu peux l'appeler *Technique* ou *Technologie*. Ainsi, la *Technologie* est la science des arts et des œuvres de l'art, ou, si tu aimes mieux, la science des [choses] que les hommes accomplissent comme œuvres des organes du corps, et avant tout des mains. [...] Ici, il faut avant tout rendre raison des règles de l'art et des œuvres accomplies par l'art ». La technologie se donne par conséquent pour but d'expliciter les règles qui président à une invention sans nécessairement faire l'objet d'une connaissance distincte de la part de l'inventeur.

2. *Von dem Vergnügen*, § 6.

3. *Ibid.*

Wolff énumère d'autres exemples « plus communs » illustrant le plaisir heuristique produit par la connaissance de la finalité d'une chose : la ressemblance d'une peinture avec l'objet représenté plaît dans la mesure où l'on sait que la perfection de la peinture réside en sa ressemblance [1]. De même, une montre plaît à l'astronome qui la compare aux mouvements célestes lorsqu'il constate sa précision, ou la conformité avec la finalité propre d'une montre qui consiste à indiquer l'heure de manière précise [2]. Plus tard, Wolff mentionne un quatrième exemple, celui de l'architecture, un exemple qui possède une signification toute particulière pour Wolff qui enseigna cette discipline à Halle et qui y trouva sans doute la principale source de ses conceptions esthétiques [3]. C'est d'ailleurs dans les cours sur l'architecture, qu'on trouve l'explication complète de ce que représente la perfection d'un bâtiment – l'essai sur le plaisir restant très succinct sur ce point. La perfection du bâtiment consiste dans sa conformité complète avec les intentions principales (*Hauptabsichten*) de l'architecte, et tout d'abord avec la solidité et le confort. Ces deux perfections s'accompagnent aux yeux de Wolff, qui reprend pour l'essentiel les principes de Vitruve, d'une troisième qui est ce qu'il appelle la beauté ou manifestation phénoménale des perfections fondamentales du bâtiment, susceptible de produire le plaisir [4] : « Lorsqu'on perçoit ces perfections essentielles, elles causent un plaisir en nous, de sorte que nous appelons le bâtiment beau » [5].

Est donc mentionné ici pour la première fois la question de la beauté et du plaisir esthétique. Que signifie cette référence au beau ? Et plus généralement, quelles implications esthétiques possède la nouvelle doctrine heuristique de Wolff ? Nous avons déjà touché à un point crucial : nous avons vu que l'élargissement opéré par Wolff du débat sur le plaisir de la vérité à la question de l'invention le conduit à accorder un nouveau statut à la notion de finalité mais aussi, pouvons-nous ajouter ici, à transposer les présupposés méthodologiques de la découverte scientifique vers l'invention dans les techniques et dans les arts, y compris les beaux-arts. Que nous lisions une démonstration mathématique, un traité physique ou que nous contemplions une peinture ou un beau bâtiment, nous prenons dans tous les cas plaisir à nous mettre à la place de l'inventeur pour reconstruire ou réinventer une invention humaine ; nous trouvons son ouvrage beau puisque nous arrivons à reconstruire le processus de son invention (le processus selon lequel il a été produit ou, à défaut, aurait pu être produit), à rapporter ses fins subsidiaires à des fins principales (*Hauptabsichten*) et à l'articuler sous forme de règles

1. *Ibid.*, § 7.

2. *Ibid.*

3. *Cf.* Wolff, *Anfangs-Gründe aller mathematischen Wissenschaften*, Frankfurt-Leipzig-Halle, 1750-1757, *Gesammelte Werke*, I, 11.2 (1999), I, 2.1 : « Von den allgemeinen Regeln der Bau = Kunst ». Pour une discussion détaillée, *cf.* aussi la version latine *Elementa matheseos universae* et le petit traité sur l'histoire de l'architecture : *Zur Bau = Kunst, Vorrede von den Säulen = Ordnungen zur gründlichen Anweisung zu der Civil = Baukunst nach den besten Römischen Antiquitäten*, Halle, 1755, dans *Gesammelte Werke*, I. 22 (1995), p. 150-161.

4. *Anfangsgründe aller mathematischen Wissenschaften*, déf. 5 et 6.

5. *Ibid.*, § 8.

méthodiques. Notre plaisir provient non pas de notre *incompréhension*, mais de notre *compréhension* par laquelle nous nous élevons à la hauteur de l'inventeur.

Selon la hiérarchie des plaisirs de l'essai wolffien *Von dem Vergnügen*, le plaisir de réinvention (qui est donc chez Wolff au cœur du plaisir esthétique) vient, certes, en seconde place après celui de l'invention. Le plaisir cognitif suprême est réservé à l'inventeur qui prend un plaisir que l'on pourrait qualifier de subjectif à penser par soi-même, et à intuitionner la perfection de son propre entendement. Ce plaisir s'accroît en fonction de la difficulté de la découverte et de l'effort déployé. Comme nous le lisons au § 12 de *Von dem Vergnügen* : « Celui qui découvre par soi-même (*selbst entdecket*) une vérité qui était inconnue soit de lui-même soit de tous, est conscient de sa perfection ; par conséquent, il éprouve un plaisir, et celui-ci sera d'autant plus grand que lui paraîtra grand le degré de perfection de cette vérité ».

Plus précisément, l'inventeur ne se réjouit pas seulement de la perfection de sa nature, de certaines de ses facultés mais plus généralement de l'harmonie entre ses facultés et l'ordre de la création, harmonie entre sa propre finalité, pourrait-on dire, et celle de la nature[1]. Autrement dit, le plaisir naît d'une intuition simultanée de la perfection de l'entendement, et de celle de la chose ; il est, affirme Wolff dans sa *Deutsche Metaphysik*, « une connaissance intuitive de la perfection de notre entendement et de la chose que nous connaissons de manière distincte » (*eine anschauende Erkäntnis von der Vollkommenheit unseres Verstandes und der Sache, die wir deutlich erkennen, zugleich*)[2].

Or, dans la mesure où il existe pour Wolff une symétrie entre la création et la contemplation d'un ouvrage, celui qui réussit à suivre l'inventeur sur ses traces et à réinventer, reconstruire le processus de l'invention, éprouve en principe le même type de plaisir, à une exception près : à la double dimension subjective et objective du plaisir de l'invention s'ajoute une dimension intersubjective : celui qui réinvente un ouvrage découvre outre sa propre perfection et celle de la chose, celle de l'inventeur lui-même.

Au terme de notre lecture de Wolff, nous avons restitué le contexte heuristique du débat sur le plaisir auquel participe Wolff et les motivations qui le conduisent à introduire l'idée, relevée par Kant, du plaisir produit par la perfection ou la connaissance de la finalité d'un ouvrage. Il manque encore l'explication de la seconde caractérisation kantienne de la doctrine wolffienne, l'association de ce plaisir avec la connaissance confuse.

1. Cette harmonie peut être confirmée par les expériences physiques, comme l'explique Kepler, dans sa dédicace au commentaire sur les mouvements de Mars (*In dedicatione Commentariorum de motibus Stellae Martis*) et cité par Wolff au § 20 de *Von dem Vergnügen* : la joie et la surprise qu'il éprouve en relisant son ouvrage provient de sa faculté à anticiper, à l'aide de son esprit mathématique, des résultats des expériences.

2. Wolff, *Vernünfftige Gedancken von Gott, der Welt und der Seele des Menschen* [*Deutsche Metaphysik*], Halle, 1731, 2e éd. dans *Gesammelte Werke*, I. 3 (1997), § 412.

À mon sens, cette thèse-là ne se trouve pas chez Wolff lui-même qui soutient simplement que la beauté est une perfection susceptible de produire un plaisir[1]. Pour être plus précis, il faudra ajouter que la beauté est une perfection susceptible de produire un plaisir *en tant que connue par une connaissance intuitive*. Car il existe des perfections d'une complexité telle qu'elles ne peuvent pas toutes être appréhendées d'une seule vue (qui restent toujours symboliques à un certain degré), et d'autres que nous pouvons appréhender d'un coup, par la connaissance intuitive. Cette connaissance intuitive est la condition psychologique qui donne lieu au plaisir de la beauté. Cela implique que la beauté est la perfection de la chose en tant qu'elle est appréhendée immédiatement, sous la forme indistincte (*undeutlich*) sous laquelle elle se présente avant l'analyse, *mais n'implique nullement qu'elle est une simple apparence*; le plaisir de beauté s'accroît en effet à mesure que nous approfondissons la connaissance de la perfection de la chose vers une connaissance de plus en plus distincte. Ainsi la connaissance des règles, loin de dissoudre le plaisir, accroît-elle la jouissance et la rend-elle plus durable[2] – on trouve chez Leibniz, je pense, un argument similaire. De cette idée découle la distinction entre beauté véritable et beauté apparente, la dernière étant produite par un jugement erroné sur la perfection de l'ouvrage[3]. Pour comprendre la référence kantienne à la beauté comme connaissance confuse, il convient donc de quitter Wolff pour se tourner vers certains de ses disciples et vers les prolongements qu'ils donnèrent à la doctrine wolffienne du plaisir heuristique.

BAUMGARTEN SUR LA FINALITÉ ET LE PLAISIR DE LA POÉSIE

Dans son esthétique, ébauchée en 1735 dans les *Meditationes philosophicae de nonnullis ad poema pertinentibus*, traduit en français sous le titre *Méditations philosophiques sur quelques sujets se rapportant à l'essence du poème*, et développée en 1750/58 dans son *Aesthetica*[4], Baumgarten s'inscrit clairement dans le contexte des analyses wolffiennes en proposant une nouvelle définition de la finalité du poème. Chez Wolff, qui restait tributaire de certaines définitions classiques des arts du discours et aussi de la division des arts en arts mécaniques et arts libéraux, le poème se définissait à l'instar de la peinture, comme un discours

1. Voici la définition de la beauté, au § 544 de la *Psychologia empirica scientifica pertracta*, Frankfurt-Leipzig, 1738, réimp. dans *Gesammelte Werke*, II, 5 (1968) : « La beauté consiste dans la perfection de la chose, en tant qu'elle est apte de par sa propre force à produire un plaisir en nous » (*Pulchritudo consistit in perfectione rei, quatenus ea vi illius ad voluptatem in nobis producendam apta*).

2. *Deutsche Metaphysik*, § 411.

3. *Anfangsgründe aller mathematischen Wissenschaften*, erster und zweiter Zusatz.

4. *Cf.* A.G. Baumgarten, *Esthétique précédée de Meditations philosophiques sur quelques sujets se rapportant à l'essence du poème et de la Métaphysique*, trad. fr., présentation et notes J.-Y. Pranchère, Paris, L'Herne, 1988.

d'imitation[1]. Baumgarten quant à lui, cherche une définition plus générale, et il définit dès le début de ses *Méditations* la beauté comme finalité ou perfection du poème, à travers la comparaison de la poésie avec la philosophie.

Il faut lire l'argument de Baumgarten dans le triple contexte épistémologique, heuristique et esthétique que nous venons de décrire. Baumgarten reprend la question de l'invention en un sens plus particulier que Wolff, celle de l'invention discursive (ce que la logique et la rhétorique d'alors appellent *inventio*). À ce sujet, Baumgarten critique Wolff et avec lui tout l'héritage de la tradition rationaliste qui prétendait encore pouvoir produire des arguments ou des discours philosophiques, à la fois distincts, profonds, intuitivement clairs, persuasifs, plaisants et beaux. Sous l'influence du piétisme et de l'École thomasienne, Baumgarten a développé une méfiance instinctive contre ces courants et ces prétentions. Comme cela ressort de ses *Méditations* et plus clairement encore de son discours inaugural à l'université de Francfort, *Gedanken vom vernünftigen Beifall auf Akademien*[2], Baumgarten entend distinguer entre deux types d'inventions et d'arguments discursifs. Il dénonce la sécheresse (*Dürre*) ou la perte en contenu cognitif qu'implique le discours symbolique ou abstrait du philosophe. Pour formuler sa critique, il utilise la terminologie technique introduite par Leibniz, dans ses *Meditationes de cognitione, veritate et ideis*, en 1684, et développée par Wolff. Il soutient que la clarté intensive qui permet de définir et de classifier un objet n'implique pas sa clarté extensive; il se peut qu'une connaissance intensivement claire reste une simple connaissance verbale, une connaissance du mot, mais non pas de la chose: comme c'est le cas pour beaucoup de notions métaphysiques (comme Dieu, l'âme, etc.) utilisées dans le discours philosophique. Or un tel discours reste largement symbolique et, par conséquent, indifférent. Ne pouvant produire une connaissance intuitive, il ne produit ni effet de persuasion, ni plaisir. Car sa finalité n'est pas la «beauté» mais la seule cohérence logique. En revanche, la finalité de ce que Baumgarten appelle poésie est la clarté extensive ou intuitive – la beauté et l'effet de persuasion. Cela, il faut bien le comprendre, ne signifie pas que le poème pour Baumgarten se caractériserait, positivement, par sa confusion. La confusion n'est pas un objectif en soi, et le poème n'est pas beau parce qu'il est confus ou non-distinct. Il existe des discours confus qui ne sont pas beaux. Le poème est beau parce qu'il est extensivement clair, parce qu'il produit un discours qui accorde la priorité à l'intuition et à la dimension rhétorique et esthétique: le poète cherche à adapter son argument ou son raisonnement à l'horizon de son public pour plaire et pour convaincre; s'il sacrifie une part de systématicité ou *Gründlichkeit*, il présente néanmoins un argument qui est intuitivement clair pour chacun. Notons aussi que malgré sa redéfinition de l'invention poétique, Baumgarten maintient l'idée wolffienne selon laquelle l'invention poétique présente des parallèles avec l'invention dans

1. Sur Wolff, la poésie et les arts, *cf.* aussi P. Pimpinella, «Christian Wolff à l'origine de l'esthétique», *Esthétiques de l'Aufklärung*, *Revue germanique internationale* 4/2006, p. 9-22.

2. Baumgarten, *Gedanken vom vernünftigen Beifall auf Akademien*, Frankfurt an der Oder, 1740.

les sciences ; comme les autres poéticiens de l'école wolffienne, il soutient qu'elle est susceptible d'être formulée selon une méthode (réalisée dans l'esthétique) qui sert à la fois de méthode d'invention et de jugement ; le jugement est bel et bien une réinvention ordonnée, selon des règles.

Cette reconstruction de la doctrine des wolffiens permet de mieux voir ce que Kant dans sa présentation critique du paragraphe § 15 emprunte respectivement à Wolff et à Baumgarten (c'est à ce dernier qu'il prête explicitement la thèse de la connaissance confuse dans les cours de logique). C'est à Baumgarten que Kant s'oppose le plus directement. Car c'est Baumgarten qui prolonge l'argument wolffien sur le plaisir heuristique comme plaisir suscité par l'appréhension et la reconstruction d'une invention, en faisant porter la question plus particulièrement sur l'invention discursive. C'est dans ce contexte que Baumgarten introduit la connaissance confuse, non distincte, comme finalité spécifique du poème. Nous sommes donc mieux à même d'identifier les interlocuteurs wolffiens et aussi de mesurer le désaccord profond entre les wolffiens et Kant. Dans la partie qui suit, nous essaierons d'assigner plus précisément où se trouve le lieu véritable de ce désaccord.

La genèse de la position kantienne

Le débat kantien avec la doctrine wolffienne du plaisir de l'invention est fort complexe, il engage plusieurs étapes, et a des dimensions méthodologique, psychologique, et esthétique. Ne pouvant ici en traiter exhaustivement, nous esquisserons brièvement l'aspect méthodologique et consacrerons un peu plus d'espace à l'aspect esthétique. Le plaisir esthétique esquissé par Kant dans la section sur l'Analytique du Beau n'est pas un plaisir de réinvention, comme il l'est chez Wolff et Baumgarten. Cette différence témoigne d'une rupture méthodologique profonde. Kant refuse manifestement le paradigme de la méthode d'invention qui servait de matrice à l'esthétique de Wolff et à celle de Baumgarten, et qui était fondé sur l'idée qu'en offrant un guide aux inventeurs, une telle méthode servirait d'*organon* à un système philosophique ouvert, en évolution constante. Comme il ressort des écrits précritiques et des *Cours de Logique*, Kant ne partage plus la foi de la tradition antérieure en la possibilité d'une méthode d'invention. Ni la logique, ni l'*ars characteristica*, ni une méthode plus compréhensive d'invention de type wolffien ne peuvent selon lui servir de méthode générale d'invention. Comme il l'affirme très clairement dans une Réflexion sur la Logique : *Allgemeine heuristic ist unmoglich*[1]. La méthode critique par laquelle

1. « L'heuristique universelle est impossible », *Reflexion*, Ak XVI, 48 et *Logique*, Ak IX, 20. Notons aussi l'usage du terme de « dogmatisme » dans les écrits précritiques autour de 1765-66 qui témoignent encore du difficile débat avec le projet méthodique des wolffiens. Nous y trouvons le terme de « dogmatisme » opposé non pas au scepticisme mais à la méthode zététique : « La méthode spécifique pour enseigner la philosophie est zétetique, comme l'appelaient quelques Anciens (de *zetein*), c'est-à-dire une méthode de recherche, et elle ne devient dogmatique, c'est-à-dire définitive à

Kant compte remplacer la méthode d'invention antérieure est bien empirico-rationnelle comme celle de Wolff, mais elle ne saurait servir d'*organon* qui augmenterait notre connaissance; elle ne peut servir que de *canon*, en purifiant et en corrigeant notre connaissance là où elle risque de dépasser les limites de nos facultés. Cette différence méthodique est aussi sous-jacente à la critique kantienne du « dogmatisme » wolffien. Les wolffiens affirmaient l'évolution parallèle de l'*organon* et du système. Selon eux, l'*organon* produit le système et réciproquement le système fournit les principes fondamentaux de l'*organon*. Kant, semble-t-il, rejette ce type de fondationnalisme qui apparaît comme circulaire, puisqu'il s'appuie sur la possibilité d'anticiper des vérités que l'on ne connaît pas encore[1].

Assurément, des thèmes esthétiques et notamment la question du génie jouent un rôle fondamental dans ce débat méthodologique. Dès la période précritique, Kant semble se heurter particulièrement à la prétention des auteurs d'esthétique à vouloir fournir des règles d'invention en esthétique. Il affirme l'incompatibilité du concept de goût avec celui de règles *a priori* lesquelles « peuvent servir à clarifier et expliquer le goût mais ne peuvent pas servir de préceptes »[2]. Notons que l'élargissement de la méthode d'invention à la poésie et à ce qui commence à s'appeler les Beaux-Arts a déjà provoqué des doutes, des critiques, sur la scène allemande. Des auteurs comme Mendelssohn considèrent l'esthétique de Baumgarten et de Meier comme une méthode stérile et cherchent d'autres solutions esthétiques. On peut donc supposer que le débat esthétique sur le génie et la méthode dans l'art et la poésie joue un rôle central pour comprendre le désaveu général de la méthode wolffienne et la mise en place de la méthode critique. Comme certains commentateurs l'ont bien vu, l'invention de la méthode critique conduira tout d'abord à la reformulation de la psychologie, à la séparation entre critique du goût et esthétique et à la mise en parenthèses du projet esthétique[3] qu'on suppose incapable d'être fondé sur des principes *a priori*.

L'esthétique, dans la version que Kant en donne à partir de 1787 n'est donc ni une discipline pratique, ni un art d'inventer; c'est une des facettes de la critique, et donc fondamentalement une discipline qui sert à circonscrire l'usage de nos facultés. Même si Kant entrevoit la possibilité de cultiver ou de réveiller des facultés d'invention à travers l'imitation créative de modèles, il conteste désormais la possibilité d'établir des règles générales d'invention à partir de tels modèles. La difficulté qu'il y a à formuler de telles règles générales est liée à la

certains égards, que lorsque la raison est déjà plus cultivée » (*die eigenthümliche Methode des Unterrichts in der Weltweisheit ist zetetisch, wie sie einige Alte nannten (von zetein), d.i. forschend, und wird nur bei schon geübterer Vernunft in verschiedenen Stücken dogmatisch, d.i. entschieden*) Ak II, 307.

1. Car, comme les wolffiens l'affirmaient à juste titre, s'il n'était pas possible d'anticiper l'inconnu, il ne serait même pas possible de chercher la vérité. *Cf.* Platon, *Menon*, 80c, 81a.

2. *Reflexion*, Ak XVI, 114 : « Les règles servent à expliquer et à critiquer le goût, non pas comme préceptes » (*Die Regeln dienen dazu, den Geschmack zu erklären und zu critisiren, nicht als Praecepten*).

3. *Cf.* par exemple récemment D. Dumouchel, *Kant et la genèse de la subjectivité esthétique*, Paris, Vrin, 1999.

conception kantienne du « génie » qui, dans son principe même, est contraire à l'idée de méthode. Kant définit le génie comme un « talent de produire ce pour quoi aucune règle déterminée ne peut être donnée ». Cette caractérisation du génie et de la créativité comme facultés a-méthodiques s'applique semble-t-il à la fois à la nature, qui représente pour Kant l'instance primordiale de créativité, et à l'homme.

Aux yeux de Kant, si le plaisir que nous prenons à contempler la nature résulte bien de l'appréhension d'une finalité et de l'aperception de la perfection de la création divine, il n'est pas pour autant un plaisir de réinvention. Ce n'est pas l'artefact lui-même qui plaît, mais la nature en tant qu'instance créatrice paradigmatique que le génie humain imite en produisant des œuvres d'art. Celles-ci peuvent seulement être belles si, sans cesser de se présenter comme de l'art, elles « nous apparaissent en tant que nature ». Dans le domaine de l'art, ce qui distingue notamment un génie comme Homère d'un grand esprit comme Newton est l'incapacité du génie artistique à reconstruire le processus de son invention [1]. Il est clair qu'on se trouve ici aux antipodes d'une théorie, telle celle de Wolff et de Baumgarten, qui place le plaisir esthétique du côté de l'invention d'une œuvre, ou au moins de sa réinvention simulée dans l'acte de contemplation esthétique. Chez ces auteurs, c'est bien l'artefact, le discours, le poème, la production humaine qui plaisent, et c'est bien en tant qu'œuvres et production de l'inventivité humaine qu'ils plaisent.

Par sa nouvelle notion de génie naturel, Kant récuse donc aussi implicitement l'idée wolffienne du jugement esthétique comme reconstruction d'un processus d'invention et comme source d'un plaisir créatif. Une telle idée est problématique pour Kant en ce qu'elle suppose dans le spectateur une capacité à conceptualiser ce qui fait la perfection d'une invention. Pour Kant qui, nous l'avons dit, forge une nouvelle notion de génie et, corrélativement, de beauté, le jugement esthétique a pour objet une perfection non pas objective mais subjective, pour laquelle nous manquons nécessairement de concept.

Conclusion

Notre analyse nous a donc permis de repérer les lacunes et les simplifications dans la présentation kantienne de la doctrine wolffienne. Cette présentation ne permet ni de reconstituer l'argument wolffien, ni de bien indiquer les différences essentielles, ou du moins toutes les différences essentielles qui le séparent de l'argument kantien. Les wolffiens ne défendent pas une position intrinsèquement contradictoire, ils ne sont pas pris dans une antinomie dont ils n'auraient pas trouvé la solution. Avant tout, ils s'inscrivent dans un projet esthétique différent, dans sa méthode, ses concepts et sa finalité. Entre autres choses, ils conçoivent le plaisir de la beauté comme le plaisir que le spectateur ressent dans l'acte de

1. *CJ*, § 47, Ak V 308 *sq*.

réinvention, de reconstruction méthodique du processus créatif. Leur argument sur le plaisir esthétique (poétique) reste cohérent et l'on peut dire qu'il représente, avant que Kant ne lui oppose une fin de non-recevoir qui marquera pour longtemps les esprits, une tentative stimulante pour penser philosophiquement l'unité de la notion de créativité, à l'œuvre dans les arts comme dans les sciences, dans la production comme dans la contemplation.

Stefanie BUCHENAU
Université de Paris-VIII

LA *CRITIQUE DE LA FACULTÉ DE JUGER* CONTRE L'ESTHÉTIQUE DE SULZER ?

En quoi l'esthétique de la *Critique de la faculté de juger* se construit-elle contre l'esthétique éclectique, à la fois rationaliste et sensualiste, de Sulzer, telle qu'elle s'exprime dans la *Théorie générale des beaux-arts*, publiée à Leipzig en 1771 ? Quels sont les points de divergence, voire d'opposition, entre l'esthétique de Kant, qui, proprement originale, rompt avec la tradition, et celle de Sulzer, qui représente au contraire fidèlement le XVIIIe siècle [1] ? Chez Sulzer, l'esthétique est la théorie du beau et des beaux-arts et comprend une classification et une histoire des beaux-arts. Chez Kant, héritier de l'*Aesthetica* de Baumgarten, l'esthétique est à la fois au sens large esthétique transcendantale, théorie pure de la sensibilité, première partie de la « Théorie transcendantale des éléments » dans la *Critique de la raison pure*, et au sens strict théorie du jugement pur de goût, relatif au beau et au sublime. Ce sens strict apparaît dès le § 1 de l'« Analytique du beau » [2] : « Le jugement de goût est esthétique ». L'esthétique de Kant est donc d'abord théorie des intuitions sensibles, puis du jugement de goût, enfin seulement théorie des beaux-arts. Le noyau de l'esthétique sulzérienne (le beau et les beaux-arts) devient périphérique dans l'esthétique kantienne (dont le centre se déplace vers le pur jugement de goût).

Mais on peut donner raison à la fois à Baldine Saint-Girons [3], pour qui l'esthétique précritique de Kant fut influencée par Sulzer, et à Bernard Deloche [4], pour qui au contraire l'esthétique de la troisième *Critique* se sépare de celle de

1. Sur l'esthétique de Sulzer, *cf.* É. Décultot, « Éléments d'une histoire interculturelle de l'esthétique. L'exemple de la *Théorie générale des beaux-arts* de Johann Georg Sulzer », *Revue germanique internationale*, n°10, 1998, p. 141-160 ; « L'esthétique de Sulzer entre l'Allemagne et la France au XVIIIe siècle », dans B. Deloche (éd.), *L'esthétique de Johann Georg Sulzer (1720-1779)*, Lyon, Publication de la Faculté de philosophie de l'Université Jean Moulin-Lyon III, 2005, p. 11-37 et J. Dobai, *Die bildenden Künste in Johann Georg Sulzers Ästhetik*, Winterthur, 1978.

2. *CJ*, § 1, Ak V, 203 ; Pléiade II, 957. Nous citons l'édition de l'Académie Royale de Prusse dans la traduction « Pléiade », *Œuvres philosophiques*, Paris, Gallimard, 3 tomes, 1980-1986.

3. *Cf.* B. Saint-Girons, *Fiat lux. Une philosophie du sublime*, Paris, Quai Voltaire, 1993.

4. *Cf.* B. Deloche, « Johann Georg Sulzer, théoricien de l'effet esthétique », dans *L'esthétique de Johann Georg Sulzer*, *op. cit.*, p. 39-67.

Sulzer, jugée trop inféodée aux présupposés empiristes de la morale esthétique écossaise (théories du beau et du sentiment moral). *D'un côté*, Kant bâtit une esthétique aux antipodes de l'esthétique sensualiste, empirique, hétéronomique, eudémoniste, impure de Sulzer, représentant avec Mendelssohn, Abbt, Garve ou Feder, la *Populärphilosophie* allemande d'alors[1], et revendique pour lui-même une purification du jugement de goût. *D'un autre côté*, il existe des lignes secrètes de convergence, des proximités, des affinités entre l'esthétique de Sulzer et celle de Kant, notamment le rapport symbolique entre beau sensible et bien moral. Pour Kant, le beau « symbolise » le bien moral. Pour Sulzer, il le « signifie », en même temps qu'il en favorise l'avènement dans le monde, en dotant la vertu morale d'une belle apparence. Mais si on laisse ici de côté ce point commun entre Sulzer et Kant, qui réside dans leur articulation de l'esthétique à la morale[2], sept différences, voire oppositions, apparaissent entre leurs esthétiques.

ESTHÉTIQUE CRITIQUE DE KANT ET ESTHÉTIQUE SENSUALISTE DE SULZER

L'esthétique de Sulzer, en tant que « théorie générale des beaux-arts », repose principalement, non exclusivement, sur la sensibilité humaine. La théorie sulzérienne des émotions et énergies esthétiques valorise la sensibilité, mêlant l'agréable et l'utile au sentiment du beau. En revanche, l'esthétique de Kant, théorie transcendantale des conditions de possibilité du pur jugement de goût, repose sur des principes purs, indépendants de toute expérience et de tout sentiment de plaisir ou d'agrément. Sulzer soulignant la dimension proprement sensible de son esthétique ne traite pas tant de *jugement*, que d'*émotion*, de *plaisir*, d'*expérience* et d'*énergie* esthétiques, pour désigner l'effet produit par la belle œuvre d'art sur l'âme, le cœur ou l'esprit de l'homme *via* la sensibilité[3]. Cette dimension sensualiste apparaît aussi dans l'*Essai de quelques idées morales sur les œuvres de la nature* (1745), les *Recherches sur l'origine des sentiments*

1. Kant, tout en louant « feu l'excellent Sulzer », dénonce sa morale comme impure, hétéronomique, empirique et donc inefficace, sans influence sur le cœur et l'âme des hommes. Contre la théorie sulzérienne de l'énergie esthético-morale, il montre que la vertu est d'autant plus efficace et détermine d'autant plus sûrement la volonté qu'elle est plus pure, expurgée de tout élément sensible emprunté à l'anthropologie et à la psychologie empiriques. « Ceux-là mêmes qui enseignent ces doctrines n'ont pas ramené leurs concepts à l'état de pureté, et en voulant trop bien faire, par cela même qu'ils poursuivent dans tous les sens des motifs qui poussent au bien moral, pour rendre le remède tout à fait *énergique*, ils le gâtent » (*Fondements*, Ak IV, 411; Pléiade II, 272; nous soulignons).

2. *Cf.* M. Lequan, « Esthétique et morale selon Kant et Sulzer », dans *L'esthétique de Johann Georg Sulzer*, *op. cit.*, p. 147-212.

3. *Cf.* Sulzer, « De l'énergie dans les ouvrages des beaux-arts » (1765), dans *Histoire de l'Académie Royale des Sciences et des Belles Lettres de Berlin (1751-1777)*, Berlin, Haude et Spener, 1753-1781 ; M. Delon, « L'énergie dans les beaux-arts », dans *L'idée d'énergie au tournant des Lumières (1770-1820)*, Paris, PUF, 1998, et M. Riley, « Civilising the Savage : Johann Georg Sulzer and the Aesthetic Force of Music », *Journal of the Royal Musical Association*, n°127, 2002, p. 1.

agréables et désagréables (1751)[1] et la *Nouvelle théorie des plaisirs* (1767)[2]. L'article « Agréable » de la *Théorie générale des beaux-arts* fait de l'agrément la fin de l'esthétique. « L'*agréable* est le but de toutes les productions des beaux-arts [...]. Tout ouvrage des beaux-arts doit être *agréable* sans doute, puisque, s'il ne l'était pas, il n'attirerait l'attention de personne »[3]. Pour Sulzer, l'agrément est l'*effet*, le *but* de toute œuvre d'art, mais n'est pas pour autant son *essence* ou *telos*. L'essence, la destination, la vocation, la finalité, le *telos* authentique des beaux-arts est d'ordre moral. L'agrément est indispensable, mais non essentiel, condition nécessaire mais non suffisante, puisqu'il n'est pas lié à la finalité morale des belles œuvres d'art. Si les œuvres d'art doivent être agréables et plaire, c'est parce qu'en amont la nature est agréable et plaît, la finalité de l'art comme de la nature étant de favoriser les actions morales dans le monde. Si l'agréable est en toute œuvre d'art, c'est parce qu'il est déjà dans les belles productions de la nature, « grande institutrice des artistes ». Les beaux-arts se servent de l'agrément pour produire tel effet moral, telle énergie sur le cœur et imitent en cela la nature. Modèle pour les artistes, la nature tend toujours à produire perfection, beauté et agrément, lesquels forment une chaîne homogène, nécessaire à l'expérience esthétique, aussi bien dans les productions naturelles que dans celles des beaux-arts (cette chaîne vaut dans les beaux-arts *parce qu'*elle vaut en amont dans la nature). Le mélange de perfection et d'agréable forme la source du plaisir esthétique, le ressort de l'énergie des beaux-arts, de l'effet qu'ils produisent sur l'âme *via* la sensibilité. « L'étude et la connaissance de ce qui constitue l'agréable font donc une partie essentielle de l'art, mais non la partie unique »[4].

Sulzer définit l'agrément psychologiquement comme la qualité d'un objet qui produit dans l'esprit un « contentement doux et tranquille » en rapport avec les Grâces et qui touche le cœur[5]. Sans réduire le beau à l'agréable, il admet de l'agréable dans le beau. L'agréable n'épuise pas le beau, mais en forme une partie. Sulzer distingue ainsi le sublime, qui n'est pas agréable, du beau, qui est toujours agréable[6]. Si on trouve encore dans l'esthétique précritique de Kant (*Observations sur le sentiment du beau et du sublime*) un écho de cette beauté sensible sulzérienne, à la fois morale et agréable, par opposition au sublime, grave et sérieux, la troisième *Critique* épure le jugement de goût de tout élément agréable. Si Kant y maintient que l'expérience du beau a rapport au plaisir sensible, le jugement pur de goût n'a rien à voir avec le sentiment d'agréable. Il n'est pas expérience ou émotion esthétique, mais est désintéressé, libre de tout besoin, intérêt, attrait, agrément, de toute émotion et utilité. Contre Sulzer, Kant

1. Dans l'Histoire de l'Académie Royale des Sciences et Belles Lettres de Berlin.

2. *Cf.* W. Moser, « Sulzer, continuateur de la pensée sensualiste dans l'Académie de Berlin », dans *Modern Language Notes*, 1969.

3. *Théorie générale des beaux-arts. Extraits* [désormais *TG*], « Agréable », B. Deloche (éd.) d'après le choix et la traduction de Marmontel dans le *Supplément à l'Encyclopédie méthodique* de Panckoucke, Lyon, Faculté de philosophie, Université Jean Moulin Lyon 3, 2000, p. 14.

4. *TG*, « Agréable », p. 15.

5. *TG*, « Agrément », p. 15.

6. « Il y a donc un beau agréable, qui se distingue du beau sublime » (*TG*, p. 16).

sépare le beau et le sublime de l'agréable. L'agrément n'entre ni dans le beau, ni dans le sublime.

Corrélativement, l'esthétique sensualiste de Sulzer assigne à la belle œuvre d'art une fin utile ou pragmatique, le bonheur de l'homme. Sulzer intègre l'utile au beau naturel ou artistique. Le beau et les beaux-arts visent certes le *bien* moral, mais surtout le *bonheur*. Sulzer fait même parfois du bonheur l'unique fin essentielle de la belle œuvre d'art. L'essence des beaux-arts « est d'allier *l'agréable à l'utile* [...]. Les beaux-arts doivent, *selon leur essence et leur nature*, servir de moyens pour accroître et assurer *le bonheur* » [1]. En termes kantiens, l'esthétique de Sulzer, tout comme sa morale, est empirique, impure, hétéronomique, eudémoniste, voire hédoniste. Pour Kant, la question de la finalité pragmatique des beaux-arts (le bonheur qu'ils procurent) n'est pas même une question secondaire. Ce n'est pas une question du tout.

Outre le plaisant, l'utile, l'agréable et le bonheur, Sulzer inclut dans l'expérience esthétique le besoin, l'intérêt et le désir. Au contraire, la *Critique* rejette hors du pur jugement de goût toute *émotion*, tout *besoin*, *penchant*, *désir* ou *intérêt* empirique pragmatique, toute satisfaction liée à la représentation de l'existence d'un objet : « quand la question est de savoir si une chose est belle, ce que l'on veut savoir, ce n'est pas si l'existence de cette chose a ou pourrait avoir quelque importance pour nous-mêmes ou pour quiconque, mais comment nous en jugeons quand nous nous contentons de la considérer » [2]. Kant oppose la satisfaction pure et désintéressée du jugement de goût, indifférent à l'existence de l'objet représenté, à la satisfaction intéressée par l'existence de l'objet, là où Sulzer établit une proportion exacte entre l'intérêt que suscite en nous la belle œuvre d'art et sa valeur en général, y compris morale. Pour Sulzer, si l'œuvre d'art est faiblement intéressante, suscite en nous une faible activité, voire de l'ennui, notre âme s'en détourne. Elle ne suscite ni mouvement, ni activité, ni intérêt, ni désir, ni attrait, ni émotion. Au contraire, les objets intéressants

> sont propres non seulement à exciter, mais surtout à augmenter, cette activité intérieure de l'âme qui fait le véritable prix de l'âme [...]. [L'artiste] n'accomplit de la manière la plus parfaite les devoirs de sa vocation que lorsqu'après avoir excité les forces de l'âme, il leur donne une direction avantageuse, c'est-à-dire lorsqu'il la porte constamment à la justice et à la vertu [3].

Plus l'œuvre d'art émeut et intéresse, plus elle porte efficacement l'âme à sa fin morale. Intérêt esthétique et dynamique morale vont de pair. Une âme active que les beaux-arts mettent en mouvement, un cœur échauffé par l'énergie esthétique du beau ne manquent pas de « prendre feu en faveur du bien » [4]. Kant au contraire exclut du jugement pur de goût l'agréable ou « ce qui plaît aux sens dans

1. *TG*, « Beaux-arts », p. 63 ; nous soulignons.
2. *CJ*, § 2 : « La satisfaction qui détermine le jugement de goût est indépendante de tout intérêt », Ak V, 204-205 ; Pléiade II, 958-960.
3. *TG*, « Intéressant », p. 133.
4. *Ibid.*, p. 134.

la sensation »[1]. Quand je juge un objet agréable, j'exprime un intérêt et donc un désir pour lui. L'agréable fait plaisir plus qu'il ne plaît. Le jugement sur l'agréable n'a de valeur que subjective, alors que le jugement sur le beau, quoique fondé sur un principe subjectif non conceptuel, *prétend* valoir objectivement pour tous[2]. On reconnaît le pur jugement esthétique à la mise à l'écart de tout intérêt et désir :

> Le goût est la faculté de juger et d'apprécier un objet ou un mode de représentation [...] *indépendamment de tout intérêt*[3].
> Le pur jugement de goût est indépendant de l'attrait et de l'émotion [...]. Tout intérêt corrompt le jugement de goût et lui fait perdre son impartialité [...]. Le goût est [...] barbare, chaque fois qu'il a besoin de mêler à la satisfaction des *attraits* et des *émotions* et, mieux encore, quand il fait de ces sensations le critère de son approbation [...]. Cependant, il n'en reste pas moins qu'assez souvent les attraits sont assimilés à la beauté [...], mais encore il arrive qu'ils passent en eux-mêmes pour des beautés[4].

Cette remarque vise vraisemblablement Sulzer, pour qui le goût a toujours rapport au penchant, à l'attrait, à l'émotion, au désir. Les beaux-arts ne seraient rien sans « le penchant qui nous porte à embellir tout ce qui nous environne »[5]. Sulzer confère donc aux beaux-arts une origine à la fois anthropologique (penchant de l'espèce humaine) et psychologique (disposition innée de l'âme humaine à la douceur), en termes kantiens, une origine naturelle empirique. Le penchant naturel humain à embellir les objets exprime un tempérament inné de l'âme, une disposition à la paix, qui est pour Sulzer la condition des beaux-arts[6].

ESTHÉTIQUE CRITIQUE DE KANT ET ESTHÉTIQUE INTELLECTUALISTE DE SULZER

Sulzer considère qu'outre une finalité essentiellement morale, les beaux-arts ont aussi une finalité intellectuelle, tout aussi essentielle, qui est de former le jugement droit à la connaissance du vrai. Sulzer est aussi héritier de la tradition rationaliste. « On doit exiger d'abord de l'artiste qu'il soit judicieux, *éclairé* et honnête homme »[7]. Outre du goût et des vertus morales, la création esthétique requiert une raison éclairée, des jugements de connaissance vrais. Jugements théoriques et pratiques, de vérité et de moralité, sont nécessaires, en amont,

1. *CJ*, § 3 : « La satisfaction relative à l'agréable est liée à un intérêt », Ak V, 205-207 ; Pléiade II, 960-962.
2. Le jugement de goût a « une prétention à la validité pour tous, sans universalité fondée objectivement » (*CJ*, § 6, Ak V, 212 ; Pléiade II, 968).
3. *CJ*, § 5, Ak V, 211 ; Pléiade II, 967.
4. *Ibid.*, § 13, Ak V, 223 ; Pléiade II, 982-983.
5. *TG*, « Beaux-arts », p. 57.
6. « Quiconque a un peu observé le caractère de l'esprit humain connaît le *penchant général de l'homme à polir et à orner* tous les objets sensibles qui sont à sa portée et à son usage » (*TG*, p. 64 ; nous soulignons).
7. *TG*, « Agréable », p. 15 ; nous soulignons.

comme conditions de la création artistique, et en aval chez le spectateur. L'effet que produit la belle œuvre d'art sur le spectateur est à la fois l'amélioration de ses connaissances rationnelles vraies et la promotion de sa vertu morale. Sulzer lie expérience esthétique et jugement de connaissance. Il lie non seulement *le beau et le bien*, comme Kant, mais *le beau et le vrai*, ce que ne fera plus Kant. L'artiste doit être « judicieux et éclairé » [1], connaître la mathématique, la physique, l'anatomie, la géographie, l'histoire, les mœurs, la mécanique, les arts de la construction, la philosophie etc. Le beau est aussi objet d'entendement et nécessite culture, réflexion, connaissance éclairée. « L'entendement humain, *par une culture réfléchie*, a su peu à peu faire éclore les beaux-arts » [2].

Kant au contraire distingue absolument le jugement pur de goût du jugement logique de connaissance. « Le jugement de goût n'est [...] pas un jugement logique, mais un jugement esthétique » [3]. Il n'a pas de rapport à la finalité de l'objet (interne ou externe, utilité ou perfection), qui ne peut être connue que par concept :

> Le jugement de goût est un jugement esthétique, c'est-à-dire un jugement qui repose sur des principes subjectifs, et dont le principe déterminant ne peut pas être un concept, ni par conséquent le concept d'une fin déterminée [...]. Un jugement esthétique [...] ne donne absolument aucune connaissance de l'objet [...], laquelle ne peut advenir que d'un jugement logique [4].

Kant se sépare donc de Sulzer, en distinguant jugement esthétique subjectif et jugement logique objectif [5]. Il distingue parallèlement deux types de beauté, que Sulzer confond : la beauté adhérente, objet d'un jugement logique de connaissance portant sur la perfection de l'objet, *et* la beauté libre, objet d'un jugement de goût subjectif :

> Il y a deux espèces de beauté : la beauté libre et la beauté qui n'est qu'adhérente. La première ne présuppose aucun concept de ce que doit être l'objet; la seconde présuppose un tel concept ainsi que la perfection de l'objet d'après ce concept [...]. Or la satisfaction relative à la beauté est une satisfaction qui ne suppose aucun concept [...]. Si le jugement est rendu dépendant d'une fin [...], ce n'est plus un jugement de goût libre et pur [6].

Contre Sulzer, qui confond beautés libre et adhérente, Kant considère que le jugement de connaissance relatif au concept de l'objet porte préjudice à la pureté du jugement de goût.

1. *TG*, « Architecte », p. 40.
2. *Ibid.*, p. 57 ; nous soulignons.
3. *CJ*, § 1, Ak V, 203 ; Pléiade II, 957.
4. *Ibid.*, § 15, Ak V, 226-228 ; Pléiade II, 987-989.
5. Cf. *CJ*, Ak V, 207 ; Pléiade II, 962.
6. *CJ*, § 16 : « Le jugement de goût par lequel un objet est déclaré beau sous la condition d'un concept déterminé n'est pas pur », Ak V, 229-231 ; Pléiade II, 990-993.

ESTHÉTIQUE AN-HISTORIQUE DE KANT ET ESTHÉTIQUE HISTORIQUE DE SULZER

Sulzer intègre à son esthétique, ou théorie générale des beaux-arts, une « histoire des beaux-arts », là où Kant ne manifeste pas d'intérêt pour une telle histoire. C'est à peine s'il cite de très rares exemples d'artistes ou d'œuvres. Le constant intérêt de Sulzer pour l'histoire des beaux-arts, leur enseignement, leur genèse, leur décadence, leur influence sur la culture, la société, l'éducation civile, morale et religieuse, ne trouve nul écho chez Kant. Sulzer intègre à l'article « Beaux-arts » un paragraphe « Histoire des beaux-arts »[1], qui retrace leur évolution de l'Antiquité gréco-romaine jusqu'à leur décadence moderne. La genèse historique des beaux-arts relève à part entière de leur théorie générale. Kant en revanche propose une genèse *transcendantale* non des beaux-arts, mais des principes du pur jugement de goût sur le beau (naturel ou artistique). Il pense la genèse an-historique ou supra-historique du jugement de goût à partir du libre jeu des facultés humaines, là où Sulzer retrace les conditions réelles de naissance et de développement des beaux-arts, de leur enfance à leur âge mûr. D'où une quatrième différence entre leurs esthétiques.

LE RÔLE DE LA CLASSIFICATION DES BEAUX-ARTS CHEZ KANT ET SULZER

Sulzer intègre à son esthétique une typologie des beaux-arts. Ses textes fourmillent d'exemples d'œuvres d'art et d'artistes, se transformant souvent en inventaires pléthoriques, alors que la troisième *Critique* en est quasi-dépourvue. Il y a chez Sulzer un souci beaucoup plus grand que chez Kant d'ordonner les beaux-arts en système et de construire ce qu'il nomme « l'arbre généalogique des beaux-arts », qui est à la fois leur histoire et leur classification, à partir de la trilogie des sens. Sulzer classe en effet les beaux-arts en trois branches, en fonction des trois sens sollicités :

> Les beaux-arts se divisent en autant de branches principales que la nature a ouvert de voies différentes aux perceptions sensibles pour élever les sentiments de l'homme ; et chaque branche principale se subdivise en autant de rameaux qu'il y a de différents genres et de diverses espèces de forces esthétiques ou de beautés sensibles qui peuvent agir sur l'âme par chacune de ces différentes voies [2].

Sulzer subordonne sa classification généalogique des beaux-arts à la typologie des organes sensoriels par lesquels transitent émotion et énergie esthétiques. D'abord vient l'organe de l'*ouïe*, premier de nos sens à transmettre à l'âme des perceptions. S'y rattachent les arts des sons, avec lesquels « commence

1. *TG*, p. 64-66.
2. *TG*, « Beaux-arts », p. 70.

l'empire des beaux-arts » : musique, arts de la parole et de l'éloquence, comme poésie, théâtre (comédie, épopée, tragédie). Puis vient l'organe de la *vue*, auquel se rattachent les arts plastiques ou arts du dessin, comme peinture, architecture, sculpture, art des bas-reliefs. Enfin, les arts combinant *la vue et l'ouïe*, comme la danse (ballet), le chant (air, aria, récitatif), le spectacle dramatique (opéra) :

> Chaque espèce d'art se partage de nouveau en plusieurs branches subalternes : la meilleure méthode de déterminer celles-ci serait peut-être [1] de faire l'énumération des diverses espèces de beau ou de forces esthétiques qui en sont l'objet [2].

Kant propose bien aussi une classification des beaux-arts, mais qui n'exprime en rien l'originalité de son esthétique. S'il consacre le § 51 à une division des beaux-arts, ce n'est pas là son principal souci[3]. Il s'en acquitte comme d'un passage obligé et reprend largement la classification sulzérienne. De plus, il la présente comme une simple hypothèse, non comme une doctrine certaine, définitive. « Le lecteur voudra bien ne pas considérer cette esquisse d'un classement des beaux-arts comme une *théorie décidée*. Il s'agit simplement d'un des nombreux *essais* qu'on peut et qu'on doit encore *tenter* dans ce domaine »[4]. Kant reste ici fidèle à la tradition classique de typologie des beaux-arts. S'il envisage bien un autre classement possible, plus conforme à sa philosophie critique, en beaux-arts de l'expression de la pensée et beaux-arts de l'expression de l'intuition (chacun se dédoublant à son tour en forme et matière), il recule immédiatement, car « ce classement paraîtrait trop abstrait et peu conforme aux concepts habituels »[5]. Kant distingue classiquement trois classes de beaux-arts, correspondant chacune au mode d'expression que les hommes utilisent pour se communiquer concepts et sensations : le mot, le geste et le ton (articulation, modulation) :

> Il n'existe que trois espèces dans les beaux-arts : l'art du langage, l'art de l'image et de la forme et l'art du jeu des sensations [...]. Les arts du langage sont l'éloquence et la poésie [...]. Les arts de l'image et de la forme, ou arts de l'expression des idées dans l'intuition sensible [...], sont ou bien l'art de la vérité sensible, ou bien l'art de l'apparence sensible. Le premier s'appelle la plastique, le second, la peinture [...]. La plastique, première espèce des beaux-arts de l'image et de la forme, comprend la sculpture et l'architecture [...]. La peinture [...] pourrait, d'après moi, être subdivisée en art de la belle description de la nature et en art du bel agencement des produits naturels. Le premier serait la peinture proprement dite, le second l'art des jardins [...]. Je mettrais également au compte de la peinture au sens large la décoration des appartements par des tapisseries, des garnitures et tout ce qui est bel ameublement [...], de même que l'art de s'habiller avec

1. Sulzer annonce ici un programme de classification qu'il ne réalise pas.

2. *TG*, p. 71.

3. Sur les classifications des beaux-arts au XVIIIe siècle et la place de cette classification dans l'esthétique précritique de Kant, *cf.* D. Dumouchel, *Kant et la genèse de la subjectivité esthétique. Esthétique et philosophie avant la* Critique de la faculté de juger, Paris, Vrin, 1999, IV, « Une taxinomie des beaux-arts », p. 164-169 et V, « La classification des beaux-arts », p. 244-246.

4. *CJ*, § 51 : « Division des beaux-arts », note, Ak V, 321 ; Pléiade II, 1105.

5. *Ibid.*, Ak V, 321 ; Pléiade II, 1106.

goût [...]. L'art du beau jeu des sensations [...] peut être subdivisé en jeu artistique des sensations auditives et jeu artistique des sensations visuelles, autrement dit en musique et en art des couleurs [1].

Kant fait aussi droit, comme Sulzer, à des genres mixtes, comme le théâtre (éloquence et peinture), le chant (poésie et musique), l'opéra (chant et peinture), la danse (musique et figures)[2]. Mais contre Sulzer, il n'accorde qu'une place relativement secondaire, hypothétique et peu originale, à la division des beaux-arts[3].

ESTHÉTIQUE SULZÉRIENNE DES BEAUX-ARTS ET ESTHÉTIQUE KANTIENNE DE LA NATURE

Si Sulzer fait du beau naturel le modèle de tous les artistes et de tous les beaux-arts, qui ne font jamais qu'imiter le talent d'embellissement de la nature[4], sa *Théorie générale des beaux-arts* se consacre surtout au beau artistique. La *Critique*, elle, accorde au beau naturel une part au moins aussi, voire plus importante qu'au beau artistique. Sulzer et Kant distinguent tous deux beaux artistique et naturel, mais pensent différemment leur rapport. Pour Sulzer, « la nature est le premier artiste »[5]. Elle est un modèle d'imitation pour les beaux-arts. Nature et beaux-arts recherchent également perfection, agrément et beauté. Le beau naturel élève l'âme humaine au-delà du sensible, à une intelligence morale supérieure[6]. Pour Kant, c'est le sublime qui élève aux Idées de la raison pure pratique et au monde intelligible moral. Pour Sulzer, le beau naturel est, comme le beau artistique, agréable, alors que pour Kant il est indépendant de l'agréable. Il plaît seulement dans le jugement, non dans la sensation ni dans le concept. Pour Sulzer, dans la nature, « tout conspire à procurer des impressions agréables »[7], et les artistes ne font qu'imiter cette beauté naturelle.

Kant, lui, procède en deux temps. Il distingue d'abord *sublime naturel* et *beau naturel*, puis il rapproche *beau naturel* et *beau artistique*. Il distingue beau et sublime naturels et cite plusieurs exemples d'objets naturels sublimes :

> le surplomb audacieux de rochers menaçants, des nuées orageuses s'amoncelant dans le ciel et s'avançant parcourues d'éclairs et de fracas, des volcans dans toute

1. *Ibid.*, Ak V, 320-325 ; Pléiade II, 1105-1111.

2. Cf. *CJ*, § 52, Ak V, 325-326 ; Pléiade II, 1111-1112.

3. Même si elle ouvre le champ à la théorie des idées esthétiques.

4. « *La nature est le guide et le maître des artistes* [...]. C'est le magasin toujours ouvert d'où l'artiste tire les objets qu'il veut rapporter à ses vues [...]. *Les procédés de la nature sont l'unique école de l'artiste* [...]. [*Un artiste*] *ne doit jamais suivre d'autres leçons que celles de la nature* » (*TG*, « Nature », p. 136 ; nous soulignons).

5. *TG*, « Beaux-arts », p. 58.

6. « La nature a pour but d'exciter et de fortifier en nous une douce sensibilité, capable de tempérer la fougue des passions et la rudesse de l'amour-propre [...]. Nous devenons hommes [...]. Nous nous élançons vers les intelligences supérieures » (*TG*, p. 58).

7. *Ibid.*

> leur fureur destructrice, des ouragans semant la désolation, l'océan sans limites soulevé en tempête, la chute vertigineuse d'un fleuve puissant etc. [1].

La nature est sublime quand elle réduit notre faculté de résistance à une petitesse insignifiante, à condition que nous soyons en sécurité et qu'elle ne puisse rien contre nous. Le sublime naturel à la fois humilie notre partie sensible et élève notre partie intelligible morale :

> Le caractère irrésistible de sa force nous fait reconnaître, à nous, êtres naturels, notre impuissance sur le plan physique, mais, d'un autre côté, il nous révèle en même temps une faculté de nous juger indépendants par rapport à cette force irrésistible, ainsi qu'une supériorité sur la nature [2].

Le jugement sur le sublime repose sur la disposition à ressentir des idées pratiques et sur le sentiment moral :

> Le *beau* nous prépare à aimer quelque chose, et même la nature, de manière désintéressée; le *sublime* à le révérer même contre notre intérêt [...]. En fait, *on ne peut guère concevoir un sentiment du sublime de la nature, sans y joindre une disposition de l'esprit semblable à celle où il se trouve vis-à-vis du sentiment moral* [...]. La satisfaction que procure le *sublime* de la nature est par conséquent *négative* (tandis que celle éprouvée au contact du *beau* est *positive*) [3].

Après avoir défini le *beau naturel* comme ce qui plaît positivement sans humilier notre partie sensible, Kant lie beau naturel et beaux-arts. Tous deux sont libres de toute règle contraignante imposée de l'extérieur, subie passivement. Dans la forme de production des beaux-arts,

> la finalité doit apparaître aussi libre de toute contrainte imposée par des règles arbitraires que s'il s'agissait d'un simple produit de la nature [...]. L'art ne peut être appelé beau que lorsque nous sommes conscients qu'il s'agit bien d'art, mais qu'il prend pour nous l'apparence de la nature [...]. Autrement dit, les beaux-arts doivent *revêtir l'apparence* de la nature, bien que l'on ait conscience qu'il s'agit d'art [4].

TALENT ET GÉNIE SELON KANT ET SULZER

Si Sulzer consacre un article au « Génie original » (*Originalgenius*), thème incontournable de l'esthétique du XVIIIe siècle, il ne distingue pas nettement talent et génie dans les beaux-arts, là où Kant non seulement les distingue, mais encore

1. « La nature, considérée comme une force dans le jugement esthétique, est *sublime dynamiquement* quand elle est sans pouvoir sur nous [...]. C'est volontiers que nous appelons sublimes ces phénomènes, car ils élèvent les forces de l'âme au-delà de leur niveau habituel et nous font découvrir en nous une faculté de résistance d'une toute autre sorte qui nous donne le courage de nous mesurer à l'apparente toute-puissance de la nature » (*CJ*, § 28, Ak V, 260-264; Pléiade II, 1030-1035).

2. *Ibid.*

3. *Ibid.*, § 29, Ak V, 264-278; Pléiade II, 1035-1053.

4. *Ibid.*, § 45, Ak V, 306-307; Pléiade II, 1088-1089.

fait du génie le *propre* des beaux-arts. Pour Sulzer, qui confère au génie un sens faible, la différence entre talent et génie n'est pas essentielle à la définition du beau artistique. Il loue certes le génie de l'artiste, mais le rabat immédiatement sur le talent d'habileté technique, l'aptitude à se conformer à l'idéal objectif formel de la beauté comme perfection. Par exemple, le génie de l'architecte se confond avec l'habileté technique à bâtir un édifice régulier, symétrique, proportionné, harmonieux. Dans les beaux-arts, Sulzer évoque indifféremment talent et génie, qui imitent tous deux la nature. Il loue « le *talent* de démêler avec précision les traits caractéristiques des choses »[1], don d'observation pénétrant, « coup d'œil du peintre », art de saisir les traits essentiels d'un objet. Il pose une différence de degré plus que de nature entre talent et génie artistiques. Le génie, somme de tous les talents nécessaires à l'artiste, n'est qu'un talent de puissance supérieure. Sulzer inclut le talent dans le génie, comme une partie dans un tout :

> C'est dans cette *habileté* [à distinguer le caractère des choses] que semble consister le *génie* propre aux beaux-arts ; le *don* de bien saisir les caractères est peut-être la marque la plus sûre du *génie* d'un artiste[2].

Pour Kant en revanche, la différence entre talent et génie devient constitutive de la définition du beau artistique[3]. « Les beaux-arts ne sont possibles qu'en tant que productions du génie »[4]. À la différence de Sulzer, Kant énumère les propriétés du génie artistique. 1) Il est absolument *original*. 2) Il sert de *modèle exemplaire* à l'imitation des écoles et des artistes de talent. 3) Il est *incapable d'expliquer* comment il crée ses productions. 4) Par lui, *la nature prescrit ses règles* à l'art. Sur ce dernier point apparaît une proximité entre Sulzer et Kant. Mais pour Sulzer, le génie artistique imite la nature, pour Kant, il ne se réduit jamais à imiter quoi que ce soit, même s'il tient ses règles en dernier ressort de la nature. Dans le génie, la nature donne à l'art ses règles, mais de telle sorte qu'elles ne préexistent pas à la production artistique. « Aucune formule ne les exprimant, elles ne peuvent servir de *préceptes* [...], la règle doit être abstraite de l'acte même »[5].

Sulzer minimise donc la distinction talent-génie et considère que tous les beaux-arts peuvent être enseignés, à leur naissance et pendant leur évolution, alors que Kant utilise la distinction talent-génie pour distinguer les arts scolaires d'imitation, susceptibles d'être enseignés, *et* les beaux-arts créateurs de nouvelles règles et de modèles exemplaires, nécessitant du génie et échappant à tout enseignement. Ne distinguant pas génie et talent, Sulzer rapproche arts et beaux-arts. On exerce les beaux-arts « comme des arts qui [peuvent] être enseignés »[6]. Il lie

1. *TG*, « Caractère », p. 72.
2. *Ibid.* ; nous soulignons.
3. « Le génie est le talent (le don naturel) qui permet de donner à l'art ses règles [...]. Le génie est la disposition innée de l'esprit (*ingenium*) par le truchement de laquelle la nature donne à l'art ses règles » (*CJ*, § 46 : « Les beaux-arts sont les arts du génie », Ak V, 307-308 ; Pléiade II, 1089-1090).
4. *Ibid.*
5. *Ibid.*, § 47, Ak V, 308-310 ; Pléiade II, 1090-1093.
6. *TG*, « Beaux-arts », p. 64.

les beaux-arts et les arts en général à une méthode, à une technique, à un savoir-faire, susceptibles d'être communiqués. Kant au contraire distingue les beaux-arts des arts et techniques. « L'*art* se distingue [...] de l'*artisanat*, l'art est dit *libéral*, l'artisanat [...] *mercantile* »[1]. Les beaux-arts de Kant sont un jeu agréable, l'artisanat un travail désagréable, qui ne vise que le salaire. En marge de l'artisanat mercantile, Kant distingue, au sein des arts libéraux, les arts mécaniques des arts esthétiques et, parmi ces derniers, les arts d'agrément des beaux-arts[2].

Énergie du beau chez Sulzer et énergie de la vertu chez Kant

L'esthétique de Sulzer repose sur une théorie de l'énergie des beaux-arts, alors que l'esthétique de Kant se préoccupe peu, voire pas, de l'effet produit par la belle œuvre d'art sur l'âme du spectateur. Kant décrit bien le libre jeu des facultés accompagnant l'expérience esthétique, mais en tant qu'il permet de saisir les principes du jugement pur de goût. Il n'y a pas chez lui de *théorie* de la réceptivité sensible au beau artistique. Son silence quasi-total sur ce point contraste avec l'insistance de Sulzer sur les énergies esthétiques, élément constitutif et définitionnel des beaux-arts. « L'essence des beaux-arts consiste à mettre les objets de nos perceptions en état d'agir sur nous, à l'aide des sens et *par une énergie particulière qui a sa source dans l'agrément* »[3]. La racine de l'énergie esthétique est l'agrément sensible. Le beau toujours aussi agréable a une dynamique, une efficacité, une force, une énergie d'abord sur la sensibilité, puis sur l'âme, puisque les impressions sensibles aboutissent ultimement à l'âme. « Le premier but, le but immédiat [des beaux-arts] est de nous toucher vivement [...]. Ils veulent que l'esprit soit frappé et le cœur ému »[4]. Sulzer place l'énergie, la force motrice et efficiente du côté du beau et de l'agrément qui en est la source, lesquels nous poussent à agir moralement. Mais s'il existe chez Kant un analogue du concept sulzérien d'énergie, il est à chercher dans la morale, non dans l'esthétique. Selon Kant en effet, l'efficacité énergique, le dynamisme moteur réside dans la loi morale. Dans les *Fondements de la métaphysique des mœurs*, Kant reproche à Sulzer de priver le devoir d'efficace sur le cœur humain, en privant la volonté de pureté, en mêlant à tort vertu et bonheur, autonomie et hétéronomie.

Conclusion

L'esthétique de Sulzer mêle, conformément au rationalisme classique et au sensualisme, le beau, le vrai, le bien, l'agréable, le plaisant, l'utile. L'esthétique de Kant distingue ces éléments, en séparant le jugement de goût du jugement de

1. *CJ*, § 43, Ak V, 304 ; Pléiade II, 1085.
2. Cf. *CJ*, § 44, Ak V, 305-306 ; Pléiade II, 1087.
3. *TG*, « Beaux-arts », p. 59 ; nous soulignons.
4. *Ibid.*, p. 60.

connaissance, du jugement moral et du sentiment agréable, expression d'un désir ou d'un intérêt sensibles. Sulzer propose une théorie générale des beaux-arts, Kant une analytique critique du jugement pur de goût. Mis à part leur point commun concernant l'articulation de la morale et de l'esthétique, ce sont donc principalement les différences, voire oppositions, qui dominent entre eux. Leurs esthétiques n'ont ni les mêmes objets, ni les mêmes méthodes. L'objet de Sulzer est le beau et les beaux-arts, l'émotion et l'énergie esthétiques, l'objet de Kant les principes du jugement de goût. La méthode de Sulzer est l'expérience empirique du beau, corrélée à une histoire et à une classification généalogique des beaux-arts ; la méthode de Kant est critico-transcendantale et pure. Leurs perspectives diffèrent donc profondément. Même dans ce qui les unit, à savoir le lien entre esthétique et morale, ils diffèrent par la localisation et le sens (signification et direction) de l'énergie. Kant place l'énergie du côté de la vertu, de la volonté autonome, de la loi morale, de la raison pure pratique immédiatement législatrice, qui suffit à nous pousser à agir moralement. Sulzer bâtit son esthétique sur la double idée que le seul accès à l'âme est l'impression sensible, laquelle est le seul moyen d'élever l'âme à sa finalité morale. Sulzer va de l'esthétique à la morale. Kant va de la morale à la morale en passant par l'esthétique, en convertissant le beau en symbole du bien (§ 59 de la troisième *Critique*). Leur souci commun est de procurer à la vertu une énergie, une efficace suffisantes. Leurs deux philosophies sont téléologiquement orientées vers des fins morales. Mais pour Kant, l'énergie, l'efficace, la dynamique réside dans le principe moral même, alors que pour Sulzer, la fin est indissociablement morale et pragmatique, et le moyen en est le beau sensible. Chez Kant, l'efficace énergétique est celle de la loi morale, qui suffit à engendrer la vertu. Chez Sulzer, l'efficace énergétique, qui tend à promouvoir la vertu, est propre aux beaux-arts, sans lesquels la morale resterait sans effet dans le monde. Pour Kant, la morale est une fin en soi, qui est à elle-même son propre moyen énergétique. Pour Sulzer, le beau est le seul moyen énergétique de réaliser le bien. La *Critique de la faculté de juger* se construit donc bien en grande partie *contre* l'esthétique de Sulzer, et repense à nouveaux frais, dans un contexte philosophique tout autre, l'articulation de l'esthétique à la morale.

Mai LEQUAN
Université de Lyon III

LES EXEMPLES ESTHÉTIQUES DANS L'ANALYTIQUE DE LA FACULTÉ DE JUGER ESTHÉTIQUE [1]

S'intéresser aux exemples esthétiques pris par Kant dans l'Analytique du beau, c'est prendre le risque de faire une maigre récolte. On a souvent noté le nombre réduit des exemples, leur relative pauvreté, et si l'on ose dire, leur abstraction et ce malgré l'existence du § 14 intitulé « Éclaircissement par des exemples ». À quoi imputer cette défectuosité ? En dehors de la relative faiblesse de la culture esthétique de Kant sur laquelle les commentateurs ont beaucoup glosé, soit qu'ils y voient simplement une pauvreté, soit qu'ils y lisent le symptôme d'une sensibilité esthétique sommaire, incapable d'accueillir la richesse de l'art [2], la question qui se trouve posée est tout d'abord théorique.

LE PROBLÈME THÉORIQUE DU RECOURS AUX EXEMPLES DANS L'ORDRE ESTHÉTIQUE

Dans son ouvrage *La vérité en peinture* Derrida remarque :

> La troisième Critique n'est pas une critique parmi d'autres. Son objet spécifique a la forme d'un certain type de jugement – le jugement réfléchissant – qui travaille sur l'exemple d'une façon très singulière [3].

Cet énoncé nous met d'emblée au cœur du problème en marquant la nécessité de distinguer spécifiquement le fonctionnement de l'exemple dans le jugement réfléchissant de l'utilisation qui en est faite dans le registre du jugement déterminant. Le jugement de goût étant de type réfléchissant, sa démarche logique va du particulier au général. Le point de départ est donc inévitablement empirique :

1. Mes remerciements vont à Mme Sabine Forero, maître de conférences en esthétique à l'Université de Bordeaux 3, qui m'a apporté sa coopération dans ce travail et dont la connaissance de l'histoire de l'art m'a permis d'ouvrir plusieurs pistes de recherche.

2. On reconnaît ici l'un des attendus du procès intenté par Nietzsche à la réflexion esthétique kantienne.

3. Paris, Flammarion, 1978, p. 59 (désormais cité *La vérité*...).

c'est une certaine expérience de plaisir esthétique, concrètement liée à la rencontre d'un objet jugé beau et à partir de laquelle un travail judicatif de réflexion s'engage en vue d'atteindre à une certaine généralité pensable qui ne saurait être celle, proprement conceptuelle, de la règle, de la loi ou de la norme. À la différence de ce qui se passe dans le cas où l'exemple a essentiellement valeur pédagogique en tant que *casus legis datae* et n'intervient qu'en second, dans le cas du jugement réfléchissant l'exemple doit venir d'abord, être en quelque sorte premier; il n'est nullement facultatif puisque c'est à partir de lui que le mouvement de pensée peut prendre son essor. Derrida le note quelques lignes plus bas:

> Dans l'art et dans la vie, partout où l'on doit selon Kant, procéder à des jugements réfléchissants et supposer une finalité dont nous n'avons pas le concept, l'exemple précède [1].

Encore que le terme même d'« exemple » soit alors problématique car l'élément concret sollicité n'exemplifie rien: il offre seulement l'occasion d'évoquer un donné empirique dont le lecteur est censé avoir connaissance et à partir de quoi il est invité à réfléchir. Une rencontre heureuse mais fortuite, que M. Malherbe désigne comme « la contingence du rapport avec le bel objet » [2].

Mais, objectera-t-on, si l'appel au donné empirique est si important eu égard à la logique du jugement réfléchissant, comment se fait-il que l'Analytique du beau soit si pauvre en exemples? C'est, semble-t-il, parce qu'on côtoie constamment un double péril. Il y a tout d'abord le risque de voir l'exemple se transformer en contre-exemple: supposons que Kant produise un exemple artistique, en faisant précisément référence à telle toile d'un grand peintre et que l'évocation de ce tableau ne sollicite pas, comme attendu, chez le lecteur une émotion esthétique, la situation devient théoriquement embarrassante par rapport à ce que prétend la doctrine du jugement de goût. Le problème se situe du côté de la réception de l'exemple: il est clair qu'une trop grave ou trop fréquente distorsion au niveau de l'appréciation esthétique suscitée à partir des exemples induirait un soupçon quant à la valeur d'universalité du jugement de goût. Un pas de plus, et l'on ne pourrait éviter que soit menacée la perspective d'une communication intersubjective, support d'un véritable sens commun dont Kant assure la réalité au § 22 en prenant justement appui sur l'idée de la satisfaction nécessaire.

Mais il existe un danger en quelque sorte symétrique du précédent, celui d'une canonique « surplombante » des exemples esthétiques. Kant ne peut ignorer le poids doctrinal et didactique des exemples dans l'ordre esthétique et plus particulièrement artistique. À vrai dire, il s'agit même de bien plus que de simples exemples, à savoir de modèles, de « canons » établissant la norme pour la production et la reconnaissance du beau, dans tous les champs de l'art. Or philosophiquement Kant a au moins deux raisons de résister à une telle utilisation « exemplaire »

1. *La vérité* ..., p. 60.

2. « Du sublime: Kant ou Burke », dans *Kant et la pensée moderne: Alternatives critiques*, Ch. Ramond (dir.), Pessac, Presses Universitaires de Bordeaux, 1996, p. 69.

des exemples. D'une part leur prise en compte ferait basculer l'analyse esthétique du côté des propriétés de l'objet, ce qui aurait pour conséquence d'oblitérer l'élément proprement subjectif et ultimement, de ruiner l'approche critique. D'autre part les œuvres majeures de l'histoire de l'art, universellement saluées (ainsi le Laocoon) sont traditionnellement présentées comme manifestant l'évidence de règles déterminantes permettant de produire le beau dans l'art. Une telle interprétation des chefs-d'œuvre fait selon Kant contresens car elle aboutit à construire le champ esthétique de façon analogique à l'ordre du connaître. Ces deux éléments de critique se rejoignent d'ailleurs :

> Il parlera donc du beau comme si la beauté était une propriété de l'objet et comme si le jugement était logique (comme s'il constituait par des concepts de l'objet une connaissance de celui-ci), bien que ce jugement soit seulement esthétique et ne contienne qu'un rapport de la représentation de l'objet au sujet [1].

À ceci vient encore s'ajouter une difficulté subsidiaire. De par son caractère propre de désintéressement, le plaisir esthétique me rend comme indifférent à l'existence de la chose. Or l'exemple tend à présentifier la chose, il la donne à voir dans son être-là : ce palais, cette tulipe, cette toile, cette sculpture deviennent comme concrètement présents pour moi à travers leur évocation, leur existence empirique répugne à disparaître ou même à subir cette sorte de neutralisation ontologique que suppose le véritable plaisir esthétique.

Tous ces aspects sont causes d'une certaine réticence de Kant dans l'appel aux exemples en matière esthétique. Il ne saurait bien sûr être question de ne pas y avoir recours, mais en même temps il convient de les faire jouer d'une façon qui ne compromette pas les éléments originaux de la théorie critique du jugement esthétique. Car ce que les exemples ont pour lui vocation de manifester, ce n'est pas directement la beauté de la chose, mais la nature de l'impression esthétique qu'elle fait naître dans le spectateur. Le problème de fond peut être ainsi cerné : si « en effet, le jugement de goût est prononcé absolument toujours comme un jugement singulier à propos de l'objet » [2], l'exemple est, lui, un pseudo singulier : c'est apparemment un singulier, du fait de son caractère empirique particulier mais il est en même temps en charge d'illustrer ou de figurer le général. Or l'expérience qui est concernée en tant qu'objet de l'analytique du jugement de goût est à chaque fois originalement subjective, dotée d'un caractère de singularité *sui generis* qui se résume à ceci : la chose produit ou non en moi un plaisir esthétique. D'où l'inévitable porte-à-faux de l'exemple produit. Le réglage du recours à l'exemple en matière esthétique est donc particulièrement délicat puisqu'il doit éviter deux écueils :

– un déficit d'accord intersubjectif rencontré au rendez-vous des exemples produits, quant à la dimension de plaisir esthétique ressenti, ce qui risque de compromettre l'exigence d'universalité engagée dans le jugement de goût, de ruiner sa valeur proprement appréciative et de faire le lit du relativisme.

1. *CJ*, § 6, Ak V, 211. Nous suivons la traduction d'A. Renaut, Paris, GF-Flammarion, 1995.
2. *CJ*, § 33, Ak V, 285.

– un excès d'universalité objective, obtenue par le moyen d'un cautionnement fondé sur l'exemplarité magistrale des chefs-d'œuvre de l'art présentés comme objets d'une nécessaire reconnaissance universelle : ce qui menace alors, c'est le dogmatisme d'une esthétique de l'admiration obligée, c'est la perte du sens de la singularité de l'expérience du beau, au profit d'un consensus canoniquement garanti et plus emblématique des valeurs d'une culture et d'une tradition que sensible à l'originalité de l'expérience esthétique.

Examinons sur pièces comment Kant a négocié avec cette délicate situation et tentons de dégager les lignes de force esthétiques qui s'indiquent à travers ses choix d'exemples[1].

ANALYSE RAISONNÉE DES EXEMPLES

Les beautés naturelles

Tout d'abord il y a l'évocation des beautés naturelles. Des roses, des tulipes, des oiseaux, perroquets, colibris ou oiseaux du Paradis, des crustacés, des chevaux, des hommes, des femmes, des enfants, un visage, les figures changeantes d'un feu, le gazouillis d'un ruisseau, voici quelques-uns des êtres ou éléments naturels sollicités dans l'Analytique du beau. Le lecteur serait en droit de s'attendre à les voir traités de façon homogène. Or il n'en est rien. D'emblée une scansion se fait jour, comme cela appert nettement à propos des animaux. Parmi eux s'opère une répartition qui met d'un côté les animaux exotiques : « le perroquet, le colibri, l'oiseau du paradis, une foule de crustacés de la mer »[2], de l'autre, les animaux domestiques, ainsi le cheval. Si les premiers sont de « libres beautés naturelles », les autres n'émargent qu'à la rubrique de la « beauté adhérente ».

Beautés adhérentes/libres beautés naturelles

Comment comprendre ce partage ? Faut-il suspecter Kant de céder au pittoresque de l'exotique par un effet d'éloignement qui le ferait privilégier le colibri par rapport au cheval, le crustacé par rapport à l'être humain ? En fait, la logique philosophique qui commande la scansion se dévoile dès lors que l'on rétablit le référent subjectif du jugement de goût, à savoir un spectateur capable d'un plaisir esthétique « désintéressé » en face de l'objet contemplé. Or si ledit spectateur est un habitant des contrées nordiques de Prusse orientale, il ne manquera pas de percevoir comme une libre beauté de la nature les colibris, les perroquets et autres oiseaux de paradis tandis que la perception qu'il prend du cheval ne pourra jamais devenir entièrement indépendante de l'identification des

1. Relèvent de la rubrique « exemple » non seulement les références à des œuvres d'art ou à des genres artistiques, peinture, sculpture, architecture, mais aussi les notations ayant trait à des sensations (esthétique matérielle). La notion d'exemple esthétique doit être prise *lato sensu* puisqu'elle concerne aussi bien les beautés naturelles que les beautés créées par l'art.

2. *CJ*, § 16, Ak V, 229.

fonctions utilitaires auxquelles cet animal est heureusement adapté : le cheval sera pour lui beau en tant qu'il présente l'exemplaire de la belle morphologie du cheval de labour, de trait, ou de course.

Dépasserait-il même le jugement d'utilité qui a trait à la finalité externe pour évaluer l'objet selon la finalité interne, c'est-à-dire selon sa « perfection » propre, qu'il n'accéderait toujours pas à la libre et immédiate appréhension du beau. Comme le marque le § 15, Kant qui est profondément en accord sur ce point avec Burke[1], s'attache à émanciper la doctrine du beau de la prégnance du concept de perfection, cher à Baumgarten : il en conteste la pertinence en matière esthétique et entend du même mouvement se déprendre – positionnement critique oblige – des présupposés métaphysiques dont le concept de perfection était porteur.

La forme humaine

Passe pour le cheval jugé beau par le regard de celui qui jauge sa parfaite morphologie. Mais qu'en est-il pour l'être humain ? Kant n'hésite pas à le situer sous la même rubrique de « beauté adhérente », qu'il s'agisse de l'homme, de la femme ou de l'enfant. Il est bien évident qu'aucune considération de finalité utilitaire externe ne saurait intervenir ici. Comment dès lors interpréter un jugement qui ne manque pas de surprendre, voire de choquer, surtout si on le confronte à l'appréciation esthétique hautement positive que la tradition artistique a pu faire de la forme humaine ?

Il est probablement impossible pour un être humain d'être esthétiquement affecté par la représentation de la forme humaine sans qu'interviennent dans ce jugement des considérations touchant aux différents aspects de perfection propres à un tel être. Or parler de perfection engage inévitablement une problématique de l'accomplissement des finalités. Quelles sont donc les finalités qui, dans l'apparaître formel d'un être humain, doivent s'indiquer comme parfaitement accomplies ? Ce sont celles qui correspondent aux « caractéristiques de nature »[2] que l'humanité réalise tant au niveau de l'espèce qu'à celui de l'individu.

L'idée norme

Remontons d'un cran et envisageons les choses au niveau de la généralité de l'espèce : intervient ici l'idée norme qui se profile de façon imaginative en notre esprit dès que nous voulons évoquer un homme, un cheval, une vache :

> Telle est l'image qui flotte entre les intuitions particulières des individus [...] image que la nature a installée comme archétype de ses productions dans la même espèce mais qu'elle ne semble avoir réalisée entièrement dans aucun individu[3].

1. Cf. *Recherche philosophique sur l'origine de nos idées du sublime et du beau* (1757), 3e Partie, IX : « La perfection n'est pas la cause de la beauté ».

2. Cette orientation se trouve développée dans l'*Anthropologie pragmatique* dont la Caractéristique examine les différents aspects sous lesquels la détermination naturelle de l'être humain s'exprime, en particulier dans les différences morphologiques liées au sexe, à l'âge et à la race.

3. *CJ*, § 17 Ak V, 234-235.

Le lecteur a ainsi la surprise de rencontrer, au détour d'une parenthèse, deux exemples absolument canoniques dans l'histoire de l'art depuis l'Antiquité : le Doryphore du sculpteur Polyclète, dénommé précisément « canon » par les Anciens et la Vache du sculpteur Myron. Or Kant ne salue aucunement en eux l'archétype réalisé de la beauté propre à l'espèce (humaine ou bovine), il leur reconnaît seulement la valeur d'une « règle » d'exactitude pour la présentation de ladite espèce et conclut sur ces mots : « La présentation n'est que correcte » [1]. Quel est le sens d'une telle appréciation ? La science des proportions qui a été conduite à son plus haut degré dans certaines réalisations de la statuaire grecque est certes normative en tant qu'elle fournit une mesure exacte mais elle ne saurait prétendre à une valeur proprement esthétique. Elle ne constitue que le soubassement du travail esthétique :

> c'est simplement la forme qui définit l'indispensable condition de toute beauté, par conséquent uniquement l'exactitude dans la présentation de l'espèce [2].

L'interprétation traditionnellement dominante dans l'histoire de l'art, entendue comme exercice (obligé) d'admiration envers les chefs-d'œuvre, se trouve indirectement récusée. *Exit* le culte des grandes œuvres érigées en modèles canoniques, ou plutôt sa portée est réduite en valeur : ne subsistent désormais que des exemples, certes admirables d'exactitude dans les proportions, de justesse dans la description, mais qui sont en tant que tels en deçà de l'ordre proprement esthétique.

Du côté des fleurs sauvages

Abandonnons cheval, vache, être humain et passons maintenant aux végétaux. Que récoltons-nous ? Tout d'abord un bouquet fait de fleurs, de roses et de tulipes[3], mais aussi un bel arbre au § 17, la beauté sauvage d'une forêt de Sumatra au § 22. L'inventaire est vaste mais à l'examen la profusion se révèle moindre… Ainsi l'énoncé « Les roses sont belles » ne nous donne-t-il pas à contempler, en une favorable admiration esthétique, l'absente de tout bouquet de roses ; il nous convie à réfléchir sur le statut judicatif de la proposition p : « les roses sont belles ». Il s'agit d'un jugement logique, obtenu par un travail de généralisation effectué en comparant les jugements esthétiques ordinairement portés. Absolument aucune trace dans tout cela d'une quelconque beauté naturelle, pas plus que dans le jugement d'agrément qui déclare prendre plaisir aux roses à cause de leur parfum.

Laissons les roses pour les tulipes : nous les trouvons dans la note 2 du § 17. Voici une tulipe, tulipe sauvage plutôt que tulipe produite par l'horticulture, telle cette tulipe dont M. de Saussure raconte avoir fait la rencontre dans son *Voyage dans les Alpes*. Car si la fleur cultivée est un artefact produit en vue d'une finalité ornementale, ce qui tend à la réduire au statut de « beauté adhérente », tel n'est pas

1. *Ibid.*
2. *Ibid.*
3. *CJ*, respectivement § 4, 8 et 17.

le cas de la fleur sauvage, du moins pour celui qui la contemple sans adopter le point de vue du botaniste. Donc cette tulipe-ci, celle qui se donne à voir dans la perfection quasi-finale d'une forme ne renvoyant pourtant qu'à elle-même. Elle manifeste la beauté libre (*vaga*) qui se rencontre à profusion dans les œuvres de la nature et qui s'indique en elles sur le mode du singulier. Comme le note Derrida, « le sans fin et le sans concept » de cette libre beauté naturelle fait qu'« on peut tout savoir de la tulipe exhaustivement, sauf pourquoi elle est belle »[1].

Dès lors le problème de l'exemple fait retour : comment en effet dire cette tulipe-ci ? Comment donner à contempler l'humble fleur sauvage capable de susciter l'émotion esthétique ? Et surtout comment aller de la tulipe rencontrée dans la nature à la tulipe qui fleurit dans le texte ? Étant admis que la prose kantienne est dépourvue d'ambition littéraire, c'est-à-dire ne vise en rien à faire naître par l'art de l'écriture une impression esthétique, la libre beauté naturelle de cette tulipe est peu susceptible d'être recueillie par le texte et le jeu de l'imagination peine à suppléer au défaut de la présentation sensible.

De la nature à l'art et retour

Au fil des notations le texte oscille, basculant à l'occasion du beau de la nature au beau des beaux-arts.

L'ornement et la question des parerga

Tout d'abord et de façon inattendue, les fleurs se trouvent associées au § 4, sous la règle de la satisfaction proprement esthétique, à certaines productions de l'art, généralement tenues pour d'importance secondaire en raison de leur caractère purement décoratif. Tels sont « les dessins libres, les traits enlacés sans intention les uns dans les autres, ce qu'on appelle des rinceaux ». Un montage du même type juxtaposant à de libres beautés de la nature une série d'éléments relevant de la production artistique, se rencontre au § 16 :

> Ainsi les dessins à la grecque, les rinceaux pour des encadrements ou sur des papiers peints [...] sont de libres beautés. [...] On peut aussi mettre au nombre du même genre de beautés ce qu'en musique, on nomme des fantaisies (sans thème) ou même toute la musique sans texte[2].

Ce qui est retenu est justement le fait qu'il s'agit des éléments artistiques entièrement dépourvus de signification et qui plaisent en quelque sorte à proportion de leur absence de signification.

> C'est le cas par exemple des cadres pour les tableaux, des vêtements pour les statues, ou des colonnades autour des palais[3].

1. *La vérité...*, p. 103.
2. *CJ*, Ak V, 229.
3. *CJ*, § 14, Ak V, 226.

L'ornement est là pour mettre en scène l'œuvre d'art mais il ne remplit ce rôle que dans la mesure où il intervient de façon purement formelle, sans importer aucun élément susceptible de perturber la perception esthétique de l'œuvre et de rendre impur le plaisir qui y est pris. Ainsi l'éclat de la dorure d'un cadre risque-t-il de porter ombrage au tableau en en perturbant la perception esthétique au lieu de le recommander sobrement à l'assentiment du jugement de goût. Par le *parergon*[1] l'œuvre d'art s'entoure d'un dispositif formel qui la recommande à notre attention : c'est là la fonction pour ainsi dire rhétorique de l'élément ornemental.

Le beau cadre naturel

Au § 15 une évocation intéressante mêle inextricablement les registres de la nature et de l'art :

> Ainsi en est-il par exemple lorsque je trouve dans la forêt une pelouse tout autour de laquelle des arbres sont disposés en cercle et que je ne me représente pas en cela une fin, en songeant qu'elle pourrait servir à un bal campagnard [2].

Soit une pelouse, mais dans la forêt, non dans un jardin ou un parc ; c'est une clairière entourée d'arbres, mais ceux-ci sont disposés géométriquement en cercle tout autour : voilà un lieu idéal pour des réjouissances campagnardes, mais justement il n'est pas question de s'intéresser à cette fin. Qu'est-ce qui amène Kant à produire un exemple aussi étrange ? Le paysage de la clairière au milieu de la forêt possède une éminente beauté parce qu'il présente une belle forme, la forme pure du cercle, mais comme non voulue : les arbres ont poussé dans cette disposition sans qu'aucun plan ou projet n'ait présidé à leur agencement. En considérant le spectacle de cette clairière dans sa seule détermination formelle et sans avoir égard à l'usage qui pourrait être fait d'un tel lieu, le promeneur le perçoit de façon vraiment esthétique.

La question de la beauté des formes géométriques

À travers cet exemple se réactualise la question traditionnelle de la beauté des formes géométriques. Or sur cette question le texte n'est pas muet :

> Certes des figures géométriques régulières, un cercle, un carré, un cube, etc., sont communément citées par les critiques de goût comme les plus simples et les indubitables exemples de la beauté [3].

Dans ce quatrième moment de l'Analytique la question est : selon quelle nécessité opère « la libre légalité de l'imagination » qui est au principe du plaisir

1. Derrida, *La vérité* ..., p. 111. *Parergon* c'est-à-dire littéralement « hors d'œuvre » : la méditation derridienne, si attentive à l'exploration des marges, s'est particulièrement intéressée à cette notation kantienne et l'a accentuée dans le sens de la subversion du motif par le « cadre », du sens par l'insignifiance, du discours par ce qui se passe aux marges du dire. Hors d'œuvre contre chef-d'œuvre, efficience de ce qui se joue dans les bords du texte, mise en abyme de la figure par le non-représentatif de l'ornement sont les thématiques ici convoquées.

2. *CJ*, Ak V, 227.

3. *CJ*, § 22, Ak V, 241.

esthétique ? La réponse traditionnellement apportée dans l'esthétique classique assigne une cause quasi rationnelle à ce type de satisfaction, à savoir l'appréhension de formes géométriques symétriques, cercle, carré, cube, et engage de ce fait la réflexion dans le sens d'une doctrine des formes idéales. La régularité géométrique est tenue pour le modèle référentiel du beau; inversement l'irrégularité, la dissymétrie sont sources de désagrément esthétique. Ainsi parlent les critiques du goût, ceux envers lesquels Kant exerce son ironie, moquant au § 33 les Batteux, les Lessing et d'autres critiques de goût français comme Dubos [1]. Kant se dégage d'ailleurs avec une certaine impatience de l'avis autorisé des critiques : il n'est aucunement besoin de leur savant verdict pour reconnaître que l'on trouve

> plus de satisfaction dans la forme d'un cercle que dans un tracé griffonné, dans un quadrilatère à côtés et angles égaux plutôt que dans un quadrilatère de travers, aux côtés inégaux et qui est pour ainsi dire bancal; car cela ne relève que d'un entendement commun et il n'est ici pas besoin de goût [2].

C'est pourquoi autant la régularité des figures, la norme de la symétrie sont manifestement souhaitables dans les ouvrages ordonnés à une finalité, par exemple dans l'art, la finalité externe d'une pièce d'habitation, d'un certain type de jardin, des édifices architecturaux et des parterres de fleurs, et pour la nature, la finalité morphologique de « la configuration des animaux » (un animal « borgne » est à cet égard un cas patent de contre finalité), autant elle ne s'impose nullement comme règle pour le jugement de goût :

> Toute régularité rigide (qui se rapproche de la régularité mathématique) contient en elle-même ce qui est contraire au goût : elle n'offre pas de quoi s'occuper longuement en sa contemplation [3].

L'imagination s'étiole et périt d'ennui devant les tristes allées tirées au cordeau; une sorte de satiété affecte celui qui s'absorbe dans le spectacle de la « beauté régulière » [4].

Les orientations esthétiques kantiennes

Un certain goût baroque

À travers de tels propos se révèlent les préférences esthétiques de Kant qui est favorable au baroque et hostile au classicisme, entendu comme ce qui impose en art la stricte législation de règles canoniques. La critique esthétique de la froide

1. À cette liste il conviendrait d'ajouter le nom de Crousaz (1663-1749) que Kant ne cite pas mais qu'il a lu puisque sa bibliothèque possède en particulier son *Traité du beau*.

2. *CJ*, § 22, Ak V, 241.

3. *Ibid.*

4. Mardsen, auteur de la fameuse description de Sumatra, a tort de préférer aux « libres beautés » que la nature offre à profusion en cette île, l'ennuyeuse régularité d'un « champ de poivriers, où les perches au long desquelles cette plante grimpe, s'alignent en rangées parallèles » (*CJ*, § 22, Ak V, 243). Il mériterait, ironise Kant, que lui soit infligée la punition de devoir le contempler longtemps !

symétrie et de l'ennuyeuse régularité alimente l'apologie de la libre irrégularité dans les ouvrages de l'art :

> Mais là où il ne s'agit que d'entretenir un libre jeu des facultés représentatives, [...] dans les jardins d'agrément, la décoration d'un intérieur, un quelconque ameublement choisi avec goût, etc., la régularité qui se révèle comme une contrainte doit être autant que possible évitée [1].

La vérité du goût trouve à s'exprimer dans

> le goût anglais en matière de jardins, le goût baroque dans le domaine des meubles, qui sans doute poussent la liberté jusqu'à se rapprocher du grotesque, mais qui, à travers cet affranchissement de toute contrainte appuyée sur des règles, font surgir l'occasion même où le goût peut montrer dans les productions de l'imagination, sa plus grande perfection [2].

Est perceptible ici la marque d'un certain effroi devant les « excès » auxquels peut se porter ce genre de productions. Le grotesque surgit, menaçant le beau, de même que l'exagération du trait dans la caricature est une atteinte intentionnellement portée à l'idée norme [3]. L'esthétique baroque est ainsi appréhendée comme une sorte d'hyperbole de la liberté qui, affranchie des limites normatives du bon goût, explore désormais la voie d'une libre création. Jusqu'où cette liberté peut-elle aller ? Peut-il lui arriver de dégénérer dans l'outrance du mauvais goût, dans l'excès de la surcharge, voire dans la glorification de la laideur ? Ces questions se posent mais Kant les ignore, étant donné qu'il est résolument du côté d'une « esthétique de la réception ». Le lecteur toutefois est en droit de se demander si ne sont pas repérables en ce point les éléments d'une certaine avancée, plus implicite qu'assumée, en direction d'une esthétique de la création.

Kant va ainsi trouver l'exemple de cette heureuse irrégularité naturelle dans la petite irrégularité des traits – insupportable ou au moins déplaisante pour le peintre classique – qui donne à un visage un caractère capable de nous émouvoir esthétiquement [4]. De même le libre chant des oiseaux nous plaît dans la mesure où la ligne mélodique y est agréablement accidentée. Ce type de considérations prépare directement la problématique du sublime :

> D'une façon générale, ce sont les beautés de la nature qui s'accordent le plus avec l'intention première de l'art quand on est dès l'enfance accoutumé à les observer, à les apprécier et à les admirer [5].

La suprématie du dessin sur la couleur

Dans l'histoire de l'art un grand débat récurrent oppose les coloristes et les partisans du dessin. À première vue les choses sont claires : au nom de la

1. *CJ*, § 22 Ak V, 242.
2. *Ibid.*
3. *AP*, Ak VII, 300.
4. *AP*, Ak VII, 298.
5. *CJ*, § 52 Ak V, 326.

prééminence de la détermination formelle, Kant est entièrement en faveur de l'excellence esthétique du dessin, de sa supériorité dans la construction picturale sur le jeu des couleurs qui introduit un élément matériel, sensuel, susceptible de perturber la pureté du plaisir esthétique.

> Dans la peinture, la sculpture, et même dans tous les arts plastiques, en architecture, dans l'art des jardins dans la mesure où ce sont là des beaux-arts, le dessin est l'élément essentiel [...]. Les couleurs qui enluminent le tracé relèvent de l'attrait [...]. C'est par la forme seule que les couleurs obtiennent leur noblesse [1].

Au § 51 la peinture est analysée à la fois pour elle-même comme « peinture proprement dite » c'est-à-dire « belle description de la nature », et comme modèle, en tant que « seconde espèce des arts figuratifs ». À ce titre elle est paradigme pour d'autres arts et plus particulièrement le fameux « art des jardins » dont le sens esthétique véritable est de nature picturale[2]. Kant entend même donner une extension plus vaste au modèle pictural :

> Au compte de la peinture au sens large, je mettrai encore la décoration des pièces par des tapisseries, des garnitures, tout bel ameublement qui est destiné simplement à la vue; de même l'art de s'habiller avec goût (bagues, tabatières, etc.). Car un parterre de fleurs de toutes sortes, une pièce avec toutes espèces d'ornementations (jusque et y compris les toilettes des dames) constituent à l'occasion d'une fête pleine d'éclat, une sorte de tableau [3].

Une valeur proprement esthétique de la couleur ?

Le texte se poursuit en engageant une sorte de réhabilitation « paradoxale » de la couleur qu'il conviendrait d'appréhender aussi sous un point de vue différent de celui qui a donné lieu à sa dépréciation « esthétique » :

> Seulement on remarquera toutefois aussi que les sensations de couleur aussi bien que de sonorité ne sont tenues à bon droit pour belles que dans la mesure où elles sont toutes deux pures – ce qui constitue une détermination concernant déjà la forme et qui correspond en outre au seul élément qui, dans ces représentations, puisse être dit avec certitude universellement communicable [4].

Qu'entendre par « couleur pure »? Certainement pas ce que les peintres appellent couleurs primaires puisque Kant va prendre l'exemple de la couleur verte qui est justement une couleur secondaire. Faudrait-il alors chercher du côté de ce que le *Philèbe* présentait comme la cause d'un plaisir pur, à savoir une petite étendue de blanc pur, qui ne soit mélangé d'aucune autre couleur? En fait la référence est ici la théorie physique d'Euler[5] dont Kant fait aussitôt état : « Si l'on

1. *CJ*, § 14 Ak V, 225.
2. Le débat sur l'art des jardins, jardin à la française/jardin anglais, est intense surtout dans la deuxième moitié du XVIIIe siècle, la *Nouvelle Héloïse* en ayant fait un thème à la mode.
3. *CJ*, § 51 Ak V, 323.
4. *CJ*, § 14, Ak V, 224.
5. L. Euler est l'un des plus grands esprits scientifiques du XVIIIe s. Ses travaux intéressent les mathématiques, la mécanique céleste et la physique de son temps. Il soutenait une théorie ondulatoire

admet avec Euler que les couleurs sont des vibrations de l'éther (*pulsus*)… ». Il s'agit d'une théorie de la lumière comprise comme des vibrations régulières de l'éther donnant naissance aux diverses impressions colorées (ou sonores), en fonction de ce que nous appellerions la longueur d'onde de la vibration. Dans la mesure où ils relèvent d'une détermination physique régulière, mathématisable, couleurs et sons pourraient échapper à l'indétermination formelle qui les pénalise esthétiquement :

> la couleur et le son ne seraient pas de pures et simples sensations mais constitueraient déjà une détermination formelle de l'unité d'un divers de ces sensations et pourraient dès lors être mis au nombre des beautés [1].

Mais malgré la caution apportée par la théorie physique, l'évaluation proprement esthétique qui est faite des couleurs « simples » comme « pures » ne laisse pas de poser problème. En effet, la justification fournie au § 14 repose sur la dimension d'universelle satisfaction que semble bien comporter la perception de telles couleurs, ce qui est en cohérence avec le second moment de la définition du beau (selon la quantité) mais devrait encore être ajusté au premier moment définitionnel (selon la qualité) par la mise en évidence d'une satisfaction désintéressée, intrinsèquement distincte de l'agrément sensuel. En tant que vibration ondulatoire homogène de la lumière, la couleur « simple » produit en la sensibilité humaine une impression qui comporte une sorte d'universalité formelle : par ce biais le registre des sensations de couleurs pourrait échapper au relativisme des préférences particulières et engager l'espace anthropologique d'une communicabilité, ordonnée à une esthétique de l'impression colorée. On mesure l'originalité des perspectives qui pourraient ouvrir à des prolongements très modernes en direction d'analyses ayant trait à l'articulation entre la vibration colorée et la rythmicité psychophysiologique de la réception sensible. Mais au bout du compte, Kant demeure hésitant par rapport à cette audacieuse ouverture et la question de la valeur proprement esthétique de la couleur reste indécise :

> En d'autres termes, on ne peut dire avec certitude si une couleur ou un ton (son) constituent des sensations simplement agréables ou s'ils correspondent déjà en eux-mêmes à un beau jeu de sensations et si comme tels ils induisent avec eux, dans le jugement d'appréciation esthétique, une satisfaction prise à la forme [2].

À propos du statut de la musique

Une telle incertitude n'est pas de faible enjeu pour la constitution du tableau systématique des beaux-arts dans la mesure où cela engage le statut des diverses disciplines artistiques qui opèrent par le biais de la composition de sensations,

de la lumière selon laquelle la lumière est une agitation ou un ébranlement causé par les particules de l'éther. Il a donné un exposé vulgarisé sa théorie des couleurs dans ses *Lettres à une princesse d'Allemagne* (Saint Pétersbourg, 1768).

1. *CJ*, § 14 Ak V, 224.
2. *CJ*, § 51 Ak V, 324.

colorées ou sonores. Celui des arts qui est le plus directement concerné n'est plus la peinture mais bien la musique, dont Kant parle peu, justement peut-être parce que son évaluation comme l'un des beaux-arts dépend du type de statut « esthétique » qu'il convient d'accorder aux sensations sonores. Selon que l'on retient l'une ou l'autre des deux interprétations, elle est à penser comme « soit le beau jeu de sensations (par l'intermédiaire de l'ouïe) » et elle fait partie des beaux-arts, « soit un jeu de sensations agréables » et elle ne peut alors prétendre à cette dignité…

CONCLUSION

Le parcours entrepris dans le fouillis des exemples esthétiques de l'Analytique du beau fait naître le sentiment que des forces diverses, pas toujours homogènes, interfèrent dans la logique de leur production. Au principe de ce qui se manifeste dans le texte à travers des effets de surécriture, se trouve l'ambiguïté du statut de l'exemple dans l'ordre esthétique. Car si l'exemple est ordinairement appelé pour manifester la règle en la montrant à l'œuvre dans un cas concret et soutenir ainsi le jugement, qu'en advient-il lorsque l'objet théorique étudié ne peut s'atteindre qu'à travers la singularité d'une expérience, certes porteuse d'une exigence d'universalisation, mais intrinsèquement référée au vécu d'un certain type de plaisir dont seul est juge le sujet spectateur ? Force est de reconnaître que le problème théorique de l'exemple en matière esthétique n'a pas été posé comme tel par Kant : dès lors c'est plus à un remarquable « bricolage » dans la production des exemples qu'il nous est donné d'assister qu'au déploiement d'une méthodologie raisonnée et sûre. Mais pouvait-il en être autrement ?

Brigitte GEONGET
CPGE Bordeaux

BEAU ET SUBLIME : ORIGINE, FORME ET CONSÉQUENCES DE LA DOUBLE ESTHÉTIQUE DE KANT[1]

ANALYTIQUE DU BEAU

La philosophie critique ne peut plus se consacrer à la recherche du beau en soi, elle ne connaît pas plus l'essence du beau que l'essence de l'homme. À la place de l'élévation platonicienne de la connaissance vers le beau lui-même, elle substitue la variante plus modeste d'une analyse et d'une justification de la prétention du jugement de goût.

Les deux déductions du jugement de goût

La première déduction du jugement de goût, portant sur la beauté, se trouve dans l'analytique, la seconde dans la dialectique de la « Critique de la faculté de juger esthétique ». Kant ne s'exprime pas explicitement sur ce dédoublement, et c'est donc une tâche de l'interprète de déterminer plus précisément les fonctions de ces deux déductions, qui, on le verra, sont complémentaires. La première déduction est exposée dans la « Déduction des jugements esthétiques purs » (*CJ*, § 30-42, 279-303)[2]; la seconde déduction est signalée de manière plus discrète : « si l'on accorde alors à notre déduction qu'elle est du moins sur la bonne voie, quand bien même elle n'a pas été suffisamment éclairée dans tous ses moments... » (*CJ*, § 57, 346). Commençons par l'analytique. Dans l'exposition, le jugement de goût est présenté du point de vue des quatre moments qui sont nécessairement contenus en lui, à savoir la qualité, la quantité (qui est mentionnée dans cet ordre), la relation et la modalité. Ces moments ne désignent pas une structure précise tirée de la logique des jugements, mais ils doivent plutôt être interprétés dans leur ensemble comme une topique qui se rattache de manière

1. Traduit de l'allemand par Ch. Bouton. L'expression « double esthétique » (*doppelte Ästhetik*) désigne une esthétique fondée sur la distinction du beau et du sublime.

2. N.d.T. : Nous suivons la traduction de la *CJ* par A. Renaut, Paris, GF-Flammarion, 1995, et donnons la pagination de Ak V.

souple à la *Critique de la raison pure*. Avec l'introduction dans la rubrique de la qualité d'un caractère esthétique à la place de celui logique, le jugement est d'emblée privé de la possibilité, qui est constitutive de tout jugement, de pouvoir être nié concrètement[1].

Le jugement est donc classé sous la rubrique de la qualité en tant qu'il est « esthétique, et non logique »; « non logique » signifie : sans prétention à la connaissance de l'objet, auquel le jugement de goût se rapporte. Il faut déjà noter ici une erreur non négligeable eu égard à la structure systématique de l'œuvre, car lorsque Kant pose au début la rubrique de la qualité et la répertorie ensuite plus précisément comme « esthétique », non seulement la possibilité de la négation du jugement est oblitérée, mais la classification est de plus bancale, car le jugement du sublime est lui aussi esthétique et non logique, et la rubrique « esthétique » devrait donc intervenir *avant* que deux domaines du beau et du sublime soient distingués et examinés. Le point décisif, que la « critique » soulève (*CJ*, § 9, 216), apparaît dans la rubrique suivante de la quantité : le jugement de goût, dans sa prétention à l'universel, est communicable. Il se fonde en cela non pas sur l'objet extérieur visé, mais sur le sujet qui juge et sur son propre état d'esprit (*Gemütszustand*). Cet état de l'esprit est spécifiquement différent de celui du jugement du sublime et justifie le traitement distinct dont il fait l'objet, bien que la prétention à l'universalité et la communicabilité valent également pour ce sentiment spirituel (*Geistesgefühl*).

La déduction est en principe déjà accomplie, au sein de son exposition, par la preuve qui est présentée dans la rubrique sur la quantité, selon laquelle le jugement de goût accompagné de satisfaction (*Wohlgefallen*) est universellement communicable sur la base du jeu de l'imagination et de l'entendement dans une « connaissance en général » (*CJ*, § 9, 218). Cela signifie, selon le § 38 intitulé « Déduction des jugements de goût », que la faculté de juger est ici rapportée seulement à « cette subjectivité que l'on peut supposer en tout homme (en tant qu'elle est indispensable à la possibilité de la connaissance en général) », et que

> l'accord d'une représentation avec ces conditions de la faculté de juger vaut *a priori* pour chacun. En d'autres termes : on peut exiger à bon droit de chacun qu'il ressente du plaisir (*Lust*), c'est-à-dire que, dans le jugement d'appréciation porté sur un objet sensible en général, il éprouve la manière dont la représentation se trouve subjectivement finalisée vis-à-vis de la relation entre les facultés du connaître (*CJ*, § 38, 290).

1. *Cf.* R. Brandt, « Schön, Erhaben, nicht Häßlich. Überlegungen zur Entstehung und Systematik der Kantischen Theorie des ästhetischen Urteils », dans *Im Schatten des Schönen. Die Ästhetik des Hässlichen in historischen Ansätzen und aktuellen Debatten*, H.F. Klemme (ed.), Bielefeld, Aisthesis Verlag, 2006, p. 65-92. Cette conception est désormais également défendue par W. Wieland dans *Urteil und Gefühl. Kants Theorie der Urteilskraft*, Göttingen, Vandenhoeck & Ruprecht, 2001, p. 204-221. H.E. Allison soutient en revanche que la théorie kantienne rend également possible un jugement esthétique négatif (*Kant's Theory of Taste. A Reading of the « Critique of Aesthetic Judgement »*, New York-Cambridge, Cambridge UP, 2001, p. 72 *sq.*).

Le sujet départicularisé qui opère le jugement est évidemment identique, dans son universalité, avec tout autre sujet interrogé sur cette universalité. Chacun est ici, selon le mot de Hume, « man in general », chacun peut en appeler, avec son jugement, à une universalité identique pour tout autre.

Celui qui juge pense trouver le fondement de son jugement dans l'objet. Mais à la lumière de la philosophie transcendantale, il apparaît que son jugement n'est pas fondé objectivement, mais subjectivement au contraire, même si c'est dans un état épistémique universellement communicable. Seule la philosophie transcendantale sait quelque chose du pur jeu sans finalité des facultés. Ce jeu n'est pas l'objet d'un examen privé ni même public, comme la rose devant moi, mais du philosophe pratiquant l'analytique transcendantale de l'esprit. Ni la théorie universelle de la philosophie transcendantale, ni l'introspection du sujet jugeant ne peuvent toutefois déterminer dans un cas particulier si l'état d'universalité, nécessaire à la prétention à l'universel, est bien présent; pour celui qui juge, son propre esprit est aussi opaque que l'est la motivation morale positive pour celui qui agit.

La première déduction de la prétention à la validité du jugement de goût signifie qu'en raison de l'identité de l'universel, nous sommes autorisés à nous prévaloir de cet universel épistémique vis-à-vis de tout autre, et à exiger la reconnaissance de notre jugement, qui naît de cet universel. L'exposition trouve cependant encore quelque chose de plus dans le jugement de goût : il contient en outre l'obligation que les autres donnent leur l'accord, donc l'obligation comme engagement positif, et non pas seulement comme consentement passif. Nous n'avons pas seulement affaire à un droit, fondé épistémiquement, d'affirmer la validité universelle, mais nous exigeons la participation des autres sujets qui se donnent pour fin l'harmonie esthétique elle-même. La fondation des deux propriétés du jugement esthétique réside dans la destination de l'homme : la formation du jugement de goût est valable pour tout être destiné à juger (*CJ*, § 9, 219); le second pas, qui conduit à l'instauration positive de fins, est fondé sur notre destination au bien moral.

Ce pas supplémentaire est accompli dans la seconde déduction : « il faut que le jugement de goût se rapporte à quelque concept; car, sinon, il ne pourrait absolument pas prétendre à une validité universelle pour chacun » (*CJ*, § 57, 339). Ce concept ne peut pas être un concept d'entendement, il est au contraire l'idée du substrat suprasensible non pas seulement des états de choses phénoménaux, mais aussi du sujet jugeant (*CJ*, § 57, 340). Alors que la première déduction met l'accent sur le fait que celui qui juge peut affirmer à bon *droit* la validité universelle de son jugement départicularisé, la seconde déduction va plus loin : elle aboutit à une *obligation* de l'accord (*CJ*, § 59, 353). Paul Guyer a analysé de manière particulièrement approfondie la double déduction dans son livre *Kant and the claims of taste* de 1979; il n'a cependant pas découvert son caractère proprement juridique et éthique, et il a par conséquent interprété à cet endroit les deux plans comme relevant respectivement de l'« attente » (*expecting*) et de l'« exigence » (*exacting*)[1].

La double beauté du corps et de l'âme, de l'entendement et de la raison

Le pur jugement de goût fait abstraction du charme et de l'émotion d'un côté, et de toute détermination conceptuelle de l'autre, et il se rapporte à la forme pure, à la figure ou au jeu, au simple contour ou à la composition (*CJ*, § 16, 229). Mais il est difficile de pourvoir un jugement de goût, qui se rapporte à ces phénomènes, de la prétention à une validité nécessaire, et de fonder en retour celui-ci dans le concept rationnel du suprasensible (*CJ*, § 57, 340). Kant ne met pas à notre disposition un concept de forme comme celui conçu par Platon et ensuite réélaboré dans le néoplatonisme. Le concept kantien de forme se rapporte sans ambiguïté aux formes subjectives de l'espace et du temps et à rien d'autre. Comment un rapport au suprasensible doit-il ici être contraignant ? Comment une bagatelle formelle de papiers peints doit-elle être « symbole de la moralité » (*CJ*, § 59, 351) ? L'exposition du jugement de goût pur est interrompue par un paragraphe intitulé « De l'idéal de la beauté » ; en lui se met en place une nouvelle opposition de la forme et du sens ou, comme Kant la nomme, de l'idée-norme et de l'idée de la raison. Tandis que l'idée-norme peut être appliquée aussi à la forme des animaux, l'idée de la raison est limitée à la beauté humaine. Un exemple de la première est le canon représenté par la Vache du sculpteur grec Myron (*CJ*, § 17, 235), c'est-à-dire la règle reproductible et la forme purement extérieure. La représentation artistique d'un homme doit certes d'un côté satisfaire à cette idée-norme du genre, tout en réalisant cependant un idéal qui la dépasse et dans lequel s'exprime la moralité. Il y a ainsi une élévation de l'exactitude extérieure du corps animal à la « belle âme » intérieure propre à l'homme seul, de la règle de l'entendement à l'idée spirituelle de la raison.

Nous rencontrerons plus tard, à propos du sublime, une distinction analogue de deux niveaux; dans ce contexte, ce qui est nommé « simplement grand » est rapporté à la nature extérieure, grande de manière toujours comparative, et l'« absolument grand », le sublime, se rapporte par contre à l'idée de la raison comprenant notre destination absolument morale.

La beauté de la nature elle-même

Ainsi que le dit Kant de manière lapidaire dans une réflexion, « les belles choses montrent que l'homme s'accorde au monde » (*Réflexion* 1820 a, Ak XVI, 127). Cette représentation de la convenance ou de la finalité de la nature par rapport à notre faculté de connaissance est un fil conducteur qui permet de suivre la tâche de la philosophie transcendantale consistant à penser le jugement de goût

1. *Cf.* P. Guyer, *Kant and the Claims of Taste*, Cambridge/New York, Cambridge UP, 1979, p. 261 *sq.* Lorsque Kant écrit que le jugement de goût « attend la confirmation non de concepts, mais de l'adhésion des autres » (*CJ*, § 8, 216), cette attente n'est pas opposée à l'exigence évoquée précédemment.

du § 30 de la *Dissertation* de 1770 (les « principia conventiae ») aux réflexions correspondantes développées dans la *Critique de la raison pure*[1]. Selon cette genèse de l'esthétique philosophique kantienne, la beauté est une « promesse de connaissance » que nous offre la nature, un gage de sa connaissabilité, qui concerne à l'évidence la nature dans sa totalité (*CJ*, § 38, 291).

Une nouvelle tendance objectiviste apparaît dans la seconde déduction. En 1790, Kant a la possibilité de fonder la compatibilité de principe entre la faculté de connaissance et la nature dans le substrat suprasensible, qui est au fondement de l'une et l'autre (*CJ*, § 57, 340). Cette relation jette un pont vers la morale, et établit également une fondation plus large de la beauté dans la nature phénoménale. Chaque jugement de goût se rapporte au substrat intelligible de l'objet, qui devient par là même non seulement porteur de propriétés ayant une forme phénoménale, mais aussi médium de l'intelligible : il n'est que phénomène, mais aussi phénomène de la chose en soi, qui est à son fondement.

Dans le cadre de cette théorie, il est clair que la notion de nature vise la nature en général. Il s'agit, comme on dit dans la théologie, de « la superbe scène » que la nature a ouverte et décorée pour nous. Sur celle-ci, la sélection des objets en fonction du point de vue du beau et du laid ne trouve aucune place, car d'une part, il faut que la nature nous donne dans la beauté le document attestant de son accord avec nos pouvoirs de connaissance, d'autre part, les phénomènes naturels doivent former un médium pour le substrat suprasensible. Donc : la nature en général qui nous entoure est belle.

Sujet

Nous passons des objets auxquels se rapporte le jugement de goût au sujet qui effectue le jugement. La philosophie transcendantale se rapproche dangereusement ici de la psychologie. Celle-ci semble entrer en jeu quand, dans la « critique du jugement esthétique », il faut admettre un lieu dans l'espace, où le sujet qui juge se trouve en un temps déterminé. Quand j'effectue un jugement de goût, je dois me rapporter ici et maintenant à un état de chose audible ou visible, qui peut également être vérifié par quelqu'un d'autre ; nous devons « séjourner » devant lui en le contemplant (*CJ*, § 12, 222). Ce sont l'imagination et l'entendement qui produisent l'état de satisfaction, par un « libre jeu » situé dans l'esprit de celui qui juge, lequel conduit au jugement affirmant : « c'est beau ! ».

Le jugement de goût de la « critique du jugement esthétique » est conquis par une double démarcation, vis-à-vis de l'hédonisme d'un côté et du rationalisme de l'autre, à l'encontre de l'expression purement particulière de l'agréable (par exemple au sens culinaire) et du jugement de connaissance du vrai ou du bien. Le titre du § 7 évoque la « comparaison du beau avec l'agréable et le bien » (*CJ*, 212). Le jugement sur la beauté doit réunir ces deux pôles, la satisfaction et la communi-

1. *Cf.* sur le rôle et l'origine du « principia convenientiae », R. Brandt, « The Deductions in the Critique of Judgment : Comments on Hampshire and Horstmann », dans *Kant's Transcendental Deductions. The Three « Critiques » and the « Opus postumum »*, E. Förster (ed.), Stanford, Stanford UP, 1989, p. 177-192.

cabilité du jugement, sachant que cette dernière, la communicabilité, ne doit être possible qu'en vertu d'un fondement épistémique. Comment ces deux pôles peuvent-ils être réunis si dans le même temps l'hédonisme et le rationalisme doivent être évités ? La solution de Kant est la suivante : ce n'est pas le plaisir qui constitue le point de départ du jugement (*CJ*, § 8, 216, 217), mais le jeu de l'imagination et de l'entendement, dans lequel les pouvoirs de connaissance sont actifs, sans être fixés sur un objet à connaître ; ce libre jeu des deux pouvoirs de connaissance assure premièrement la communicabilité non-objective recherchée, et il produit deuxièmement dans le sujet une satisfaction non-particulière.

Le jugement esthétique n'est décidément que le jugement du beau, il n'est pas le jugement du non-beau ou du laid possible logiquement, car seule l'harmonie de l'imagination et de l'entendement remplit la condition épistémique de la « connaissance en général » et par conséquent de la communicabilité. Kant pense pourtant manifestement avoir trouvé un fondement valable pour le jugement esthétique tant affirmatif que négatif, comme cela apparaît du moins dans divers passages de la *Critique de la faculté de juger*[1].

Les processus mentaux propres au jeu de l'imagination et de l'entendement, qu'ils soient psychologiques ou transcendantaux, sont, nous l'avons déjà vu, totalement inconnus pour celui même qui juge, et il ne peut pas plus s'y référer pour étayer son jugement qu'il ne peut s'appuyer sur les processus du cerveau qui lui sont également inconnus. Le sujet qui effectue le jugement de goût se tourne du côté du monde de la vie, vers l'objet, et pense pouvoir le déterminer objectivement comme beau – mais le fait que cet objet soit déterminé lui-même par un jeu de l'imagination et de l'entendement se dérobe nécessairement à son discernement. Le jugement de goût est déterminé à partir de cette intériorité, car autrement il deviendrait un jugement de connaissance objectif *sur* cet état comme sur n'importe quel autre état de son propre esprit ; s'il était un tel « jugement-sur » à distance de son objet, il pourrait sans problème affirmer ou nier, et être vrai ou faux[2].

Il n'y a aucun « Je pense » ni aucun entendement qui décide, à partir de sa propre spontanéité et de sa propre connaissance, si quelque chose est beau ou non. Selon « l'explication d'un jugement en général » dans la *Logique*, « un jugement est la représentation de l'unité des rapports de diverses représentations ou la représentation des rapports de celles-ci, dans la mesure où ils constituent un concept » (Ak IX, 101). L'unité de ces rapports est pour Kant la conscience, le « je ». Or, dans le sujet esthétique, aucun « je » n'intervient, mais il y a plutôt un état de l'esprit équilibré, qui n'est ni maîtrisé, ni voulu, ni fabriqué, et qui peut être communiqué. Lorsque la faculté de juger réfléchissante, qui n'est pas nommée à

1. *Cf.* par exemple *CJ*, Ak V, 203, 211, 231, 242, 279 : « satisfaction ou insatisfaction » (*Wohlgefallen oder Missfallen*) ; 280 : « plaisir ou déplaisir » (*Lust und Unlust*) ; 282, 331 ; Ak VII, 240 : « distinction selon la satisfaction et l'insatisfaction » (*Unterscheidung durch Wohlgefallen oder Missfallen*).

2. Lorsque Kant écrit que le jugement de goût se fonde « pour ainsi dire sur une autonomie du sujet jugeant du sentiment de plaisir (pris à la représentation donnée) » (*CJ*, § 31, 281), il brouille le résultat de son exposition du jugement.

dessein dans ce contexte, institue une unité et rend possible en elle le jugement de goût, cela ne peut pas signifier en tous cas qu'elle se trouve face à l'alternative de l'affirmation et de la négation qu'elle pourrait trancher librement. Le jugement ne juge pas *sur* l'état, mais il est inclus en lui, il l'exprime immédiatement, le sujet jugeant, pourrait-on dire, se dissout lui-même et se renaturalise en un état qui est en accord avec la nature. Il est donc très hasardeux de parler encore ici d'un jugement.

Dans l'esthétique du beau, l'esprit est transporté dans un état harmonieux, qui indique la présence de la nature organisée pour nous conformément à des fins. Nous sommes d'une certaine manière entraînés dans la nature harmonieuse, et nous manifestons notre satisfaction, notre « sentiment vital » positif (*CJ*, § 1, 204), par une expression qui fait fonction de communication à tout autre sujet. Dans l'expérience vécue esthétique [1] (terme que Kant n'utilise pas ici), dans ce « retour à la nature », le « Je » directeur renonce à sa maîtrise et se dissout dans un état qui précède la formation du « Je » (Kant n'emploie pas non plus cette expression). La communication dans la forme du langage et du jugement se trouve, semble-t-il, mise en retrait; si tous les hommes pouvaient faire de la musique, une certaine mélodie serait peut-être une expression plus adéquate du goût que le jugement prosaïque exprimé dans le langage. L'œuvre d'art remplit le critère de la communicabilité universelle et peut par conséquent servir à la communication de l'état de l'esprit harmonieusement équilibré. Le fondement épistémique essentiel pour la théorie kantienne du beau, qui rend possible une connaissance en général et assure le caractère universellement valable de l'état esthétique, constitue également dans l'œuvre d'art le fondement de sa communicabilité (*CJ*, § 44, 306). Et ni l'artiste, ni la personne qui exprime un jugement de goût, ne sont explicitement informés de l'infrastructure épistémique de leur expression esthétique, mise au jour par le philosophe transcendantal; tous deux s'orientent invariablement vers un état de chose esthétique. Ici non plus le jugement ne bénéficie donc d'aucun privilège.

Dans l'équilibre des pouvoirs de connaissances, il n'y a certes aucune unité du « je » à l'origine du jugement, l'entendement ne domine pas avec ses concepts, pour subsumer le sujet de la proposition sous le prédicat et réaliser ainsi à lui seul un jugement logiquement acceptable. Mais le *jugement* de goût semble malgré tout posséder une fonction si irréductible au sein de la théorie, qu'il ne peut pas être remplacé par une autre forme de communication. Pour quelle raison ?

Le point décisif réside dans la prétention à la nécessité, qui ne peut être soutenue que par le jugement. Celui-ci prend part à la nécessité rationnelle, non pas cependant par un acte logique de subsomption et une connaissance d'objet déterminée, mais par le fait qu'il implique une prétention légitime à la validité pour tous au moyen d'une fondation dans la « connaissance en général ». L'art peut certes faire participer concrètement l'auditeur et le spectateur, et susciter en eux le jeu de l'imagination et de l'entendement; il ne lui est cependant pas possible de soutenir une prétention à la validité avec une nécessité normative. La

1. *Im ästhetischen Erleben*.

fondation de la légitimité est l'objet de la première déduction dans l'analytique, l'obligation de l'accord est déduite dans la dialectique, et c'est seulement dans cette seconde déduction que la nécessité normative du jugement de goût trouve son assise.

Destinataire – sensus communis

L'état de l'esprit qui naît du jeu de l'imagination et de l'entendement est caractérisé par le fait qu'aucun élément particulier et purement singulier ne s'immisce en lui. Les influences possibles du charme, de l'émotion et de toute autre espèce d'intérêts sont par conséquent repoussées à l'extérieur. Nous avons donc affaire aux éléments départicularisés de toute connaissance possible pure, à une pure « connaissance en général ». Il s'agit ainsi non seulement de l'homme en général familier des arts évoqué par Hume (*man in general*), mais aussi du sujet de la « cognitio in genere » humaine, de la « connaissance en général ». Cette dernière a pour tâche de rendre possible l'universalité épistémique du sujet humain, située entre une connaissance objective déterminée d'un côté (*Critique de la raison pure*), et la moralité déterminée selon des lois de l'autre (*Critique de la raison pratique*).

Il existe par conséquent un état de l'esprit humain qui est individuel et cependant universel, sans être l'objet ni de la connaissance d'entendement déterminée, ni de la moralité. La prétention à la participation des autres est donc non pas la volonté d'un sujet particulier de les dominer tous, mais elle consiste à attirer l'attention sur un constat que chacun peut et doit faire soi-même d'une manière identique et qui, précisément pour cette raison, est universellement communicable.

Sur ce point, le sujet du jugement esthétique ne se distingue pas du sujet moral, qui, en universalisant la maxime de son action, n'impose pas aux autres personnes ses conditions particulières, mais départicularise au contraire d'avance sa maxime, de sorte qu'elle soit ou mieux, qu'elle doive pouvoir devenir nécessairement la maxime de tous les autres. La communicabilité du jugement esthétique repose de la même manière sur l'identité de l'universel en chaque individu et non pas sur une communication entre les individus, dans laquelle l'échange de pensée peut seul conduire à la production d'un consensus entre les convictions. Les hommes ne se rapprochent pas les uns des autres sur le mode du « tu », mais ils trouvent une identité démultipliée. Le « tu » et le « nous » des théories ultérieures de la communication appartiennent pour Kant au folklore anthropologique et non à la philosophie de la nécessité développée par la Critique et la métaphysique.

Dans la formation esthétique du jugement, le « *sensus communis* » remplace le *status civilis* avec son tribunal, qui examinait les prétentions transcendantales (et celles qui en découlent) à avoir une validité dans le domaine de la connaissance théorétique. Dans cette institution, il y avait des lois universelles, sous lesquelles les cas particuliers pouvaient être subsumés. Un tel procédé est exclu dans l'Esthétique; nous avons pourtant besoin de l'idée d'une unité, vis-à-vis de laquelle notre suffrage doit faire ses preuves. Cette unité est assurément plus proche de l'essence éthique commune à tous les hommes que du tribunal de la

Critique de la raison pure avec ses jugements subsumants, car l'éthique et la formation esthétique du jugement se rapportent de manière cosmopolitique à l'humanité dans sa totalité, toutes les deux sont sans contrainte et cependant fondées dans une obligation, qui doit être déduite de la destination éthique de l'homme. Dans la modélisation conceptuelle du *sensus communis*, les réminiscences au *Contrat social* de Rousseau jouent peut-être un rôle, en particulier l'idée de la participation politique à la volonté générale, qui devient donc en l'occurrence la constitution de la « volonté générale esthétique »[1] par le suffrage esthétique.

ANALYTIQUE DU SUBLIME

Beau et sublime

Donnons quelques indications à propos de la structure dualiste de la « Critique de la faculté de juger esthétique ». Le beau désigne avant tout la nature qui nous entoure, dont la vue nous emplit d'une satisfaction esthétique. Le sublime est par contre le sentiment spirituel, que la nature suscite en nous par sa grandeur et son pouvoir qui nous dominent. Dans le sublime, la nature n'est pas le monde animé, mais le monde matériel, objet de la cosmologie, de l'astronomie et de la physique ; ici nous ne sommes pas entourés par la grâce de la beauté, mais nous sommes dominés et anéantis par la grandeur de l'espace cosmique et la violence des forces de la nature. Là, la nature organisée selon des fins, avec laquelle nous sommes en accord, ici la grandeur, la violence nue et surpuissante, qui n'a aucun égard pour la vie. Conformément à cette partition, l'analyse du sublime est articulée selon les deux rubriques des principes de l'entendement pur, mathématique et dynamique, articulation qui serait naturellement impossible pour le jugement de goût. Le beau a chez Kant tendance, en dépit de toute sa subjectivisation, à valoir pour l'objet, pour l'objet qui est bien formé; le sublime est par contre tendanciellement informe[2] et ne peut en tant que tel être donné dans l'objet, mais il est l'affaire exclusive du sujet. Le beau correspond en particulier à la détermination naturelle de l'homme, le sublime seulement à sa détermination spirituelle et rationnelle. Le § 23 est certes intitulé « Passage du pouvoir de juger le beau à celui de juger le sublime », mais par là est visé le rôle de transition du paragraphe lui-même : beau et sublime, ainsi que les jugements respectifs qui leur correspondent, demeurent isolés l'un de l'autre, de sorte que les deux états ne peuvent pas passer de l'un à l'autre, s'influencer ou même se détruire l'un l'autre.

1. N.d.T. : en français dans le texte.

2. Kant s'exprime la plupart du temps avec circonspection : « Le beau naturel concerne la forme de l'objet, laquelle consiste dans la limitation ; en revanche, le sublime se peut trouver aussi dans un objet informe [...] » (*CJ*, § 23, 244).

L'origine de l'esthétique à double niveau dans l'histoire des idées

La doctrine platonicienne du beau trouve son expression prégnante dans le discours de Diotime du dialogue *Le Banquet*. Selon celui-ci, la beauté commence pour nous dans les beaux corps et trouve son aboutissement dans le beau lui-même ; ce beau lui-même ou l'idée du beau est en réalité, du point de vue de la chose même, le commencement, à savoir le fondement qui rend possible tous les niveaux inférieurs du beau. Cette conception du beau a été développée par Plotin, elle se trouve chez Thomas et joue un rôle déterminant dans l'élaboration de la *Divine comédie* de Dante. La dualité du beau et du sublime est complètement étrangère à la doctrine platonicienne et à celles qui en sont inspirées ; elle doit donc avoir une autre source. Notre thèse est qu'elle a son origine dans la doctrine stoïcienne de l'*oikeôsis*[1] :

> Nous pouvons considérer comme une faveur que la nature nous a accordée le fait qu'elle ait distribué aussi richement, à travers les choses utiles, par surcroît de la beauté et du charme, et pour cela nous pouvons l'aimer, tout comme nous pouvons la considérer avec respect à cause de son incommensurabilité et nous sentir nous-mêmes dans cette considération ennoblis (*CJ*, § 67, 380).

Ici amour, là respect. L'origine de ces idées réside dans la doctrine stoïcienne de l'*oikeiôsis*, telle qu'elle est exposée par Cicéron dans le *De finibus*. Celui-ci y présente deux niveaux de l'*oikeiôsis* stoïcienne, auxquels correspond une hiérarchie de valeurs : la première relève de ce qui est animal et est plutôt objet d'amour (c'est ce que « l'homme avait aimé en premier (*quae prima dilexerat*) »), la seconde se rattache à ce qui est rationnel et estimable (ce « qu'il a davantage estimé (*pluris aestimavit*) »)[2]. Cette différence peut également être rapportée à la beauté. Dans le *De officiis*, Cicéron parle de « deux genres de beauté ; dans l'une réside la grâce, dans l'autre la dignité » (*pulchritudinis duo genera quorum in altero venustas sit, in altero dignitas*)[3].

Ces textes, ainsi que d'autres propos apparentés de la littérature hellénistique et néohellénistique, devaient être bien connus au XVIIIe siècle de toute personne cultivée. L'une des nombreuses traces de leur réception se trouve chez David Hume. Il s'agit de la sixième section de l'*Enquête sur les principes de la morale*,

1. *Cf.* à ce sujet R. Brandt, « Selbstbewusstsein und Selbstsorge. Zur Tradition der οἰκείωσις in der Neuzeit », *Archiv für Geschichte der Philosophie* 85, 2003, p. 179-197.

2. Cicéron, *De finibus* III, 21 (trad. fr. Paris, Les Belles Lettres, 1999, t. 2). Il y a aussi des textes dans lesquels Cicéron n'accorde pas d'intérêt à cette hiérarchisation. *Cf.* par exemple *De officiis*, I, 14.

3. Cicéron, *De officiis*, I, 130 ; l'idée se trouve déjà presque explicitement en I, 107. Dans son livre très bien informé, *Die doppelte Ästhetik der Moderne* (Stuttgart-Weimar, Metzler, 1995), C. Zelle ne soulève pas la question de savoir s'il y avait également une double esthétique dans l'antiquité. Il cède à cette vision générale de l'antiquité selon laquelle seule l'esthétique des Modernes présente deux visages, tandis que les Anciens sommeillaient sans réfléchir dans une calme grandeur et une noble ingénuité. Sur les deux formes de beauté dans l'époque moderne, dont l'une peut également être considérée comme sublime, Zelle fournit un matériau impressionnant. *Cf.* aussi les auteurs cités dans la « perspective » (*op. cit.*, p. 361-370).

intitulée « Des qualités utiles à nous-mêmes », que je cite directement à partir de la première traduction allemande :

> tels qu'ils sont dépeints par Salluste, les caractères de César et de Caton sont tous les deux vertueux, au sens le plus strict de ce mot, mais de manières différentes ; de même les sentiments qui sont inspirés par ces caractères ne sont pas parfaitement identiques. L'un provoque l'amour (*Liebe/love*), l'autre l'estime (*Hochachtung/esteem*), l'un est aimable (*liebenwürdig/aimable*), l'autre respectable (*ehrwürdig/awful*) ; nous aimerions rencontrer le premier caractère chez un ami, nous aimerions ambitionner de posséder [1] nous-mêmes le second [2].

Dans ses *Recherches philosophiques sur l'origine de nos concepts du sublime et du beau*, que je cite à nouveau dans la traduction allemande, Edmund Burke écrit, en écho à ce texte de Hume :

> On lit les caractères de César et de Caton, que Salluste a si finement dépeints et si justement comparés, et on examine quelles impressions ils peuvent faire sur nous. [...] Chez le dernier nous trouvons plus à admirer. [...] L'autre nous est familier : nous l'aimons et nous le suivons, là où il nous conduit [3].

Adam Smith reprend ce thème dans sa *Théorie des sentiments moraux* : le titre du cinquième chapitre de la première section porte « Sur les vertus dignes d'amour et de respect » [4]. Il ajoute par là dans son système une variante spécifique à la doctrine stoïcienne de la « *sympathy* » (*sumpatheia*).

Ce modèle détermine la double esthétique du beau et du sublime de la *Critique de la faculté de juger*, dans laquelle le beau est rapporté à la « grâce » (*venustas*) et le sublime à la « dignité » (*dignitas*). Le jugement de goût sur le beau se situe du côté du « sentiment vital », comme cela est dit explicitement (*CJ*, § 1, 204), tandis que le « sentiment spirituel » du sublime se détourne tout d'abord de la vie et produit en nous un sentiment de plaisir uniquement par la prise en considération de la personnalité morale. Schiller fait lui aussi usage des prémisses de la doctrine

1. Il est frappant que ce soit précisément dans les *Pensées sur l'imitation des œuvres grecques dans la peinture et la sculpture* (1755) de Winckelmann, écrit imprégné de l'esprit du stoïcisme, que l'on trouve ce passage : « La détresse [de Laokoon] touche notre âme, mais nous souhaiterions pouvoir supporter cette détresse comme ce grand homme » (Winckelmann, *Kleine Schriften, Vorreden, Entwürfe*, W. Rehm (ed.), Berlin-New York, Walter de Gruyter, 1968, p. 43).

2. Hume, *Sittenlehre der Gesellschaft* [*An enquiry concerning the principles of morals*], 6e section, in *Vermischte Schriften*, J.G. Sulzer (ed.), Hamburg-Leipzig, 1756, p. 121. Ce texte apparaît dans les éditions anglaises de 1751 jusqu'à 1760 dans la section indiquée, et dans les éditions ultérieures (y compris celles d'aujourd'hui), il se trouve dans « l'appendice IV ».

3. Burke, *Philosophische Untersuchungen über den Ursprung unsrer Begriffe vom Erhabnen und Schönen*, III, 11, übersetzt von Ch. Garve, Riga, 1773, p. 181 (H. Klemme und M. Kuehn (ed.), Bd 6 der Reihe « The Reception of British Aesthetics in Germany », Nachdruck Bristol, Thoemmes Press, 2001). Voir aussi Kant, *Réflexion* 1518, Ak XV 860, : « nous aimons un homme pour son esprit et son cœur. Nous l'estimons (*schätzen*) pour son caractère ».

4. Smith, *The Theory of Moral Sentiments*, Oxford, Oxford UP, 1976. *Cf.* à ce sujet N. Waszek (« Two Concepts of Morality : A Distinction of Adam Smith's Ethics and its Stoic Origin », *Journal of the History of Ideas* XLV, 1984, p. 591-606), qui réfère soigneusement la double conception de Smith au stoïcisme antique.

de l'*oikeiôsis*, lorsqu'il écrit dans l'essai *Du sublime*, que la beauté « est notre gardienne dans l'âge de l'enfance » et « notre premier amour », alors qu'il est dans « l'ordre de la nature » que notre « capacité à ressentir le grand et le sublime » ne se développe que plus tard[1].

Le beau est ce qui correspond à notre constitution première naturelle; le sublime est par contre ce qui réside dans la nature-*logos*, qui nous conduit au-delà de tous les autres êtres vivants, et nous fait prendre part au *logos* divin. Alors que le beau est fondé dans le sentiment vital, avec le *logos*, quelque chose entre dans notre vie qui transcende tout sentiment vital, entre en conflit avec lui pour le réprimer. Alors que le beau est aimé, le sublime est en revanche objet de respect – les deux sentiments étant des reflets de notre nature d'êtres vivants et doués de raison; ils correspondent à la double destination de l'homme, la destination naturelle et la destination rationnelle; seule la dernière porte en elle la catégorie du sublime.

La différenciation du beau et du sublime est par conséquent fondée dans les deux niveaux de l'*oikeiosis*; l'un est le premier élan (*prôtè hormè*) que nous partageons largement avec les autres êtres vivants supérieurs, l'autre est celui de la raison, par laquelle nous prenons part dans une connaissance explicite au *logos* universel du monde et devenons d'une certaine manière citoyen du monde; à l'éthique de la proximité est substituée l'éthique du lointain, le communautarisme de la naissance est transformé en cosmopolitisme de la connaissance. Qu'on prenne certains passages des *Observations sur le sentiment du beau et du sublime* (1764) de Kant[2], ils sont une variation sur le thème de la double *oikeiôsis* des stoïciens, sur le thème de l'amour et du respect que nous avons trouvé chez Cicéron.

Second niveau : le grand et le sublime

Le dédoublement du beau et du sublime est désormais rapporté à ses sources antiques jusqu'ici ignorées; le premier niveau est celui de la forme extérieure, le second celui de l'esprit intérieur. Nous avons déjà rencontré cette distinction à propos du beau, dans l'institution de l'idée-norme esthétique et de l'idéal de la beauté; la première consiste en une exactitude formelle (symbolisée par la Vache de Myron, *CJ*, § 54, 335); dans le second s'exprime une idée de la raison, qui ne peut être trouvée que dans la figure de l'homme doué d'esprit.

À cet échelonnement, au sein du beau, entre la forme exacte extérieure et le sens spirituel correspond, dans le sublime, un double niveau de même structure et intention. Cela n'est pas très facile à découvrir, car Kant en 1790 ne qualifie pas le premier niveau, celui seulement formel, de sublime. Il formule les choses en ces termes : « nous nommons *sublime* ce qui est absolument grand. Mais être grand et être une grandeur correspondent à deux concepts tout à fait différents (*magnitudo*

1. Schiller, *Gesammelte Werke in fünf Bänden*, R. Netolitzky (ed.), Berlin, C. Bertelsmann Verlag, 1955, t. V, p. 441.

2. Ak II, 217.

et *quantitas*) » (*CJ*, § 25, 248). Cette opposition subtile entre « être une grandeur » et « être absolument grand » est par la suite déterminée ainsi : la grandeur est une grandeur comparative dans la nature, qui conduit à l'extension de l'imagination conformément à des fins, produit une satisfaction communicable – sans exiger toutefois l'accord de tous – et impose non pas certes le respect, mais cependant « une sorte de respect » (*CJ*, § 25, 249). Kant introduit un terme technique pour nommer ce premier niveau : on doit dire dans ce cas que quelque chose est « simplement (*simpliciter*) » grand (*CJ*, § 25, 248). Le second terme technique pour désigner le concept de ce qui est véritablement sublime est celui déjà rencontré d'« absolument grand ». L'absolument sublime se dérobe à toute comparaison, il n'est donc pas grand comparativement, mais transcende au contraire le plan de la nature pour s'élever à l'idée nouménale.

Sous le titre global de l'« analytique du sublime » et sous celui, qui peut induire en erreur, « Du sublime mathématique »[1], puis dans le § 25 intitulé « Définition nominale du sublime », est donc examiné quelque chose qui n'est pas sublime, mais qui est pourtant lié au sublime par le concept de grandeur. Cette grandeur non sublime, appelée « simplement » grande, occupe structurellement la place de l'idée-norme du beau ; elle est grande comme le sublime, communicable comme lui dans le jugement et ne suscite certes aucun respect, mais « une sorte de respect ». Le respect proprement dit, spécifique du sublime, intervient plus tard dans le paragraphe intitulé « De la qualité de la satisfaction dans le jugement portant sur l'appréciation du sublime » (*CJ*, § 27, 257), avec la phrase centrale :

> Ainsi le sentiment du sublime dans la nature correspond-il à un respect pour notre propre destination – respect que, par une subreption (substitution d'un respect pour l'objet au respect pour l'Idée de l'humanité en nous comme sujets), nous témoignons à un objet de la nature qui nous rend en quelque sorte intuitionnable la supériorité de la destination rationnelle de nos pouvoirs de connaître sur le pouvoir le plus grand de la sensibilité (*CJ*, § 27, 257).

Du fait de cette inclusion essentielle du « respect pour notre propre destination » au cœur du jugement esthétique, et donc de cette présence de la raison pratique dans celui-ci, il n'est pas étonnant que nous observions un parallèle structurel des analyses du sublime non seulement avec le dualisme de la forme extérieure et de l'esprit intérieur du beau, mais encore avec la philosophie pratique elle-même.

Dans ses écrits de philosophie morale, en particulier dans les *Fondements de la métaphysique des mœurs*, Kant utilise la distinction entre « conformément au devoir » et « par devoir ». Une action est conforme au devoir lorsqu'elle s'accorde dans son phénomène extérieur avec la loi morale ; quelqu'un agit cependant par devoir, quand il fait de la conformité au devoir elle-même le but de son action et

1. Cet intitulé peut induire en erreur car le sublime lui-même ne se divise pas en deux mouvements de l'âme distinguables, mais c'est seulement la nature extérieure provoquant ce sentiment, extensive spatialement et intensive dynamiquement, qui admet une telle division.

agit par respect pour la loi[1]. La première est, comme on peut maintenant le suggérer, une sorte de respect, la seconde est par contre le respect véritable. Seule la seconde action est pleinement morale, tandis que la première a tout au plus un caractère incitatif et peut être exigée avant tout dans le système extérieur du droit, car l'agir juridique ne concerne pas la motivation intérieure mais seulement la conformité formelle et extérieure. Dans la *Métaphysique des mœurs*, la doctrine du droit est située avant la doctrine de la vertu, tout comme l'idée-norme du beau est traitée avant l'idéal du beau, et sous le titre « définition nominale du sublime », la grandeur extérieure, comparative, appelée seulement simple grandeur, se situe avant l'absolument grand, le sublime. C'est la seconde position et non la première qui a une fondation proprement rationnelle. Ce qui est conforme au devoir trouve le fondement de sa valeur relative dans celle absolue de l'action par devoir, et ce qui est appelé simplement grand accède à « une sorte de respect » en tant que modalité dérivée du véritable respect pour notre destination, qui s'exprime dans l'absolument grand, le sublime. Cela traduit précisément le primat apparent de l'extérieur sur l'intérieur, auquel correspond à l'opposé le primat réel de l'intérieur sur l'extérieur. Le sensible est l'esquisse phénoménale (*Vorschein*) de l'idée de la raison.

Kant utilise ici deux sources. Le concept de grandeur (*megethos*) provient de la rhétorique. Il apparaît à côté de celui du sublime (*hypsos*) d'une manière qui n'est pas définie précisément, parfois comme synonyme, parfois comme forme préalable qui n'atteint pas encore le sublime véritable. Il est clair en tous les cas que nous relions toujours le sublime avec la représentation de la grandeur et de la puissance, qui peut s'exprimer également en une seule formulation.

La satisfaction suscitée par ce qui est appelé simplement grand provient non pas de l'objet, comme dans le cas du beau, « mais de l'extension de l'imagination en elle-même » (*CJ*, § 25, 249). « En elle-même » signifie ici : extension conditionnée par la nature, alors que la destination de la raison conduit à une « extension de l'esprit, qui se sent capable de dépasser les bornes de la sensibilité d'un autre point de vue (pratique) » (*CJ*, § 26, 255). Mais la figure de l'extension, de l'*auxesis*, appartient aussi au vocabulaire de la rhétorique, et dans le traité grec *Du sublime*, elle est présentée, avec une intuition réellement prékantienne, comme la forme stylistique propre aux tournures grandioses et aux déclamations universelles et passionnées. L'orateur doit cependant savoir clairement que ces moyens extérieurs ne peuvent pas atteindre la perfection sans le sublime véritable – si l'on retire à l'extension le sublime, « on arrache pour ainsi dire l'âme au corps »[2]. La distinction entre ce qui est grand extérieurement (la partie purement corporelle du discours) et l'animation par le sublime véritable (l'âme du discours) est ici esquissée.

Revenons à la philosophie morale : au début de son analytique du sublime, Kant paraphrase une idée que Cicéron expose dans le *De finibus* : il y a des biens

1. C'est C. de Pascale (Bologne) qui a attiré mon attention sur ce parallèle.
2. Pseudo-Longuinos, *Du Sublime*, XI, 2.

auxquels l'esprit se rapporte par conjonction, similitude ou comparaison; la quatrième forme de bien est ce qui est absolument bon de par sa nature : « ce bien lui-même, de son côté, il n'est tel ni par adjonction, ni par accroissement, ni par comparaison avec les autres choses : c'est par sa vertu propre qu'il se révèle à nous et reçoit de nous sa dénomination de bien » (*hoc autem ipsum bonum non accessione neque crescendo aut cum ceteris comparando, sed propria vi sua et sentimus et appellamus bonum*). L'estimation n'est pas comparative, car la valeur de ce bien « est fondée sur son genre, non sur sa grandeur » (*ea estimatio genere valet, non magnitudine*). Le bien moral est ici distinct de toutes les autres espèces de bien, qui sont toujours des grandeurs comparatives [1]. Dès la première phrase de son analyse du sublime, Kant se meut déjà sur le terrain de la philosophie morale stoïcienne. Dans la *Critique de la faculté de juger*, il parle par conséquent non seulement de ce qui est absolument grand, mais aussi de ce qui est absolument bon, et libère par là cette appréciation du contexte du sublime esthétique pris au sens étroit du terme. Ce même topos de ce qui peut être évalué comparativement et de ce qui n'est pas évaluable joue précisément un rôle dans les *Fondements de la métaphysique des mœurs*: « ce qui a un prix peut être aussi bien remplacé par quelque chose d'autre à titre d'*équivalent*; ce qui par contre est supérieur à tout prix, et n'admet par conséquent aucun équivalent, c'est ce qui a une dignité » (Ak IV, 434). Dans la *Morale Kaehler*, au milieu des années 1770, le contraste entre les deux notions est résumé de la manière suivante : « l'estime (*Schätzung*) est distincte de l'amour, l'estime concerne la valeur intérieure, l'amour la valeur relative, la relation à ce qui produit du bien-être. Nous estimons ce qui a une valeur intérieure et aimons ce qui a une valeur relative [...]. Mais l'homme ne doit pas tant chercher à être objet d'amour qu'à être digne d'estime et de respect » [2]. Et dans les *Remarques sur les observations...*, qui ont été écrites également au milieu des années 1770, Kant note : « La société fait qu'on ne s'estime que par comparaison. Si les autres ne sont pas meilleurs que moi, alors je suis bon, et si les autres sont tous pires que moi, alors je suis parfait » (Ak XX, 95). On voit comment est déjà utilisée ici la même référence à la pensée antique que celle qui servira de fondement, en 1790, à la théorie du sublime.

Reinhard BRANDT
Université de Marbourg

1. Cicéron, *De finibus* III, 34 (trad. fr., t. 2, p. 26); pour les Stoïciens, seule une disposition déterminée, la vertu, comporte une « estimation qui lui est propre » (*propria aestimatio*), en opposition aux biens indifférents, qui peuvent être caractérisés comme des valeurs (*axiai*). « Ceux-ci auront certes quelque prix, mais ils n'auront pas de dignité (*dignitas*) », écrit Sénèque dans les *Lettres à Lucilius* (71, 33). *Cf.* aussi Cicéron, *De Officiis*, I, 30, 106.

2. Kant, *Vorlesung zur Moralphilosophie*, W. Stark (ed.), Berlin-New York, Walter de Gruyter, 2004, p. 199.

LE SUJET ESTHÉTIQUE : UN SUJET SANS MONDE ?

Si la première partie de la *Critique de la faculté de juger* constitue un approfondissement plus encore qu'une réélaboration, du point de vue transcendantal, les critiques adressées à ce dernier affecteront *a fortiori* la subjectivité esthétique. Lorsqu'elles visent l'abstraction dont le transcendantal serait le résultat, une séparation d'avec l'empirique qui interdirait par avance toute réconciliation de l'*a priori* et de l'expérience, ces critiques seront d'autant plus sévères qu'elles dénonceront le tour de force kantien consistant à consacrer une subjectivité *acosmique* au lieu même de l'élaboration de l'expérience esthétique. Le sujet esthétique serait un sujet « sans monde » dans l'exacte mesure où l'expérience du beau se trouve ramenée aux dimensions du jugement, qui plus est d'un jugement « désintéressé » qui ne prend nulle part (ni affective, ni même intellectuelle) à la réalité de l'objet. Nietzsche résume en une phrase tout le sens de la charge : « l'affranchissement de tout intérêt propre et de l'"*ego*" n'est qu'absurdité et inexacte observation » puisque avec le beau, « il s'agit bien plutôt du ravissement d'être dans *notre* monde, d'être affranchi de l'angoisse devant ce qui nous est étranger »[1]. Ce n'est pas de n'importe quel monde que nous exilerait le jugement de goût, mais de « notre » monde, du monde sensible lui-même, ce qui renforce encore le paradoxe d'une subjectivité esthétique désincarnée.

Ce procès en abstraction du sujet esthétique kantien est-il légitime ? Après avoir cité ce texte de Nietzsche, Heidegger stigmatise le « malentendu sur l'"intérêt" » qui « vient de l'erreur de croire que l'élimination de l'intérêt supprimerait tout rapport réel à l'objet »[2]. Le caractère désintéressé du jugement esthétique peut, en effet, être interprété comme l'expression catégorielle de la nécessité phénoménologique de « laisser l'objet, fortuitement rencontré, se produire de soi-même, purement en tant que soi-même »[3]. Heidegger rappelle que le jugement de goût suppose la mise entre parenthèses de l'objet comme *Phänomenon* et que celle-ci rend possible un accès à son *Erscheinung*. Si la détermination progresse

1. Fr. 25 [94], *Kritische Studienausgabe*, hrsg. von G. Colli und M. Montinari, Berlin-New York, Walter de Gruyter, 1999, Bd. 11, p. 33.

2. M. Heidegger, *Nietzsche*, trad. fr. P. Klossowski, Paris, Gallimard, 1971, t. 1, p. 104.

3. *Ibid.*

de l'*Erscheinung* au *Phänomenon*, la réflexion esthétique rétrocède, elle, de l'objet à sa pure forme sensible : « Dans le beau, ce qui plaît ce n'est pas tant la chose que le phénomène (*Erscheinung*) de la chose »[1]. Or c'est justement le « désintérêt » qui, en séparant la perception pure de la position d'existence, reconduit l'objet à son apparaître. Dès lors, on peut en conclure provisoirement 1) que le jugement esthétique suppose l'absence de toute sollicitation mondaine et 2) que cette absence est la condition d'un accès à l'apparaître de la chose, c'est-à-dire sa reconduction à la coordination des sensations dans l'intuition pure.

Délivré des limites et des hiérarchies que le désir impose à la perception, le jugement esthétique est accordé à la libre « faveur » (*Gunst*) à l'occasion de laquelle la chose se donne dans son apparaître pur. Dans ce cadre, Heidegger préconise non seulement de reconnaître la mondanité du sujet esthétique, mais il en conclut que « ce que Nietzsche désigne comme le *ravissement d'être dans notre monde* est ce que Kant entend par le *plaisir de la réflexion* »[2]. Parce qu'il est radicalement subjectif, le plaisir esthétique ouvre la voie à la reconnaissance d'une vérité irréductible à la logique : « par la vérité esthétique, il est seulement requis que le jugement ait pour principe l'apparence (*Schein*) à laquelle tous les hommes sont accoutumés et, par conséquent, l'accord avec les conditions subjectives de la faculté de juger »[3]. À la suite de Gérard Lebrun, on pourrait être tenté de voir dans le désintérêt esthétique une « réduction d'un genre nouveau »[4], annonciatrice en un sens de la réduction phénoménologique, puisqu'elle fait apparaître un *a priori* esthétique irréductible à l'ordre de la connaissance[5].

Mais il existe une question préjudicielle à l'examen de cette hypothèse qui voit dans l'esthétique kantienne une anticipation de l'époché phénoménologique. Il faut, en effet, déterminer de quel « monde » on parle dès lors que Kant, contrairement à la phénoménologie, se trouve dans la nécessité de se confronter à la conception métaphysique du monde. Comme héritier (hérétique) d'une conception intellectualiste du monde initiée par Leibniz, systématisée par Wolff et partiellement remise en cause par Baumgarten, Kant a affaire à une tradition qui associe très fortement l'esthétique et la contemplation du *cosmos*. Il est donc clair que l'esthétique métaphysique ne met pas en scène un sujet « sans monde » puisque, comme on va le voir, elle articule le plaisir esthétique à un concept de « perfection » dont l'ancrage est ontologique et l'enjeu cosmologique. Il s'agit donc, dans un premier temps, de se demander avec quelle conception du monde Kant a dû rompre, simplement pour que puisse émerger la figure d'une subjectivité esthétique. Dans un deuxième temps, on montrera que la caractérisation transcendantale du jugement esthétique qui est centrale ici n'est pas tant le

1. *Réflexion* 968, Ak XV, 291.

2. M. Heidegger, *Nietzsche*, *op. cit.*, p. 106.

3. *Lettre à Reinhold*, du 19 mai 1789.

4. G. Lebrun, *Kant et la fin de la métaphysique*, Paris, Armand Colin, 1970, rééd. Paris, Le Livre de Poche, 2003, p. 470.

5. C'est toute le problème du rapport entre intérêt et « thèse du monde » qui devrait être ici envisagé.

désintérêt que la « finalité sans fin », et surtout la notion de « finalité subjective » qui interdit d'inscrire la beauté au rang de prédicat ontologique du monde[1]. Mais si la « faveur » révélée par le beau caractérise d'abord un regard libre de présupposé et désimpliqué du monde, elle peut aussi être interprétée téléologiquement comme une « faveur de la nature », au sens d'un génitif subjectif. Loin d'être une invitation au solipsisme, l'expérience esthétique est riche d'un enseignement sur le monde que la philosophie théorique est incapable de retirer par ses seuls moyens.

LA BEAUTÉ ET LE MONDE

L'opération caractéristique d'une perspective intellectualiste sur la beauté consiste à faire de cette dernière l'approximation d'une perfection objective. Si la perfection, considérée objectivement, désigne le maximum de réalité possible, il faut qu'un maximum de ce genre se trouve au moins confusément exprimé dans la beauté, définie par Leibniz comme une similitude dans la variété[2]. Mais comme l'unité dans la multiplicité est de l'ordre du rapport, la beauté est jugement : celle-ci se manifeste dans le jugement qui saisit un rapport harmonique. Certes, l'harmonie en question n'existe que pensée, mais elle est d'abord pensée par Dieu, de sorte que la beauté du monde est réelle. Toujours dans cette perspective, il faut que le plaisir esthétique soit directement proportionnel à la distinction du jugement qui l'énonce. Selon l'expression de Wolff, ce plaisir n'est « rien d'autre qu'une intuition de la perfection » : de la même manière qu'il existe des idées adéquates plus vraies que les idées claires et confuses de la sphère sensible, il existe un plaisir adéquat dont la nature intellectuelle garantit la supériorité sur le plaisir sensible toujours lié à la confusion d'un *je ne sais quoi*[3].

Le postulat métaphysique touchant à la création, et selon lequel rien ne se fait « hors d'ordre », doit se retrouver dans toute perception, y compris celle de la beauté. C'est pourquoi Leibniz peut rapprocher l'ordre et la beauté, deux concepts qui s'égalisent dans la notion d'harmonie :

> tout est réglé dans les choses une fois pour toutes avec autant d'ordre et de correspondance qu'il est possible, la suprême sagesse et bonté ne pouvant agir qu'avec une parfaite harmonie […]. On pourrait connaître la beauté de l'univers

1. L'idée selon laquelle le jugement de goût est « désintéressé » est un lieu commun de l'esthétique du XVIIIe siècle, en particulier chez les Écossais où il est mis au service de l'autonomie de la discipline « esthétique » en cours de constitution (voir D. Dumouchel, *Kant et la genèse de la subjectivité esthétique*, *op. cit.*, p. 80-95 et, sur Hutcheson, F. Brugère, *L'expérience de la beauté*, Paris, Vrin, 2006, p. 78-90). Cela n'implique évidemment pas, pour les empiristes comme du reste pour Kant, que la beauté soit dénuée de toute utilité sociale.

2. Chez Leibniz, le beau reçoit la même définition que l'harmonie : *harmoniam sive pulchritudinem* (éd. Gerhardt, t. VII, p. 74).

3. *Cf.* Leibniz, éd. Gerhardt, t. IV, p. 423.

dans chaque âme, si l'on pouvait déplier tous ses replis, qui ne se développent qu'avec le temps [1].

Le plaisir esthétique est défini comme l'expression temporelle, et à ce titre confuse, de la perfection relative, mais objective, puisque théologiquement fondée, du monde. De plus, et selon un rapprochement décisif entre cosmologie et psychologie, la beauté se trouve déposée aussi bien dans le monde que dans l'âme puisque la perfection du premier s'exprime dans la seconde, selon une loi nécessaire qui est celle-là même de la création [2].

À propos d'une telle perspective, Baümler a pu écrire que « l'esthétique n'est rien d'autre que la transposition dans la sphère esthétique du concept d'univers qui était celui de la métaphysique à son époque » [3]. Cette tendance à faire du beau un appendice à la métaphysique spéciale se retrouve-t-elle dans l'œuvre précritique ? Si Kant reproduit pendant un temps l'identification entre la beauté et l'intuition de la perfection, il manifeste très tôt (dans la *Théorie du ciel* puis dans l'*Unique argument*) une méfiance à l'égard du caractère probant de la preuve physico-théologique qui ne peut pas ne pas retentir sur son interprétation de la beauté. Cette preuve prétend en effet conclure de l'ordre, de la beauté, et de l'harmonie dans la nature à l'existence d'un Créateur intelligent : elle suppose donc l'identification de la beauté à une caractéristique objective du monde. Kant ne refuse pas d'emblée cette identification, mais il relativise en revanche sa conséquence théologique en remarquant que cette preuve, aussi « attrayante » soit-elle, s'illusionne en considérant « toute perfection, toute harmonie et toute beauté de la nature comme contingentes et comme effets d'une disposition reposant sur la sagesse » [4]. Si le trait d'union entre esthétique et cosmologie est maintenu, c'est donc au prix d'une réduction de la beauté à l'ordre *nécessaire* de la nature, en sorte que l'expérience esthétique peut seulement confirmer (et en aucun cas fonder) l'existence d'un « architecte » du monde et non celle d'un « créateur » [5]. Ordre et perfection du monde peuvent être déduits des lois mécaniques de la nature sans recours à une quelconque finalité transcendante, c'est une conviction qui sera encore celle de Kant dans la *Critique de la faculté de juger* [6]. Le refus

1. Leibniz, *Principes de la nature et de la grâce*, § 13.

2. La préface aux *Nouveaux Essais* insiste sur ce point en montrant comment la beauté, comme tous les mouvements, se répercute dans chaque âme (*Nouveaux essais sur l'entendement humain*, Paris, GF-Flammarion, 1990, p. 42-44).

3. A. Baümler, *Le problème de l'irrationalité dans l'esthétique et la logique du XVIIIe siècle*, trad. fr. O. Cossé, Paris, Presses Universitaires de Strasbourg, 1999, p. 166.

4. *Unique argument*, Ak II, 118, trad. fr. R. Theis, Paris, Vrin, 2001, p. 149.

5. *Ibid.*, II, 123, 153.

6. Cf. *CJ*, § 58, Ak V, 348, où il est stipulé que la nature « montre dans ses libres formations partout une tendance mécanique à la production des formes paraissant en quelque sorte faites pour l'usage esthétique de notre faculté de juger, sans donner la moindre raison de présumer qu'il est besoin en outre d'autre chose que son mécanisme (…) » (trad. fr. A. Renaut, *op. cit.*, p. 336). La beauté demeure certes *contingente*, mais non pas dans son être (ce qui la réfèrerait immanquablement à un choix divin), seulement dans son apparaître, c'est-à-dire dans l'accord tout à fait fortuit entre certains phénomènes et la constitution de notre faculté de juger.

est constant d'assimiler l'expérience esthétique à une *théodicée spectatoriale* qui vérifierait sur un plan subjectif ce qui est démontré métaphysiquement, à savoir que notre monde est le meilleur des mondes possibles.

On peut repérer dans cette restriction de la portée de l'argument physico-théologique l'émergence d'un soupçon, qui ne cessera de croître, quant à la traductibilité du sentiment esthétique dans une ontologie. Cela ne signifie pas que Kant cesse brutalement de référer la beauté au monde, mais il ne la renvoie plus au monde *en général*, *via* le concept de perfection, mais exclusivement au monde sensible, comme dans cet essai de définition qui date de 1771 :

> ce qui s'accorde avec moi-même, dans la mesure où je me considère comme un *individuum* du monde sensible, est agréable ; ce qui s'harmonise avec moi-même, en tant que je suis déterminé par le tout du monde sensible, est beau ; ce qui s'accorde avec moi-même en tant que membre du monde intelligible, est bon [1].

Dans ce texte, les diverses formes du jugement de valeur ne sont pas distinguées à partir de l'état d'esprit du sujet qui juge, mais en regard du régime d'appartenance de ce même sujet : appartenance au « monde sensible » pour l'agréable et le beau, appartenance au « monde intelligible » pour le bien. Qu'en est-il alors de ce « tout du monde sensible » qui détermine le sujet esthétique ? Ce thème renvoie aux principes de *ce* monde mis au jour dans la *Dissertation de 1770*, c'est-à-dire l'espace et le temps, et l'on peut en conclure que l'objet plaît (et ne fait pas simplement « plaisir » comme dans l'agréable) dès lors que sa forme est conforme à la « loi de la coordination » dans les phénomènes [2]. À cette période, il est déjà acquis que la pure forme du phénomène est le cœur de l'expérience esthétique, par exclusion aussi bien de la matérialité de l'objet que du concept qui permet de le connaître.

Le sujet esthétique n'est donc pas « sans monde » puisque le jugement de goût suppose l'appartenance au monde sensible, un thème sur lequel insistera encore Kant en 1790 lorsqu'il réservera ce jugement à l'homme, comme être *à la fois* raisonnable et sensible. Mais deux points doivent être soulignés avant que l'on puisse statuer sur le statut du sujet esthétique dans la *Critique de la faculté de juger*. 1) Dans les années 1770, le rappel de l'appartenance du sujet esthétique au monde sensible manifeste le refus kantien de substituer une genèse psychologique à une définition ontologique du beau. Kant ne privilégie pas (un certain) Baumgarten contre Wolff, c'est-à-dire l'abandon du concept dogmatique et objectif de perfection au profit d'une interprétation psychologique et empirique de la beauté. Baumgarten est, en effet, allé très loin dans la psychologisation de la notion de perfection, en identifiant la beauté à la « perfection sensible de la connaissance » comprise comme l'accord de la représentation avec la faculté

1. *Réflexion* 712, trad. fr. D. Dumouchel, *op. cit.*, p. 153.

2. De ce point de vue, le beau est une espèce de la « connaissance sensible », c'est-à-dire une représentation des choses telles qu'elles « apparaissent » (cf. *Dissertation*, II, § 5).

sensible du sujet[1]. Mais, aux yeux de Kant, c'est encore une manière d'intellectualiser le beau en le pensant sur le modèle d'une approximation de la certitude vraie.

2) Surtout, la notion de « tout du monde sensible » deviendra suspecte au cours des années qui séparent le *Dissertation de 1770* de la première édition de la *Critique de la raison pure*[2]. Cette notion implique l'idée d'une perfection sensible, mais néanmoins objective, dont le jugement esthétique serait l'expression au moins approximative, comme s'il existait quelque chose comme un sentiment cosmologique susceptible d'égaliser le sujet au monde qui est le sien. Or Kant se libère en même temps du paradigme cosmologique et du paradigme psychologique : c'est le sens même d'une approche *transcendantale* de l'esthétique. En 1790, le beau n'est défini ni comme l'anticipation du *cosmos*, ni comme un plaisir psychologique accordé à la perfection de l'âme. S'il est encore question d'une « totalité » ou d'une « perfection », c'est seulement au sens où la signification de ces termes possède désormais une source subjective qui restreint aussi leur emploi.

ESTHÉTIQUE ET SUBJECTIVITÉ

Si la beauté ne se trouve ni dans le monde, comme l'une de ses caractéristiques objectives, ni dans l'âme, comme une intuition de sa propre perfection, quel est son « site » ? Dans la *Critique de la faculté de juger*, l'esthétique en vient à désigner un domaine original de significations associées au *Gemüth* (« esprit »). Comme organe de ce plaisir non sensoriel qu'est le plaisir esthétique, le *Gemüth* est en effet le titre pour une subjectivité irréductible à la psychologie, mais aussi désimpliquée du monde.

Pour le comprendre, il faut se référer au concept d'« état de l'esprit » (*Gemützszustand*) sur lequel se fonde l'analyse kantienne du jugement de goût. Certes ce concept se trouve déjà chez Baumgarten, mais il reçoit d'emblée un sens psychologique : le plaisir est « l'état où l'âme est mise par la vue de la perfection »[3]. On voit que cette définition de l'état d'esprit propre au plaisir esthétique repose sur l'articulation entre psychologie et ontologie, une articulation qui sera précisément défaite par Kant à l'aide de son concept original du *Gemützszustand*. Celui-ci désigne « le subjectif dans mes représentations », c'est-à-dire « ce qui ne peut être objectif [*et qui*] concerne mon état »[4]. On pourrait multiplier les citations

1. Le § 662 de la *Métaphysique* évoque à propos du beau une « perfection phénoménale », c'est-à-dire une intuition aisée de l'unité dans la diversité. Kant aurait pu souscrire à cette thèse si Baumgarten était allé chercher les lois de la sensibilité ailleurs que dans la psychologie *empirique*.

2. C'est évidemment la critique de la cosmologie rationnelle dans le chapitre sur les antinomies qui rend impraticable une définition *transcendantale* du monde *sensible* comme « absolue totalité des choses existantes » (*CRP*, A 419/B 447).

3. Baugmarten, *Métaphysique*, § 655.

4. *Anthropologie*, § 67, Ak VII, 240.

qui énoncent cette identification de l'esthétique à ce qui, « dans la représentation, est simplement subjectif »[1], cette restriction devant permettre de creuser l'écart entre la subjectivité transcendantale et la subjectivité psychologique. Si le beau renvoie à l'état dans lequel est mis l'esprit par le libre jeu des facultés transcendantales à l'œuvre dans le jugement, cet état de l'esprit désigne finalement une faculté du *Gemüt* à *ressentir* une représentation donnée. Dans ce cadre, la faculté de juger ne manifeste pas son pouvoir en connaissant, mais en réfléchissant, c'est-à-dire en rapportant la représentation au sujet et non à l'objet. Le sentiment esthétique, qui relève de l'exercice de cette faculté, se distingue donc de la sensation, mais il ne s'identifie pas pour autant à un sentiment intellectuel où serait à l'œuvre une *causalité* de l'*a priori* ou du rationnel sur le sujet : il y a bien plutôt *identité* entre le jeu des facultés et le plaisir esthétique lui-même[2].

Cette inefficience du schème causal pour rendre compte du plaisir esthétique est capitale pour notre propos puisqu'elle implique que le sentiment esthétique n'est en aucune façon l'effet subjectif d'une perfection que l'on trouverait déjà dans le monde. Le sens de la réflexion esthétique se joue ici : celle-ci ne trouve pas son origine dans un état de l'âme à partir duquel il serait loisible d'inférer une caractéristique objective du monde, mais elle consiste à remonter de l'état (de plaisir) dans lequel nous met un jugement aux facultés transcendantales qui le rendent possible[3]. Pour autant que la faculté de juger ne désigne rien d'autre que la « condition subjective de tous les jugements »[4], sa critique ne rencontre jamais le problème de l'objectivité et s'identifie à une réflexion sur la subjectivité pure ce qui, chez Kant, passe nécessairement par la mise au jour d'un nouvel *a priori*.

Cet aspect confère tout son sens à la troisième caractéristique du jugement de goût : la satisfaction esthétique est liée à une finalité formelle *et subjective*[5]. La belle forme relève exclusivement du rapport subjectif entre nos facultés de connaître : le jugement de goût manifeste une finalité subjective réciproque de l'entendement et de l'imagination sans que cette harmonie repose sur un quelconque concept. Dès lors, c'est seulement

> la finalité subjective dans la représentation d'un objet, cela sans aucune fin (ni objective, ni subjective) par conséquent la simple forme de la finalité dans la

1. *CJ*, Introduction, Ak V, 188, trad. fr. A. Renaut, *op. cit.*, p. 168.

2. L. Guillermit a insisté sur l'abandon du schéma causal, en particulier dans la réélaboration du concept de « respect » menée dans le § 12 de la *CJ* (cf. *L'élucidation critique du jugement de goût selon Kant*, Paris, CNRS Éditions, 1986, p. 74-78).

3. Après avoir rappelé que « le pouvoir esthétique de réflexion juge uniquement de la finalité subjective de l'objet (et non de sa perfection) », Kant identifie purement et simplement ce pouvoir avec « le sentiment de plaisir » (*CJ*, Première Introduction, VIII, Ak V, 229-230, trad. 119-120).

4. *CJ*, § 35, Ak V, 287, trad. 271.

5. Le § 62 de la *CJ* distingue nettement entre la finalité formelle objective que l'on peut discerner dans les figures géométriques et la finalité subjective des belles formes. Si toutes deux ne renvoient à rien d'existant, la première est néanmoins fondée sur une « appréciation intellectuelle selon des concepts » qui, à l'inverse du jugement esthétique, facilite l'acquisition d'une connaissance. Le point de rupture est toujours symbolisé par le concept de perfection en sorte que l'on parlera plus justement d'une « *perfection relative* que d'une beauté des figures mathématiques » (Ak V, 366, trad. 357).

représentation par laquelle un objet nous est *donné*, qui constitue la satisfaction [...], et par suite le principe déterminant du jugement de goût [1].

Le suspens de toute fin assignable est clairement présenté comme le préalable d'un accès à la *donation* du phénomène reconduit à son apparaître. La réduction de l'objet à son *Erscheinung*, qui constitue le présupposé de tout rapport esthétique à la réalité, n'est donc pas spécifique du désintérêt propre au jugement de goût, elle est aussi caractéristique de la finalité subjective qui permet de distinguer entre ce qu'est (ou ce que doit être) la chose et le vécu où elle apparaît.

Cette distinction explique que la finalité esthétique ne renvoie pas à la chose, encore moins au monde : elle est impossible à rapporter à une fin assignable. Or la « perfection » serait bien une fin de ce genre puisqu'elle désigne, aux yeux de Kant, une représentation de l'accord entre un objet et son concept *préalablement* donné [2]. Mais l'esthétique ne désignant rien d'autre que l'absence de ce concept, il faudra en conclure que « parler d'une représentation sensible de la perfection est une contradiction dans les termes » [3]. Kant instaure une réciprocité rigoureuse entre les concepts de perfection, de totalité [4] et de fin objective qui désignent tous trois des concepts ontologiques et, pour cela, incapables de saisir le phénomène du beau. Car c'est bien dans *l'irréel*, c'est-à-dire dans le suspens de toute ontologie, que la beauté apparaît, et la référence à l'« état de l'esprit » est l'opérateur conceptuel de cette irréalisation. On pourra certes, mais par homonymie, parler d'une « perfection subjective » dans la mesure où le formel d'une représentation s'identifie à « l'unification du divers en une unité (où reste indéterminé ce que cette unité doit être) » [5]. Mais cette unification ne débouche pas sur une « totalité », puisqu'il n'y a ici nulle connaissance et que l'unité n'est donnée nulle part (ni dans l'intuition ni dans le concept). Cette unité est, à vrai dire, produite par l'imagination qui réunit les multiples datas de l'intuition sensible en l'unité d'un seul et même *aspect* ou d'une seule et même *figure*, mais non pas en un seul et même *concept* [6].

Une interprétation phénoménologique du jugement de goût devrait donc insister moins sur le retour au « monde de la vie » opéré par le sujet esthétique que

1. *CJ*, § 11, Ak V, 221, trad. 200 (je souligne).

2. Cf. *CJ*, § 15, Ak V, 227, trad. 206 : « il faudra, pour se représenter une finalité objective à propos d'une chose, que l'on ait d'abord le concept de *ce que cela doit être comme genre de chose* ; et l'accord du divers appartenant à la chose avec ce concept (lequel fournit la règle de la liaison de ce divers en elle) correspond à la *perfection qualitative* ».

3. *CJ*, Première Introduction, Ak XX, 228, trad. 118.

4. La perfection « est un concept ontologique qui ne fait qu'un avec celui de la totalité d'un composé » (*ibid.*).

5. *CJ*, § 15, Ak 227, trad. 206.

6. D'où la conclusion antiréaliste du § 58 de la *CJ* : « il n'est pas question, dans un tel jugement [esthétique], de ce qu'est la nature, ni même de ce qu'elle est pour nous en tant que fin, mais de la façon dont nous l'appréhendons » (Ak V, 350, trad. 339). La réduction de l'esthétique à une opération de l'*Auffassung*, propre à l'imagination, est vraie encore du sublime où le sujet appréhende le ciel « simplement comme on le voit » (Ak V, 270, trad. 253). Cet ancrage du sentiment esthétique dans l'imagination confirme la remarque sibylline de la *CRP* selon laquelle « l'imagination constitue un ingrédient nécessaire de la perception elle-même » (A 120).

sur le thème d'une conscience qui ne serait pas prise d'emblée dans les rets du monde. Merleau-Ponty a suggéré une telle lecture en notant que

> Kant lui-même montre dans la *Critique du jugement* qu'il y a une unité de l'imagination et de l'entendement et une unité des sujets *avant l'objet* et que, dans l'expérience du beau par exemple, je fais l'épreuve d'un accord du sensible et du concept, de moi et d'autrui, qui est lui-même sans concept. [...] Mais s'il y a une nature du sujet, alors l'art caché de l'imagination doit conditionner l'activité catégoriale, ce n'est plus seulement le jugement esthétique, mais encore la connaissance qui repose sur lui [1].

Précisément parce qu'il ne requiert aucune référence objective, le jugement esthétique serait le modèle du jugement en général, l'expression pré-objective de l'unité entre entendement et imagination. Quoi qu'il en soit de cette hypothèse d'une origine esthétique de la synthèse *en général*, et des indications de Kant en ce sens[2], il est clair que le jugement de goût révèle une dimension nouvelle de la subjectivité transcendantale plutôt qu'il ne délivre une vérité inédite sur le monde.

Si le sujet esthétique est « sans monde », c'est donc seulement en raison 1) du caractère objectif que ce concept continue à revêtir chez Kant et de son association aux thèmes ontologiques de la totalité et de la perfection et 2) par suite de l'effet déréalisant du libre jeu des facultés à l'œuvre dans le jugement de goût. Dans le beau, le sujet n'est pas face à la nature, mais il accueille cette dernière « avec faveur », dans une forme de gratuité qui exclut toute préoccupation cognitive.

LES DEUX « FAVEURS »

S'il est question d'une quelconque « harmonie », ou d'une « perfection », dans le jugement de goût, il ne peut donc s'agir que de celle qui caractérise le rapport entre les facultés représentatives du sujet lorsqu'elles appréhendent une forme indéterminable par des moyens conceptuels. De cette harmonie en quelque sorte intrasubjective, Kant nous dit qu'elle « ne peut qu'être sentie »[3] et ce sentiment n'est en aucune manière l'approximation confuse d'un concept objectif de la perfection, mais le fait contingent de l'adéquation de la représentation donnée aux facultés du sujet. On parlera alors, à propos de Kant, d'une esthétique *représentationnelle* – et en ce sens acosmique –, mais à la condition de penser la

1. M. Merleau-Ponty, *Phénoménologie de la perception*, Paris, Gallimard, 1945, Avant-propos, p. XII.

2. Kant envisage cette hypothèse dans l'Introduction à la *CJ* (Ak V, 187-188, trad. 167) : « Nous n'éprouvons certes plus aucun plaisir remarquable devant l'intelligibilité de la nature et son unité dans la division en genres et espèces (...), mais ce plaisir a certainement existé en son temps et c'est seulement parce que sans lui la plus commune expérience n'eût point été possible qu'il s'est progressivement mélangé à la simple connaissance, et n'a plus été particulièrement remarqué ». Une généalogie du jugement supposerait donc que soit marquée sa provenance « esthétique », en un sens qui n'emprunte évidemment rien à la théorie de l'art.

3. *CJ*, § 15, Ak V, 228, trad. 208.

représentation hors de toute visée cognitive, l'entendement n'étant plus requis comme « pouvoir de connaître un objet », mais comme simple faculté de mise en forme de l'apparaître. La subjectivité esthétique n'est finalement rien d'autre que l'opérateur d'un débordement du cognitif par l'intellectuel : elle exemplifie la possibilité d'un hiatus entre l'exercice des facultés de l'esprit et son aboutissement dans le concept.

Faut-il en conclure que le sentiment esthétique ne dit rien du monde et qu'il est en ce sens radicalement inintéressant ? C'est bien ce que semble suggérer Kant lorsqu'il note que, à la différence du jugement moral qui est à la fois « désintéressé » et « intéressant » (en regard de l'intérêt suprême de la raison qui est un intérêt pratique), le jugement esthétique non seulement ne se fonde pas sur un intérêt, mais n'en produit aucun[1]. Le sujet esthétique ne semble donc pas plus intéressé à l'existence des belles formes qu'à sa propre capacité à les appréhender : dans le beau, « c'est nous qui accueillons la nature avec faveur, sans que pour sa part elle nous fasse la moindre faveur »[2]. Ce rappel coïncide avec celui de l'autonomie du jugement de goût dont l'universalité et la nécessité ne doivent rien à l'existence objective d'une « fin naturelle » située à l'extérieur du sujet et indépendante de lui.

Mais ce caractère subjectif de la satisfaction esthétique est-il pour autant intraduisible dans quelque objectivité que ce soit ? La note célèbre du § 67 semble le nier, qui réinscrit le jugement de goût dans les parages d'une téléologie naturelle :

> Dans la partie esthétique, il a été dit que *nous regardions la belle nature avec faveur* en éprouvant pour sa forme un plaisir entièrement libre (désintéressé). [...] Dans un jugement téléologique, en revanche, nous [...] pouvons aussi envisager comme *une faveur de la nature* le fait qu'elle ait voulu, en établissant de si nombreuses belles formes, être pour nous un élément favorable au progrès de la culture[3].

Le concept de « faveur » est donc susceptible d'un double usage, selon qu'il caractérise l'état dans lequel est mis l'esprit à l'occasion de la suspension de toute visée cognitive ou bien la reprise téléologique de ce même état au profit d'une réflexion sur l'articulation entre nature et culture. Dans ce dernier cas, c'est le sens de l'esthétique à l'intérieur du système critique qui est en jeu, laissant ouverte la voie d'une interprétation de la beauté naturelle comme signe de la possibilité d'une harmonisation progressive entre nature et liberté. Or une telle harmonisation ne peut qu'être « intéressante » pour la raison pratique dont le besoin stipule de reconnaître dans le sensible le signe de sa propre efficience.

Réinscrite dans un ordre téléologique, la beauté redevient en un sens *la beauté du monde* et peut, de ce fait, « être considérée comme finalité objective de la

1. *CJ*, § 2 (note), Ak V, 205, trad. 183.
2. *CJ*, § 58, Ak 350, trad. 339.
3. *CJ*, § 67 (note), Ak V, 380, trad. 373.

nature dans sa totalité »[1]. Il y a loin de cette totalité présumée à la totalité identifiée par l'intellectualisme à une perfection objective : tout au plus, la finalité peut-elle être adoptée comme un fil conducteur dans l'appréciation de la nature. Mais rien n'autorise pour autant à référer l'existence des belles formes à une volonté intentionnelle qui manifesterait plus que l'accord fortuit entre la nature et le libre jeu de nos facultés de connaître. Pas plus que dans la polémique antifinaliste de 1763, la beauté du monde ne peut s'identifier à celle de la création. Il faut même qu'elle soit celle *de la nature* pour que le beau, dans l'accueil qu'il aménage à une injonction non pathologique au sein de la sensibilité, puisse être envisagé comme le symbole du bien moral.

L'objectivité dont il est ici question n'emprunte donc rien au système catégorial, ni à ce que l'on a coutume d'appeler « l'ontologie critique ». Le jugement téléologique sur les belles formes ne nous fait pas quitter l'irréalité où prenait naissance l'esthétique puisque nous « pouvons » seulement envisager le beau comme une faveur de la nature. Le monde révélé par la contemplation esthétique est visé sur le mode du « comme si », même s'il ne s'agit plus simplement ici de l'appréhension de la forme sensible dans son apparaître. Avec ce thème, on franchit un pas supplémentaire dans l'exigence systématique qui anime la troisième *Critique* en son entier, à savoir la recherche d'une conformité de la forme de l'objet, et plus largement du monde, aux facultés subjectives. Mais ces remarques contribuent néanmoins à relativiser le caractère acosmique du sentiment esthétique décrit dans l'Analytique du beau. C'est désormais la belle forme qui suscite le libre jeu des facultés, et non plus ce dernier qui ouvre la voie à une contemplation proprement esthétique. Dans ce cadre, il ne revient plus à l'orientation du regard de déceler l'émergence d'un sens, mais c'est à la recherche du sens de décider de l'orientation du regard.

Cette interprétation quasi objective de ce qui devait pourtant demeurer radicalement subjectif est pour l'essentiel présente dans l'alinéa VII de l'Introduction définitive à la *Critique de la faculté de juger* (« De la représentation esthétique de la finalité de la nature ») : elle est donc postérieure à l'Analytique du beau. Tout en maintenant un écart infranchissable entre esthétique et objectivité[2], Kant envisage le plaisir comme un substitut (et non comme une approximation) du concept dans le jugement de finalité. En dépit de ce que cette substitution peut comporter « d'étrange et d'aberrant » en regard d'une perspective intellectualiste, le plaisir prend la figure d'un prédicat de l'objet (ou plutôt de sa représentation), ce qui autorise son inscription au rang de signe de la finalité de la nature. Dès lors, le beau est déclaré « final pour la faculté de juger réfléchissante »[3], même si l'accord entre la belle forme et les facultés de la représentation demeure « contingent », puisque dépourvu de tout concept qui viendrait l'expliciter. La « faveur »

1. *CJ*, § 67, Ak V, 380, trad. 372.

2. « Ce qui, dans la représentation d'un objet, est simplement subjectif, c'est-à-dire ce qui définit sa relation au sujet, non à l'objet, c'est sa constitution esthétique » (*CJ*, Introduction VII, Ak V, 188, trad. 168).

3. Ak, V, 192, trad. 171.

que nous fait la nature est de l'ordre du signe : elle indique la commensurabilité du monde aux injonctions, essentiellement pratiques, de la raison.

Cette greffe de la téléologie sur l'esthétique marque aussi le retour, même sur un mode mineur, de la normativité du concept : la résolution de l'antinomie du goût suppose que le jugement esthétique « se fonde sur un concept (celui d'un fondement en général de la finalité subjective de la nature pour la faculté de juger) »[1]. Ce « fondement » renvoie à la faculté de juger *en général*, et non spécifiquement à la faculté de juger esthétique. Le beau est déclaré « intéressant » d'un point de vue qui n'est plus strictement esthétique puisqu'il est fait abstraction du mode *subjectif* de l'exercice de la faculté de juger et que le questionnement porte sur l'accord entre l'universel et le particulier donné. C'est pourquoi le fondement de cet accord peut être identifié au « substrat suprasensible » de la nature qui rend compte de l'universalité du jugement de goût en justifiant que l'unanimisme dans le sentiment esthétique soit exigé « pour ainsi dire comme un devoir »[2]. Les derniers paragraphes de la « Critique de la faculté de juger esthétique » risquent donc un pas hors de la réflexion proprement subjective en adoptant la supposition d'un entendement intuitif qui renoue paradoxalement le lien entre le sujet et le monde. Mais il s'agit du sujet réfléchissant plus que du sujet esthétique. Le « monde » restauré n'est pas le monde objectif auquel il avait fallu renoncer pour accéder au sentiment esthétique, mais une nature susceptible d'accueillir l'injonction pratique.

On pourrait certainement reprocher à Kant d'avoir cédé à la tentation du fondement en recherchant un sens (qui n'est pourtant pas une garantie) de la beauté hors de la subjectivité, et de l'avoir fort traditionnellement trouvé dans un entendement infini. Mais il est sans doute préférable de résister à la tentation de situer le beau, comme s'il s'agissait d'un prédicat objectif, que ce soit « dans » le sujet qui juge, dans la nature qui accorde sa « faveur » ou en Dieu qui harmonise deux législations irréductibles pour un entendement fini. De la beauté comme telle, il vaudrait mieux dire qu'elle est un phénomène relationnel. La possibilité de retrouver un monde repose sur le fait que l'accord que le beau réalise subjectivement peut être identifié symboliquement à l'accord entre nature et liberté postulé par la raison. Il n'y a pas de « lieu », ni sensible ni intelligible, où réside la beauté, celle-ci manifeste bien plutôt l'*entre-appartenance* du sujet et du monde dans le sens nécessairement restrictif qu'une philosophie transcendantale peut donner à ce terme.

Michaël FŒSSEL
Université de Bourgogne

1. *CJ*, § 57, Ak V, 340, trad. 328.
2. *CJ*, § 40, Ak V, 296, trad. 281.

TÉLÉOLOGIE

I

SUR LA GENÈSE DU JUGEMENT RÉFLÉCHISSANT DANS LA *CRITIQUE DE LA FACULTÉ DE JUGER*

VISÉE DE L'ARTICLE ET CONSIDÉRATIONS MÉTHODIQUES

Interrogation du présent propos

La troisième *Critique* kantienne laisse apparaître un jugement réfléchissant là où, de son côté, la *Critique de la raison pure* n'en pipait mot, se contentant de parler de concepts de la réflexion. Bien évidemment, on peut retrouver des signes avant-coureurs de ce que sera le jugement réfléchissant dans les passages de la première *Critique* concernant l'usage régulateur des Idées de la raison : la fonction unificatrice du *focus imaginarius* anticipe déjà en bien des points celle dévolue à l'Idée dégagée à partir du donné des lois empiriques de la nature. Toutefois, qu'il y ait anticipation ne fait pas encore la lumière sur l'emploi du vocabulaire de la réflexion. Pourquoi et comment est-on passé d'une réflexion portant sur les concepts, leur provenance et leur usage légitime à une réflexion portant sur les jugements, la qualification de la faculté de juger et son emploi ?

Les sources primaires et secondaires

Pour apporter des éléments de réponse à cette question, nous souhaitons prendre en considération des textes kantiens s'étalonnant entre le début des années 1780 et 1789-1790, à savoir les cours de logique connus sous les noms de *Warschauer Logik*, *Logik Hechsel*, *Wiener Logik*, *Logik Pölitz*, et enfin *Logik Busolt*[1]. Étant donné les problèmes d'établissement et de datation des textes[2], nous ne pourrons guère tenter d'étude textuelle linéaire. Ce seront plutôt des faisceaux de présomptions que des preuves patentes qu'il nous sera permis d'obtenir.

1. Les deux premiers cours ont été édités par T. Pinder, dans I. Kant, *Logik-Vorlesung. Unveröffentliche Nachschriften II*, Hamburg, F. Meiner, 1998 (*Kant-Forschungen*, Bd 9). Les trois autres se trouvent en Ak XXIV/2.

2. *Cf.* la discussion de N. Hinske avec T. Pinder, *Kant-index*, Bd 6, *Stellenindex und Korkordanz zur « Logik Pölitz »*, Teilband 1, Stuttgart-Bad Cannstatt, Frommann-Holzboog, 1995, introduction, p. XLIV *sq*.

Exploiter les cours de logique de Kant sans jeter le regard sur le texte de celui qu'il nommait l'« auteur », à savoir Meier, serait se priver de certaines informations d'importance. Il apparaît que Meier n'emploie pas le vocabulaire de la réflexion dans la section consacrée aux concepts et à leur formation[1]. L'emploi du vocabulaire de la *reflexio* par Kant à cet endroit s'en montre d'autant plus intéressant.

Pour ce qui est de l'*Überlegung*, le vocable se retrouve fréquemment en conjonction avec la conviction, *Überzeugung*, ou l'examen, *Untersuchung*, dans des sections portant sur l'assentiment à donner aux jugements, aux préjugés ou encore aux hypothèses. On aperçoit ainsi que deux champs lexicaux qui trouvaient une assignation en partie distincte vont finir, chez l'inventeur du criticisme, par se rejoindre entièrement et fusionner.

La question se pose également de savoir si Kant a réussi à sauter par-dessus son ombre ou s'il est demeuré prisonnier d'un univers mental déterminé en grande partie par la postérité de Wolff. Pourquoi nommer ce dernier? Parce que « la logique générale de Wolff est la meilleure que nous possédions », comme le rappellera la *Logik Jäsche* de 1800, dans le sillage d'ailleurs de la *Wiener Logik* et de la *Logik Busolt*[2]. Bien que Kant ne dise pas de quelle logique il s'agit, nous porterons le regard vers la logique latine, la plus à même de fournir des renseignements du fait de son ampleur et de sa précision. Le fondement psychologique de la logique latine pourra également nous apporter quelques renseignements.

Articulation du propos

Le point de départ de l'investigation portera sur la réflexion qui, jointe à la comparaison et à l'abstraction, opère dans la formation des concepts. Il s'agira de souligner le peu de poids que possède parfois la réflexion en la matière, soit qu'elle soit absorbée par l'attention, soit qu'elle tombe tout simplement pour laisser la comparaison trôner en majesté. Lorsque le rôle de la réflexion est souligné, cependant, des caractéristiques formelles de subjectivité et d'unification se dégagent; en outre, on comprend aisément comment on peut passer du concept au jugement dès lors que de l'origine des notions dépend l'usage valide ou non des propositions qui les abritent. Le second temps du propos aura pour objet la réflexion dans son rapport aux préjugés et aux hypothèses. Il sera intéressant de remarquer que se dégagent de même des caractéristiques formelles que l'on rencontrera encore dans le cadre du jugement réfléchissant, par exemple la formation d'un principe unifiant une diversité donnée. Enfin, le dernier temps sera consacré à la convergence de considérations portant sur le concept avec celles portant sur le jugement. Nous nous efforcerons de montrer qu'il ne s'agit pas ici uniquement d'une analogie. Au contraire, avec l'autonomisation de la faculté de

1. *Cf.* N. Hinske (ed.), *Kant-Index*, Bd 1, *Stellenindex und Korkordanz zu Georg Friedrich Meiers « Auszug aus der Vernunftlehre »*, Stuttgart-Bad Cannstatt, Frommann-Holzboog, 1986.

2. *Cf.* N. Hinske (ed.), *Kant-Index*, Bd 14, *Personenindex zum Logikcorpus*, Stuttgart-Bad Cannstatt, Frommann-Holzboog, 1991, p. 100.

juger par rapport à l'entendement, Kant se donne le cadre conceptuel propre à l'adoption d'une réflexion unitaire.

De la comparaison, de l'attention, de la réflexion et de l'abstraction

L'absence de la réflexion dans la formation des concepts chez Meier

« *Nous formons un concept par l'abstraction logique* (un concept [est] formé par abstraction logique) lorsque nous confrontons l'un à l'autre des concepts concordants de choses différentes » (Ak XVI, 549)[1]. Voici la façon dont Meier pense la genèse du concept empirique. Bien que le terme d'*überlegen* apparaisse incidemment à d'autres moments pour expliquer comment on fait un concept à partir de marques décomposées (*cf.* Ak XVI, 348), rien n'est dit ici de la réflexion. L'abstraction est vue comme un processus obtenant des marques directement à partir de la considération des choses. En outre, la comparaison intervient pour dégager un accord entre choses distinctes; elle n'est pas tant une opération de rapport de choses l'une à l'autre qu'une opération de rapport l'une à l'autre de notes. À partir du moment où une unification est déjà réalisée par la comparaison, il n'est nul besoin d'une réflexion qui l'assurerait. Que l'abstraction ne soit pas, comme c'est le cas pour Kant, un travail négatif écartant du concept les choses qui ne lui correspondent pas mais déjà un travail positif d'appréhension unificatrice, voilà qui aide aussi à se passer de réflexion. « *Nous n'abstrayons pas de la chose mais séparons le concept d'autres choses* [*et*] *abstrayons le concept des autres* [*choses*] »[2] (*Wiener Logik*, Ak XXIV/2, 908), ou, de manière plus lapidaire, « nous n'abstrayons pas de la chose mais des autres [choses] » (*Logik Hechsel*, éd. Pinder, 394)[3] : l'abstraction kantienne écarte du concept les choses ne convenant pas et ne dépouille pas la chose d'une de ses marques conceptuelles. La comparaison et la réflexion sont les moments positifs d'un processus, là où l'abstraction représente le moment négatif, celui qui ne pose pas une existence mais s'en défait. Ce trait se retrouve dans tous les textes logiques des années 1780, jusque dans la *Logik Busolt* (*cf.* Ak XIV/2, 654).

La minoration du rôle de la réflexion lors de la formation des concepts empiriques dans les leçons de logique kantiennes

S'il y a certes un espace offert à la réflexion chez Kant, espace que l'on ne trouvait pas chez Meier, cela ne signifie pas pour autant que ce dernier a toujours

1. « *Wir machen einen Begriff durch die logische Absonderung* (conceptus per abstractionem logicam formatus), wenn wir übereinstimmende Begriffe von verschiedenen Dingen gegen einander halten ».

2. « *Non abstrahimus a re, sed separamus conceptum ab aliis rebus, conceptum abstrahimus a ceteris* ».

3. « non abstrahimus a re, sed a caeteris ».

été effectivement occupé. En effet, dans certains textes cohabitent des analyses différentes de la formation des concepts. Dans la *Wiener Logik* ou la *Warschauer Logik* par exemple, l'énumération des actes nécessaires à la naissance des représentations communes laisse parfois entrevoir le caractère peu central de la réflexion. Non qu'on en revienne au schéma de Meier, mais la fonction de la réflexion se trouve assumée par une troisième opération différente de la réflexion. À un schéma meiérien binaire succède bien un schéma kantien ternaire, mais ce dernier n'investit pas toujours la réflexion d'un rôle central.

Réflexion et attention

La *Wiener Logik* pose la question: « Comment se fait-il donc que la représentation singulière se change en commune? Rép. Par *comparaison [et] séparation, ou abstraction* »[1]. Le troisième élément est posé dans la foulée : « Je compare des choses, fais attention à ce qu'elles ont en commun et abstrais de toutes les autres choses » (Ak XXIV/2, 907)[2]. Plus loin, le même texte précise cependant dans sa *Kurze Wiederholung des Vorigen* que les « concepts naissent par comparaison, réflexion et abstraction » (*Begriffe entstehen per comparationem, reflexionem et abstractionem*) (*ibid.*, 909). On assiste ici non pas tant à la disparition de l'acte réfléchissant qu'à son placage sur l'attention. Attention et réflexion ont la même fonction, à savoir revenir sur le sujet et donner naissance à une unité depuis l'examen s'abîmant dans les choses et leurs marques variées. Que le vocabulaire de la réflexion perde cependant de son caractère incontournable a une conséquence sur les choix de vocabulaire critiques. Le vocable se retrouve en effet pour ainsi dire libre, n'étant plus attaché de façon quasi exclusive au domaine de la simple appréhension, ou formation des concepts. Ceci lui permettra alors de jouer, et de pouvoir, sans heurts excessifs, s'appliquer dans le domaine de l'emploi des jugements, comme ce sera le cas dans la dernière *Critique*.

La *Warschauer Logik* repose en des termes très voisins la question de la formation des concepts. « Or comment naissent les concepts [?] Par compar[a]ison, séparation et abstraction. Je compare des choses différentes, fais attention à ce qu'elles ont en commun; cela maintenant, je le sépare et l'abstrais du reste » (éd. Pinder, 607)[3]. Plus loin, la réflexion resurgit, soit comme acte séparé de la comparaison et de l'attention, soit comme équivalent de l'attention (*ibid.*, 609-610). L'acte de reprise de ce qui a été comparé pour n'en faire qu'un est nommé en effet indifféremment attention ou réflexion. Une fois encore, le constat est le même concernant la disparition de la réflexion et son placage sur l'attention.

1. « Wie kommt es also, daß repraesentatio singularis zur communis wird? Resp. Per *comparationem, separationem* seu *abstractionem* ».

2. « Ich vergleiche Dinge, und attendire auf das, was sie gemein haben, und abstrahire von allen übrigen Dingen ».

3. « Wie entspringen nun aber die Begriffe [?] Per compar[a]tionem separationem et abstractionem. Ich vergleiche verschiedene Dinge ; attendire auf das, was sie gemein haben ; dies nun separire ich und von dem übrigen abstrahire ich ».

La place de la réflexion dans les actes de l'esprit

La *Logik Busolt*, la plus tardive de la période, ne demeurera d'ailleurs pas en reste, qui vide encore plus la réflexion de sa substance en la plaçant au premier plan et en donnant à la comparaison, placée deuxième, de toucher également l'identité : la *Reflexion* est dite « attention au divers que l'on pense dans l'intuition » (Ak XXIV/2, 654) [1], où seule la mention à la pensée et au concept fait encore apercevoir une fonction unificatrice, sans, remarquons-le, souligner plus avant un rapport au sujet et à son appréhension consciente puisque l'intuition fait signe vers le donné extérieur saisi immédiatement.

La *Logik Pölitz* s'oriente d'ailleurs dans la même direction, en privant étrangement la réflexion de ce qui en fait justement une réflexion, c'est-à-dire un mouvement de retour vers le sujet. En mettant, comme la *Logik Busolt*, la réflexion avant la comparaison, la *Logik Pölitz* vide la réflexion d'une partie de sa fonction originelle. « Je réfléchis sur des choses, i. e. deviens peu à peu conscient de différentes représentations, ou compare différentes représentations avec ma conscience; fais-je cela, je les compare alors l'une à l'autre, c'est la comparaison; là où je trouve une identité de la conscience, je le sépare ou l'abstrais du reste » (Ak XXIV/2, 566) [2] : l'identité n'apparaît réellement qu'avec la comparaison et, en outre, la réflexion n'a jamais qu'une fonction d'appréhension du divers dans la succession, sans que l'unité ne soit soulignée; c'est plutôt la comparaison qui se montre la vraie réflexion en tant qu'elle est rapport de quelque chose à la conscience, non simple conscience tournée vers le divers extérieur.

L'héritage tronqué de la psychologie wolffienne

Les atermoiements kantiens au sujet de la réflexion, qui l'avoisinent avec l'attention ou la comparaison, s'expliquent aussi par son explication avec la tradition wolffienne. Pour l'apercevoir, portons le regard vers la *Psychologia empirica* et son chapitre dévolu aux facultés mixtes, c'est-à-dire intermédiaires entre la sensibilité et les facultés supérieures, que sont l'attention et la réflexion. L'attention est d'abord définie comme la « faculté qui fait en sorte que, dans une perception composée, l'une des [perceptions] partielles possède une clarté plus grande que les autres » (GW II, 5, 168, § 237) [3], soit comme la faculté d'enlever une partie claire sur un fond en même temps présent. La réflexion s'obtient ensuite à partir de l'attention en tant que « direction successive de l'attention vers des [choses] inhérentes à la chose perçue » (*ibid.*, 187, § 257) [4]. Ici sont donnés

1. « Aufmerksamkeit auf das Mannigfaltige was in der Anschauung gedacht wird ».

2. « Ich reflectiere über Dinge d. h. ich werde mir nach und nach verschiedenen Vorstellungen bewust, oder ich vergleiche verschiedene Vorstellungen mit meinem Bewustseyn; ist das, so vergleiche ich sie untereinander, das ist Comparation; wo ich Identitaet des Bewustseins finde, das separire ich oder abstrahire vom übrigen ».

3. « facultas efficiendi, ut in perceptione composita partialis una majorem claritatem ceteris habeat ». Les ouvrages de Wolff sont citées dans l'édition des *Gesammelte Werke* (GW), J. École, H.W. Arndt, Ch.A. Corr, J.E. Hofmann, M. Thomann (ed.), Hildesheim, Olms, 1965 *sq.*

4. « attentionis successiva directio ad ea, quae in re percepta insunt ».

deux points, à savoir l'appréhension successive et le retour sur soi, puisque la perception a déjà eu lieu. Kant, lorsqu'il plaque la réflexion sur l'attention, ne s'éloigne en l'occasion pas de Wolff. Même dans le vocabulaire de la comparaison, il en demeure proche : « *Lorsque nous réfléchissons sur les choses perçues, nous les comparons également entre elles* » (*ibid.*, 190, § 260)[1] ; la réflexion intègre en elle une comparaison entre choses, même si elle possède également une autre dimension, à savoir le rapport à soi. C'est en ce point que Kant se sépare de Wolff, tout comme d'ailleurs de Locke. La *Psychologia empirica* poursuivait au § 261 en notant que « *l'âme peut également réfléchir sur elle-même et ses actes* »[2], ce qui ouvrait la porte à une connaissance de soi et des opérations de l'esprit bien éloignée de l'analyse d'un mécanisme enfoui dans les profondeurs de l'âme humaine. Les leçons de logique kantiennes donnent l'impression d'une minoration du rôle de la réflexion pour éviter le risque d'une intuition catégorielle, comme celle que développera Reinhold avec son intuition intellectuelle, ainsi que l'écueil d'une réflexion de soi, qu'elle soit intuitive comme chez Fichte ou discursive comme chez Hegel. Tout au plus la réflexion kantienne peut-elle déboucher sur une unité de conscience, mais en aucun cas elle ne peut se situer dans les parages de la conscience de soi.

Les caractéristiques de la réflexion que l'on retrouvera dans le jugement réfléchissant

Malgré les limites apportées par Kant à l'acte de réflexion, il n'en demeure pas moins que ce dernier a une valeur positive en tant que « perception d'un accord » (*Wahrnehmung einer Einstimmung*) (*Wiener Logik*, Ak XXIV/2, 909 ; voir aussi, avec un lapsus sur *Einstimmung/Bestimmung*, accord/détermination, *Logik Hechsel*, éd. Pinder, 397). La réflexion permet au concept d'être l'instance « qui réalise l'identité du divers » (*Logik Busolt*, Ak XXIV/2, 654)[3], ce qui unifie sous lui diverses intuitions. Dans les *Reflexionen*, elle est encore dite « réflexion de la connexion en vue de l'unité du concept » (Ak XVI, 555)[4]. Elle signale le mouvement ascendant de la représentation nommée intuition à celle nommée concept, mouvement ascendant qui coïncide avec une unification d'un divers sous une unité. *Mutatis mutandis*, en prenant les représentations situées plus haut dans l'échelle, c'est-à-dire le concept et l'Idée, la réflexion permettra également d'obtenir un « principe de l'unité du divers » (*CJ*, introduction, § V, Ak V, 180) et, en promouvant l'idée de finalité, de penser un accord, une *Übereinstimmung*.

Le fait que la réflexion logique, en outre, soit de peu de poids, puisqu'elle n'implique pas le sujet au sens fort, en tant que soi acteur, laisse tout de même une place à la réflexion en son sens transcendantal. La question de savoir comment la raison peut par exemple se représenter quelque chose est une question importante,

1. « *Dum super rebus perceptis reflectimus, eas quoque inter se conferimus* ».
2. « *Anima quoque super seipsa & actibus suis reflectere potest* ».
3. « quae efficit identitaem des Mannigfaltigen ».
4. « Überlegung des Zusammenhanges zur Einheit des Begriffs ».

même si elle n'appartient pas à la logique formelle (cf. *Logik Pölitz*, Ak XXIV/2, 567). Une analyse des conditions subjectives sous lesquelles un concept peut être obtenu se révèle nécessaire. Ici, l'idée de provenance des concepts rejoint une préoccupation concernant leur validité et leur usage. Or, l'usage d'un concept ne se fait que dans des jugements. Seuls les jugements, non les concepts, ont une quantité (*ibid.*). Seuls les jugements sont en outre à prendre *in concreto* ou *in abstracto*, selon qu'on range sous eux un divers de l'intuition (cf. *Logik Busolt*, Ak XXIV/2, 654) ou non. Les analyses kantiennes sur la réflexion dans les concepts ont fait surgir la nécessité d'une réflexion transcendantale sur l'origine subjective, dans une source de connaissance (*Erkenntnisquelle*), des concepts. Celle-ci, à son tour, amène à considérer les jugements et leur emploi légitime. Les conditions subjectives en question ont tout de même quelque chose à voir avec la réflexion au sens logique, en tant qu'instances d'unification d'un divers, rapport d'une multiplicité à une unité.

LA RÉFLEXION DANS LA FORMATION DES PRÉJUGÉS ET DES ASSOMPTIONS

Aperçu de l'organisation des cours de logique relativement aux jugements

L'examen des sources et de la validité des jugements n'est pas uniquement une conséquence indirecte de la doctrine du concept, mais est ce qui requiert une section à part, voire plusieurs chapitres séparés. La *Wiener Logik*, dont la date ne doit pas excéder le semestre d'été 1782 et qui représente donc un des premiers textes de la période qui nous intéresse, traite ensemble préjugés et hypothèses dans une section intitulée « De l'approbation et de la retenue de l'approbation » (*Vom Beyfall und Zurückhalten des Beyfalls*), où la réflexion transcendantale comme *Überlegung* joue un rôle fondamental. La *Logik Hechsel* reprendra quelque chose d'analogue, quoique son détail soit moins riche et son texte sans doute plus hasardeux. Sinon, la *Logik Pölitz*, la *Warschauer Logik* et la *Logik Busolt* traiteront à part préjugés et hypothèses. En outre, dans la section dévolue aux hypothèses, on assiste peu à peu à une disparition du thème de l'*Überlegung*. Tout se passe comme si, à partir d'un traitement global initial, les concepts en venaient à se spécialiser. La réflexion comme *Überlegung* continuera de s'appliquer aux préjugés, thème assez voisin de celui de l'amphibologie d'ailleurs. D'un autre côté, la formation d'hypothèses et leur emploi, thème d'importance dans la mouvance wolffienne, perd peu à peu de son poids et de sa valeur. Kant s'y refuse à parler de réflexion, comme si justement la réflexion ne pouvait s'appliquer à bon droit à ce domaine traditionnel et qu'il fallait en venir à une théorie propre du jugement réfléchissant.

La réflexion comme opération validant ou non l'assentiment

Lorsqu'il est question de l'assentiment à accorder à certains énoncés, la réflexion est dans tous les cas de mise, même si certaines propositions ne nécessitent aucune recherche, telles la question de savoir « si le tout est plus grand que ses parties » (*Wiener Logik*, Ak XXIV/2, 862) ou le fait « que par 2 points on ne puisse tirer qu'une ligne droite » (*Logik Hechsel*, éd. Pinder, 360). Ces exemples ne sont pas anodins car ils renvoient aux axiomes et postulats, principes qui peuvent être admis immédiatement, soit par leur simple énoncé, soit après une construction dans l'intuition. Même dans le cas de principes considérés classiquement comme évidents, une réflexion doit avoir lieu. *A fortiori*, puisque toutes les propositions n'ont pas ce statut, la réflexion s'impose. Dans le présent contexte, on comprend mieux pourquoi la réflexion porte ce nom, puisqu'« il me faut être conscient de ce qu'est ce que je pense » (*Logik Pölitz*, Ak XXIV/2, 547)[1], c'est-à-dire puisqu'il s'agit pour moi de revenir sur mes représentations et de les évaluer. En effet, la réflexion continue de ne pas porter directement sur les actes du sujet pensant. Elle consiste bien à « tenir ensemble la connaissance avec le pouvoir de connaître dont elle doit découler » (*ibid.*)[2], mais cela ne signifie en rien que le pouvoir de connaître est perçu en chair et en os par le regard de l'esprit. L'analyse des conditions subjectives des représentations est davantage de l'ordre de l'élucidation, d'une enquête sur le mode discursif pouvant toujours être affinée et complétée.

Réflexion et préjugés

Qu'en est-il maintenant des préjugés ? Ils naissent d'un manque de réflexion ou d'attention, où l'on voit encore comment les deux termes, liés mais pourtant distincts, continuent de conspirer chez Kant. Le préjugé est un jugement prévenu, c'est-à-dire un jugement sur lequel la sensibilité exerce une action subreptice et invalide. « Or nous acceptons certains jugements sans réflexion, *i.e.* sans attention aux pouvoirs de connaître, et ensuite naissent les préjugés » (*Logik Hechsel*, éd. Pinder, 360)[3] : la réflexion possède une fonction de régulation du jugement, elle est une opération permettant de décider ce qu'il en est de sa valeur. Le problème du préjugé vient de ce qu'il incite à admettre comme jugement universel ce qui n'est peut-être pas tel ; en outre, la source de la connaissance étant la sensibilité, le vice interne du préjugé est qu'il exprime à la manière d'une règle d'entendement ou d'un principe rationnel ce qui ne l'est pas à bon droit. Ceci est encore exprimé avec plus de force dans les *Reflexionen* : « réfléchir signifie comparer quelque chose avec les lois de l'entendement et de la raison. Juger d'une règle universelle, de quelque chose sans réflexion, cela s'appelle un préjugé » (Ak XVI, 403)[4]. Il faut bien voir qu'à ce compte, et comme le montraient d'ailleurs les propositions mathématiques citées ci-dessus, les jugements déterminants nécessitent eux aussi la réflexion comme pouvoir suprême de validation. Un jugement réfléchissant

1. « Ich muß mir bewust seyn was das ist was ich denke ».

2. « Zusammenhaltung des Erkenntnißes mit der Erkenntnißkraft, woraus sie entspringen soll ».

3. « Nun nehmen wir manche Urtheile an ohne Ueberlegung, das ist ohne Aufmerksamkeit auf die Erkenntniß Kräfte, und als denn entstehen die Vorurtheile ».

4. « Überlegen heißt : etwas mit den Gesetzen des Verstandes und der Vernunft vergleichen. Eine allgemeine Regel, etwas ohne Überlegung zu urtheilen, heißt ein Vorurtheil ».

n'est dès lors que le sous-cas d'un jugement réfléchi. Après réflexion sur les pouvoirs de connaître, je puis savoir si sa validité est objective, tirée d'une règle d'entendement, ou si elle n'est que subjective, par insinuation ou par volonté heuristique. Tout jugement doit être réfléchi et, après examen, il est loisible de décider s'il n'est que réfléchissant.

Les trois sources subjectives du préjugé sont nommées de façon similaire dans la *Logik Pölitz* ou la *Logik Busolt* par exemple, respectivement « imitation, habitude et penchant » (Ak XXIV/2, 548) ou « imitation, penchant, habitude » (*Nachahmung, Gewohnheit und Neigung*) (Ak XXIV/2, 641). Autrement dit, toutes les fois qu'un jugement est adopté sans réflexion, c'est-à-dire sans enquête sur les pouvoirs de connaître à sa source, il ne s'agit pas nécessairement de préjugés. C'est ainsi qu'on ne peut ranger l'amphibologie des concepts de la réflexion dans la même espèce que les préjugés. L'amphibologie, en tant que « confusion du pur objet d'entendement avec le phénomène » (*CRP*, A 270/B 326), relève certes d'un genre commun, mais ses manifestations ne sont pas les mêmes, puisqu'elles consistent dans les deux erreurs opposées de l'intellectualisation du sensible ou de la sensibilisation de l'intelligible, la première étant reprochée à Leibniz, la seconde à Locke. À la limite, ce serait dans le suivi des « canons de l'école » (*Logik Busolt*, Ak XXIV/2, 641) qu'on pourrait trouver un pont entre les deux espèces. Le préjugé se montre un cas d'école pour apercevoir facilement ce que signifie un défaut de la réflexion. Grâce à lui, il est aisé de tirer une leçon générale au sujet de la réflexion transcendantale.

Réflexion et hypothèses

Dans le cas des hypothèses, la *Wiener Logik* offre des renseignements de premier choix. On y voit en effet nettement la proximité existant avec les préjugés. Les hypothèses ne sont pas des préjugés, *praejudicia* ou *Vorurteile*, mais bien des jugements servant de guide ou provisoires, *praevia judicia* ou *vorläufige Urteile* (*cf.* Ak XXIV/2, 862). Dans tous les domaines, qu'il s'agisse de la recherche de la vérité, de son invention pour mieux dire, ou d'une direction à donner à son action pratique, même sur le plan technique, de tels jugements sont de première importance : « par ex., en recherchant du métal dans les mines, il faut cependant que j'aie déjà une raison provisoire pour laquelle je creuse précisément dans cette mine. Il nous faut juger provisoirement en méditant où pourrait bien être la vérité » (*ibid.*). Il est ici question littéralement de méditation, non de réflexion. Toutefois, le fond de l'affaire ne change guère : il s'agit d'ordonner au moyen d'un jugement un faisceau de données, qu'elles viennent de l'expérience ou non. La réflexion, ici, voit un autre de ses aspects clairement souligné, outre celui de mise à l'épreuve de la validité des connaissances. Elle est ce qui permet d'esquisser une fin en vue de donner à quelque chose unité et cohérence. À cet égard, la *Logik Hechsel* ne commet peut-être pas le lapsus que son éditeur, T. Pinder, préférerait y voir. Quand son texte stipule « lorsque je réfléchis, alors je sélectionne parmi les buts ce qui sied à mon objet» (éd. Pinder, 360), peut-être ne faut-il pas trop se hâter de remplacer «buts» par «pouvoirs de connaître» (*Erkenntniskräften*). En effet, l'un et l'autre sont les deux faces d'un même processus. Réfléchir est certes contrôler une provenance, un lieu transcendantal, pour donner, suspendre ou refuser son assentiment, mais c'est aussi esquisser le concept d'une fin, seul à même de réaliser la connexion de ce qui se présente à lui en tant que donné. Sans doute est-ce cette formule lapidaire des *Reflexionen* qui exprime le mieux l'unité conceptuelle, qui est toujours à trouver, à esquisser: «réflexion: réflexion de la connexion en vue de l'unité du concept» (Ak XVI, 556)[1].

L'heuristique qui se dégage chez Kant n'est pas, malgré des ressemblances de surface, celle qu'appelaient de leurs vœux nombre d'auteurs de la tradition wolffienne. On lit certes dans la *Wiener Logik* une phrase qui aurait été, dans ses grandes lignes, tout autant à sa place dans l'œuvre d'un Wolff: «la logique qui pourrait fournir les maximes des jugements provisoires serait d'une grande importance, elle serait réellement une heuristique de vérités nouvelles qui n'a cependant pas encore été inventée» (Ak XXIV/2, 862)[2]. Toutefois, Kant ne parle en rien d'un art d'inventer qui viendrait, en s'appuyant sur une ontologie, rendre plus féconds des syllogismes; il ne traite en rien d'hypothèses en tant que prémisses de raisonnements catégoriques, sur le modèle des mathématiques. L'innovation kantienne se lit dans sa compréhension de ce qu'est un principe. Il est question par ce terme d'un principe de jugement, d'une maxime, d'une règle supérieure librement esquissée sous laquelle ranger et ordonner un donné qui ne s'en infère pas. Il convient, par la réflexion, de dégager une maxime subjective, non au sens d'une provenance sensible comme dans le cas du préjugé, mais au sens d'une non-détermination par une règle d'entendement. La réflexion kantienne, lorsqu'elle intervient au niveau des concepts de la raison, est inséparable de cette conception du principe comme maxime. C'est sans doute aussi ce qui explique que, peu à peu, l'heuristique nouvelle que Kant promeut dans ses *Critiques* n'affleure plus dans les textes de logique de la période que nous considérons. La *Logik Busolt*, pour citer celle qui est très vraisemblablement la dernière en date, ne mentionne plus du tout l'*Überlegung*. En même temps, elle met en avant une caractérisation de l'hypothèse extrêmement brève et tout extérieure, comme si la pensée propre de Kant et son activité de commentateur étaient presque entièrement dissociées: «une hypothèse est le tenir-pour-vrai d'une connaissance, puisque je conclus de sa suffisance à ses conséquences vraies» (Ak XXIV/2, 647)[3]. En l'occurrence, l'hypothèse n'apparaît en fait que comme le maillon d'une chaîne de raisons.

1. «reflexio: Überlegung des Zusammenhanges zur Einheit des Begriffs».

2. «Die Logic, die die Maximen der vorläufigen Urtheile angeben möchte, wäre von großer Wichtigkeit, sie wäre wirklich eine Heuristic neuer Wahrheiten, die aber noch nicht erfunden ist».

3. «Eine Hypothese ist das fürwahrhalten einer Erkenntniß, da ich aus der Zulänglichkeit derselben auf ihre wahre Folgen schließe».

L'émancipation de la réflexion par rapport à l'entendement

La détermination de la réflexion comme de ce qui permet, après évaluation des sources de connaissance, d'acquérir une maxime, principe subjectif, afin de penser sous une fin un divers donné, affleure déjà dans les cours de logique kantiens de la décennie 1780-1790. Toutefois, il est encore un élément qui n'apparaîtra que dans la *Critique de la faculté de juger* et qui y fait encore défaut. En effet, la *Logik Busolt* mentionnait encore d'un côté la « réflexion », aussi bien *Reflexion* qu'*Überlegung*, et de l'autre l'« examen », *Untersuchung*, comme « deux actions de la spontanéité de l'entendement » (Ak XXIV/2, 641). Le jugement n'avait pas encore pris sa place de faculté-pont, jouant entre la sensibilité, l'entendement et la raison. De ce fait, les problématiques de la formation des concepts et de la genèse des jugements ne pouvaient réellement converger, ou alors ne pouvaient le faire que sur le mode de l'analogie. En donnant au jugement son autonomie, pour mieux dire son héautonomie, Kant a permis aux différentes acceptions de la réflexion de converger. De la même manière que pour former un concept et en décider la validité et l'usage, il fallait rapporter l'une à l'autre diverses choses, les amener à une unité consciente et en estimer le lieu transcendantal, pour former un jugement, il faut des opérations similaires. On trouvait certes dans la *Philosophia rationalis* de Wolff des signes qui allaient dans ce sens, lorsqu'il était dit notamment au passage, dans le chapitre inaugural « Des trois opérations de l'esprit en général » (*De tribus mentis operationibus in genere*), que la comparaison intervenait dans la formation des jugements (GW II, 1.2, 130, § 39 Rem), après que l'attention l'a fait dans celle des notions (GW II, 1.2, 127, § 33). En l'occurrence, les actes logiques de formation n'étaient plus attribués spécifiquement à l'une à l'autre des trois opérations de l'esprit ; il se trouvait comme des méta-opérations présidant aux trois opérations héritées de la tradition, la simple appréhension, *simplex apprehensio*, le jugement, *judicium*, et le raisonnement, *ratiocinatio*. Kant alla plus loin, certes en partie pour des raisons systématiques qui l'invitaient à tenir ensemble critique du goût et téléologie. Toutefois, en la matière, il convient de constater que l'architecture logique à sa disposition lui a également permis de sauter le pas. La philosophie kantienne, si elle ne se réduit pas à une technique du concept puisqu'elle vise à autre chose qu'à la perfection logique, ne peut du moins se passer de l'infrastructure logique dès lors qu'elle est philosophie. Et c'est bien parce que Kant a d'abord appris la philosophie d'inspiration wolffienne qu'il a pu apprendre à philosopher.

Jean-François GOUBET
IUFM de Lille

« LES CHOSES EN TANT QUE FINS NATURELLES SONT LES ÊTRES ORGANISÉS » SENS ET CONSÉQUENCES

« Les choses en tant que fins naturelles sont des êtres organisés », écrit Kant dans le titre du § 65 de la *Critique de la faculté de juger*. Le but de cet article est de donner pour cette thèse kantienne un cadre d'interprétation qui, tout en prenant en compte son ancrage dans la problématique du criticisme, fasse ressortir la pertinence du propos pour ce qui est de la spécificité des sciences de la vie. J'y défends l'idée que la thèse kantienne vise à éclairer quelque chose de la nature explicative de la biologie ; ce faisant, malgré son articulation profonde avec l'état des sciences de la vie des années 1780, articulation brièvement esquissée ici, elle peut donc prétendre avoir une signification pour la biologie comme telle. Ce qui ne veut pas dire qu'elle soit *ipso facto* vraie, mais qu'elle peut constituer une position philosophique digne d'être discutée dans le champ même de la philosophie de la biologie. Les publications récentes de McLaughlin, Ratcliffe, Ginsborg, Walsh, Lewens[1], auteurs qui tentent tous de réactualiser la référence kantienne dans les discussions philosophiques contemporaines autour de la fonction et de l'organisme, sont autant d'indices de cette valeur signifiante ici revendiquée. Même si la thèse kantienne se prolonge ultimement en une analyse transcendantale, elle n'en est pas solidaire au point de ne pouvoir en être détachée et devenir partie prenante dans la discussion de la philosophie de la biologie contemporaine.

Je commencerai par situer brièvement le problème auquel répond l'analyse de la fin naturelle de la troisième *Critique*, problème des variétés de finalités appa-

1. M. Ratcliffe, « The Function of Functions », *Studies in History and Philosophy of Biological and Biomedical Sciences*, 31, 1, 2000, p. 113-133 ; P. McLaughlin, *What Functions Explain : Functional Explanation and Self-Reproducing Systems*, Cambridge, Cambridge UP, 2001 ; H. Ginsborg, « Two Kinds of Mechanical Inexplicability in Kant and Aristotle », *Journal of the History of Philosophy* 42, 1, 2004, p. 33-65 ; T. Lewens, « Functions », dans M. Matthen and C. Stephens (ed.), *Handbook of the philosophy of biology*, Amsterdam, Elsevier, 2007 ; D. Walsh, « Organisms as natural purposes », *Studies in history and philosophy of Biology and Biomedical Sciences*, 37, 4, 2006, p. 771-791.

rentes dans la nature, dont la formulation date au moins de l'*Unique argument*[1]; je dresserai ensuite une esquisse de la configuration des sciences du vivant telles que Kant pouvait en percevoir le désordre et les énigmes, et qui fait l'arrière-fond de la phénoménologie de l'organisme proposée dans le § 64 de l'ouvrage. À partir de là, j'examinerai en deux temps l'assertion du § 65, d'abord par une étude introductive de la ramification du concept de finalité en tant que réponse à des exigences explicatives diverses, ensuite en expliquant pourquoi selon Kant ce concept de finalité naturelle est réalisé par des êtres qui s'auto-organisent.

COMMENCER PAR L'*UNIQUE ARGUMENT*

La vulgate kantienne partout disponible a retenu deux choses de la troisième *Critique*: la finalité n'est «que» régulatrice, et il n'y a pas de Newton du brin d'herbe. Cette seconde assertion est souvent suivie alors d'une référence à Darwin, son contre-exemple flagrant (initiateur d'une vraie science du vivant, et Anglais de surcroît). Pareille interprétation hâtive est, comme je le montrerai, erronée. Déjà, la formule préoccupait Kant dans l'*Unique argument*, et dans un contexte bien différent:

> On me dira: «on n'est pas capable de rendre claires les causes naturelles par lesquelles le plus vulgaire brin d'herbe est produit (*erzeugt*) selon des lois pleinement compréhensibles mécaniquement, et on ose se lancer dans l'explication du système du monde en grand!». Mais aucun philosophe a-t-il jamais réussi à formuler seulement les lois de la croissance et des mouvements intérieurs d'une herbe déjà existante, avec la même clarté et la même certitude mathématique que les lois de tous les mouvements des corps célestes. Les deux objets sont d'une tout autre nature. Le grand, l'étonnant est ici infiniment plus intelligible que le petit et l'admirable, et la formation (*Erzeugung*) d'une planète en même temps que la cause de cette force de projection qui la meut et qui détermine ses révolutions se laissent en toute apparence plus facilement comprendre que la *production d'un seul flocon de neige*, en lequel la disposition géométrique en étoile hexagonale offre une allure plus exacte que ne le fait la courbe selon laquelle se déroule la révolution d'une planète (Ak II, 138-139).

Le brin d'herbe est bien là comme signe des limites de notre intelligence – mais ici, l'essentiel est qu'il soit placé sur le même plan que le flocon de neige, entité bien peu organique s'il en est. Autrement dit, comprendre la genèse de la troisième *Critique*, c'est comprendre pourquoi la solidarité du brin d'herbe et du flocon, emblématiques tous deux de l'inconnaissable en 1764, se brise au profit du seul brin d'herbe. En quoi Kant en vient-il à voir celui-ci comme le seul obstacle aux Newton susceptibles de s'éveiller dans l'avenir?

Dans la phrase, l'argument repose sur une différence fondamentale d'échelle: le système solaire se laisse plus facilement comprendre que le flocon ou l'herbe

1. Je reprends ici la traduction de R. Theis, *L'Unique argument possible pour une démonstration de l'existence de Dieu*, Paris, Vrin, 2001, pour un texte usuellement appelé *L'unique fondement*. Les arguments philologiques et philosophiques de R. Theis sont convaincants.

car il est plus grand; son engendrement résulte de peu de lois (explicitées dans l'*Histoire générale de la nature et théorie du ciel*, le grand livre de physique dont l'*Unique argument* est la métaphysique) et comporte de l'imprécision. Au contraire, flocon et brin sont si minutieux que leur assemblage comporte de nombreuses lois dont l'accord entraîne un résultat parfait, mais cet accord est d'une autre nature que le pur et simple concours de lois dans la formation des systèmes planétaires. Cette distinction d'échelle dans l'*Unique argument* n'a donc plus cours dans la troisième *Critique*, où elle est remplacée par la distinction entre être organisé et matière inerte, différence qui résulte précisément du concept de fin naturelle. Mais dans l'*Unique argument*, son sens repose sur une distinction profonde au sein même du concept d'ordre, distinction qui forme le contexte initial de la pensée de Kant sur la finalité.

Une relation ordonnée entre plusieurs parties, telles que chacune s'ordonne aux autres en des rapports quasi mathématiques, à la manière par exemple dont toutes les planètes se meuvent autour du soleil, est un ordre. Celui-ci peut être soit nécessaire, soit contingent. Il est *nécessaire* s'il résulte du simple jeu des lois de la nature : ainsi en est-il du système solaire, et du fait que toutes les planètes sont sur le même plan (la seule rotation de la matière primitive selon les lois de l'attraction donne un tel résultat, contrairement à ce que pensait Newton qui avait besoin d'un acte divin pour expliquer la coplanarité des trajectoires). Chaque partie semble alors bien avoir été faite pour les autres. L'ordre est *contingent* s'il pouvait ne pas être, c'est-à-dire si outre l'action spontanée des lois de la nature il a fallu quelque intervention spécifique pour qu'elles s'accordent à constituer l'entité ordonnée, de telle sorte que ces parties semblent avoir été indépendamment faites les unes pour les autres. Le premier est un « système », le second est ce que Kant appelle une « technique ». Souvent, le système fonctionne « en gros »; la technique, elle, est absolument parfaite. Le système solaire relève de l'ordre nécessaire, le flocon et le brin d'herbe de l'ordre contingent. Le premier, précisément parce que la seule connaissance des lois l'élucide, est connaissable, le second est épistémologiquement opaque.

Mais – et c'est là l'essentiel de l'usage de ces concepts – ce qui semble être un ordre contingent apparaît souvent, à une plus grande attention, être un résultat de l'action systématique des lois, soit un ordre nécessaire (Ak II, 117). L'intérêt du système, c'est que les divers éléments ou parties voient leur nécessité élucidée d'un coup simultanément, tandis que dans la technique, chacun des éléments a dû être en quelque sorte conçu et créé pour lui-même afin de s'ajointer au tout. Or souvent, des dispositions qui nous semblent explicables par leur effet bénéfique, donc comme résultant d'une technique de la nature, ne sont que l'effet aveugle des lois – ainsi, les courants d'air chaud qui rendent certaines parties du globe agréables à habiter, mais qui au fond dérivent des simples lois de la circulation de l'air sans égard aucun pour les hommes[1].

1. Ak II, 97 ; *cf.* aussi *Géographie physique*, Ak IX, 290.

Le vivant lui-même semble alors problématique. Kant hésite dans le texte sur son statut : il est parfois paradigme de la technique (Ak II, 107 ; 125), d'autres fois entité telle que l'on ignore encore jusqu'où la réduction à l'ordre systématique (ce qu'on appellerait de nos jours « réductionnisme ») pourra dissiper ces apparences de technique[1]. Cette dualité fondamentale de la finalité, partagée entre les notions de système et de technique, la tension profonde qui fait que la première semble toujours proche d'absorber la seconde, et le statut trouble du vivant comme lieu où une telle absorption fait au maximum problème, voilà qui constitue l'arrière-fond métaphysique de la pensée kantienne de la finalité.

L'ÉNIGME DES FORCES VITALES ET LE PHÉNOMÈNE DES ORGANISMES

Ce cadre métaphysique de la finalité entre en résonance, au moment où écrit Kant, avec l'état relativement trouble de ce qui ne s'appelle pas encore biologie, et qui apparaît plutôt comme l'ensemble des recherches situées à la marge de la physique newtonienne. Un trait fondamental de cette époque est le souci des auteurs de faire rentrer les phénomènes qu'ils étudient dans un cadre newtonien par analogie, c'est-à-dire de trouver en eux des forces spécifiques (de même que la gravitation était une force ou propriété spécifique de la matière), présentant une certaine régularité à restituer (de même que la gravitation s'exprime en mm'/r^2). On assiste alors à une multiplication inouïe des forces susceptibles d'expliquer le vivant comme d'autres phénomènes chimiques inassimilables à la physique newtonienne. Haller invente la notion d'*irritabilité*, propriété irréductible du vivant censée rendre compte selon lui de ses caractéristiques[2], et à la suite de la renommée immense du physiologiste expérimentateur, l'idée va faire des émules, aussi bien chez les physiologistes allemands que chez les médecins français. À mesure que la science entend embrasser la nature entière, elle s'enrichit de propriétés causales et de forces de toutes sortes, dont les règnes végétaux et animaux semblent les plus prodigues fournisseurs, sans en être les détenteurs exclusifs[3].

À cette époque, de nombreux phénomènes en effet semblent requérir des forces propres, qui à nos yeux franchissent la barrière vivant/non-vivant : le galvanisme est une force électrique qui rend raison des mouvements des muscles (Galvani, puis plus tard Humboldt, Messmer et le messmérisme, etc.) ; la fermen-

1. « Ce n'est pas seulement dans la nature inorganique, mais même dans la nature organisée, que l'on peut supposer un bien plus grand rôle pour l'unité nécessaire que ce qu'il en apparaît à première vue » (Ak II, 126).

2. A. von Haller, « De partibus corporis humani sensilibus et irritabilibus », *Commentarii Societatis Regiae Scientiarum Gottingensis* 2, 1752 (pub. 1753), p. 114-158 ; *Elementa physiologiae corporis humani*, Lausanne, M.M. Bousquet, S. d'Arnay, F. Grasset, Société Typographique, 1766 ; *Prima linea physiologae*, Lausanne, Grasset, 1747.

3. *Cf.* H.P. Reill, *Vitalising nature in the Enlightenment*, Chicago, University of Chicago Press, 2005, qui retrace dans cette extension critique du mécanisme newtonien l'émergence de tendances antimécanistes dans la science du XIXe. Lui aussi, mais autrement, réinsère le projet kantien d'analytique de la biologie dans un tel contexte, qu'il perçoit comme un *Enlightenment vitalism*.

tation relève d'une force chimique propre et se retrouve dans l'explication des activités du système digestif (Spallanzani notamment). La cristallisation apparaît comme un phénomène doté de ses forces spécifiques car l'agencement ordonné du cristal est incompréhensible d'un point de vue purement newtonien; mais alors les vivants pourraient exemplairement dans leur croissance relever de cette force-ci (Mazzini).

La volonté systématique, omniprésente chez Kant, peut se comprendre aussi en relation avec cette multiplication des forces postulées à des fins explicatives particulières. L'appendice à la « Dialectique transcendantale » est déjà clair sur ce point, en indiquant comme une exigence de la raison la réduction des multiples forces à une seule (*CRP*, A 651/B 879). La problématique fondamentale de la faculté de juger réfléchissante, énoncée dans l'introduction de la *Critique de la faculté de juger*, et qui concerne l'unité des lois empiriques de la nature, reformule le même souci si l'on souligne que les lois empiriques de la nature mettent en jeu à leur niveau des forces particulières. Ici encore, dans les termes de l'*Unique argument*, la raison recommande de chercher à réduire au maximum la technique divine – assemblage de lois singulières multiples gouvernant des forces spécifiques – à un système des lois de la nature.

Pour ce qui est du vivant lui-même, sa croissance relève ou semble relever d'une force propre. Bourguet inaugure la différence entre agrégation et intussusception : ce qui s'ajoute à l'organisme (est ingéré, etc.) prend le caractère ou la nature de cet organisme, à la différence des pierres qui s'accroissent en rajoutant des morceaux qui gardent leur nature[1]. Cette différence de croissance semble alors recouvrir une différence de forces. Les notions de tendance formatrice (*Bildungstrieb*) et de force formatrice (*Bildungkraft*) sont inventées afin de rendre compte d'une génération des vivants pour laquelle les systèmes préformationnistes apparaissent de plus en plus inadaptés[2]. Wolff avec sa force essentielle (*vis essentialis*), Blumenbach avec son *Bildungstrieb* en sont les plus importants promoteurs[3]; mais des variantes de la notion sont monnaie courante[4]. Et fonda-

1. *Lettres philosophiques*, Paris, 1729, p. 71.

2. Pour la fin du préformisme, outre la somme de J. Roger (*Les sciences de la vie dans la pensée française au* XVIII*e siècle*, Paris, Albin Michel, 1993), on lira P. Bowler, « Preformation and Pre-existence in the Seventeenth Century : A Brief Analysis », *Journal of the History of Biology* 4, 2, 1971, p. 221-244 et M. Hoffheimer, « Maupertuis and the Eighteenth-Century Critique of Pre-existence », *Journal of the History of Biology* 15, 1, 1982, p. 119-144.

3. C. Wolff, *Theoria generationis*, Halle, Hendel, 1759; *Theorie von der Generation in zwo Abhandlungen erklärt und bewiesen*, Berlin, Friedrich Wilhelm Birnstiel, 1764; J. Blumenbach, *Institutiones physiologicae*, Göttingen, Dieterich, 1787; *Zwei Abhandlungen über die Nutritionskraft welche von der Kayserlichen Academie der Wissenschaften in Saint Petersburg den Preis gethheilt erhalten haben*, St. Petersburg, Kayserlichen Academie der Wissenschaften, 1789. Sur Wolff et Kant voir Ph. Huneman, « Reflective judgement and Wolffian embryology : Kant's shift between the first and the third Critique », dans *Understanding purpose? Kant and the philosophy of biology*, Ph. Huneman (ed.), Rochester, University of Rochester Press, 2007, p. 75-100.

4. T. Beckmann (*Anfängsgründe der Naturhistorie*, Göttigen und Bremen, 1767) pense que les corps vivants ou organiques croissent grâce à leur propre constitution interne; pour Leskes (*Anfängsgründe der Naturgeschichte*, Göttingen, 1784), les parties fluides d'un organisme se meuvent à partir d'une force propre interne au corps organisé. On trouve la même idée chez

mentalement, les protagonistes de ces discussions sont engagés dans des débats importants les uns avec les autres, dont Kant est à la fois acteur (dans ses deux opuscules sur les races[1]) et témoin. En effet, Blumenbach critique Mazzini pour indiquer que le *Bildungstrieb* est irréductible à toute cristallisation. Et tout en reprenant à Wolff l'idée épigénétique, il démarque son *Bildungstrieb* de la *vis essentialis* wolffienne, qui est une force identique pour tous les vivants en général, donc n'est pas propre au type organique de chaque espèce, et échoue ainsi à rendre compte de la spécificité des résultats d'une embryogenèse. Kant se sentira solidaire de Blumenbach, comme l'attestent ses *Leçons de Métaphysique*[2], mais fondamentalement sa tentative se comprend à la fois comme une élucidation philosophique de la multiplication des forces (avec le souci de systématicité héritier de l'*Unique argument*) et comme une police de ces concepts.

Au § 64 de la *Critique de la faculté de juger*, il se demande donc : comment nous apparaît un être organisé ? Il s'agit de déployer le phénomène avant même de rendre compte du lexique des forces en jeu. Plus tard, Kant distinguera lui aussi la force formatrice propre aux êtres organisés, de la force motrice propre à la matière brute; mais – et la différence est essentielle – cette distinction est un résultat de l'analyse, le concept de force formatrice est comme requis par l'ensemble des outils conceptuels nécessaires pour rendre compte du phénomène de l'être organisé. Au lieu d'être simplement « constaté » en lui, il est en quelque sorte « déduit ».

Ce § 64 présente comme une phénoménologie de l'être organisé. Il faut noter le glissement : à cette époque Kant ne dit pas « vie », il dit « être organisé » (*organisierte Wesen*), et ceci parce que la différence entre vie et non-vie identifie généralement vie et animal, et à partir de là vie et âme[3]. Kant reste dans le domaine

T. Bergmann, *Physikalische Beschreibung der Erdkugel*, 1780, ou Erxleben (*Anfängsgründe der Naturgeschichte*, 1768, p. 4 *sq.*). Ces auteurs font partie de l'entourage intellectuel immédiat de Kant. Pour des informations sur ce contexte *cf.* E. Adickes, *Kant als Naturforscher*, Berlin, Walter de Gruyter, 1904, t. II, p. 479 *sq.*

1. Pour les théories sur les espèces et les conceptions de la génération, *cf.* P. Sloan, « Preforming the Categories : Eighteenth-Century Generation Theory and the Biological Roots of Kant's A Priori », *Journal of the History of Philosophy* 40, 2, 2002, p. 229-253 ; J. Zammito, *The genesis of Kant's Critique of judgment*, Chicago, University of Chicago Press, 1993. ; Ph. Huneman, « Espèce et adaptation chez Kant et Buffon », *Kant et la France – Kant und Frankreich*, R. Theis, J. Ferrari, M. Ruffin (éd.), Hildesheim, Olms, 2005, p. 107-120 ; « Naturalizing purpose : from comparative anatomy to the "adventures of reason" », *Studies in history and philosophy of Biology and Biomedical Sciences*, 37, 4, 2006, p. 649-674.

2. La *scala naturae* est « le soi-disant *continuum* de formes (*continuum formarum*) selon une analogie avec le continuum physique (*continui physici*), continuum où les minéraux commencent un ordre qui va à travers les mousses, les lichens, les plantes, les zoophytes, à travers le règne animal pour s'élever jusqu'à l'être humain. Ceci n'est rien d'autre qu'un rêve dont Blumenbach a montré l'absence de fondement » (Ak XVIII, 762). Blumenbach marque pour Kant la réfutation du rêve naturaliste du continu dans la nature. La réfutation de la chaîne des êtres est donnée par lui dans le *Handbuch der Naturgeschichte* § 9, l'argument étant que le *Bildungstrieb* est hétérogène à la cristallisation.

3. Dans les *Rêves*, cette assimilation du vivant et de l'animal est récurrente, comme souvent à l'époque. Sur la différence entre vie et organisme, voir Cl. Piché, « Kant et les organismes non

des sciences de la nature, il ne postule donc pas d'âme; à partir de là son analyse vaut pour tout «être organisé», c'est-à-dire aussi bien plantes et animaux. Le choix de l'arbre comme exemple vise à déporter le lecteur hors d'une équation trop facile entre vie et mouvement volontaire ou désir. Le concept de vie, empreint de cette connotation de «désir», relève moins de la science de la nature que de l'anthropologie ou de la philosophie pratique. La *Critique de la raison pratique* définit ainsi la vie de cette manière : «La VIE est, pour un être, le pouvoir d'agir selon les lois de la faculté de désirer» (Ak V, 10)[1].

L'être organisé nous apparaît alors comme exhibant une *triple production* de lui-même par lui-même (*hervorbringen*) :

– au niveau de l'individu, l'arbre se reproduit comme arbre en se régénérant à chaque saison;

– au niveau de l'espèce, un arbre produit un autre arbre de la même espèce par dissémination de ses graines, de sorte que l'espèce se produit elle-même continuellement;

– au niveau des parties, l'arbre produit perpétuellement les feuilles qui en retour entretiennent l'arbre.

Kant pourrait expliciter le fait que ces trois processus s'entremêlent : l'espèce se reproduit par l'arbre individuel, celui-ci se reproduit par ses feuilles qui lui permettent de se nourrir et de respirer, et enfin les parties elles-mêmes sont produites par l'individu et rendent possible, grâce aux graines qu'elles deviennent, sa dissémination comme individu et donc la reproduction de l'espèce. L'arbre nous apparaît alors comme le cercle de ces trois processus, qui à chaque fois présentent une causalité circulaire. La circularité va essentiellement des parties aux tout : les parties de l'arbre causent le tout qui à son tour cause les parties (on pourrait ajouter que si l'individu est une partie de la classe constituée par l'espèce, on retrouve à un autre niveau cette circularité des parties et du tout). La question est alors : par quel concept cette circularité causale devient-elle pensable? La question même de savoir quelles forces sont légitimes ici n'entre pas en jeu directement, sa solution dérivera de notre enquête. Ce qui apparaît à ce niveau phénoménologique en tout cas, c'est une propriété spécifique de ces processus qui les rend irréductibles aux explications physiques usuelles : l'intussusception. Kant indique par contraste la catégorie sous laquelle l'arbre ne saurait rentrer intégralement, celle de «mécanisme» : sa croissance «se distingue de tout accroissement suivant des lois mécaniques [...] la plante donne à la matière qu'elle s'incorpore une qualité spécifique [...] tout art en demeure indéfiniment éloigné» (*CJ*, § 64, Ak V, 371). En effet, au moyen de l'intussusception, l'arbre ne grandit pas par ajout de parties extérieures mais il les fait siennes. Cette propriété néanmoins, avant d'être analysée comme impliquant une force spéciale, doit être intégrée dans le tout des processus qui

vivants», dans *La nature*, L. Cournarie et P. Dupond (éd.), Paris, Ellipses, 2001, p. 83-93 et J. Zammito, *supra*, p. 53.

1. Le chapitre VI de Ph. Huneman, *Métaphysique et Biologie. Kant et la constitution du concept d'organisme*, Paris, Kimé, 2008, traite extensivement de ce discours anthropologique sur la vie.

forment le phénomène de l'arbre, afin que l'on puisse reconstruire le schème conceptuel sous lequel l'appréhension des vivants devient intelligible. La nature de la « force » qui sous-tendrait l'intussusception ne viendra qu'après cette reconstruction du schème conceptuel biologiste, donc en conclusion du § 65. Et ce schème ne pourra pas être ce que Kant appelle « mécanisme », défini comme l'explication du tout à partir des parties (ce qui est bien plus restreint que le concept de causalité efficiente généralisé dans le principe de la Seconde Analogie de l'expérience, comme le remarquait Peter McLaughlin[1]).

REDÉFINIR LES CATÉGORIES DE LA FINALITÉ

Le phénomène de l'arbre consiste dans la circularité causale des parties et du tout, de l'individu et de l'espèce. Or une telle circularité signifie un effet cause de la cause, soit ce qu'on appelle une causalité finale (*CJ*, § 65, Ak V, 372). La troisième *Critique* redéfinit alors les catégories dessinées dans l'*Unique argument*. La finalité est ici pensée comme le principe propre de la faculté de juger réfléchissante. Celle-ci trouve, comme l'on sait, la règle pour le cas. Cela signifie que la myriade de cas particuliers dans la nature, une affection pathologique, un délit, un animal inconnu, reçoivent leur concept grâce à la faculté de juger simplement réfléchissante[2] (au contraire de la faculté de juger déterminante qui définit les cas à partir des lois *a priori* de la nature données par l'entendement pur). Mais un tel jugement n'est possible que si l'on présuppose que la nature présente elle-même en sa forme un « système logique ». Cette présupposition nous dit que la nature s'organise d'elle-même en genres, espèces, variétés, ou, en d'autres termes, qu'elle doit être pensée comme construite afin d'être connaissable, ou encore finale envers notre entendement. Ainsi la finalité est bien le principe propre de la faculté de juger réfléchissante.

Ce principe transcendantal (qui est tel car il n'est ni empirique ni susceptible d'être infirmé par de l'empirique) sert alors à « introduire dans *l'agrégat* des lois empiriques, prises comme telles, chaque fois que la chose est possible, une organisation d'ordre *systématique* » (*CJ*, Première introduction, II, Ak XX, 205, nous soulignons). La faculté de juger réfléchissante présuppose toujours une esquisse de système pour qu'un universel puisse correspondre au particulier jugé. Le système est comme une proto-organisation en touts et parties. L'*agrégat*, dans la phrase, s'oppose maintenant au *système* comme le *mécanique* (application immédiate des lois *a priori*) au *technique* (précellence d'une esquisse pour l'application des lois). En ce sens, contrairement à l'*Unique argument*, « technique » ne

1. *Kant's Critique of Teleology in Biological Explanation : Antinomy and Teleology*, Lewiston, E. Mellen Press, 1990. Nous laissons de côté ici les nuances apportées à cette caractérisation du mécanisme par H. Ginsborg, « Two Kinds of Mechanical Inexplicability… », art.cit.

2. Sur le jugement réfléchissant voir B. Longuenesse, *Kant et le pouvoir de juger*, Paris, PUF, 1993 ; H. Allison, *Kant's Transcendantal Idealism*, New Haven, Yale UP, 2003 ; M. Grier, *Kant's Doctrine of Transcendental Illusion*, Cambridge, Cambridge UP, 2001 ; McLaughlin, *op. cit.*

s'oppose plus à « système » mais à « mécanisme ». Les catégories fondamentales de la finalité, y compris la finalité comme technique, ne sont plus comme dans l'*Unique argument* l'utilité ou le rapport fin/moyen (pour lequel la technique divine comme diversité de fins assemblées extérieurement s'oppose au système comme diffraction d'un processus unique en utilités relatives diverses), mais bien le rapport tout-parties. « Technique » et « mécanique » concernent l'engendrement, « système » et « agrégat » concernent l'entité; les premiers membres de chaque dichotomie indiquent une précellence du tout par rapport aux parties, alors que les seconds membres correspondent à une constitution du tout sur la base des parties. Ces catégories commandent l'analyse de la fin naturelle comme organisme au § 65.

Kant écrit donc, rapprochant systèmes et techniques auparavant opposés :

> Par *finalité absolue* des formes de la nature, j'entends leur configuration externe ou bien leur constitution interne qui sont telles que leur possibilité doit être fondée dans notre faculté de juger sur une Idée de celles-ci. Car la finalité est une légalité du contingent comme tel. C'est de façon *mécanique* que la nature, comme *simple nature*, procède à l'égard de ses productions considérées comme des agrégats; mais c'est de façon *technique*, c'est-à-dire en même temps comme *art* qu'elle procède à leur égard si on les considère comme systèmes : ainsi les cristallisations, les figures variées des fleurs, ou la structure interne des végétaux et des animaux (*CJ*, Première introduction, Ak XX, 217).

Ce passage distingue les deux figures de la finalité, qui seront les deux dimensions de la *Critique de la faculté de juger* : quant à la forme, la finalité est l'objet du jugement esthétique, quant à la configuration interne elle est objet du jugement biologique – « structure interne des végétaux et des animaux ». Dans tous les cas, la *possibilité* de l'entité (considérée extérieurement ou intérieurement) est fondée sur notre Idée de celle-ci; mais ici la nature procède techniquement *dans la mesure même* où l'entité est appréhendée comme *systématique* – et non pas, selon l'*Unique argument*, comme assemblage d'utilités diverses.

À cette première spécification de la finalité, comme entité dont la possibilité se fonde sur une Idée, Kant apporte une qualification qui exprime le concept fondamental de finalité que l'œuvre entend élucider : la finalité est « la légalité du contingent comme tel ». La structure interne des animaux ou des végétaux, en effet, résulte des lois de la nature; mais entre une structure viable et une structure non viable, en tant que simples produits des lois de la nature, il n'y a pas de différence. Cette différence résulte de l'Idée même de viabilité que nous introduisons, c'est-à-dire d'adaptation et de fonctionnalité. Mais au regard des lois de la nature, encore une fois, la viabilité des structures est contingente; cette nécessité selon laquelle une structure est viable ou ne l'est pas (pensons au « principe des conditions d'existence » selon Cuvier) repose sur l'Idée en question ici, qui apparaît bien alors comme la légalité du contingent comme tel.

Seule cette nécessité d'un type spécial fait de la finalité un concept à prétention objective, alors que lorsqu'on l'identifie à l'utilité, ce n'est qu'une appréciation subjective; car une même chose peut être utile à tout et n'importe quoi, et néanmoins ne pas avoir cette utilité pour raison objective de son existence, comme Kant le reconnaissait déjà contre les partisans de la téléologie (et de la généralisation de la finalité comme technique) dans l'*Unique argument*[1]. Tel est ce qu'exprime l'analyse détaillée de l'œil dans la *Première introduction*.

> Nous avons l'expérience immédiate que l'œil nous permet de voir, et nous pouvons connaître les structures interne et externe de celui-ci, structures qui impliquent les conditions de son usage possible et par conséquent la causalité d'après des lois mécaniques. Mais je puis également me servir d'une pierre pour briser quelque chose, pour construire, etc., et ces effets peuvent être également rapportés à titre de fins à leurs causes, sans que je puisse pour autant dire que cette pierre a dû (*sollen*) servir à une construction. C'est de l'œil seulement que je juge qu'il a *dû* être approprié à la vision, et, bien que la forme, la constitution de toutes ses parties et leur agencement, appréciés selon les simples lois mécaniques de la nature, soient tout à fait contingents pour ma faculté de juger, je n'en pense pas moins dans sa forme et dans son organisation une nécessité qu'il ait été formé d'une certaine façon, à savoir d'après un concept qui précède les causes formatrices de cet organe, concept sans lequel la possibilité de cette production naturelle n'est intelligible pour moi d'après aucune loi mécanique de la nature (ce qui n'est pas le cas pour la pierre) (*CJ*, Première introduction, Ak XX, 231).

Les philosophes contemporains reconnaîtront dans cette interrogation les problèmes posés par une espèce précise d'énoncés téléologiques, les énoncés fonctionnels. L'énigme de ces énoncés est qu'on peut trouver maints effets utiles d'un organe ou d'un trait biologique, mais que seuls certains sont sa fonction. Le problème est de justifier cette distinction de manière objective : pourquoi dit-on que la fonction du cœur est de pomper le sang et non de permettre au médecin par son bruit d'établir des diagnostics importants[2] ? Dire qu'on peut faire cette distinction revient, en termes kantiens, à dire qu'il y a des fins naturelles. Les § 65-68 de la *Critique de la faculté de juger* visent à expliquer pourquoi et à identifier celles-ci.

1. Un raisonnement similaire sous-tend le rejet de la finalité relative, au § 63 de la *CJ*. Le § 62 donne les figures mathématiques comme exemple de finalité, car une seule figure par ses propriétés nécessaires sert à résoudre de nombreux problèmes qu'on se proposerait, néanmoins elle n'existe pas en raison du fait qu'elle en est la solution. Ce cas contribue à dénouer « finalité » et « utilité (pour X) ». Le § 63 indique alors comme exemple que les propriétés utiles de certains rivages n'ont pas besoin qu'on indique cette utilité dans leur étiologie, elles sont tout à fait compréhensibles par elles mêmes, ainsi que le cycle des courants dans l'*Unique argument*. Dans tous ces cas, une réponse en termes d'utilité à la question « pourquoi c'est là ? » est arbitraire (dépendant du choix du bénéficiaire) ou superflue (on a déjà une étiologie). Or, pour légitimer la finalité naturelle, celle-ci doit être objective, comme la finalité formelle des mathématiques. Donc la finalité relative n'est pas le sens originaire de la finalité objective.

2. L. Wright, « Functions », *Philosophical review*, 82, 1973, p. 139-168 ; P. Godfrey-Smith, « A modern history theory of functions », *Noûs*, 28, 1994, p. 344-362 ; K. Neander, « Functions as selected effects : the conceptual analyst's defence », *Philosophy of science*, 58, 1991, p. 168-184.

COMMENT EST RÉALISÉ LE CONCEPT DE « FIN NATURELLE » ?

Seuls les êtres qui s'auto-organisent, qu'on appelle « êtres organisés », réalisent le concept de fin naturelle. Pour quelle raison ?

Kant énonce deux critères pour qu'un système X tombe sous le concept de fin naturelle :

– l'antécédence du tout sur les parties (les parties sont ce qu'elles sont à cause du tout) ;

– les parties sont elles-mêmes réciproquement cause et effet de leur forme en accord avec le tout et sont réciproquement causes du tout[1].

Le premier est le critère général de la téléologie ; il est valable aussi pour les machines. C'est pourquoi Kant ajoute le second, selon lequel la finalité en question est naturelle, puisque les parties n'ont pas été créées séparément selon l'idée suivie par l'artisan. Un problème d'interprétation est certes à signaler : est-ce que la relation « se causer », qui lie les parties entre elles dans le second critère, est simplement une relation faible formelle, de type : l'organe « muscle » cause l'organe « os », car il faut bien que le muscle prenne appui quelque part – *i.e.* on aurait là une simple relation de conditionnement ? Ou bien est-ce une relation de causalité forte *i.e.* de production, de type : les cellules se produisent les unes les autres ? Le principe des conditions d'existence de Cuvier ne requiert que le premier sens ; mais en même temps, seul le second sens est irréductible au premier réquisit (on peut aussi bien arguer que l'écran d'un ordinateur a pour raison d'être les opérations du clavier qu'il rend visible...). Je prendrai donc ici (quoiqu'on puisse objecter) le second sens, c'est-à-dire un réquisit de *productivité* épigénétique. Les deux alinéas suivants étayent cette interprétation.

Kant indique bien que l'idée du tout est un principe en accord avec lequel les parties se causent, mais il précise que c'est un principe de « connaissance » et non un principe de « production » (*Erkenntnisgrund*). Le point est essentiel : si l'idée du tout est principe de production, nous sommes dans la technologie, elle est le plan de l'artisan. Pour les êtres naturels, la finalité ne peut être telle que par l'idée du tout selon laquelle on doit nécessairement les appréhender pour les comprendre, ou encore selon laquelle on postule que la causalité des parties doit opérer. Il s'agit là évidemment de ce que Kant appelle un principe régulateur et non constitutif de notre jugement. En ce sens, le caractère *épigénétique* de l'organisme, propre au second réquisit, est strictement corrélatif du caractère *régulateur* du principe téléologique. C'est bien parce que, dans le cas des organismes, la finalité est *naturelle* – donc que l'idée du tout doit n'être qu'un principe de connaissance et qu'en ce sens la finalité est simplement *régulatrice* – qu'en même temps l'organisme doit satisfaire le second réquisit, que les objets

1. Les parties « se lient elles-mêmes en vue de l'unité d'un tout, par ceci qu'elles sont réciproquement causes et effets de leur forme » (*CJ*, § 65, Ak V, 373).

techniques ne sauraient, eux, remplir, soit être une totalité *auto-organisatrice* ou épigénétique[1].

Par la suite, Kant déduit les postulats les plus courants des sciences des vivants, en particulier de la physiologie et de l'histoire naturelle. Mais il est essentiel de souligner que ces paragraphes présentent une genèse des concepts et principes usuels, et qu'en ce sens si Kant retrouve des notions banales concernant l'instrumentalité des organes ou même l'économie de la nature, cela est entièrement conditionné par les analyses originales du concept de fin naturelle réalisé comme organisme que l'on vient d'indiquer.

Ainsi le § 66 étend à la physiologie le caractère téléologique des organismes : tout en eux est à la fois fin et moyen. On retrouve donc le vocabulaire classique de la finalité (fin-moyen) à partir du vocabulaire plus originel (tout-parties) déployé par Kant au début de l'analyse. Toutefois, Kant n'affirme pas inconditionnellement la « maxime des physiologistes » (comme c'était encore le cas dans l'Appendice à la *Critique de la raison pure*[2]) selon laquelle tous les organes ont une utilité; elle résulte de l'extension d'une finalité accordée de plein droit aux « parties héréditairement conservées » vers les parties en général (en raison de la nature épigénétique des organismes). Originellement, selon Kant, le « principe de la téléologie » s'énonce ainsi : « ne jamais juger dépourvu de finalité dans un être organisé *ce qui se conserve dans sa reproduction* » (*CJ*, § 80, Ak V, 420, ns). De même, l'extension aux autres organismes et à l'environnement entier d'un statut téléologique est dépendante de l'identification initiale des organismes comme fins naturelles. Le tableau traditionnel est inversé : non plus une nature finalisée peuplée d'organismes qui reçoivent plus ou moins providentiellement un rôle, comme c'était exemplairement le cas chez Linné[3], mais bien des organismes en tant que tels posés comme fins naturelles, que l'on peut ensuite appréhender comme reliés en une nature organisée.

Cette téléologie est donc étendue à toute la nature après le § 65. Néanmoins, elle n'exclut pas le mécanisme, ou l'explication scientifique usuelle, et ne s'y réduit pas non plus (comme c'était le cas dans la *Critique de la raison pure*, où au fond mécanisme et finalité étaient synonymes[4]). En effet, l'explication mécanique d'une partie d'un organisme peut être menée jusqu'au bout, sans que cela ne réponde à d'autres questions concernant cet organe. Il ne s'agit donc pas de

1. Sur l'épigénétique *cf.* C. Zumbach, *The Transcendant Science : Kant's Conception of Biological Methodology*, Den Haagen, Martinus Nijhoff, 1984. Voir J. Zammito, *op. cit.*, p. 51-74, et « Kant's persistent ambivalence towards epigenesis », dans Ph. Huneman (ed.), *Understanding purpose : Collected essays on Kant and the philosophy of biology*, *op. cit.*, J. Zammito souligne avec raison les réticences de Kant envers un épigénéticisme radical; néanmoins si on lui accorde un épigénéticisme modéré, qui sépare la thèse épigénétiste des connotations de génération spontanée ou d'hylozoïsme, je maintiens que Kant pensait un caractère épigénétique généralisé du vivant. Sur les deux critères de la fin naturelle, *cf.* H. Ginsborg, art. cit.

2. A 688/B 716.

3. Voir les trois dissertations doctorales réunies dans *L'économie de la nature*, C. Limoges (éd.), Paris, Vrin, 1980.

4. Sur ce point *cf.* Ph. Huneman « Reflexive judgement and Wolffian embryology », art. cit.

pointer une faiblesse de l'explication mécaniste, mais d'indiquer qu'il y a d'autres *explananda*, auxquels répondent des considérations téléologiques, et que la vraie connaissance des organismes doit articuler ces deux types d'explication. De façon exemplaire, Kant note :

> Il se peut toujours que dans un corps animal par exemple, maintes parties puissent être comprises comme des concrétions résultant de simples lois mécaniques (peaux, os, poils). Toutefois, il faut toujours juger téléologiquement la cause, qui procure la matière (*Materie herbeischaft*), qui la modifie ainsi, et la dépose aux endroits appropriés, de telle sorte que dans ce corps animal tout doive être considéré comme organisé et soit à son tour organe dans un certain rapport avec la chose elle-même (*CJ*, Ak V, § 66, 373).

L'exemple indique clairement les deux questions en jeu : on peut toujours se demander « comment telle partie est-elle engendrée ? », et il y a fort à parier que la physico-chimie pure aura un jour la réponse; mais l'autre question demeure : « pourquoi ce processus d'engendrement a-t-il lieu ici et à ce moment ? ».

Notons que cela neutralise l'objection rudimentaire parfois émise selon laquelle depuis la synthèse de l'urée à la fin du siècle dernier, élucidant mécaniquement les produits organiques, la barrière kantienne entre mécanisme et téléologie se serait effondrée. Mais plus précisément, on a là une situation qui se retrouve de manière analogue de nos jours : la biologie moléculaire comme fleuron de la méthode physico-chimique en biologie est allée très loin dans le décryptage des gènes et de leur fonctionnement ; mais savoir pourquoi telle cellule devient un muscle et telle autre un nerf, alors qu'elles portent toutes deux le même génome, est une question à laquelle la biologie moléculaire pure ne répond pas, mais qui exige d'autres ressources disciplinaires, comme la biologie du développement, etc. – et toute cette discipline nouvelle (ou cette constellation de disciplines partielles) qu'on appelle « systems biology » et dont le nom aurait sans doute plu à Kant.

En ce sens, même si la croissance (par exemple celle des os) se comprendra un jour mécaniquement (contrairement à ce qu'affirme le § 64 de la troisième *Critique*), cela n'empêche pas qu'il reste la seconde question : que vient faire ce processus dans l'organisme ? Cette seconde question porte donc sur la signification proprement biologique des processus physiques élucidés. Une instance de cette signification est d'ailleurs la différence normative du sain et du pathologique. Comme le disait Bichat dans les *Recherches physiologiques sur la vie et la mort*, la « seconde histoire » (le fait que les vivants tombent malades, meurent, etc.) n'existe pas dans la nature brute. Cette seconde histoire n'a de sens que par rapport à la seconde question (du côté des lois de la physique, rien ne distingue des processus qui se dérouleraient n'importe comment et engendreraient n'importe quoi). Si Kant dit : « il n'y a pas de Newton du brin d'herbe », c'est finalement à cause de la différence entre ces deux questions, et non pas à cause d'une faiblesse présumée de nos facultés, ou à cause de la division entre chose en soi et phénomène etc.

On comprend alors pourquoi le regroupement du flocon et du brin d'herbe opéré par l'*Unique argument* est défait dans la *Critique de la faculté de juger*. En effet, le flocon, lui, ne s'auto-organise pas au sens où il ne satisfait pas le second critère de la fin naturelle. En ce sens, il n'y a pas pour lui de causalité réciproque des parties en accord avec l'idée du tout, donc pas de seconde question sur la signification proprement biologique, qui viserait cette idée du tout comme principe de connaissance.

CONCLUSION

Dans cet article, j'ai soutenu trois propositions pour interpréter la thèse kantienne sur la finalité des organismes :

1) Le couple de concepts ordre contingent/ordre nécessaire élaboré dans l'*Unique argument* (à partir d'une tradition leibnizienne) est le cadre que la *Critique de la faculté de juger* transformera ;

2) La *Critique de la faculté de juger* rend compte de concepts tels que ceux des forces vitales et des autres forces non orthodoxes par une élucidation du concept nécessaire pour penser « la légalité du contingent comme tel », soit la finalité.

3) Cette élucidation pointe la dualité des *explananda* en biologie – question à laquelle toute clarification philosophique de la biologie doit se mesurer.

Mais pour Kant lui-même, le projet transcendantal implique de redoubler ce résultat par une autre question : comment est-il possible que nous disposions d'un concept pour penser cette légalité du contingent comme tel ? La réponse, conforme au sens même du criticisme et donnée dans la Dialectique de la *Critique de la faculté de juger*, renverra à la structure même de notre faculté de connaître finie (*i.e.* scindée entre entendement et sensibilité), structure essentiellement contingente (§ 77[1]). Par cette analyse, la *Critique de la faculté de juger* cessera d'être une analytique de la biologie pour relever pleinement de la philosophie transcendantale.

Philippe HUNEMAN
IHPST (CNRS – Université Paris I Sorbonne)

1. Une analyse détaillée est donnée dans Ph. Huneman, *Métaphysique et Biologie. Kant et la constitution du concept d'organisme*, *op. cit.*

LEBENSGEFÜHL : VIE ET SENTIMENT CHEZ KANT

Il n'est guère de lieux plus communs de l'exégèse de la *Critique de la faculté de juger* que la question de l'unité d'une œuvre parvenant à penser sous un même principe, celui du jugement réfléchissant, des domaines de l'expérience aussi différents que le sentiment du beau et la connaissance du vivant, la finalité esthétique et la finalité organique.

Je voudrais aborder cette question de l'articulation du sentiment et de la vie en contournant le problème classique du rapport entre les deux parties de l'ouvrage et en prenant pour point de départ la seule première partie. Car, de la vie, il n'est pas seulement question dans la *Critique de la faculté de juger téléologique* avec la nécessité de rendre compte de la finalité naturelle des êtres organisés. Elle occupe déjà une place fondamentale dans la *Critique de la faculté de juger esthétique* : avant d'être connue, la vie est éprouvée, sentie. Et d'ailleurs est-elle sans doute davantage sentie que connue, puisque la réflexion sur la finalité organique ne nous permet au mieux d'accéder qu'à « un *analogon* de la vie » [1], et non pas à la vie elle-même.

Qu'est-ce, en effet, qu'un sentiment? Répondre à cette question nécessite de suivre trois lignes de problématisation : le sentiment est une faculté fondamentale (*Grundkraft*) du *Gemüt* humain, à l'égal de la faculté de connaître et de la faculté de désirer; il se caractérise comme « état d'esprit » (*Gemütszustand*) irréductiblement subjectif, qui ne peut prétendre à aucune valeur objective et ne peut être en rien un élément de connaissance [2]; enfin, en tant qu'il est toujours sentiment de plaisir ou de déplaisir, il est l'épreuve d'une promotion ou d'une inhibition de notre force vitale. La question du sentiment nous oblige ainsi à articuler ces trois

1. *CJ*, § 65, Ak V, 374. Nous utiliserons, lorsqu'elles existent, les traductions proposées par A. Renaut, parfois légèrement modifiées, et pour les autres œuvres la traduction de la Pléiade. Cet article est en partie issu d'un travail de thèse consacré au sentiment dans la pensée kantienne, entrepris sous la direction de Didier Franck : qu'il en soit ici une nouvelle fois remercié. Merci aussi à Élise Marrou.

2. « L'élément subjectif d'une représentation, ce qui ne peut nullement devenir une partie d'une connaissance, c'est le plaisir ou le déplaisir qui s'y rattachent » (*CJ*, Introduction, § VII, Ak V, 189).

notions fondamentales que sont l'esprit, la subjectivité et la vie. C'est cette troisième ligne directrice qui sera privilégiée ici.

Tout sentiment est sentiment de la vie. Sous le titre de *Lebensgefühl*, Kant ne pense pas un sentiment spécifique, qui ferait nombre avec les autres, mais désigne une propriété fondamentale de tout affect. Le § 1 de la *Critique de la faculté de juger*, qui constitue l'assise de toute sa partie esthétique, l'affirme avec force. Après avoir établi sa subjectivité essentielle, Kant nous reconduit immédiatement à la dimension vitale du sentiment. La représentation n'y « désigne absolument rien dans l'objet » : le sujet ne fait que s'y éprouver lui-même, tel qu'il est affecté. Mais si tout sentiment est toujours seulement épreuve de soi et de son propre état, c'est parce qu'il est épreuve de la vie en soi : dans tout sentiment, « la représentation est entièrement rapportée au sujet et plus précisément au sentiment de la vie (*Lebensgefühl*), sous le nom de sentiment de plaisir ou de déplaisir » [1].

Cette caractérisation du sentiment en référence à une *Lebenskraft* est un trait constant de la compréhension kantienne de l'affectivité [2]. Elle était présente dans les *Leçons de métaphysique*. Kant s'interroge : « Mais qu'est-ce qu'un sentiment ? Ceci est difficile à déterminer. Nous nous sentons nous-mêmes » [3]. Le mouvement est similaire à celui du § 1 de la troisième Critique : c'est à la « vie entière du sujet » que la représentation est rapportée et c'est « la représentation subjective que nous avons de posséder intégralement la force vitale d'accueillir ou d'exclure les objets » qui constitue l'état de satisfaction ou d'insatisfaction [4]. Cette dimension « vitale » de l'affectivité se retrouve dans l'*Anthropologie*, qui définit le plaisir comme « le sentiment d'une promotion de la vie » et la douleur comme « celui d'une entrave à la vie » [5]. Elle est aussi présente dans la définition du plaisir de la préface de la seconde *Critique* :

> la représentation de l'accord de l'objet ou de l'action avec les conditions subjectives de la vie, c'est-à-dire avec le pouvoir de causalité d'une représentation relativement à la représentation de son objet (ou avec la détermination des forces du sujet en vue de l'action qui le produit) [6].

Tout sentiment est donc sentiment de la vie. Inversement, la vie, chez tout être vivant organisé, ne peut qu'être une vie ressentie, où le sentiment est ce par quoi la vie intéresse le vivant à la recherche des conditions mêmes de sa conservation :

1. *CJ*, § 1, Ak V, 204 (Renaut traduit inutilement par « sentiment qu'il a d'être vivant »).

2. Je ne peux malheureusement pas ici approfondir le statut de cette force vitale chez Kant. Le terme est mis en avant contre celui de *Seele* (*Annonce*, Ak VIII, 413) et met en jeu de façon privilégiée la faculté de désirer, comme capacité d'agir d'après ses représentations (cf. *CRPr*, Ak V, 9 et *Réflexion* 1034, Ak XV, 465 : « la vie n'est rien d'autre que la faculté de désirer dans son exercice le plus infime »). En affirmant que le terme de *Lebenskraft* ne renvoie dans ce contexte à aucun usage scientifique, R. Löw contourne peut-être un peu rapidement le problème (*Philosophie des Lebendigen*, Frankfurt am Main, Suhrkamp, 1980, p. 158).

3. *Leçons de Métaphysique*, Metaphysik L1 (Pölitz), Ak XXVIII, 246, trad. fr. M. Castillo, Paris, Librairie générale française, 1993, p. 283.

4. Ak XXVIII, 247.

5. *AP*, § 60, Ak VII, 231.

6. *CRPr*, Ak V, 9, II, 616 (trad. lacunaire).

comme l'indique l'*Opus Postumum*, « les créatures organiques n'ont pas seulement une vie, mais aussi un sentiment de la vie » [1].

Il nous faut pourtant reprendre en partie ce que nous venons d'affirmer. Car le sentiment n'est pas, à proprement parler, le sentiment de la vie. Il est le sentiment de la promotion ou de l'entrave à la vie, de son intensification ou de son inhibition. Comme l'indiquaient les définitions de l'*Anthropologie*, il est sentiment de la vie affectée, blessée ou soutenue, selon la polarité fondamentale du plaisir et du déplaisir, dans laquelle s'inscrit tout sentiment. Car la vie pure, la vie en tant qu'elle n'est pas exposée à ce qui la favorise ou à ce qui l'empêche, est proprement insensible. Nous ne sentons jamais notre vie, mais seulement le différentiel de son intensité, le fait qu'elle est intensifiée ou au contraire déclinante : « la vie en elle-même, nous ne la ressentons pas, mais seulement sa promotion ou le fait qu'elle est entravée » [2].

Ce lien du sentiment à la vie engage une méditation sur le nécessaire rapport du plaisir à la douleur : la vie animale est « le jeu continu de leur antagonisme » [3]. Les § 60 et 61 de l'*Anthropologie* y insistent longuement, dans des développements qui rattachent Kant à la problématique lockienne de l'*uneasiness*, via le *Discours sur la nature du plaisir et de la douleur* de Pietro Verri, dont Kant reconnaît explicitement l'influence. Il en reprend les thèmes essentiels, mais souligne lui-même ailleurs que sa propre originalité réside en ce qu'il les rattache à la problématique de la force vitale : « Nombreux sont ceux, à commencer par l'auteur italien évoqué à l'instant, qui affirment qu'il est impossible de déterminer ce qu'est cette jouissance (*Vergnügen*) et de la comprendre. Mais nous l'expliquons ainsi : la jouissance est le sentiment d'une promotion de la vie » [4]. Or, la vie ne peut être toujours promue. Toute promotion de la vie suppose aussi son entrave, car il n'est de promotion que par l'obstacle surmonté, il n'est de plaisir que dans l'alternance avec la douleur [5]. Une vie seulement promue conduirait à la mort, par une tension de la force vitale menée à son paroxysme : « la promotion continuelle de la force vitale, qui ne peut être poussée au-delà d'un certain degré, pourrait-elle avoir d'autre suite qu'une mort rapide sous l'effet de la joie ? » [6]. La douleur est si essentielle à la vie que, sans elle, elle « s'exténuerait » : mourir de plaisir n'est pas un vain mot pour Kant. Dès lors il nous faut poser l'antériorité de la douleur sur tout plaisir et le fait qu'elle doit nécessairement s'intercaler entre deux plaisirs. Un plaisir indéfiniment prolongé se mue de lui-même en son

1. *OP*, Ak XXII, 495.

2. R. 561, Ak XV, 244. Cf. *Vorlesungen über Anthropologie*, « Pillau », 1777-1778, Ak XXV, 786 : « La jouissance est le sentiment d'une promotion de la vie. Ce n'est pas le sentiment de la vie qui est une jouissance; car nous ressentons aussi par la douleur que nous vivons, et encore bien davantage ».

3. *AP*, § 60, Ak VII, 231.

4. *Vorlesungen über Anthropologie*, « Pillau », Ak XXV, 786.

5. La réflexion de Nietzsche sur le lien du plaisir à la douleur se nourrira de ces pages de l'*Anthropologie* : les fragments 1883, 7 (233-234) citent le § 61 et reprennent la référence à Verri (*Sämtliche Werke*, VII, 1,322).

6. *AP*, § 60, Ak VII, 231.

contraire et sombre dans cette « douleur négative » qu'est l'ennui, vide de sensation, pressentiment de notre propre mort : nous n'échappons jamais au retour de la douleur, véritable aiguillon de notre activité, moteur de toute vie. La douleur nourrit notre plaisir, non pas comme ce qui viendrait occasionnellement le souligner et l'épicer par contraste, mais comme ce qui le rend véritablement possible. Kant dégage cette structure complexe dans une série d'exemples : jeu, spectacles, lecture des romans, repos après la fatigue, plaisir de fumer…

Cette méditation sur l'entrelacs du plaisir et de la douleur nous conduit à une apparente contradiction entre deux définitions kantiennes du plaisir. La première est rappelée au § 60 : « ce qui me pousse immédiatement (par les sens) à quitter mon état (à sortir de lui) m'est désagréable – cela me cause de la douleur; ce qui, de la même manière me pousse à conserver l'état où je suis (à demeurer en lui) m'est agréable, il m'apporte une jouissance »[1]. On la retrouve au § 10 de la *Critique de la faculté de juger*, appliquée au plaisir en général (*Lust*) et non plus à la seule jouissance des sens (*Vergnügen*) : « La conscience de la causalité d'une représentation relativement à l'état du sujet, en vue de le conserver dans le même état, peut désigner d'une manière générale ce que l'on appelle plaisir »[2]. Le plaisir est ainsi défini comme principe de maintien. Or le développement de la réflexion sur le lien entre plaisir et douleur conduit Kant à en proposer une caractérisation en des termes diamétralement opposés : « ressentir sa vie, éprouver une jouissance n'est donc rien d'autre que se sentir poussé continuellement à sortir de l'état présent »[3]. Le plaisir est défini non plus comme principe de conservation de l'état, mais comme nécessaire passage d'un état à un autre, c'est-à-dire par les termes mêmes qui caractérisaient la douleur. Cette contradiction est-elle une inconséquence de Kant ? Elle est plutôt la contradiction inscrite au cœur de son objet, la contradiction même de la jouissance, qui n'est et ne peut durer que par son jeu continu avec la douleur. Certes, le plaisir a bien pour nous la signification d'une exigence de maintien de l'état d'esprit. Mais cette permanence n'est précisément possible que par le changement. Le plaisir est cette paradoxale exigence de maintien qui ne peut s'accomplir qu'à n'être pas tenue : un état de plaisir qui se prolongerait sans le retour de la faille de la douleur ne durerait précisément pas.

Doit-on en tirer la conséquence qu'il n'existe pas pour Kant de plaisir sans mélange, au sens du *Philèbe*[4], pas de plaisir pur qui ne soit mêlé de douleur ? Serait alors très problématiquement remise en cause la distinction cruciale, présente dès les *Observations sur le beau et le sublime* et maintenue jusque dans la troisième *Critique*, entre l'attrait (*Reiz*), plaisir immédiat, simple promotion de la force vitale, et l'émotion (*Rührung*), pour laquelle « la dimension agréable n'est créée que par un arrêt provisoire de la force vitale et par la manière dont, après l'arrêt,

1. *AP*, § 60, Ak VII, 231.
2. *CJ*, § 10, Ak V, 220.
3. *AP*, § 61, Ak VII, 233.
4. Pour ce rapprochement, comme pour tant d'autres choses, je suis redevable à un cours de J.-L. Chrétien consacré au *Philèbe* en 1988-89.

celle-ci s'épanche beaucoup plus fortement »[1]. L'affirmation du lien indissoluble entre plaisir et douleur ne nous conduit-elle pas à généraliser le mouvement syncopé de l'émotion à l'ensemble de nos sentiments ? Certaines formulations semblent marquer une dépendance plus essentielle encore du plaisir à la douleur : « le plaisir n'est rien d'autre que la suppression d'une douleur et quelque chose de négatif »[2]. Or une telle caractérisation semble contredire certaines des plus fondamentales descriptions kantiennes de l'affectivité. Dans l'*Essai pour introduire en philosophie le concept de grandeur négative*, le rapport du plaisir au déplaisir représentait un exemple privilégié de ce concept de grandeur négative : le déplaisir n'est pas un plaisir négatif[3], l'inverse n'est donc pas vrai non plus. Le texte de l'*Anthropologie* ne peut y avoir renoncé. Ce même § 60 commence précisément par le rappeler : « jouissance et douleur sont opposées l'une à l'autre non pas comme le profit et le manque (+ et 0) mais comme le profit et la perte (+ et -), c'est-à-dire qu'ils s'opposent non pas seulement comme des contradictoires [...] mais aussi comme des contraires »[4]. Malgré l'ambiguïté de certaines formulations, le plaisir ne peut donc être considéré comme une simple absence de douleur : qu'il soit toujours suppression (*Aufhebung*) d'un déplaisir antérieur signifie seulement qu'il n'y a de plaisir que dans l'arrachement à la douleur, et non pas qu'il s'identifie à cette cessation.

Ce lien du plaisir à la douleur n'est pas sans retentissement sur la question du bonheur. Dans l'essai sur les grandeurs négatives, Kant évoque son évaluation globale en se référant, comme nombre de contemporains, à l'*Essai de philosophie morale* de Maupertuis qui en proposait une mathématisation fondée sur la reconnaissance de l'homogénéité fondamentale de nos affects. Elle débouchait sur un résultat négatif, un excédent de nos souffrances sur nos joies :

> Maupertuis s'est efforcé [...] d'évaluer la somme du bonheur de l'existence humaine, et on ne peut l'évaluer autrement qu'en disant que ce problème est humainement insoluble, car seules des sensations de même nature peuvent être sommées, et le sentiment, dans les situations très compliquées de la vie, paraît très différent selon la diversité des émotions. Le calcul donna à ce savant homme un résultat négatif, en quoi néanmoins je ne lui donne pas mon assentiment[5].

Contournons pour l'instant la question de l'homogénéité des sentiments pour nous concentrer sur celle de l'évaluation. Vingt-sept ans plus tard, le § 83 de la *Critique de la faculté de juger* propose en effet une appréciation diamétralement opposée, qui rejoint celle de Maupertuis :

> la valeur que possède pour nous la vie quand elle est estimée uniquement d'après ce dont on jouit [...] est facile à déterminer. Elle tombe au-dessous de zéro ; car qui

1. *CJ*, § 14, Ak V, 226. Cette distinction est à comparer avec celle établie par Burke entre *pleasure* et *delight*.
2. *AP*, § 60 Ak VII, 231.
3. *Grandeur négative*, Ak II, 181.
4. *AP*, § 60, Ak VII, 230.
5. *Grandeur négative*, Ak II, 181-182.

> voudrait vraiment recommencer sa vie sous les mêmes conditions ou même selon un plan nouveau élaboré par lui (conforme cependant au cours de la nature), mais qui ne serait disposé que pour la jouissance ?[1].

Or la seule considération du lien indissoluble entre douleur et plaisir suffirait à l'établir : à tout plaisir, la douleur est nécessairement antérieure et la permanence du plaisir impose le retour de celle-ci. La vie même suppose l'aiguillon de la douleur et interdit une pleine satisfaction : « dans la vie, être satisfait (absolument) équivaudrait à un *repos* totalement inactif et à une suspension de tous les mobiles, autrement dit à un engourdissement des sensations et de l'activité qui s'y relie »[2] ; ce que l'homme entend par bonheur ne sera « pourtant jamais atteint par lui ; car sa nature n'est pas telle qu'elle puisse s'arrêter et trouver satisfaction dans la possession et la jouissance »[3].

On ne peut non plus penser une « joie de vivre » au sens strict, simple jouissance prise à l'existence, à l'image du « sentiment de l'existence » que décrit Rousseau dans la cinquième promenade des *Rêveries*. Montesquieu reprochait d'ailleurs à Maupertuis d'avoir omis, dans son évaluation, ce « bonheur de l'existence » qui suffirait à en inverser le résultat[4]. Mais Kant semble plus proche du « mal de vivre » de Maupertuis. La vie en elle-même n'est pas source de joie : encore une fois, nous ne ressentons que sa promotion ou son inhibition. Là où elle n'est pas stimulée, il n'y a jamais que « conscience de son existence », et non pas sentiment de plaisir[5]. D'ailleurs, la vie se fait davantage ressentir dans la douleur[6]. Et là où elle n'est pas affectée, nous n'éprouvons qu'un vide de sensation qui est déjà la douleur négative de l'ennui. Les diverses versions des cours d'anthropologie témoignent d'une évolution soulignée par Brandt et Stark dans leur présentation des *Vorlesungen über Anthropologie*[7]. Avant 1777, est évoqué, sous le nom de *Zufriedenheit*, un état de contentement ressenti lorsque toute entrave à la vie, et donc toute douleur, a été écartée, sans pour autant qu'une promotion positive de la vie nous affecte : « tout ce qui n'entrave pas le sentiment de la vie contribue en quelque manière à notre bien-être »[8]. Après 1777, le plaisir négatif de la *Zufriedenheit* cède la place à la douleur négative de l'ennui : l'entre-deux où nous ne ressentons ni plaisir positif, ni douleur positive n'appartient plus au domaine de la satisfaction, mais bascule du côté de la douleur.

Revenons à la question de l'homogénéité des sentiments. L'essai sur les grandeurs négatives contestait à Maupertuis la possibilité d'une évaluation globale de nos affects, du fait de leur hétérogénéité : seules des sensations de

1. *CJ*, § 83, Ak V, 434.
2. *AP*, § 61, Ak VII, 235.
3. *CJ*, § 83, Ak V, 430.
4. Cité par R. Mauzi, *L'Idée de bonheur dans la littérature et la pensée françaises au* XVIII*e siècle*, Paris, Albin Michel, 1994, p. 293.
5. *CJ*, Ak V, 277-278.
6. *AP*, § 60, Ak VII, 231.
7. Ak XXV, XLII-XLVI.
8. *Vorlesungen über Anthropologie*, « Parow » Ak XXV, 369. *Cf.* « Collins », Ak XXV, 168 *sq.*

même nature peuvent être additionnées et le sentiment est « très différent selon la diversité des émotions ». La perspective adoptée par la *Critique de la raison pratique* est diamétralement opposée : les différences qualitatives entre les sentiments, qu'il ne saurait être question de nier, perdent toute pertinence dès lors qu'il s'agit de considérer la détermination de notre faculté de désirer. Contre ceux qui prétendraient fonder la moralité sur des sentiments spécifiques, irréductibles à nos affections intéressées, il faut affirmer l'homogénéité qualitative fondamentale de nos affects : si nous nous réglons sur le sentiment, seules des considérations quantitatives (intensité, durée, ...) sont pertinentes et seule cette homogénéité assure la possibilité de la comparaison et la mise en balance de nos plaisirs, par-delà la diversité de leurs objets. Sur ce point, comme sur bien d'autres, Kant affirme la cohérence d'Épicure [1].

Or, en dernière instance, cette homogénéité est reconduite par Kant au statut du sentiment comme *Lebensgefühl*. C'est l'unicité même de la force vitale dont ils sont des affections qui fait l'unité de nos sentiments :

> les représentations peuvent être aussi diverses que l'on voudra, être des représentations de l'entendement ou même de la raison, par opposition aux représentations des sens, le sentiment de plaisir cependant, grâce auxquelles elles constituent proprement le principe déterminant de la volonté (l'agrément, la jouissance qu'on en attend qui excite l'activité à produire l'objet) est toujours de la même espèce, non seulement en tant qu'il peut n'être connu en tout temps qu'empiriquement, mais aussi en tant qu'il n'affecte qu'une seule et même force vitale, qui se manifeste dans la faculté de désirer, et que, sous ce rapport, il ne peut différer en rien de tout autre principe déterminant, si ce n'est par le degré [2].

Considéré comme principe déterminant de la faculté de désirer, tout sentiment est sensible, empirique et pathologique. La *Critique de la faculté de juger* nous permet aussi d'affirmer que tout plaisir est de nature corporelle, occasion d'un hommage renouvelé à Épicure : « on peut, me semble-t-il, accorder sans doute à Épicure que toute jouissance (*Vergnügen*), quand bien même elle est provoquée par l'intermédiaire de concepts qui éveillent les idées esthétiques, est une sensation animale, c'est-à-dire corporelle » [3]. Or, ici encore, la compréhension du sentiment en référence à la force vitale est l'argument le plus décisif :

> la vie sans le sentiment de l'organe corporel est uniquement conscience de son existence, mais non pas sentiment du bien-être ou de son contraire, c'est-à-dire de la stimulation ou de l'inhibition des forces vitales : car l'esprit est en soi-même uniquement et entièrement vie (il est le principe vital lui-même) et c'est en dehors

1. Proximité soulignée par V. Brochard dans « La théorie du plaisir d'après Épicure », dans *Études de philosophie ancienne et de philosophie moderne*, Paris, F. Alcan, 1912, rééd. Paris, Vrin, 1974, p. 274-279.

2. *CRPr*, Ak V, 23.

3. *CJ*, § 54, Ak V, 334-335. *Cf.* § 29 Ak V, 277.

de lui, mais pourtant dans l'homme lui-même, par conséquent dans la relation avec son corps, qu'il faut chercher obstacles aussi bien que stimulations [1].

Parce que seule la vie affectée est une vie ressentie et parce que le *Gemüt* est le principe vital lui-même, le rapport de la vie à elle-même, sans qu'elle soit exposée à l'intime extériorité de la chair, ne serait jamais que conscience de soi et non pas sentiment de soi.

Mais le déploiement même de l'entreprise critique va conduire Kant à distinguer des types spécifiques de sentiments, irréductibles les uns aux autres, d'abord avec le respect, puis avec le beau et le sublime, ouvrant une perspective transcendantale sur notre affectivité. Cette typologie des plaisirs se présente d'abord comme une tripartition, au fil directeur de laquelle est reconnue la spécificité du beau dans le premier moment de la *Critique de la faculté de juger esthétique* : le titre du § 5 évoque ainsi « les trois sortes spécifiquement différentes de satisfaction », celle qui relève du *Vergnügen* (l'agréable), celle qui relève d'un simple *Gefallen* (le beau), et celle qui se donne comme *Billigung* (la satisfaction liée au bon). L'introduction de la *Métaphysique des mœurs* reprendra cette tripartition systématique en distinguant plaisir pathologique, plaisir spécifiquement pratique et plaisir inactif : le rapport du sentiment à la faculté de désirer sert alors de critère de distinction. Mais la classification la plus exhaustive se trouve dans la « Remarque générale sur l'exposition des jugements réfléchissants ». Kant y distingue quatre types fondamentaux de sentiment [2] en les rapportant à chacun des quatre titres de la table des jugements, ce qui garantit comme toujours le caractère systématique et exhaustif de cette « table des sentiments ». L'agréable est rattaché à la quantité (l'homogénéité qualitative et la pertinence des seuls critères quantitatifs, affirmées en général du plaisir dans la *Critique de la raison pratique*, vaut désormais de lui seul) ; le beau à la qualité (ce moment où est établi son caractère désintéressé est bien premier et décisif dans l'analytique du goût) ; le sublime à la relation (« le sublime consiste simplement dans la relation en laquelle on estime que ce qu'il y a de sensible dans la représentation de la nature peut valablement servir à un usage suprasensible ») ; le respect à la modalité (celle de la nécessité d'un commandement *a priori*).

Comment penser cette diversité fondamentale sur le fond de l'homogénéité jusqu'ici affirmée, elle-même adossée à l'unité de la force vitale ? Tout sentiment n'est plus pathologique, ni même pratique. Mais tout sentiment demeure sensible : il n'existe rien de tel qu'un sentiment intellectuel, quand bien même le respect est parfois ainsi qualifié [3]. La reconnaissance de l'existence d'un principe *a priori* pour les jugements esthétiques qui autorise leur « déplacement vers la philosophie transcendantale », en les soustrayant « à la psychologie empirique où sinon, ils resteraient ensevelis sous les sentiments de jouissance (*Vergnügens*) et

1. *CJ*, Ak V, 277-278.

2. *CJ*, Ak V, 266-267 : « Eu égard au sentiment de plaisir, un objet doit être classé dans ce qui tient à l'agréable, au beau, au sublime ou au bien (absolument parlant) ».

3. J'ai abordé cette question dans « L'arraisonnement (rationalité pratique et sensibilité chez Kant) », dans *Kant, la rationalité pratique*, M. Cohen-Halimi (dir.), Paris, PUF, 2003, p. 144 *sq*.

de douleur »[1], entraîne-t-elle l'affirmation d'une réelle hétérogénéité qualitative de nos sentiments ? Et quelles conséquences en tirer quant à la référence à la force vitale ?

On peut avancer plusieurs hypothèses.

1) Dans certains textes pré-critiques, Kant renvoie la diversité fondamentale de nos sentiments à des « degrés » différents de la vie, vie animale, vie humaine, vie spirituelle, dont chaque espèce de sentiment est une affection : plaisir animal (plaisir des sens), plaisir humain (qui correspond au beau pensé à partir du sens commun), plaisir spirituel (plaisir moral éprouvé à l'exercice de la liberté comme degré suprême de l'activité et de la vie)[2]. Il s'agit de rapporter la spécificité des différentes sortes de sentiments à une pluralité de forces vitales, ou du moins à une diversité inscrite dans la vie elle-même. Mais cette perspective n'apparaît pas dans la *Critique de la faculté de juger*. Et comment la concilier avec l'affirmation de l'unité de la force vitale ?

2) Paul Guyer, dans *Kant and the Claims of Taste*, conteste qu'il y ait réelle hétérogénéité des sentiments :

> rien n'indique que Kant ait révisé son point de vue quant à l'uniformité qualitative du sentiment de plaisir, même après qu'il eût découvert que certaines occurrences de ce sentiment pouvaient être fondées sur les facultés cognitives supérieures et possédaient ainsi une validité universelle subjective. Dans sa lettre à Reinhold qui annonce cette révolution dans la théorie du goût, Kant proclame avoir trouvé un principe nouveau et *a priori* pour le plaisir, mais non pas une nouvelle sorte de plaisir[3].

Il reste que c'est bien Kant qui parle de « sortes spécifiquement différentes de plaisir » et qui construit ce qui apparaît comme une véritable typologie exhaustive des plaisirs, où cette homogénéité qu'il avait attribuée au plaisir en général (*Lust*), est désormais explicitement rapportée au seul plaisir de l'agréable.

3) On peut envisager enfin que cette compréhension vitale de l'affectivité ne concerne finalement que l'approche anthropologique et les seuls plaisirs des sens, sans pertinence pour la perspective transcendantale que certains sentiments nous conduisent à adopter. Ainsi, dans la *Critique de la faculté de juger*, elle apparaît essentiellement mobilisée pour rendre compte de sentiments relevant de l'analyse anthropologique, notamment au § 54, consacré au jeu de hasard, au jeu avec les sons et au jeu avec les idées : « le plaisir (*Vergnügen*) (dont la cause peut même parfaitement se trouver dans des Idées) semble toujours consister dans un sentiment d'intensification de toute la vie de l'homme, et par conséquent aussi de son bien-être physique, c'est-à-dire de la santé »[4]. La réflexion sur la nature corporelle et animale de nos plaisirs y est menée en référence explicite au seul *Vergnügen*,

1. *CJ*, Ak V, 266.
2. *Leçons de métaphysique*, Ak XXVIII, 248 *sq.*
3. P. Guyer, *Kant and the Claims of Taste*, Cambridge, Cambridge UP, 1997, p. 102-105.
4. *CJ*, § 54, Ak V, 330-331.

entendu stricto sensu, c'est-à-dire au plaisir des sens, « sans porter préjudice » aux sentiments du beau et du respect.

La question alors posée est plus fondamentalement celle de la place et du statut de cette compréhension vitale du sentiment dans le cadre de la philosophie transcendantale. Faut-il n'y voir que les scories de problématiques anthropologiques au cœur de l'analyse proprement critique ? Ou bien, par cette référence à la notion de force vitale, la résurgence d'une métaphysique dogmatique des forces non critiquée ? Le traitement proprement transcendantal du sentiment dans l'élucidation du jugement de goût impose-t-il le dépassement de cette dynamique vitale ?

On pourrait interpréter ainsi l'explication avec Burke dans la « Remarque générale » : beau et sublime peuvent *aussi* faire l'objet d'une analyse physiologique, qui mobilise la façon dont ils affectent notre force vitale, ce qu'ils font nécessairement toujours, puisque toute représentation, qu'elle soit sensible ou intellectuelle, en tant que modification du *Gemüt*, affecte nécessairement notre sentiment vital et suscite un plaisir ou une douleur, aussi imperceptibles soient-ils[1]. Mais si riches que puissent être ces analyses, elles ne vaudraient que pour un traitement empirique du sentiment, qui peut certes constituer un préalable à la perspective transcendantale, mais ne saurait se substituer à elle : en aucune manière elles ne peuvent rendre compte du caractère spécifique du sentiment du beau, sa communicabilité universelle, et Kant récuse la pertinence d'une analyse menée en termes seulement « physiologiques »[2], qui réduirait par exemple le sublime à n'être qu'une sorte de gymnastique ou de « massage » des forces vitales en vue de la santé, comparable à celui que les « voluptueux orientaux » imposent à leur corps[3].

Dans ses *Leçons sur l'Analytique du sublime*, Lyotard reconnaît ainsi l'importance de cette thématique de l'animation, mais s'étonne de ce qu'il considère comme un « recours abrupt au vitalisme ». Le traitement proprement critique du sentiment du beau conduirait au dépassement de cette dynamique vitale, inessentielle pour la compréhension de notre affectivité :

> la question de l'animation dans le texte kantien ne tient donc pas tant à la présence du motif vitaliste, qui vient de l'anthropologie, qu'à la façon dont la critique va travailler ce motif, somme toute métaphysique, de façon à en tirer le trait proprement transcendantal du plaisir esthétique, à savoir sa requête immédiate d'être partagé universellement[4].

Il s'agirait alors d'une « transmutation des éléments préjugés par l'anthropologie dynamique en les conditions *a priori* qui résultent de l'analyse critique »[5].

1. *CJ*, Ak V, 277.
2. *Ibid.*
3. *CJ*, Ak V, 273-274.
4. J.-F. Lyotard, *Leçons sur l'Analytique du sublime*, Paris, Galilée, 1991, p. 83.
5. *Ibid.*, p. 84.

Mais ce travail implique-t-il nécessairement le dépassement de la compréhension vitale du sentiment ? Le § 1 de la *Critique de la faculté de juger* a d'emblée placé l'ensemble de la réflexion sur l'affectivité dans l'horizon général du *Lebensgefühl*. Et la satisfaction attachée au beau est toujours décrite comme un « sentiment d'intensification de la vie » directement ressenti, là où le sentiment du sublime est produit par « le sentiment d'un arrêt momentané des forces vitales, immédiatement suivi par une effusion d'autant plus forte de celles-ci »[1]. Même quand il s'agit de rendre compte de la communicabilité du sentiment du beau, la problématique de l'animation, de la *Belebung*, de la vivification comprise comme animation réciproque des facultés (qui sont aussi, remarquons-le, des forces, *Gemütskräfte*), dans leur libre jeu, est mobilisée. L'harmonie des facultés n'est pas concordance statique, mais provocation réciproque à l'activité. Il y va toujours ici d'une dynamique des forces de l'esprit, qui ne peut être détachée de la problématique des forces vitales, puisque, dans une des très rares caractérisations positives du *Gemüt* par Kant, celui-ci est dit être « uniquement et entièrement vie (le principe vital lui-même) »[2]. S'il n'était pas intensification d'une force, le beau ne serait pas plaisir.

Répondre aux questions ici soulevées réclamerait de s'attacher précisément aux modalités de la différenciation des grands types de sentiments et à la façon dont cette dynamique vitale y intervient. Je ne peux pas le faire ici. Tout au plus pouvons-nous indiquer le caractère paradoxal de cette analyse pour le beau : seul plaisir véritablement pur, l'intensification de la vie semble pouvoir s'y maintenir d'elle-même, en un jeu qui se nourrit et se fortifie lui-même, sans qu'il faille pour cela en repasser par la douleur, pas même la douleur négative de l'ennui, contredisant ainsi cette coappartenance du plaisir et de la souffrance décrite par l'*Anthropologie*. Et comment penser le caractère désintéressé du beau, son statut de « satisfaction inactive »[3] et le découplage que cela implique par rapport à la faculté de désirer, s'il est bien intensification d'une force vitale elle-même comprise, comme nous l'avons rappelé, à partir de cette même faculté de désirer ?

Il importait seulement ici de montrer qu'un partage entre une perspective « vitaliste », disqualifiée d'emblée parce qu'anthropologique ou métaphysique, et une perspective spécifiquement critique et transcendantale dans l'analyse du sentiment reviendrait à manquer ce qui en constitue l'un des intérêts fondamentaux, le fait qu'elle nous conduit à poser la question de l'articulation de ces deux dimensions : la problématique de la vie et la problématique transcendantale. La question du sentiment est précisément l'un des rares lieux chez Kant qui nous permettent de penser le sujet transcendantal comme un sujet vivant et incarné.

François CALORI
Université de Rennes I

1. *CJ*, § 23, Ak V, 244-245. L'*AP* évoque, à propos du sublime, le frisson qui « pénètre le corps aussi loin qu'il y a en lui de la vie » (Ak VII, 154).

2. *CJ*, Ak V, 277-278.

3. *MM*, Introduction, Ak VI, 212.

TÉLÉOLOGIE

II

DE LA TÉLÉOLOGIE À LA THÉOLOGIE, IMPASSES ET PROMESSES

S'interrogeant, dans la *Théorie transcendantale de la méthode* de la *Critique de la raison pure*, sur la nature de la philosophie et y distinguant « un concept scolastique », celui d'un système de connaissance, et « un concept cosmique », Kant définit la philosophie en ce dernier sens comme « la science du rapport de toute connaissance aux fins essentielles de la raison humaine (*teleologia rationis humanae*) » [1]. C'est dire que le concept de fin, l'idée de finalité, la téléologie, sont au cœur de la philosophie telle que l'entend Kant et comme, d'une part, il y a subordination nécessaire du principe du mécanisme au principe de finalité dans l'explication des êtres organiques et que, d'autre part, selon les termes de la *Préface* à *la Critique de la raison pratique*, le concept de liberté forme la « clef de voûte de tout l'édifice d'un système de la raison pure… » [2], les intérêts de la raison pure pratique se trouvent fondamentalement liés à l'exercice de la faculté de juger téléologique et à ses concepts de fin et de finalité. L'*Appendice*, qui porte précisément sur la méthodologie, définit l'usage qu'il est permis de faire du concept de fin, d'abord du point de vue d'une connaissance de la nature, ensuite dans la recherche de la place et du sens de l'homme dans la création, enfin pour le passage d'une téléologie à une théologie.

J'ai fait, il y a quelques années, un assez long commentaire des paragraphes 83 et 84, paru sous le titre : « L'homme peut-il se penser comme l'effet du hasard et de la nécessité ? » [3]. Je n'en retiens ici que la forte distinction, parfois dissimulée par d'imprécises traductions, entre l'homme fin dernière de la nature dans une

1. *CRP*, B 866, Ak III, 542. Après l'indication du volume et de la page dans l'édition de l'Académie (Ak), la référence est donnée dans les *Œuvres philosophiques*, 3 vol., « Bibliothèque de la Pléiade », Paris, Gallimard, 1980-1986. La *Critique de la faculté de juger*, traduite par J.R. Ladmiral, M.B. de Launay et J.-M. Vaysse, figure au volume II.

2. *CRPr*, Ak V, 3 (Pléiade, t. II, p. 610).

3. Dans *Images de l'homme au XVIIIe siècle. Esthétique, littérature, philosophie*, J.-M. Paul (dir.), Nancy, Centre de Recherches germaniques et scandinaves de l'Université de Nancy II, 1995, p. 291-300.

perspective purement immanente et l'homme comme but final de la création (*der Schöpfung Endzweck*) :

> L'homme, écrit Kant, est le but final de la création; car, sans lui, la chaîne des fins subordonnées les unes aux autres ne seraient pas pleinement fondée, et ce n'est qu'en l'homme, mais seulement en lui comme sujet de la moralité, que la législation inconditionnée concernant les fins peut se rencontrer qui le rend seul capable d'être un but final, auquel est subordonnée téléologiquement la nature tout entière[1].

Kant lui donne une valeur de fondement, ou plutôt, en réservant au jugement déterminant le savoir du mécanisme de la nature dont l'homme fait partie intégrante, il met en évidence, liée à la présence en l'homme de la loi morale, *ratio cognoscendi* de la liberté, une exigence de penser l'univers et, à l'intérieur de celui-ci, de se penser lui-même selon la causalité du concept, c'est-à-dire selon ce qui est susceptible de donner un sens à l'univers et à l'homme. Et la tâche assignée à la faculté de juger est précisément de montrer le lien entre les deux points de vue et comment le déterminisme de la nature se subordonne aux lois de la liberté. La *Critique de la raison pure* a établi l'esprit de l'homme comme fondement du déterminisme, la *Critique de la Raison pratique* comme source de la liberté. La troisième *Critique* montre que l'homme est le lieu même de cette union, qu'il est pensé comme le *vinculum* de ces deux législations.

Ces deux paragraphes 83 et 84 sont d'un exceptionnel intérêt et constituent à mon sens la partie vraiment neuve de l'appendice qui éclaire d'une manière décisive la question de l'homme chez Kant comme l'avait bien vu Éric Weil. Les paragraphes suivants vont parcourir des chemins déjà balisés à certains égards par les deux premières *Critiques*, mais dans une perspective qui est celle de l'usage du concept de fin et du principe de finalité par rapport à une théologie possible. Il me paraît utile d'en faire d'abord une lecture linéaire pour mieux suivre la démarche souvent contournée et répétitive de Kant.

À partir de la nature, comme système des fins, mise en lumière par le jugement réfléchissant, la raison va tenter d'élaborer une *théologie physique* qui conclut à l'existence d'une cause suprême de toutes choses à partir d'une *téléologie physique* qui sert ainsi de fondement à une démarche qui se révélera vaine malgré le prestige de l'argument ontologique en faveur de l'existence de Dieu. En effet, comme l'ont montré la *Dialectique transcendantale* et l'*Idéal de la Raison pure*, aucune voie n'est possible pour remonter de l'empirique au supra-naturel et, si notre jugement sur l'existence d'êtres organisés dans la nature conduit à l'idée d'un être intelligent, celui-ci ne peut être l'objet que d'un concept empirique qui ne pourrait, en aucune manière, servir de fondement à l'idée de *but final* qui est une idée *a priori* de la raison pratique. La *Théologie physique* n'est qu'une *téléologie* mal comprise qui, au mieux, pourrait servir de propédeutique à une *théologie morale*.

1. *CJ* § 84, Ak V, 435 (Pléiade II, p. 1239).

Kant entend par *théologie morale* celle qui se fonde sur l'existence dans la nature d'êtres raisonnables se déterminant librement à partir des fins morales qui les habitent. Comme il a procédé dans les *Fondements de la métaphysique des mœurs*, à propos de la bonne volonté, Kant part d'un jugement commun selon lequel le spectacle de la nature, considéré sous son aspect de finalité, conduit à faire de l'homme, comme être raisonnable qui se donne à lui-même des fins, le *but final* de la création. « Sans les hommes, écrit Kant, la création tout entière ne serait qu'un simple désert (*eine blosse Wüste*), inutile et sans but final (*Endzweck*) »[1]. Mais il n'est but final qu'en tant qu'être moral, en tant que bonne volonté. Dès lors, comme le permet ou plutôt l'exige la constitution de la raison, il est possible de rattacher le système entier des fins de la nature à un être non seulement intelligent, mais sage, « fondement suprême du règne des fins ». La *Théologie éthique* possède par là son concept qu'il devient même possible d'expliciter en des attributs comme l'omniscience, la toute-puissance, la sagesse, l'éternité etc… Ainsi, c'est l'existence, dans la nature, d'êtres raisonnables agissant moralement qui rend pensable, *a priori*, le fondement d'un règne des fins en une cause intelligente, juste et sage du monde. Par la voie de la loi pratique, la raison peut ainsi produire le concept de Dieu. Mais la *théologie morale* exige davantage et le paragraphe 87 a pour titre : *De la preuve morale de l'existence de Dieu.* Kant introduit d'abord l'idée d'une *téléologie morale.* Alors que la *téléologie physique* conduit au concept empirique d'une cause intelligente du monde, en s'attachant à l'être raisonnable doué de liberté, la téléologie morale n'a besoin que de la législation intérieure de celui-ci. Certes, en tant qu'être libre, l'homme n'a besoin que de sa propre raison pour avoir conscience d'être soumis à la loi morale. Toutefois, cet être est aussi un être dans le monde, en rapport avec d'autres êtres que les lois morales obligent aussi à considérer comme des fins. Ne sommes-nous pas contraints par là à penser « un principe supérieur » qui serait fondement de la possibilité pour la loi morale de devenir effective dans le monde ? Ainsi l'homme, *but final de la création*, par l'effet de la loi morale qui l'habite, découvre *a priori* en lui un *but final* auquel sa raison pratique l'oblige à tendre : c'est le *souverain Bien.* Or ce but final suscite une double exigence : celle de travailler au bonheur de tous qui est le bien physique suprême, mais sous la condition de la vertu qui seule peut nous rendre dignes d'êtres heureux.

Or cette connexion entre la vertu et le bonheur excède nos propres forces et même celles de la nature, d'où l'énoncé de la preuve :

> par conséquent, nous devons admettre une cause morale du monde (un auteur du monde) pour nous proposer conformément à la loi morale un but final, et, dans la mesure où cette loi est nécessaire, dans cette même mesure il est aussi nécessaire d'admettre cette cause morale : à savoir qu'il y a un Dieu[2].

Or, à peine la preuve a-t-elle été donnée que Kant est, semble-t-il, surpris par sa propre audace ou plutôt qu'il perçoit aussitôt les malentendus auxquels elle

1. *CJ* § 86, Ak V, 442 (Pléiade II, p. 1247).
2. *CJ* § 87, Ak V, 442 (Pléiade II, p. 1257).

pourrait donner lieu. C'est pourquoi, dans les lignes qui suivent et dans sa note, il en limite la portée au seul domaine pratique, ce qui sera sa préoccupation principale jusqu'à la fin de l'*Appendice*, distinguant clairement entre l'obligation absolue de la loi morale et la nécessité de l'existence de Dieu, simple conséquence de la pensée du souverain Bien comme but final de notre liberté sous des lois morales.

Il écrit dans une note :

> Cet argument moral ne peut donner une preuve objectivement valable de l'existence de Dieu, ni démontrer au sceptique qu'il y a un Dieu ; mais que, s'il veut penser avec conséquence au point de vue moral, *il faut* qu'il accepte, parmi les maximes de la raison pratique, d'admettre cette proposition. Cela ne doit pas signifier qu'il soit nécessaire d'admettre *pour la moralité* le bonheur de tous les êtres raisonnables dans le monde conformément à leur qualité morale ; mais cela est rendu nécessaire par elle. C'est donc un argument *subjectif* suffisant pour des êtres moraux [1].

Comme s'il n'avait pas encore donné les restrictions nécessaires à cette preuve, Kant intitule le paragraphe 88 qui suit : « Limitation de la valeur de la preuve morale ». Le risque en effet serait de prendre cette preuve morale pour une *démonstration* de l'existence de Dieu, oubliant les conditions de possibilité de son énonciation, à savoir que le but final, ici le souverain Bien, est une idée de la raison pure pratique qui répond à un besoin de celle-ci et non la conclusion d'un raisonnement théologique de la raison pure dont la *Dialectique transcendantale* a montré l'impossibilité. Ne pourrait-on penser toutefois que cette preuve répond au moins aux maximes de la faculté de juger réfléchissante et qu'elle pourrait se fonder sur une *téléologie naturelle* ? Kant refuse cette possibilité, car cette téléologie est liée à l'expérience que l'idée de souverain Bien est une idée *a priori* de la raison pure pratique qui nous oblige à penser la possibilité de l'existence d'un auteur moral du monde et de le penser comme le législateur moral, si l'on veut comprendre l'existence de la loi morale dans ce but final de la création qu'est l'homme. *Téléologie physique* et *téléologie morale* constituent donc comme deux moments de la réflexion, mais seule la seconde permet de conclure à la possibilité de l'existence de Dieu. Est-il possible d'aller plus loin ? Si l'on maintient – ce qui est toujours nécessaire – la distinction entre jugements déterminants et jugements réfléchissants, il est possible d'affirmer que le principe régulateur, qui nous oriente d'un point de vue pratique vers le but final qu'est le souverain Bien, peut être pensé « comme constitutif et pratiquement déterminant » [2]. C'est dire la force de la détermination pratique qui, toutefois, en dehors de cette visée pratique, ne saurait en rien nous instruire. Il me paraît que, bien loin de l'affaiblir, la limitation de la preuve morale réalisée au § 88, en a mieux montré la force excluant d'un coup les dérives dans lesquelles pourrait tomber la raison humaine, imaginant

1. *Ibid.*
2. *CJ* § 88, Ak V, 457 (Pléiade II, p. 1265).

qu'elle peut saisir l'inconditionné, qu'elle est *capax Dei*. La reconnaissance des limites apparaît comme l'antidote de telles aberrations. Il en est de même pour l'espoir d'une vie future. Seule le point de vue pratique peut nous conduire à cette idée d'une survie comme « condition requise pour le but final qui nous est absolument imposé par la raison »[1], puisque ce qu'on appelle connaissance de l'âme n'est qu'une « simple anthropologie du sens interne » excluant toute ontologie, qu'elle soit spiritualiste ou matérialiste. Mais les illusions sont tenaces.

La fin du texte de l'appendice est dominée par une distinction, qui a fait l'objet de la 3e section du *Canon de la raison pure*, distinction entre l'opinion, le savoir, et la foi. Il s'agit de déterminer ce qui peut être tenu pour vrai dans l'usage des principes téléologiques et d'abord dans la preuve téléologique de l'existence de Dieu. Kant part de la distinction entre persuader et convaincre (*überreden* et *überzeugen*), il définit ce qui exige la conviction et analyse les modalités de la persuasion en prenant l'exemple des démarches de la téléologie naturelle : partant de la diversité ordonnée des fins de la nature, celle-ci conduit à l'idée d'une cause unique à laquelle elle accorde intelligence, toute-puissance etc. puis, de ce qu'on croit être d'un même mouvement, de l'existence de dispositions morales dans l'homme à l'idée de la sagesse morale de cet auteur du monde. Kant reconnaît le caractère persuasif de cette démarche qui vaut pour l'usage populaire et peut même servir la moralité. Mais le philosophe se doit de distinguer soigneusement dans cette preuve ce qui relève de la *téléologie physique* et ce qui appartient à la *téléologie morale*.

Une preuve qui convainc conduit à montrer soit ce qu'est l'objet en lui-même selon la vérité, soit ce qu'il est pour nous; dans le premier cas, il s'agit d'un jugement déterminant, dans le second, d'un jugement réfléchissant. Seul le premier peut véritablement convaincre. Le second, au mieux, et seulement s'il intègre une perspective pratique, peut engendrer une conviction morale. Le savoir qui a ses degrés, du plus humble au plus élevé, ne saurait rien connaître de l'inconditionné qui ne peut être l'objet, ni de la conclusion d'un syllogisme ni d'un raisonnement par analogie, ni d'une opinion vraisemblable, ni même d'une hypothèse car, écrit Kant : « la vraisemblance est toujours une partie d'une certitude possible dans une série de raisons »[2] et, toute connaissance ne portant que sur des phénomènes, il n'y a rien dans l'expérience qui permette de conclure à l'existence d'un être inconditionné, auteur moral du monde, d'une manière conforme aux lois de notre connaissance.

> Il en résulte que, pour l'existence d'un être originaire, en tant que divinité, ou pour l'âme en tant qu'esprit immortel, il n'y a pour la raison humaine absolument aucune preuve au point de vue théorique qui puisse produire ne serait-ce que le plus petit degré d'adhésion[3].

1. *CJ* § 889, Ak V, 460 (Pléiade II, p. 1269).
2. *CJ* § 90, Ak V, 465 (Pléiade II, p. 1275).
3. *CJ* § 90, Ak V, 466 (Pléiade II, p. 1276).

Ainsi la conviction morale ne saurait être, à aucun degré, un savoir incomplet. Elle n'est pas un savoir, ni même une opinion, car celle-ci requiert toujours quelque savoir.

Il s'agit donc maintenant de déterminer ce qu'est *la foi pratique*, en la purifiant de toute contamination qui lui viendrait du savoir théorique, de déterminer son rôle et de dire son utilité dans la satisfaction des besoins de la raison pure pratique. Or les objets de cette foi pratique sont pensés *a priori*, en rapport avec la loi morale qui nous oblige absolument. Ainsi le souverain Bien ou Bien suprême à réaliser dans le monde par la liberté – « *est pratique ce qui est possible par la liberté* » – parce qu'il fait l'objet d'un commandement de la raison pure pratique, doit être admis comme possible et entraîne comme condition de sa possibilité l'existence de Dieu et l'immortalité de l'âme. Il s'agit donc d'idées dont la réalité objective ne peut être prouvée, mais qui sont objets de croyance en tant que « conditions sous lesquelles seules nous pouvons penser, d'après la constitution de notre raison (humaine), la possibilité de cet effet de l'usage légitime de notre liberté » [1].

Ainsi le concept de Dieu est-il l'objet d'une croyance, en tant que condition de possibilité de la réalisation du but final qu'est le souverain Bien. Précisant dans une note la nature de cette croyance, Kant écrit : « elle est une confiance dans la promesse de la loi morale » [2]. Ainsi Dieu, l'immortalité de l'âme, la liberté, objets de la métaphysique traditionnelle qui a échoué à en établir l'existence et à en définir la nature puisqu'ils ne correspondent à aucune expérience sensible, sont-ils ici reconnus comme réels par rapport à leur usage pratique, mais dans une nouvelle subordination puisque ce n'est plus Dieu qui est le fondement ultime, mais la liberté, car « l'idée de liberté est le seul concept du supra-sensible qui prouve sa réalité objective (au moyen de la causalité qui est pensée en lui) » [3]. Seule des trois idées de la raison, la liberté, en effet, du point de vue pratique, permet le passage du « supra-sensible en nous » au « supra-sensible hors de nous » [4] par la loi morale qui nous oblige. Là où la philosophie spéculative s'est révélée impuissante, la philosophie pratique nous ouvre à l'infini « *ins unendliche* » [5] selon l'expression de la *Conclusion* de la *Critique de la raison pratique*.

L'*Appendice* se termine par une longue remarque générale sur la téléologie qui veut montrer, une fois de plus, que la *preuve morale* est la seule voie possible qui puisse nous conduire à l'existence de Dieu. Et une fois encore, comme il l'a déjà esquissé dans ce même texte et surtout à deux reprises longuement dans la *Dialectique transcendantale* et l'*Idéal de la raison pure* dès 1781, Kant entreprend de réduire les prétentions de la métaphysique traditionnelle à prouver l'existence de Dieu. L'argument ontologique, la preuve physico-théologique sont brièvement évoquées et réfutées, et font place à des considérations plus étendues

1. *CJ* § 90, Ak V, 469 (Pléiade II, p. 1280).
2. *CJ* § 91, Ak V, 470 (Pléiade II, p. 1282).
3. *CJ* § 91, Ak V, 474 (Pléiade II, p. 1285).
4. *Ibid.*
5. *CRPr*, Ak V, 162 (Pléiade II, p. 1282).

sur l'argument tiré de la *téléologie physique* qui, dans un exposé populaire, peut conduire à l'idée d'un auteur intelligent du monde.

Dans ces pages, ce que veut démêler Kant, et lui-même n'échappe pas toujours à une certaine confusion qui exprime son embarras à l'égard d'une preuve unanimement respectée, c'est le mélange entre la preuve *physico-téléologique* et la *preuve morale* de l'existence de Dieu. Lorsqu'il s'ajoute à la première la preuve morale qui permet de dégager l'idée du souverain Bien comme but final des créatures raisonnables, la conviction paraît irrésistible, mais c'est un leurre. La preuve morale n'est pas un complément de la première. Elle est tout à fait indépendante d'elle. Elle vaut par elle-même alors que la preuve téléologico-physique ne vaut que par elle. Tout au plus pourrait-elle la préparer ou la confirmer. Deux principes aussi éloignés l'un de l'autre que la nature et la liberté ne peuvent en effet donner lieu qu'à des types très différents de preuves.

Dès lors, la preuve physico-téléologique ne saurait servir une théologie car son concept de l'Être suprême demeure indéterminé. Il ne reçoit sa détermination que de la preuve morale qui touche l'Infini et seule peut convenir à une théologie. Or pour Kant cette théologie morale n'est rien d'autre que la religion conçue dans sa vérité. On ne saurait donc séparer l'idée de l'auteur suprême du monde moral de l'obligation que, par la loi morale, l'on a à son égard, sans que cette obligation à son égard nous soit imposée de l'extérieur. C'est notre propre raison qui nous contraint à viser la réalisation du souverain Bien dans le monde. La théologie morale n'accroît donc en rien nos connaissances théoriques, mais elle est utile pour l'usage pratique de notre raison dont elle assure la cohérence. Une objection pourrait naître ici. Dans l'affirmation de Dieu comme cause morale du monde, n'y a-t-il pas usage illégitime du principe de causalité qui ne vaut que pour les phénomènes selon les enseignements de l'*Analytique transcendantale*?

Dans sa critique de l'Idée de Dieu, conçu comme premier moteur, Kant a fait valoir cette impossibilité d'utiliser le concept de cause, puisqu'elle ne saurait, dans son application à l'expérience, échapper aux formes de l'espace et du temps. Mais, si je m'appuie sur l'ordre du monde, ne puis-je pas penser un entendement qui échapperait à ces formes? Il faut distinguer, répond Kant, entre ce que la raison nous contraint de penser, à savoir la finalité de la nature comme l'effet d'un entendement et ce que, d'après les règles de l'usage de la connaissance, je puis effectivement savoir. En ce qui concerne l'homme, je puis en effet lui reconnaître un entendement, mais l'attribuer de la même façon à Dieu, et se vanter de la connaître, c'est aller à l'encontre de ce qu'à fermement établi la *Critique de la raison pure*, c'est aller au-delà des limites de la connaissance. Toutefois, ce qui avait été refusé pour l'usage théorique devient concevable pour l'usage pratique, car selon Kant:

> … selon une analogie avec un entendement, je puis et même je dois, d'un autre point de vue certes, penser une être suprasensible, sans vouloir pourtant le connaître par là théoriquement car, si cette détermination de sa causalité concerne un effet dans le monde, qui comprend un dessein moralement nécessaire mais irréalisable pour des êtres sensibles, alors une connaissance de Dieu et de son existence (théologie) est possible, par les propriétés et déterminations de sa

> causalité, conçues en lui selon la simple analogie ; et du point de vue pratique, mais *seulement par rapport à ce point de vue* (en tant que moral), elle possède toute la réalité exigée. Ainsi une théologie éthique est tout à fait possible [1].

Sans cette possibilité de poser l'existence de Dieu comme législateur moral suprême et de réfléchir d'une manière analogique sur sa nature, certes la loi morale reste ce qu'elle est, suffisante en elle-même, mais la raison pratique n'y trouve pas son compte pour penser le but final qu'est le souverain Bien. Kant prend encore soin dans les dernières des lignes de son texte d'opposer absolument cette *théologie morale* à une *éthique théologique* et de rappeler l'intérêt propédeutique de la démarche physico-téléologique.

La fin de l'*Appendice* à la *Critique de la faculté de juger réfléchissante* décrit donc bien le passage d'une téléologie à une théologie, mais ce passage est semé d'embûches. L'affirmation sans cesse reprise sous des formes différentes que ni la téléologie, ni la théologie ne saurait en aucune manière augmenter notre savoir met une fois encore en lumière le gouffre immense qui sépare le règne de la nature et le règne de la liberté. Seul l'homme, parce qu'il appartient à ces deux règnes, permet de les relier car, Kant l'affirme dans l'*Introduction*, « le concept de liberté a le devoir de rendre effectif dans le monde sensible la fin imposée par ses lois » [2].

Je voudrais pour conclure ramasser l'essentiel des enseignements de cette lecture cursive. La *théologie physique* utilise la *téléologie naturelle* pour tenter de prouver l'existence de Dieu. Se fondant sur le concept de nature, elle conclut à l'existence d'un supra-sensible qui en serait le fondement. *La théologie morale*, elle, prend appui sur l'existence d'être moraux dans la nature et sur le concept de liberté. Or les concepts de nature et de liberté sont hétérogènes et pourtant les deux théologies ne cessent de se mêler. La première préparant, semble-t-il, à la seconde qui la compléterait. Or, aux yeux de Kant, il n'en est rien. La théologie physique n'a aucune légitimité et n'a d'intérêt que par la téléologie physique. Les concepts de la téléologie physique sont empiriques et ne sauraient concerner le but final de la création, tout au plus peut-elle conduire à l'idée d'une intelligence organisatrice, mais non à l'idée d'une sagesse suprême exigée par la raison pratique. Par contre la *théologie morale* qui s'appuie sur la *téléologie morale* peut rejoindre l'idée d'une législation suprême dont les attributs peuvent être pensés dans cette perspective sans toutefois, et ce point est fondamental, que soit portée atteinte à l'autonomie de la volonté dont la législation intérieure se suffit à elle-même ; fonder la loi sur Dieu serait rétablir une morale théologique, à l'opposé des intentions kantiennes. Le souci permanent de Kant en ces pages est en effet de dénoncer les amalgames ; ses analyses visent à purifier la loi morale des ingrédients qui en altèrent la pureté par une confusion sans cesse renaissante entre la croyance et le savoir, conduisant aux prétentions dogmatiques du faux savoir religieux et à la dénaturation de l'intention morale. C'est pourquoi, et Kant le répète à diverses reprises, la foi morale ne fonde pas le devoir et la croyance en l'existence de Dieu

1. *CJ* § 91, Ak V, 485 (Pléiade II, p. 1298).
2. *CJ*, Introduction II, Ak V, 176 (Pléiade II, p. 929).

n'est pas un devoir, l'athée peut être vertueux, et Kant cite ici Spinoza. Simplement la foi en l'existence de Dieu traduit la confiance que nous pouvons avoir dans une promesse, non pas que la loi morale promette quoi que ce soit, mais elle nous impose de travailler à la réalisation du but final de toutes les créatures raisonnables, c'est-à-dire au souverain Bien. Et ce commandement n'a de sens que si celui-ci est possible, de même que la loi morale n'a de sens que si nous sommes libres.

Il est clair qu'il ne s'agit pas là d'un savoir de notre raison théorique, la croyance est morale en ce sens qu'elle ne donne pas une conviction irrésistible comme pourrait le faire une conclusion logique ou un fait irréfutable. Mais elle est plus qu'une simple persuasion. Comme Kant l'avait excellemment analysé dans l'opuscule; *Qu'est-ce que s'orienter dans la pensée ?* de 1786, il s'agit d'une foi rationnelle (*Vernunftglaube*), qui correspond à un besoin de la raison dans son usage pratique. Toutefois la raison théorique ne désarme pas. Kant en avait eu encore l'exemple dans les *Morgenstuden* de Mendelssohn. C'est pourquoi il reprend ici, à deux reprises, la réfutation des preuves traditionnelles de l'existence de Dieu, en particulier dans le dernier paragraphe où il fait un sort à la preuve téléologique. En effet par les voies traditionnelles, y comprise celle de l'argument téléologique universellement apprécié, l'objet atteint n'est qu'un quelque chose d'indéterminé que l'on juge sans preuve, comme fondement de toutes choses. Or, si l'argument téléologique connaît tant de faveurs alors qu'il n'a aucune valeur démonstrative, c'est parce qu'il se mêle à une téléologie éthique qui lui donne son pouvoir de persuasion. Toutefois, s'il ne saurait suffire à une véritable théologie, il peut servir de propédeutique à la seule théologie possible, c'est-à-dire à la théologie morale qui n'est qu'un autre nom de la religion. Comme le terme moral dans l'expression « preuve morale » limite la preuve à son usage pratique, ici la théologie morale n'a de sens que par rapport à la religion définie comme « la connaissance de nos devoirs comme commandements divins »[1] expression qui sera souvent reprise dans l'*Opus postumum*.

Si cet appendice a une force singulière lorsqu'il s'attache dans les paragraphes 83 et 84 à l'homme comme but final de la création et au souverain Bien comme but final de tous les êtres raisonnables, il faut reconnaître que sa composition, tant dans la suite des paragraphes qu'à l'intérieur de ceux-ci, est souvent difficile à saisir et que les articulations du paragraphe 86 sur la théologie éthique, par où il eût fallu peut-être finir, jusqu'au paragraphe 91 sur la croyance pratique et sa remarque finale sur la téléologie se laissent malaisément justifier.

Le spectre des preuves traditionnelles, malgré les réfutations précédentes, demeure menaçant et suscite la colère de Kant lorsqu'il écrit par exemple pour ceux qui les défendent encore :

> ...toutes vos lamentations, toute votre impuissante indignation contre le prétendu sacrilège de mettre en doute la solidité de votre raisonnement, ne sont qu'une vaine fanfaronnade, qui voudrait tenir le doute, librement formulé au sujet de

1. *CJ* § 91, Ak V, 481 (Pléiade II, p. 1294).

> votre argument, pour une atteinte à la vérité sacrée, afin de dissimuler, derrière ce voile, la faiblesse de votre argument [1].

Indignation qui lui permet d'opposer à ces vaines protestations en faveur de preuves inconsistantes la téléologie morale

> qui repose *a priori* sur des principes inséparables de notre raison, conduit à ce qui est exigé pour la possibilité d'une théologie, à savoir à un *concept* déterminé de la cause suprême comme cause du monde selon des lois morales, et par conséquent au concept d'une cause qui satisfait notre but final moral [2].

En ce texte qui achève la *Critique de la faculté de juger téléologique*, les reprises, les répétitions en des cheminements tortueux, assez éloignés des enchaînements parfaitement agencés de la *Critique de la raison pratique*, sont assez nombreux pour qu'il soit permis de présumer chez Kant, sinon une sorte de malaise, du moins une préoccupation obsédante, comme s'il craignait, à propos des concepts de fin et de finalité dont cet *Appendice* définit l'usage, une nouvelle et mortelle confusion entre le savoir et la foi.

Jean FERRARI
Université de Bourgogne

1. *CJ* § 91, Ak V, 480 (Pléiade II, p. 1293).
2. *Ibid.*

VALEUR ET SIGNIFICATION DE LA PREUVE TÉLÉOLOGICO-MORALE DE L'EXISTENCE DE DIEU

En 1787 comme en 1781, Kant soutient, dans la *Critique de la raison pure*, qu'il n'y a et ne saurait y avoir que trois preuves de l'existence de Dieu : la preuve ontologique, la preuve physico-théologique, la preuve cosmologique; ces deux dernières reposant, au bout du compte, sur la première, la preuve ontologique. Or, il ressort de la critique à laquelle Kant soumet ces trois preuves que

> la raison n'obtient pas plus de résultat sur […] la voie empirique […] que sur […] la voie transcendantale […], et qu'elle déploie vainement ses ailes pour s'élever au-dessus du monde sensible par la seule force de la spéculation [1].

L'affirmation de l'impossibilité de démontrer l'existence de Dieu par la seule force de la spéculation résulte fondamentalement de la double découverte que toute proposition d'existence est synthétique et que toute proposition synthétique requiert le rapport à l'expérience. Attribuer l'existence à un objet requiert de sortir du concept de cet objet – ce qui se produit au moyen de l'enchaînement du concept de l'objet avec mes perceptions suivant des lois empiriques. Ce qui implique que « pour des objets de la pensée pure il n'y a absolument aucun moyen de reconnaître leur existence, puisqu'il faudrait la reconnaître tout à fait *a priori*, tandis qu'au contraire notre conscience de toute existence […] appartient entièrement à l'unité de l'expérience » [2]. Il est donc, dans la perspective théorique, absolument impossible de connaître, par suite, de démontrer l'existence d'un objet suprasensible.

Pourtant, en 1790, dans les derniers alinéas de la *Critique de la faculté de juger*, Kant, dans la lignée de la seconde *Critique* et des postulats de la raison pratique, propose un nouvel argument, qu'il qualifiera de « moral » [3], et qui suffit à prouver l'existence de Dieu. Dans cette perspective, le défi consiste à expliciter en quoi il n'y a pas contradiction entre l'affirmation de 1790 selon laquelle « l'effectivité d'un auteur suprême, légiférant moralement, est […] suffisamment

1. *CRP*, A 591/B 619 (Pléiade I, p. 1209, trad. légèrement modifiée).
2. *CRP*, A 601 / B 629 (Pléiade I, p. 1217).
3. *Progrès*, Ak XX, 306.

démontrée »[1] et l'affirmation antérieure de la *Dialectique Transcendantale* que « tous les essais d'un usage purement spéculatif de la raison en matière de théologie sont absolument infructueux, et qu'ils sont en vertu de leur nature interne nuls et non avenus »[2]. Comment concilier ces deux affirmations qui pourraient paraître, au premier abord, contradictoires ?

Afin de répondre à cette question, je me propose d'expliciter dans cette contribution comment la raison pratique confère à ce que la raison spéculative laissait indéterminé comme simple *idéal* transcendantal, au concept *théologique* de l'être suprême, de la signification et de la réalité objective. À cette fin, je commencerai par présenter la preuve téléologico-morale de l'existence de Dieu telle que Kant l'expose dans la *Critique de la faculté de juger*, j'expliciterai, ensuite, la valeur et la signification de cet argument, ce qui me conduira, dans un dernier temps, à déterminer la portée de la preuve téléologico-morale pour la connaissance pour nous possible de l'objet correspondant à l'idée de Dieu.

1) De même qu'il y a une téléologie physique qui donne, pour notre faculté de juger réfléchissante (théorique), un fondement de preuve suffisant pour admettre l'existence d'une cause *intelligente* du monde, nous trouvons en nous-mêmes, plus précisément, dans le concept d'être raisonnable comme être doté d'une causalité par liberté, une téléologie morale. Or, cette téléologie, que nous trouvons dans le concept d'être raisonnable, prouve l'existence de Dieu grâce au concept d'un *but final* qu'elle est obligée d'attribuer à la création[3] au point de vue pratique.

On peut distinguer deux « moments » dans la démonstration kantienne, qui correspondent au progrès de la téléologie morale à la théologie. Dans un premier temps, la téléologie morale conclut à *l'existence d'un but final de la création*. Selon Kant, seul un but final[4] peut nous enseigner les propriétés de la cause suprême de la nature. Or, si nous trouvons des fins dans la nature (abondamment présentées par la téléologie physique), nous cherchons vainement le but final de la nature dans la nature elle-même. Le but final est *inconditionné* et il n'y a rien dans la nature dont le fondement de détermination ne soit, à son tour, déterminé. Une chose qui doit exister nécessairement en vertu de sa constitution objective comme but final d'une cause intelligente doit être telle qu'elle ne dépende dans l'ordre des fins que de sa simple idée. Or, selon Kant, il n'y a qu'un type d'être dans le monde dont la causalité soit téléologique et constituée de sorte que ce type d'être se représente la loi, selon laquelle il doit déterminer des fins, comme inconditionnée et nécessaire en soi, à savoir : l'homme considéré comme noumène, le seul être de la nature dont nous pouvons reconnaître *a priori* un pouvoir suprasensible (la liberté), la loi de la causalité et l'objet de cette loi (qu'il se propose comme

1. *CJ*, § 88, Ak V 456 (Pléiade II, p. 1263).

2. *CRP*, A 636/B 664 (Pléiade I, p. 1242).

3. Kant entend ici par création la cause de l'existence d'un monde ou des choses qui sont en ce monde (voir *CJ*, § 87, note Ak V, 449).

4. C'est-à-dire une fin qui n'a pas besoin d'une autre fin comme condition de sa possibilité, voir *CJ*, § 84, Ak V, 434.

but final)[1]. Ce n'est qu'en l'homme (en tant que sujet de la moralité) que l'on rencontre une législation inconditionnée eu égard aux fins. Autrement dit, l'homme est but final de la création en tant (et uniquement en tant) qu'être moral. Cette conclusion rejoint, ce faisant, l'un des principes fondamentaux auxquels la raison commune donne immédiatement son assentiment : si la raison doit invoquer *a priori* un but final de la création, ce ne peut être que l'homme (tout être raisonnable) *sous des lois morales*[2]. En dernière analyse, dans la mesure où la raison pratique, *via* la loi morale, impose à l'homme un but final, pour appliquer ses forces à le réaliser, nous avons une raison d'admettre la possibilité de ce but et donc d'admettre une nature des choses qui s'y accorde, par suite, nous avons un fondement moral pour penser dans le monde un but final de la création : l'homme en tant qu'être moral.

Nous avons un fondement moral pour conclure à l'existence d'un but final de la création, mais cela n'est pas encore la conclusion d'une téléologie morale à une théologie. Reste encore à *démontrer l'existence d'un auteur moral du monde*. Examinons brièvement la démonstration de cette existence telle que Kant l'expose dans le § 87 de la troisième *Critique*.

La loi morale nous détermine *a priori* un but final, auquel elle nous contraint d'aspirer; ce but final, c'est le souverain Bien possible dans le monde par la liberté, c'est-à-dire l'accord proportionné du bonheur avec la moralité. La loi morale (donnée en nous comme un fait de la raison pure, fait incontestable et indubitablement certain) nous ordonne de promouvoir le souverain Bien, c'est-à-dire le bonheur en accord avec la moralité, autant que cela est en notre pouvoir et ce, quelle que soit l'issue de notre effort. Selon le § 87, le bonheur est la condition *subjective* sous laquelle l'homme peut se poser un but final. Il suit que le plus haut bien physique possible dans le monde, que l'homme doit promouvoir en tant que but final, est le bonheur, sous la condition *objective* de l'accord de l'homme avec la loi de la moralité, cette loi étant ce qui le rend digne du bonheur. Seulement, nous ne pouvons nous représenter la liaison de ces deux conditions – subjective et objective – du but final par de simples causes naturelles. Le concept de la nécessité *pratique* d'une telle fin par l'usage de nos forces ne s'accorde avec le concept *théorique* de la possibilité physique de sa réalisation *que* si nous rattachons à notre liberté une causalité différente de la nature. Kant en conclut que

> nous devons admettre une cause morale du monde (un auteur du monde) pour nous proposer conformément à la loi morale un but final, et dans la mesure où cette loi est nécessaire, dans cette même mesure il est aussi nécessaire d'admettre cette cause morale : à savoir qu'il y a un Dieu[3].

La téléologie morale conduit ainsi à ce qui est exigé pour la possibilité d'une théologie, à savoir à un concept déterminé de la cause suprême comme cause du monde selon des lois morales, concept d'un être que nous pensons, par suite,

1. Voir *CJ*, § 84, Ak V, 435.
2. Voir *CJ*, § 87, Ak V, 448.
3. *CJ*, § 87, Ak V, 450 (Pléiade II, p. 1257).

comme omniscient, omnipotent, omniprésent, éternel, absolument bon et juste (ces deux propriétés réunies formant la sagesse). Le devoir de travailler à la promotion du souverain Bien dans le monde conduit donc à la nécessité d'*admettre l'existence de Dieu comme auteur moral du monde*[1] et fournit un argument qui suffit à prouver l'existence de Dieu relativement à la fin ultime de l'homme, le seul argument qui conduise à un concept déterminé de l'objet de la théologie.

Dès lors, comment concilier cette conclusion avec celle de la *Critique de la raison pure* selon laquelle il est impossible de connaître l'existence d'un objet suprasensible ?

Kant ne reviendra jamais sur ce point : le concept de Dieu est excessif pour la raison spéculative[2]. Il n'y a pas, au point de vue théorique, de preuve de l'existence de Dieu qui produise l'assentiment, car il n'y a pas pour nous de matière qui permette de déterminer les idées du suprasensible[3]. Il ne saurait, pourtant, être question de relever une quelconque contradiction entre l'affirmation de la possibilité de prouver l'existence de Dieu à partir de la téléologie morale et l'un des enseignements les plus fondamentaux de la *Critique de la raison pure*, à savoir que les catégories ne produisent absolument aucune connaissance d'un objet suprasensible. L'apparente contradiction entre la possibilité d'une théologie et les propos de la première *Critique* disparaît, en effet, dès lors que l'on considère qu'il est fait usage des catégories pour une connaissance de Dieu, non pas dans un but théorique (visant ce qu'est sa nature en soi[4]), mais *seulement dans une visée pratique*.

Est-ce à dire, pour autant, que cet argument est dépourvu de validité ? Quelle est la signification, la valeur de la preuve téléologico-morale de l'existence de Dieu ?

2) L'argument téléologico-moral prouve Dieu et son existence comme objet pour nous et comme « objet de foi ».

L'argument téléologico-moral prouve l'existence de Dieu comme *objet pour nous* (et non pas comme objet en soi). Dans le § 90 de la *Critique de la faculté de juger*, Kant distingue deux sortes de preuves : la preuve de ce que l'objet est en soi et celle de ce que l'objet est pour nous, c'est-à-dire selon les principes rationnels pour nous nécessaires à son appréciation[5]. Alors que la première preuve est fondée sur des principes suffisants pour la faculté de juger *déterminante*, la preuve de ce que l'objet est pour nous est fondée sur des principes *simplement* suffisants pour la faculté de juger *réfléchissante*. Lorsque nous considérons la manière dont quelque chose peut être objet de connaissance *pour nous* (c'est-à-dire selon la constitution subjective de nos facultés de représentation), les concepts ne sont pas

1. Cf. *CJ*, § 87, Ak V, 453.
2. Voir *CJ*, § 88, Ak V, 457.
3. Voir *CJ*, § 90, Ak V, 466.
4. L'argument moral ne satisfait pas le désir de la raison quant à une théorie qui serait fondée sur la connaissance de la nature des choses (voir *CJ*, § 91, Ak V, 479).
5. Voir *CJ*, § 90, Ak V, 462-463.

rapprochés des objets, mais simplement de nos facultés de connaître et de l'usage que ces facultés peuvent faire de la représentation donnée.

Cet argument prouve Dieu et son existence comme *« objet de foi » pour la raison pratique*[1]. Dans la perspective de 1790 comme dans celle de 1788, l'existence de Dieu est prouvée comme objet de foi[2], c'est-à-dire comme un objet qui doit être pensé *a priori* en rapport à l'usage conforme au devoir de la raison pratique, mais qui est exagéré pour l'usage théorique de la raison. Selon le § 91 de la *Critique de la faculté de juger*, les objets de foi sont au nombre de trois : le souverain Bien et les deux objets requis pour sa possibilité, l'existence de Dieu et l'immortalité de l'âme. Sont, en effet, des objets de foi les trois idées dont nous ne pouvons pas assurer la réalité objective théorique, mais dont nous devons reconnaître la réalité objective dans un rapport pratique, soit parce que l'objet de l'idée constitue le but final suprême que nous devons travailler à réaliser (cas du souverain Bien), soit parce que l'objet de l'idée est la condition sous laquelle seulement nous pouvons penser la possibilité du souverain Bien (cas de l'existence de Dieu et de l'immortalité de l'âme)[3].

On retiendra que le concept de Dieu mérite d'être tenu pour vrai par nous comme « objet de foi » en relation à l'objet de notre devoir, à titre de condition de la possibilité d'en atteindre le but final. Or, et c'est fondamental, ce concept acquiert, dans cette relation à l'objet de notre devoir, de la réalité objective.

Au point de vue de *l'usage théorique de la raison*, Dieu ne peut pas être compté avec certitude parmi les objets de connaissance possible pour nous et il est impossible d'affirmer la réalité objective de son concept. Ce concept acquiert, en revanche, de la *réalité objective au point de vue de l'usage pratique* de la raison, en tant que condition de possibilité du but final que la loi morale nous ordonne de promouvoir dans le monde : « [...] le concept du souverain Bien [...], et avec lui les conditions de sa possibilité, les idées de Dieu [...] et d'immortalité, sont *dotés de réalité*, quoique *toujours seulement en relation avec l'exercice de la loi morale* (et non à des fins spéculatives) »[4].

La distinction entre deux types de réalité objective, la réalité objective qu'a une représentation dans l'usage *pratique* de la raison et la réalité objective qu'a une représentation dans l'usage *théorique* de cette même raison, permet de résoudre l'« énigme » qui consiste à « savoir comment on peut, dans la spéculation, *dénier la réalité* objective à l'*usage* suprasensible des *catégories*, et cependant leur *reconnaître* cette *réalité* relativement aux objets de la raison pure pratique »[5]. Autrement dit : cette distinction permet de comprendre comment Kant peut refuser de reconnaître la réalité objective de l'idée de Dieu dans l'usage théorique de la raison et affirmer la réalité objective de cette même idée dans l'usage pratique. Il ressort, en effet, de la définition que Kant donne de ces deux

1. Voir *CJ*, § 91, Ak V, 475.
2. *mere credibile, res fidei*.
3. Voir *CJ*, § 91, Ak V, 469-470.
4. *CRPr*, Ak V, 138 (Pléiade II, 776), nous soulignons. *Cf.* Ak V, 134.
5. *CRPr*, Ak V, 05 (Pléiade II, p. 612).

types de réalité objective que la réalité objective « pratique » n'exige pas, comme la réalité objective « théorique », la *détermination* de l'objet par la catégorie, mais signifie seulement qu'*un objet appartient sous ce rapport au concept*. Lorsque Kant affirme que l'idée de Dieu a de la réalité objective pratique, il affirme que l'idée de Dieu n'est pas vide, que l'objet Dieu correspond effectivement à l'idée de Dieu que se forge la raison pure en son usage pratique.

Cette précision permet de comprendre l'insistance de Kant à restreindre la réalité objective dont est susceptible l'idée de Dieu à la seule visée pratique : l'idée de Dieu a de la réalité objective, « bien que cette réalité soit seulement pratique » (*obgleich nur praktische Realität*)[1]. En d'autres termes : l'idée de Dieu a uniquement de la réalité objective en liaison avec le principe déterminant de la volonté pure, la loi morale, une « réalité qui n'est applicable que pratiquement »[2].

Il est notoire que cette restriction de la réalité objective de l'idée de Dieu à la visée pratique va de pair avec l'affirmation de la *valeur subjective* de la preuve téléologico-morale. L'argument moral, en effet, ne donne pas une preuve objectivement valable de l'existence de Dieu et ne peut pas démontrer au sceptique qu'il y a un Dieu, mais simplement que penser avec conséquence au point de vue moral exige d'admettre parmi ses maximes de la raison pratique cette proposition : « il y a un Dieu ». La preuve téléologico-morale est un argument *subjectif* suffisant pour des êtres moraux[3], un argument qui ne prouve pas l'existence de Dieu « *simpliciter* », mais seulement « *secundum quid* »[4], c'est-à-dire relativement à la fin ultime de l'homme moral. Nous ne devons jamais perdre de vue que cet argument, au reste valable pour tous les êtres raisonnables, démontre l'existence de Dieu *uniquement pour notre destination morale*.

Dans cette optique, il me semble pertinent de qualifier la réalité objective qui revient à l'idée de Dieu en tant que postulat de la raison pratique de « subjective ». Bien qu'au premier abord paradoxale, l'expression « réalité objective subjective » permet, à mon sens, de mettre l'emphase sur le fait que l'assentiment dans les postulats de la raison pratique est suffisant simplement subjectivement. Par définition, l'assentiment est toujours subjectif[5] et affirmer que les postulats de la raison pratique sont de l'ordre de l'assentiment, c'est d'entrée souligner leur validité *subjective*. Mais, qui plus est, les postulats[6] ne sont pas de l'ordre de l'assentiment certain, lié à la conscience de la nécessité, assentiment subjectivement et objectivement suffisant, autrement dit, les postulats ne sont pas objets de savoir, mais de foi, c'est dire de l'ordre de l'assentiment subjectivement

1. *CRPr*, Ak V, 48, 49.

2. *CRPr*, Ak V, 56. *Cf.* Ak V, 44 ; *CJ*, § 88, Ak V, 457 ; *PP*, Ak VIII, 418 ; *Progrès*, Ak XX, 294.

3. Voir *CJ*, § 87, note Ak V, 450-451.

4. *Progrès*, Ak XX, 305.

5. Voir *Logique*, Ak IX, 65-66.

6. Les postulats de la raison pratique sont des hypothèses théoriques émises sous un rapport nécessairement pratique. Pour une définition des postulats de la raison pratique, on se reportera à la *CRPr*, Ak V, 132, à la *Logique*, Ak IX, 112, ainsi qu'au *PP* où Kant définit les postulats comme des impératifs pratiques donnés *a priori* qu'on ne peut pas expliquer (voir Ak VIII, 418).

suffisant, mais *objectivement insuffisant*[1]. Ce qui signifie que les postulats n'ont pas de valeur apodictique, mais simplement *assertorique*[2] : ce que je *crois*, par exemple que Dieu existe, n'est nécessaire que subjectivement, pour moi. Au contraire, si je *savais* que Dieu existe, la proposition « Dieu existe » serait apodictiquement certaine, objectivement nécessaire, universellement valable. Les postulats sont des suppositions pratiquement nécessaires (je suis fondé à admettre l'existence de Dieu comme condition de la possibilité de l'objet du libre arbitre), mais le fondement de cette supposition est purement subjectif, ce qui revient à dire que je ne suis pas déterminé à croire que Dieu existe par des fondements de vérité objectifs, qui seraient entièrement indépendants de la nature et de l'intérêt du sujet[3]. Par suite, la conviction que produit le postulat de l'existence de Dieu n'est pas communicable et n'exige pas l'assentiment universel. Davantage, il n'y a même que moi qui puisse être certain de la validité de ma foi en l'existence de Dieu, ce que Kant exprime en écrivant que la foi est libre[4].

Lorsqu'on s'interroge sur le pourquoi de la subjectivité de la nécessité des postulats, il appert que ces hypothèses nécessaires sous un point de vue pratique reposent sur un *besoin de la raison*. De manière plus spécifique, nous sommes conduits aux postulats par *un besoin de la raison en son usage pratique*, ce que Kant appelle un « besoin-loi » (*gesetzliches Bedürfnis*), le « besoin-*loi* d'admettre quelque chose sans quoi ne peut avoir lieu ce qu'on *doit* sans relâche se proposer pour but de son action »[5]. Seul le besoin de la raison en son usage pratique est inconditionné, à « visée absolument nécessaire »[6], par suite, conduit à des *postulats*, alors que le besoin de la raison en son usage théorique donne simplement lieu à des *hypothèses*. Le besoin de la raison en son usage pratique conduit à des postulats parce qu'il est fondé sur un *devoir*, celui de prendre le souverain Bien comme objet de sa volonté et de travailler à le réaliser; ce qui suppose d'admettre la possibilité du souverain Bien ainsi que celle des conditions de cet objet, l'existence de Dieu et l'immortalité de l'âme.

Il est donc moralement nécessaire d'admettre l'existence de Dieu, mais *la nécessité morale est subjective*, parce que c'est un besoin qui repose sur un devoir, celui de réaliser le souverain Bien. Cette nécessité ne peut pas être *objective* parce qu'elle devrait alors être elle-même un devoir et que ce ne peut pas être un devoir d'admettre l'existence d'un objet[7]. Ce qui est un devoir, ce n'est pas de postuler les conditions de possibilité du souverain Bien, mais de travailler à le promouvoir dans le monde[8].

1. Voir *CRP*, A 822/B 850.
2. Voir *Logique*, Ak IX, 66.
3. Voir *Logique*, Ak IX, 70.
4. Voir *Logique*, Ak IX, 69.
5. *CRPr*, Ak V, 05 (Pléiade II, 611).
6. *CRPr*, Ak V, 143.
7. Admettre l'existence d'un objet concerne uniquement l'usage théorique de la raison.
8. Voir *CRPr*, Ak V, 125-126.

Seulement, affirmer que l'argument moral est suffisant simplement subjectivement, et que la nécessité d'admettre l'existence de Dieu est subjective, n'est-ce pas, au bout du compte, remettre en question la valeur de la preuve téléologico-morale de l'existence de Dieu ?

Loin s'en faut. Selon Kant, toute preuve, qu'elle soit guidée par la présentation empirique de ce qui doit être prouvé ou par la raison à partir de principes *a priori*, doit pouvoir *convaincre*[1]. Conformément à ce que nous avons vu, la preuve morale convainc en tant que preuve de ce qu'est l'objet (Dieu) *pour nous*. Cette preuve, dans la mesure où elle a pour fondement un principe rationnel pratique, la loi morale, peut prétendre à une conviction suffisante d'un point de vue pratique. En d'autres termes, cette preuve produit une conviction *morale*[2]. Or, la conviction morale, même si elle n'est pas logique, n'en est pas moins certaine que la conviction que produit le savoir[3]. Certes, dans la mesure où la certitude de la conviction que produit la foi n'est pas logique, mais morale, je ne suis pas autorisé à affirmer qu'*il est* moralement *certain* que Dieu existe, mais seulement que *je suis certain*. Je crois inévitablement en l'existence de Dieu, rien ne peut faire chanceler ma foi parce qu'il est absolument nécessaire que j'obéisse à la loi morale. En dernière analyse, que le principe qui détermine à postuler l'existence de Dieu soit subjectif, dans la mesure où il repose sur un besoin de la raison en son usage pratique, ne doit pas amener à occulter que ce principe est le fondement d'une maxime d'assentiment au point de vue pratique (la foi), pour autant qu'il permet de mettre en œuvre ce qui est objectivement nécessaire (simplement, il est vrai, selon la raison pratique) : le souverain Bien.

3) Il me reste à examiner la portée de la preuve téléologico-morale pour la connaissance possible pour nous de l'objet correspondant à l'idée de Dieu et à répondre à cette question : qu'une preuve – morale – de l'existence de Dieu soit possible implique-t-il que l'on puisse connaître ce qu'est Dieu en soi ?

Premier point important à prendre en considération : nous pouvons uniquement penser les propriétés de l'être suprême par analogie[4]. Dans cette perspective, il est essentiel de définir ce que Kant entend ici par analogie. Selon le § 90 de la troisième *Critique*, « l'*analogie* (au sens qualitatif) est l'identité du rapport entre les fondements et les conséquences (causes et effets), dans la mesure où cette identité existe en dépit de la différence spécifique des choses ou de leurs propriétés en soi, qui contiennent le principe de conséquences semblables… »[5]. Ainsi, nous pouvons penser par analogie avec un entendement la causalité de la cause suprême du monde, en comparant les produits de nature finale de cette cause avec les œuvres d'art de l'homme. Mais, nous ne pouvons pas conclure selon

1. Voir *CJ*, § 90, Ak V, 462.
2. Voir *CJ*, § 90, Ak V, 463.
3. D'ailleurs Kant affirmera que la conviction morale est souvent plus ferme que tout savoir. Voir *Logique*, Ak IX, 72.
4. Voir *CJ*, § 88, Ak V, 456.
5. *CJ*, § 90, note, Ak V, 464 (trad. Pléiade II, p. 1273 légèrement modifiée). Cf. *Prolégomènes*, § 58, Ak IV, 357.

l'analogie que cette causalité que nous percevons en l'homme revient eu égard à la nature à un être qui est entièrement différent de la nature. Je dois simplement concevoir la causalité divine selon l'analogie avec un entendement (faculté que nous ne connaissons que dans l'homme), sans qu'il me soit permis d'attribuer à Dieu un entendement au sens propre. Autrement dit, que je doive *penser*, dans l'usage pratique de ma raison, un être suprasensible (Dieu) n'implique pas que je sois autorisé à lui attribuer un entendement ni à me vanter de pouvoir le *connaître* par là comme par l'une de ses propriétés, car je dois alors abandonner toutes les conditions sous lesquelles je connais un entendement. Kant est catégorique : un prédicat, qui ne sert qu'à la détermination de l'homme, ne peut absolument pas être rapporté à un objet suprasensible et l'on ne peut donc pas connaître ce qu'est Dieu au moyen d'une causalité déterminée de la sorte.

En résumé : que je doive *penser* par analogie les propriétés de l'être suprême n'implique absolument pas que je puisse *connaître* cet être selon ces propriétés, ce qu'est Dieu en soi. C'est à la même conclusion que nous conduit l'analyse de la signification de l'acquisition de réalité objective « pratique ».

Dans la perspective pratique, pour qu'un concept de la raison pure ait de la réalité objective, il suffit de pouvoir indiquer que ce concept a un objet. Il ne s'agit pas de déterminer l'objet de l'idée, mais seulement de savoir si cette idée a effectivement un objet[1]. Or, que l'objet de l'idée Dieu existe effectivement et que, par conséquent, ce concept de la raison pure ne soit pas vide, mais ait une réalité pratique, c'est ce que nous apprend la loi morale, qui nous ordonne de prendre le souverain Bien pour objet. Seulement, si nous sommes assurés que cette idée a un objet, *nous ne pouvons pas montrer comment cette idée se rapporte à son objet* et *nous ne pouvons pas connaître, déterminer ce qu'est cet objet en soi*. Parce que la loi morale ordonne de prendre le souverain Bien pour objet et de travailler à le réaliser dans le monde, nous sommes obligés d'admettre la réalité pratique des idées de la raison pure, autrement dit, qu'*il y a de tels objets*, sans pouvoir déterminer plus précisément ces objets. À la différence de la réalité objective théorique, la réalité objective pratique ne signifie pas détermination de l'objet correspondant à l'idée de Dieu.

L'affirmation de la restriction de la réalité des idées de la raison pure à l'usage pratique ne doit pas être sous-estimée. Cette restriction signifie, en effet, que l'acquisition de réalité objective pratique n'implique absolument pas l'extension de notre connaissance théorique au suprasensible[2]. La réalité objective pratique « ...n'a pas la moindre influence sur l'extension de la connaissance théorique [des objets qui correspondent à ces idées] entendue comme la compréhension de leur nature par la raison pure »[3]. L'assentiment dans les « objets de foi » relève simplement du point de vue pratique, c'est-à-dire est une foi morale qui ne prouve rien pour la connaissance théorique, mais seulement pour la connaissance pratique de

1. Voir *CRPr*, Ak V, 136.
2. Voir *CJ*, Ak V, 175.
3. *CRPr*, Ak V, 56 (Pléiade II, 676). *Cf.* Ak V, 136.

la raison pure dirigée vers l'accomplissement de ses devoirs, qui n'élargit donc absolument pas la spéculation et n'autorise pas, par conséquent, « un usage positif *dans une visée théorique* »[1].

La réalité pratique qui est reconnue à l'idée de Dieu ne contribue pas à l'extension de la connaissance de cet objet au point de vue spéculatif : notre raison se voit contrainte d'admettre que cette idée a un objet, sans connaître par là la nature de cet objet, ce qu'est l'être suprême en soi. Il importe, en dernière analyse, de ne jamais perdre de vue que l'acquisition de réalité objective pratique ne peut procurer aucune détermination théorique, c'est dire *aucune connaissance* stricto sensu *de ce que sont ces objets en soi*. La loi morale nous apprend que l'idée de Dieu a un objet, mais cela ne constitue pas une connaissance de cet objet au sens strict du terme :

> …on ne peut par là porter sur [lui] aucun jugement synthétique ni en déterminer théoriquement l'application ; par conséquent, on ne peut en faire le moindre usage rationnel théorique, en quoi consiste proprement toute connaissance spéculative[2].

En guise de conclusion, j'aimerais souligner l'importance de la preuve téléologico-morale dans la perspective de la métaphysique kantienne. Avec la preuve téléologico-morale de l'existence de Dieu et la connaissance « pratique » qui en découle, la métaphysique atteint, en effet, sa fin essentielle; la métaphysique n'ayant « pour fin propre de ses recherches que trois idées : *Dieu*, la *liberté* et l'*immortalité* […]. Tout ce dont cette science s'occupe par ailleurs n'est pour elle qu'un moyen d'arriver à ces idées et à leur réalité »[3]. Même si la preuve téléologico-morale de l'existence de Dieu prouve simplement cette existence pour notre destination morale, même si cette preuve n'a de validité que dans une visée pratique, par suite, ne nous procure aucune compréhension de la nature de ce qu'est Dieu en soi, il n'en demeure pas moins qu'avec cette connaissance la métaphysique réalise son vœu le plus cher : parvenir, avec notre connaissance *a priori*, au-delà des limites de toute expérience possible, seulement, il est vrai, dans une visée pratique[4]. Ce que Kant soulignera en d'autres termes dans le manuscrit des *Progrès* :

> La première étape du passage de la métaphysique au suprasensible […] est celle qui mène à la théologie, c'est-à-dire à la connaissance de Dieu, encore que ce soit seulement par analogie du concept de Dieu avec celui d'un être intelligent, comme principe originaire de toutes choses […]. Cette théorie elle-même procède de la raison dans un sens dogmatique non pas théorique mais simplement pratique, par conséquent subjectivement moral[5].

Sophie GRAPOTTE
Université du Luxembourg

1. *CRPr*, Ak V, 134.
2. *CRPr*, Ak V, 135 (Pléiade II, p. 772-773).
3. *CRP*, B 395 note (Pléiade I, p. 1044).
4. Voir *CRP*, B XXI.
5. *Progrès*, Ak XX, 305 (trad. fr. L. Guillermit, Paris, Vrin, 1973, p. 68).

L'EXIGENCE MORALE, UN DÉFI MÉTAPHYSIQUE

RÉFLEXIONS SUR LA *CRITIQUE DE LA FACULTÉ DE JUGER* ET LA LECTURE PROPOSÉE PAR ÉRIC WEIL

Dans les œuvres précritiques de Kant s'opérait un premier déplacement du monde hiérarchisé et finalisé à l'univers mathématisable et homogène de la science newtonienne; parallèlement le concept de Dieu subit une transformation importante, déjà sensible dans *L'Unique argument*[1], sous l'influence encore présente de Leibniz, mais achevée dans la *Dialectique transcendantale* de la *Critique de la raison pure*.

Or dans la philosophie critique, la constitution de la philosophie pratique exige pour parvenir à son terme un nouveau et double déplacement du concept de monde comme aussi du concept de Dieu. La transformation du concept de monde conduira, par l'élaboration du concept de monde moral, et de nature comme règne des fins, à l'idée de Dieu comme souverain auteur du monde. D'où le titre choisi pour cette contribution : l'exigence morale, un défi métaphysique.

Je m'intéresserai surtout à ce moment de basculement entre le § 83 et le § 84 de la *Critique de la faculté de juger* où surgit la notion de but final (*Endzweck*) qui trouvera en effet son sens ultime au § 86, dans l'argument théologique.

Je m'appuierai sur la grille de lecture proposée par Éric Weil croisant le fait du sens et le sens du fait (la finalité), dans l'article « Sens et Fait »[2], pour m'interroger enfin sur l'interprétation critique par laquelle il termine son propos, en insistant sur l'opposition entre le sens et l'être.

Je proposerai alors une relecture de cette opposition en appelant à une reprise métaphysique de la question du sens, comme élément nourricier de la conscience morale et de la liberté, le sens comme orientation, table de repères et d'exploration de l'horizon du monde, mais aussi comme direction, projet, de l'agir humain.

1. *L'Unique argument possible pour une démonstration de l'existence de Dieu* (1763), trad. fr. R. Theis, Paris, Vrin, 2001. *Cf.* aussi « De l'unique fondement possible d'une démonstration de l'existence de Dieu », trad. fr. P. Festugière, dans Kant, *Pensées successives sur la théodicée et la religion*, Paris, Vrin, 3e éd. 1967.

2. *Problèmes kantiens*, Paris, Vrin, 2e éd. 1970.

La fin dernière et le but final dans les § 83 à 91

Les très beaux textes du paragraphe 83, d'une grande complexité, associé au § 84, insistent conjointement sur deux occurrences de la notion de finalité.

Première occurrence : la finalité du monde pris comme totalité, la fin dernière de la nature (*der letzte Zweck*) en tant que système comprenant plusieurs niveaux d'emboîtement : le bonheur, puis la culture, sous les figures de la technique (l'habileté) et de la discipline des penchants, s'accomplissant dans les beaux-arts et les sciences.

Ce problème du monde comme totalité est bien celui que Kant annonçait dans l'introduction de la *Critique de la faculté de juger*, jeter un pont sur l'abîme entre la nature et la liberté[1]. Mais à vrai dire la question se posait déjà dans la *Critique de la raison pure*, dont le *Canon*[2] annonçait la préoccupation majeure de l'usage pratique de la raison, dans la première section, intitulée « De la fin dernière (*von dem letzten Zweck*) de l'usage pur de notre raison ». Cette question est reprise une nouvelle fois dans la doctrine des postulats de la *Critique de la raison pratique*.

On est donc en plein cœur du système. Le problème est maintenant venu au grand jour, clairement posé. Comment la nature peut-elle se présenter comme un système téléologique autorisant la visée du bonheur et son lien avec la notion morale du souverain bien ? La première *Critique* avait posé la question en forme de rupture, de scission entre le plan nouménal et le plan phénoménal, entendement et raison. Les *Fondements de la métaphysique des Mœurs* posaient le problème de l'analogie entre la nature et la liberté ; la deuxième *Critique* le pose plus fortement encore en écartant le lien analytique entre vertu et bonheur, au profit du lien synthétique déjà évoqué dans les *Fondements*...[3].

Le règne des fins présente en effet ici une nouvelle figure du monde, qui est le monde moral. La morale ne peut être pensée que sur un autre plan que celui de la connaissance sensible, dans une « nature » qui n'aurait plus de commun avec la nature empirique que sa forme (la systématisation selon des lois nécessaires), *i.e.* dans un règne des fins : « or, dit Kant, par règne j'entends la liaison systématique de divers êtres raisonnables par des lois communes »[4]. Ces lois sont celles qui commandent aux êtres raisonnables de toujours se traiter les uns les autres comme des fins, ce qui revient à dire que le sujet est lui-même législateur de cette loi. Un *règne* des fins n'est donc possible que par *analogie* avec un *règne* de la nature ; comment fonctionne cette analogie ? C'est la typique de la raison pratique qui nous l'apprend[5].

1. *CJ*, Introduction, II, Ak V, 176, Pléiade II, p. 929.

2. *CRP*, A 797/B 825, Ak III, 518-519, Pléiade I, p. 1359.

3. Fin de la deuxième section, Ak IV, 444-445, Pléiade II, p. 314, et troisième section, Ak IV, 447, Pléiade II p. 316,

4. *Fondements*, Ak IV, 433, Pléiade II, p. 300. *Cf.* aussi Ak IV, 438, Pléiade II, p. 305-306, et *Critique de la Raison Pure*, A 807/B 835 et A 815/B 843, Ak III, 524-525 et 529, Pléiade I, p. 1367 et 1373.

5. *CRPr*, Ak V, 67 *sq.*, Pléiade II, p. 690 *sq.*

Le monde moral est ainsi le monde en tant qu'il serait conforme à toutes les lois morales (tel qu'il peut être par la liberté et doit être par la nécessité de la loi morale). C'est l'idée d'un monde intelligible, à savoir une simple idée, mais une idée pratique qui doit avoir de l'influence sur le monde sensible, en tant qu'idée de la raison qui indique un rapport entre le monde sensible et le *corpus mysticum* des êtres raisonnables.

Deuxième occurrence : comment se présente non plus la fin dernière (*letzten Zweck*) mais le but final (*Endzweck*) : « un *but final* est une fin qui n'a besoin d'aucune autre comme condition de sa possibilité » (*ein* Endzweck *ist derjenige Zweck, der keines andern als Bedingung seiner Möglichkeit bedarf*)[1].

Les textes clés sont ceux-ci :

– la fin du § 84 :

> Or nous n'avons qu'une seule espèce d'êtres dans le monde, dont la causalité soit téléologique c'est-à-dire orientée vers des fins et en même temps cependant constituée de façon que la loi selon laquelle ils doivent se déterminer des fins, est représentée par eux-mêmes comme inconditionnée et indépendante des conditions naturelles, mais nécessaire en soi. [...]. Mais sur l'homme (et donc sur tout être raisonnable dans le monde) en tant qu'être moral, on ne peut continuer à se demander pourquoi (*quem in finem*) il existe. Sa présence a la plus haute fin (*den höchsten Zweck*) en soi-même à laquelle, autant qu'il peut, il peut soumettre la totalité de la nature [...] et ce n'est qu'en l'homme, mais seulement en lui comme sujet de la moralité, que la législation concernant les fins peut se rencontrer, qui le rend seul capable d'être un but final (*Endzweck*), auquel est subordonnée téléologiquement la nature tout entière[2].

– et la fin du § 87 :

> la loi morale comme condition rationnelle formelle de notre liberté, nous lie par elle-même sans dépendre d'une quelconque fin comme condition matérielle ; mais elle nous détermine aussi, et certes *a priori*, un but final, auquel elle nous oblige à aspirer ; et celui-ci est le *souverain bien* possible *dans le monde* par la liberté...[3].

La distinction entre ces deux types de finalité, celle de la série, et celle du tout, dans son rapport à un principe externe, commande toute la suite des paragraphes 83 à 91 (suivis de la remarque générale sur la téléologie), qui articulent le monde de la nature et le monde moral, selon la méthode donnée par Kant déjà dans la *Dialectique transcendantale*. Il y a en effet deux types de démarches de la raison vers l'inconditionné : la première est une synthèse de l'homogène, de type mathématique, et l'inconditionné appartient à la série comme son premier terme – la deuxième est une synthèse de l'hétérogène, de type dynamique, selon les

1. *CJ*, § 84, Ak V, 434, Pléiade II, p. 1237.
2. *CJ*, § 84, Ak V, 435, Pléiade II, p. 1238-1239.
3. *CJ*, § 87, Ak V, 450, Pléiade II, p. 1256. *Cf.* aussi *ibid.*, Ak V, 450-551, Pléiade II, p. 1257 note : « cet argument moral ne peut donner une preuve objectivement valable de l'existence de Dieu, ni démontrer au sceptique qu'il y a un Dieu ; mais que s'il veut penser avec conséquence au point de vue moral, *il faut* qu'il accepte parmi les maximes de sa raison pratique d'admettre cette proposition » (voir enfin la longue note de Kant, Ak V, 448-449, Pléiade II, p. 1255).

catégories de la causalité (relation) et de la nécessité (modalité), conduisant aux concepts de la liberté et de l'*ens realissimum*, et l'inconditionné est hors de la série.

D'après ce modèle, nous pouvons donc maintenant comprendre le double sens de la finalité de l'homme.

La fin dernière a un sens immanent, celui d'un système des fins

Quelle fin doit être réalisée dans l'homme à partir de son rapport à la nature ? Non pas une fin pour l'homme, mais l'homme comme fin et accomplissement des fins de la nature comme système. L'homme est capable de se proposer à lui-même des fins, et de conserver la finalité dans les autres membres de la chaîne des fins. Il est donc fin dernière de la nature de manière conditionnelle, c'est-à-dire à la condition qu'il sache et qu'il veuille avec la nature un but final tel qu'il soit indépendant de la nature elle-même. En effet, à l'intérieur du système du monde il n'y a pas de totalité systématique représentable comme objectivement achevée mais seulement la tâche assignée à l'entendement de poursuivre la synthèse des phénomènes[1].

Comment alors la nature peut-elle préparer l'homme à se séparer de toutes les fins naturelles, ou plus précisément de la matière de toutes les fins, le bonheur ? Le bonheur est un concept mouvant et mixte, qui implique l'imagination et les sens avec l'entendement. La première fin de l'homme dans la nature, le bonheur, ne s'accomplit pas cependant dans le monde, mais se poursuit dans la culture. Ainsi la fin qui en l'homme peut être fin dernière de la nature, c'est la condition formelle de la finalité elle-même, la culture. Mais la culture comme développement de l'aptitude à se donner des fins n'est pas encore la moralité, elle y prépare seulement, par la double formation de l'habileté et de la discipline.

Seule la culture peut donc être la fin dernière de la nature par rapport à l'espèce humaine, c'est-à-dire une fin qui se réalise dans la nature, mais par la transformation de celle-ci et sa disposition à une fin autre qu'elle-même.

L'homme comme but final de la nature ?

Cependant c'est seulement (selon la règle de la synthèse dynamique) par l'appel à un inconditionné extérieur que l'homme peut être dit but final de la nature : parce qu'il se donne des fins selon sa destination morale[2]. L'homme se situe à la limite entre le monde comme idée téléologique d'une totalité systématique (la faculté de juger peut discerner des fins par la réflexion sur son propre

1. C'est le travail de l'histoire, de l'organisation politique, des relations internationales. Le monde est la totalité concrète des phénomènes, y compris les tendances naturelles, les psychologies humaines, les formes de la vie sociale et les constitutions civiles.

2. Cf. *CJ* § 83 et § 84, déjà cités, mais surtout § 86, Ak V, 442, Pléiade II, p. 1247.

pouvoir de se donner des fins), et le monde comme règne des fins, communauté des êtres raisonnables sous la loi morale, et sous l'autorité souveraine d'une volonté sainte. On rejoint par un long détour la problématique du souverain bien qui unit vertu et bonheur dans un seul monde sous le principe suprême d'un souverain auteur de la nature en même temps que du règne des fins.

Cependant ici nous devons déjà remarquer à la suite d'Éric Weil[1] que la pensée de Kant, entre la doctrine des postulats de la *Critique de la raison pratique* et la *Critique de la faculté de juger*, opère un changement fondamental :

> Il ne s'agit plus de bonheur, il s'agit de la possibilité de s'orienter dans le monde : toute volonté concrète *présuppose* un monde sensé, en tant qu'elle est – et elle l'est en son essence – volonté d'action sensée[2].

D'après cette remarque, on voit bien que l'unité de la problématique morale et de la problématique historico-politique au sein de la téléologie naturelle se dessine ici. Entre l'histoire et l'eschatologie, la condition est la même : pouvoir trouver un monde possible pour la liberté, et nous pouvons ajouter que le lien entre la nature et la liberté est moins extérieur dans la *Critique de la faculté de juger* que dans la doctrine des postulats du souverain bien[3].

COMMENT ÉRIC WEIL A-T-IL LU CES TEXTES ?

Éric Weil propose de relever d'abord les trois « faits de sens » fondamentaux qui se présentent à la pensée philosophique, la cohérence de la nature, la disponibilité de la réalité empirique à se prêter à la constitution objective de la connaissance par concepts, puis la loi morale, le fait de raison, qui est *ratio cognoscendi* de la liberté. La science est un fait, la loi morale en est un (raison pure, raison pratique) ; il n'est pas question de savoir si un fait se présente, mais comment se présente non pas la question de sa possibilité, mais celle de la signification que le fait peut avoir (« la question n'est pas non plus de savoir si une morale et une obligation existent, mais ce qu'elles signifient pour celui qui rencontre en lui-même ce fait de la raison »[4]).

Mais il reste un point en suspens. Le sens *pour nous* de l'obligation ne suffit pas à fonder le sens du monde, la cohérence de l'ordre du monde, c'est nous qui donnons sens, certes, à notre action, mais comment pouvons-nous nous porter garants du sens de notre action *dans le monde* ? La science nous montre le monde en sa nécessité interne comme fondé sur des lois de la nature, que nous pouvons connaître, mais qui nous est simplement donnée, fortuitement, sans cause apparente. Mais qu'en est-il de notre projet de bonheur, qu'en est-il de notre travail dans la nature pour en faire un monde concrètement habitable pour l'homme ?

1. Cf. *Problèmes kantiens*, *op. cit.*, p. 86-88.
2. *Ibid.*, p. 88.
3. Cf. *CJ* § 86 et surtout la note du § 87.
4. É. Weil, « Sens et Fait » dans *Problèmes kantiens*, *op. cit.*, p. 57.

Les deux premières *Critiques*, donc, montrent l'avènement du monde sensé dans l'Idée cosmologique régulatrice, mais ne démontrent nullement cette cohérence[1] comme condition de l'action sensée dans la réalité du monde; « le rapport entre homme et nature empirique, entre fait constaté et structure, la troisième des *Critiques* pose ce problème et s'efforce d'y répondre »[2]. Il faut pour comprendre ce troisième fait, (à savoir le fait que le monde est compréhensible et fonde la possibilité de toute compréhension de l'homme par lui-même), il faut qu'une autre faculté entre en jeu, note ensuite Weil : c'est la faculté de juger, faculté à mi-chemin entre l'autonomie de la raison pratique et cette passivité qui préserve du vide l'entendement théorique, faculté qui par surcroît, se trouve en rapport avec ce qu'il y a de plus immédiat en l'homme, le sentiment du plaisir et du déplaisir[3]. Le jugement déterminant relie la sensibilité et l'entendement dans l'objectivité; le jugement réfléchissant cherche une règle, une loi, un concept pour un particulier donné. Le problème est celui de la cohérence du monde comme uni-totalité qui réunit non plus seulement les phénomènes mais les actions humaines. Le sens (l'orientation, la finalité) est un fait, les faits ont un sens. Le monde des faits, le monde de l'homme, sont en accord.

C'est bien ce problème qui constitue le passage entre le § 83 et le § 84 de cette troisième *Critique* kantienne.

Entre ces deux paragraphes se produit une rupture, un saut, dont la culture est la charnière, ou le tremplin. Elle est en effet encore interne à la nature elle-même, mais elle est en même temps une préparation à une séparation plus nette des fins : le monde éveille en nous l'idée de la finalité de la nature. Mais il ne crée pas en nous cette idée – d'où vient-elle alors ? : de la raison pratique[4].

La pensée de l'homme comme fin ultime (*Endzwzeck*)[5] de la création en tant qu'être moral, et non comme fin dernière (*letzter Zweck*) de la nature, se présente alors à la pointe extrême de l'analyse de la place de l'homme au point d'accomplissement de la nature dans la culture (à la fin du § 83). Mais ensuite la téléologie morale se prolonge par la théologie morale (fin du § 84)[6] qui prendra alors le relais de la téléologie physique (§ 85) :

> La téléologie physique nous pousse certes à chercher une théologie; mais elle ne peut en produire aucune, aussi loin que nous puissions scruter la nature par l'expérience et que nous puissions porter secours à la liaison finale découverte dans la nature par les Idées de la raison[7].

1. *Ibid.*, p. 61.
2. *Ibid.*, p. 62.
3. *Ibid.*, p. 63, et renvoi à l'Introduction de la *CJ*, II, III.
4. É. Weil, « Sens et fait », *op. cit.*, p. 80.
5. Selon la traduction choisie par É. Weil, *ibid.*, p. 82.
6. *Ibid.*, p. 82-83.
7. *CJ* § 85, Ak V, 440, Pléiade II, p. 1245. Cette idée est encore développée au § 86 Ak V, 445, Pléiade II, p. 1250 : « le principe de la relation du monde à une cause suprême [...] dirige l'attention sur les fins de la nature et pousse à la recherche du grand art incompréhensible caché sous les formes de celles-ci (*die Nachforschung der hinter ihren Formen verborgen liegenden unbegreiflich grossen*

Et voici le commentaire d'Éric Weil :

> Téléologie naturelle et théologie morale se rejoignent à ce moment, sans pouvoir se confondre. C'est que, dans un monde insensé, toute action, toute décision, seraient absurdes : le monde doit être tel qu'il nous permette, non seulement de refuser ce que la loi prohibe, mais encore de choisir positivement, en vue de notre bien souverain, du bonheur mérité. La recherche du bonheur, on le voit, ne disparaît pas ; sa place est devenue tout autre, de même que sa fonction. L'affirmation de Dieu n'est plus fondée sur elle, en tout cas pas en première ligne [...]. Autrement dit, il ne s'agit plus de bonheur; il s'agit de la possibilité de s'orienter dans le monde : toute volonté concrète présuppose un monde sensé, en tant qu'elle est – et elle l'est en son essence – volonté d'action sensée [1].

Éric Weil souligne ensuite que ce changement important (il ne s'agit plus de bonheur...) entraîne un bouleversement de l'idée de liberté.

Il voit confirmation de cela au § 91 de la *Critique de la faculté de juger*, où Kant définit trois sortes de choses connaissables – les choses d'opinion (*opinabile*), les faits (*scibile*) et les choses de croyance (*mere credibile*) – et classe la liberté parmi les secondes, les *scibilia*, puisqu'elle permet de penser l'efficace de la volonté dans les actions mêmes :

> Mais ce qui est très remarquable, c'est que, parmi les faits, il se trouve même une idée de la raison (qui en soi n'est susceptible d'aucune présentation dans l'intuition et donc aussi d'aucune preuve théorique de sa possibilité); c'est l'idée de *liberté* dont la réalité, en tant qu'espèce particulière de causalité (dont le concept serait exagéré du point de vue théorique), peut être démontrée par les lois pratiques de la raison pure et, conformément à celle-ci, dans les actions réelles, par conséquent dans l'expérience [2].

La question de la liberté est ainsi directement liée à la question du monde, par la médiation de l'expérience. L'idée de monde aussi bien que celle de l'âme ou de Dieu est donc bien régulatrice, et non constitutive, elle rend possible par là la pensée d'un monde intelligible qui sera d'un usage pratique tout à fait essentiel [3]. La liberté sera mise ainsi en rapport avec la preuve morale par le souverain bien au § 87 :

> Par conséquent, nous devons admettre une cause morale du monde (un auteur du monde) pour nous proposer conformément à la loi morale un but final, et dans la

Kunst), afin de donner incidemment par les fins naturelles une confirmation aux Idées que fournit la raison pure pratique ».

1. « Sens et fait », *op. cit.*, p. 87-88.

2. *CJ* § 91, Ak V, 468, Pléiade II, p. 1279.

3. Cf. *Prolégomènes*, § 56 (« Remarque générale sur les idées transcendantales »), à compléter par le paragraphe III de la 9e section de l'Antinomie de la raison pure, intitulé : « Solution des idées cosmologiques qui portent sur la totalité de la dérivation des événements du monde à partir de leurs causes » (A 532-541/B 560-569 ; en particulier, Ak III, 367-368, Pléiade I, p. 1173-1174,) – voir enfin dans le « Canon de la raison pure », Ak III, 524-525, Pléiade I, p. 1367-1368 : le caractère intelligible de la liberté suppose l'idée d'un monde intelligible, de façon négative comme libération de la nécessité naturelle, et de façon positive à partir des lois morales.

> mesure où cette loi est nécessaire, dans cette même mesure il est aussi nécessaire d'admettre cette cause morale : à savoir qu'il y a un Dieu *.
> * [note de Kant en bas de page] : [...] Cela ne doit pas signifier qu'il soit nécessaire d'admettre *pour la moralité* le bonheur de tous les êtres raisonnables dans le monde conformément à leur qualité morale; mais cela est rendu nécessaire par elle. C'est donc un argument *subjectif* suffisant pour des êtres moraux [1].

Si nous revenons à la différence déjà évoquée des antinomies mathématiques et des antinomies dynamiques, dans le premier contexte nous avons seulement la possibilité de penser une exigence de la synthèse qui interdit à l'entendement le repos dans l'exigence de la règle : le monde pensé comme totalité ouvre à l'agir humain un champ d'objets, qui est un champ indéfini; ce champ n'est pas il est vrai un *territoire*[2] offert à la raison pour la connaissance des fins, et encore moins un domaine (*ditio*) où la raison puisse légiférer dans son usage pratique, mais un champ où l'entendement peut légiférer dans son usage théorique seulement dans le domaine des concepts de l'expérience c'est-à-dire de façon contradictoire avec l'idée cosmologique de totalité. Néanmoins ce champ est celui de l'expérience, indéfiniment poursuivie dans son application de synthèse connaissante, et celui du temps ouvert sur un avenir toujours renouvelé comme série à partir d'un commencement qui le fonde comme temps chronologique, temps successif (par ce concept de monde comme monde mathématique, sera rendue possible l'articulation de la philosophie de l'histoire et de la philosophie morale, le temps de l'histoire demeurant le temps cosmologique, tandis que le temps de la morale sera le temps transcendé des antinomies dynamiques). Dans cette seconde perspective, le monde comme règne des fins ou monde moral est pensable comme idée positive, tant par rapport à l'idée cosmologique du monde, ensemble d'une expérience possible, comme concept heuristique encourageant la synthèse poursuivie par l'entendement[3], que par rapport au monde intelligible comme au-delà de la limite du monde sensible. D'où la conclusion de ce passage, à propos de l'abîme entre nature et liberté :

> Ainsi il doit y avoir néanmoins un fondement de *l'unité* du suprasensible, qui réside au fondement de la nature, avec ce que le concept de liberté contient de façon pratique, fondement dont le concept, même s'il ne réussit ni théoriquement ni pratiquement à en donner une connaissance, et même s'il n'a aucun domaine propre, rend toutefois possible le passage du mode de penser selon les principes de l'un au mode de penser selon les principes de l'autre [4].

Mais survient ici, pour Éric Weil, un nouveau problème.

Certes, nous l'avons vu, les faits ont un sens, et ce sens est un fait, l'accord de la nature avec les lois de l'entendement, mais un fait n'est pas donné dans

1. *CJ* § 87, Ak V, 451, Pléiade II, p. 1257.
2. *territorium* – Les traducteurs de la « Pléiade » traduisent par « terrain », *CJ*, Introduction II, Ak V, 174, Pléiade II, p. 927.
3. Cf. *CJ* § 82.
4. *CJ*, Introduction, II, Ak V, 176, Pléiade II, p. 929.

l'intuition, il est agi (*factum*). Si donc la loi morale est conscience du devoir, celle-ci est accord dans le sujet avec la maxime ; mais qu'en est-il de l'action dans le monde ? Comment le monde se prête-t-il non plus à la science mais à l'action morale ?

Ce n'est pas par le regard, par la *théoria*, que l'homme trouve le sens du monde, l'homme est maître du sens, mais pas maître des faits[1]... Le monde n'est sensé que parce qu'il est le lieu de l'homme libre[2]. Le sens est donc lui-même fortuit[3], sans causalité. Le sens ne renvoie pas à l'être mais au sujet.

Or Kant garde le langage de l'être et non pas du sens :

> Kant parle un langage qui n'est pas adéquat, ni à sa solution, ni même au problème qu'il a été le premier, et peut-être le seul, à poser : le problème du sens qui est, du sens existant. Son langage reste celui de la philosophie de l'être – et le sens n'est pas si être se réfère, fût-ce comme son fondement, aux objets. Ce qu'il découvre, c'est que tout être des choses ne se comprend qu'à partir d'un sens existant, réel, antérieur à tout fait et à tout donné, parce que fait et donné ne se révèlent qu'à celui qui les interroge dans sa propre quête du sens. Il n'ose pas parler un langage qui puisse exprimer que fait et sens sont indissolublement unis : que tout fait est sensé, que tout sens est[4].

Le vocabulaire de l'être, disons de la substance, ne convient pas à l'activité réflexive de la pensée, qui procède par liberté symbolisée dans le monde.

Ce qu'il eût fallu faire, c'est sans doute recommencer toute sa philosophie à partir du résultat acquis : « parler de sens existant et de réalité sensée comporte le grave danger de ce qu'on pourrait appeler le prophétisme en philosophie... », qui conduirait à annoncer le contenu du sens au-delà de sa forme, prétendre dire le sens à côté du fait, et à s'interdire par là de comprendre le sens du monde comme monde rendu humain par l'action de l'homme libre en quête de sens. En conséquence : « toute philosophie de l'être mène à l'échec parce qu'elle s'interdit de remonter au sens et, en particulier, au sens que sa propre question peut avoir pour celui qui la pose »[5]. Le sens n'*est* pas, il est agi, il est coexistant à la liberté morale comme tâche à accomplir. Le sens n'est pas de l'être, il est de l'homme, qui seul peut être but final du monde pensé comme tout, du monde ouvert à l'action humaine, et orienté vers le souverain bien :

> Objectivement parlant [conclut Éric Weil], Kant a réussi à combler le gouffre qui sépare fait et sens : s'il n'a pas recommencé sa philosophie à partir de ce résultat, l'âge et l'effort fourni en constituent des excuses plus que suffisantes. Il lui reste l'immense mérite d'en avoir fini avec la philosophie de l'être absurde et du sens inexistant[6].

1. É. Weil, « Sens et fait », *op. cit.*, p. 97.
2. *Ibid.*, p. 100.
3. Voir explication de ce terme dans « Sens et fait », *op. cit.*, p. 104 : il s'oppose au nécessaire.
4. *Ibid.*, p. 105.
5. *Ibid.*, p. 106-107.
6. *Ibid.*, p. 107.

RÉFLEXION EN PROLONGEMENT DE CETTE LECTURE DE WEIL

Comment interpréter cette dernière affirmation de Weil? On peut être tout d'abord surpris par la critique portant sur le langage de l'être. Je dirai pour ma part qu'il n'y a certes pas d'ontologie du Bien chez Kant, mais une métaphysique, qui suppose la fonction de dépassement, le mouvement, la dynamique, de la double exigence de la morale, vers l'Idée, et vers l'action dans le monde. Telle serait ma suggestion à la lecture du commentaire d'Éric Weil. La question qui demeure est alors de savoir si le langage propre à une métaphysique liée réflexivement à l'existence morale de l'homme est bien le langage du sens. En faveur de cette hypothèse, on peut invoquer l'intention morale, la tension vers la moralité, la conversion de la volonté subordonnant, dans sa maxime, le désir à la loi de la raison. Le sens est l'accomplissement d'une visée, d'une orientation, mais ne saurait s'objectiver dans un fait. Lorsqu'Éric Weil parle du fait du sens il évoque la conscience de la loi morale, l'accord de la nature avec les lois de l'expérience, et enfin l'unité de la nature et de la liberté, en tant seulement que l'homme la pense comme une tâche, comme un sens à réaliser dans le monde à partir de la liberté, qui se laisse guider alors par l'idée du souverain Bien, cette idée qui est le sens pensé comme rencontre fortuite (gratuite) et non fondée dans une nécessité causale. Le sens est, il existe, immédiatement, sans subsomption constitutive d'un donné sensible sous le concept, mais par la réflexion qui s'approprie le pur donné et le relie sans médiation à l'acte de la pensée.

En réponse à l'argument du voir, de l'orientation dans le monde à partir du Bien, Weil souligne une différence avec Platon : pour celui-ci, c'est la vue même de l'Idée du Bien existant qui guide la liberté dans l'agir, alors que pour Kant la polarité, la direction, la détermination, sont de l'homme même, dans son action réfléchie; pourtant, comme le remarquait un maître platonisant qui était en même temps fin connaisseur de Kant[1], le beau selon Platon n'est-il pas symbole du Bien, son rayonnement, ce qui le rend visible, de sorte que le visible est subordonné à l'attraction du désir vers le Bien? De même Kant ne dit-il pas que le beau symbolise la moralité en ce qu'il est dans la nature l'analogue d'une liberté produisant ses œuvres, accomplissant par elle-même, de façon inconditionnée, le sens[2]? Chez Platon lui-même, le Bien rend possible, par l'amour qu'il suscite, la vertu, l'organisation, l'orientation, pourrions-nous dire, de l'être dans le monde, en dynamisant tout le mouvement de l'unité de la synthèse de l'agir en vue de la réalisation de soi dans la rencontre du divin; il s'agit en effet de faire en soi la vérité sous la mouvance du bien et sous la lumière du beau. Le bien visé par l'intention morale est certes un sens pensé par la raison pratique, une finalité

1. J. Moreau, *Le Dieu des philosophes*, Paris, Vrin, 1969, chap. IX, p. 147. Le texte d'É. Weil, réédité en deuxième édition en 1970, date de 1963.

2. Voir la note 32 de « Sens et fait », *op. cit.*, p. 92, où Weil rapproche le § 59 de la *CJ* sur le beau, symbole de la moralité, et le § 42, sur l'intérêt immédiat à la nature en tant que belle, car la beauté de la nature ne parle qu'à celui « dont la façon de penser est déjà formée pour le Bien ou qui est particulièrement doué pour une telle formation ». (cf. *CJ* § 42, Ak V, 301, Pléiade II, p. 1081).

imposée par l'exigence du devoir, et n'est pas donné comme un fait, ni surtout comme un fondement ontologique du fait, qui puisse être reconnu et dévoilé. Les deux mouvements, de la symbolique du sens dans le monde et de la réflexion de la pensée vers l'inconditionné, sont donc complémentaires ; le Beau admiré dans la nature, le Bien désiré par la volonté raisonnable, sont les deux polarités de cette dynamique. Kant dans une note précise en effet que le symbole et l'analogie sont du domaine de l'intuitif (donc du voir ?) ; la volonté est symbolisée dans le monde, écrit Weil[1], et la suprématie de la raison en son aspect pratique, est préservée. La symbolique est liée à la faculté réfléchissante. La raison-volonté est symbolisée dans le monde, cela signifie un mouvement de participation active, de vie éprouvée, de circumincession entre Dieu, l'homme, et la nature. Telle est bien la réflexion comme mouvement de retour en soi reprenant dans cette involution le sens de l'être.

Claudie LAVAUD
Université Michel de Montaigne – Bordeaux 3

1. *Ibid.*, p. 93.

RÉCEPTIONS

I

ALLEMAGNE

LA POSTÉRITÉ DE LA *CRITIQUE DE LA FACULTÉ DE JUGER* DANS L'IDÉALISME SPÉCULATIF

L'idéalisme spéculatif procède de la troisième *Critique*, en accomplissant le système dont Kant a laissé le projet en jachère. Heidegger affirme ainsi que la *Critique de la faculté de juger* est « un combat pour le système » [1], celui-ci exigeant la conversion du réfléchissant en déterminant et du régulateur en constitutif. Cependant, l'idéalisme allemand n'est pas un bloc monolithique, mais une aventure complexe de philosophies en devenir. En dépit de l'unité du projet de la *Doctrine de la science*, Fichte ne cessera de remettre ce projet en chantier et Schelling rompra avec le projet spéculatif. Seul Hegel réalisera le système du savoir absolu dans l'*Encyclopédie*, qui est son dernier mot. Essayons de suivre ces chemins en prenant pour fil conducteur la troisième *Critique*.

DE LA POSSIBILITÉ DE LA CRITIQUE

Maïmon a lancé le débat, en considérant la troisième *Critique* comme condition de possibilité de l'écriture de la Critique. Si Reinhold cherche un principe fondamental légitimant la possibilité de l'entreprise critique et si Schulze affirme que la position critique est intenable, ne pouvant dire les procédures par lesquelles elle retrace le fonctionnement de la connaissance *a priori*, Maïmon fait de la réflexion le fondement du criticisme. La troisième *Critique* devient ainsi le fondement des deux autres, les jugements réfléchissants fondant la possibilité des jugements déterminants. Aussi Kant a-t-il vu qu'il fallait supposer un entendement infini, même si ce n'est qu'une idée régulatrice pour la faculté de juger réfléchissante, les lois de la nature ne formant un système que du point de vue de Dieu. Si pour Kant ce n'est qu'une hypothèse de notre réflexion, un *focus imaginarius*, pour Maïmon l'entendement infini est contenu dans l'entendement fini, qui n'est qu'une expression du premier.

1. *Schelling*, trad. fr. J.-F. Courtine, Paris, Gallimard, 1971, p. 77.

La faculté de juger rend ainsi possible l'écriture de la philosophie critique, le jugement réfléchissant fondant le jugement déterminant. Il faut donc lire la *Critique de la faculté de juger* du point de vue non plus régulateur, mais constituant. Maïmon rend possible l'idée d'une immanence de l'infini au fini et l'idéalisme absolu car, partant de la troisième *Critique*, il montre comment l'absolu doit poser son opposé pour le réintégrer, comment c'est en partant de l'activité du sujet que l'on peut poser la passivité de l'objet. Il permet ainsi la réhabilitation de l'intuition intellectuelle comme intuition *a priori* du Moi. Celle-ci peut alors se comprendre comme l'acte de juger, qui sera pour Fichte l'acte par lequel le sujet se pose en relation à soi. Fichte souligne alors que Kant parle de l'intuition intellectuelle à propos de l'aperception pure comme intelligence, puis à propos de la conscience immédiate et non sensible de l'impératif catégorique.

Fichte privilégie la *Critique de la raison pratique* en partant du primat de l'agir interprété comme acte auto-thétique du Moi en quoi consiste l'intuition intellectuelle. Il s'agit de lever l'aporie sceptique où s'est engagé Maïmon en fondant le criticisme sur la troisième *Critique*. L'entendement divin fonctionne chez lui comme un *deus ex machina* orientant la réflexion et conçu par analogie avec l'entendement fini. Si le point de vue de la philosophie critique est celui de la réflexion, ses jugements sont de simples règles et tout absolu n'est qu'une hypothèse arbitraire[1]. En partant du primat de la raison pratique, Fichte conçoit le savoir comme une activité intuitionnée dans un Moi déterminé, susceptible de se réfléchir en se posant comme absolu. La tentation est alors grande de concevoir ce Moi absolu comme un Absolu divin et, dans *Du moi comme principe de la philosophie*, Schelling relit Fichte à partir de Spinoza, faisant du Moi absolu le principe de l'identité de la liberté et de la nature. Dans le Moi absolu comme *En kai Pan* de la philosophie, toutes les dualités kantiennes s'abolissent et les concepts de la modalité comme catégories de la finitude n'ont pas de sens. Si la raison pratique doit unifier les lois de la liberté et de la nature, la raison théorique en son usage téléologique doit unifier mécanisme et finalité.

Le problème posé est celui de Spinoza, celui de la totalité, dont la solution spinoziste est réfutée tant par Kant que par Fichte et Schelling. Si Spinoza a posé le problème de l'absolu, il l'a résolu en en faisant un objet, une substance unique, sans pouvoir expliquer comment l'unité téléologique dans l'entendement fini est déterminée par l'unité ontologique de la substance dans un entendement infini. Schelling retrouve la question de l'entendement infini, que Kant expose au § 76 de la *Critique de la faculté de juger*, affirmant que la nécessaire distinction entre le possible et l'effectif pour un entendement humain ne se trouve que dans la nature du pouvoir de connaître du sujet. Schelling en conclut que ce qui est accord absolu pour le Moi absolu est accord produit pour le Moi fini, le principe qui est constitutif pour le premier étant régulateur pour le second. Dans le premier cas, nous avons une unité immanente, dans le second une unité objective devant devenir

1. Voir sur ce point I. Thomas-Fogiel, *Critique de la représentation. Étude sur Fichte*, Paris, Vrin, 2000, p. 50 *sq*.

immanente. Il en résulte que la tâche du Moi fini est de réaliser dans le monde ce qui est effectif dans l'infini et que « la suprême vocation de l'homme est de transformer en mécanisme l'unité des fins dans le monde, et de transformer le mécanisme en unité des fins »[1].

On peut alors reprendre et transformer la philosophie transcendantale en une histoire de la conscience de soi, qui est l'autre face de la philosophie de la nature. Si la première va de l'esprit à la nature, la seconde va de la nature à l'esprit, l'une produisant le réalisme à partir de l'idéalisme, l'autre produisant l'idéalisme à partir du réalisme. Cette démarche, qui conduit à la philosophie de l'identité, radicalise le projet kantien de systématisation. S'il existe une harmonie originaire du subjectif et de l'objectif, il faut expliquer comment le Moi peut devenir conscient de cette harmonie, selon la double acception téléologique et esthétique définie par Kant. Dans le *Système de l'idéalisme transcendantal*, Schelling reprend l'antinomie de la faculté de juger téléologique. Kant dit que dans ses formes finalisées la nature parle un langage chiffré, dont l'interprétation nous permet de saisir le phénomène de la liberté, car est uni dans le produit naturel ce qui est scindé dans l'agir libre, à savoir le libre et le nécessaire. Si l'homme est divisé entre nécessité et liberté, la nature organisée présente le phénomène de leur unité.

Cette contradiction ne peut être résolue que par l'idéalisme transcendantal qui montre comment, dans le produit de l'art, le concept reste extérieur à l'objet, alors que, dans le produit de la nature, il passe dans l'objet, selon une identité de la cause finale et de l'objet, de l'activité consciente et de l'activité inconsciente. Or, cette identité n'est pas fondée dans le Moi, et c'est pourquoi Kant la confie à un entendement infini, réservant à la finitude la réflexion téléologique comme maxime de la faculté de juger. Pour Schelling, il convient de rendre objective cette harmonie du subjectif et de l'objectif, et cela n'est possible que dans une intuition distincte de l'intuition de soi dans l'agir libre, qui est une intuition esthétique. Contrairement à Kant, pour qui le jugement esthétique était une propédeutique au jugement téléologique, ici la téléologie nous conduit à l'art. Alors que dans la nature l'activité inconsciente aboutit à un résultat d'apparence intentionnelle, une production mécanique donnant lieu à un produit finalisé et celui-ci reflétant une activité inconsciente comme déterminée par une activité consciente, dans l'art, la production consciente aboutit à un produit inconscient.

Schelling s'est ainsi considérablement démarqué aussi bien de Kant que de Fichte tout en partant du problème du système posé par la troisième *Critique*. Fichte a radicalisé la philosophie transcendantale en éliminant le scepticisme auquel elle pouvait aboutir, réduisant l'ontologie à une phénoménologie et évacuant le problème de l'entendement infini et de la spéculation au profit d'une philosophie du droit. La théorie de la science élucidant les actes de l'esprit par lesquels se constituent les objets de savoir, il n'y a plus de place pour la philosophie de la nature. Fichte retient de Kant l'idée selon laquelle il n'y a pas de passage du fini à l'infini, orientant la philosophie vers la *praxis* : il ne s'agit plus

1. *Premiers écrits*, trad. fr. J.-F. Courtine, Paris, PUF, 1987, p. 148.

d'interpréter le monde, mais de le transformer. Or, Schelling admet un tel passage qui se fait par l'intuition intellectuelle et refuse la possibilité fichtéenne d'un passage de l'infini au fini où le Moi absolu se finitise. La philosophie vise le retour à l'unité qui se fait notamment par l'art et, dans la *Philosophie de l'art*, il se pose comme le continuateur de Kant qui, situant la beauté et l'art entre la nature et la liberté, leur confère une fonction de médiation. La production artistique suit le chemin inverse de la production naturelle, en partant d'une activité consciente pour s'achever sur un produit inconscient, car elle part d'une tension pour aboutir à la résolution d'une contradiction. Schelling radicalise la théorie kantienne de l'imagination productrice pour mieux rompre avec la perspective de la finitude. Dépasser le criticisme kantien revient à dépasser la compréhension fichtéenne de la révolution copernicienne, car Fichte n'est pas parvenu à résoudre le problème kantien de l'unité architectonique du théorique et du pratique. Schelling dénonce alors chez Kant et les kantiens un dogmatisme de la finitude. C'est donc à partir du jugement esthétique et du jugement téléologique qu'il faut relire Kant.

Si la philosophie de l'art reprend la notion kantienne de génie, elle ne conçoit plus celui-ci comme simple faculté des Idées esthétiques, car l'art est une puissance de l'Absolu. Le génie est ainsi « l'indifférence absolue de tous les contrastes possibles entre l'universel et le particulier, de tous les contrastes qui peuvent ressortir de la relation entre un individu et son Idée ou son concept éternel »[1]. L'imagination du génie objective l'intuition intellectuelle et la présente dans le particulier : elle est le principe d'une connaissance effective de l'Absolu, l'art étant au-dessus de la téléologie de la nature. En effet, dans sa révélation singulière comme géniale, l'œuvre d'art exprime l'identité absolue : « L'art est donc pour la philosophie la chose suprême, précisément parce qu'il lui ouvre pour ainsi dire le Saint des Saints, où brûle en quelque sorte d'une seule flamme, en union éternelle et originelle, ce qui est séparé dans la nature et dans l'histoire et ce qui doit éternellement se fuir dans la vie et dans l'action aussi bien que dans la pensée »[2]. L'art se distingue de la nature, parce que l'être organique présente à l'état d'indivision ce que l'œuvre d'art présente comme réuni après une séparation et que la production organique ne procède pas de la conscience et de la contradiction infinie que l'on trouve dans l'œuvre d'art. Distinct également de la science comme tâche infinie, il est « l'archétype de la science », qui « ne doit advenir que là où l'art est déjà présent »[3].

Si donc la science s'achève dans la philosophie de la nature, celle-ci est dépassée par la philosophie de l'art comme exposé de cette archi-poésie qu'est l'infinité inconsciente comme synthèse de la nature et de la liberté. Si Kant a reconnu la nécessité de cette synthèse, en en confiant la possibilité à un entendement infini, Schelling lui reproche toutefois de penser la totalité organique comme représentation de cet entendement sans rendre compte de l'organisation

1. *Philosophie de l'art*, trad. fr. C. Sulzer, Grenoble, Millon, 1999, p. 167.
2. *Système de l'idéalisme transcendantal*, trad. fr. C. Dubois, Louvain, Peeters, 1978, p. 259.
3. *Ibid.*, p. 255.

effective de la nature qui, comme passé transcendantal de l'esprit, oblige à forger une telle hypothèse. Kant ne peut réfléchir cet entendement que comme un entendement artiste et une causalité intentionnelle, qui lui fait retrouver le finalisme traditionnel. Le mérite de Kant est cependant d'avoir remanié la question de la métaphysique. Comme le note G. Lebrun, « en réduisant la connaissance théorique au savoir d'entendement, Kant n'avait pas tant substitué la foi au faux savoir métaphysique qu'il n'avait indiqué la possibilité d'un savoir dont les savoirs d'entendement n'auraient jamais donné l'idée » [1]. Dans l'*Exposé de la philosophie rationnelle pure*, Schelling écrit : « L'ultime conséquence nécessaire de la critique introduite par Kant fut que l'esprit humain parvint enfin et pour la première fois à la science purement rationnelle où n'accède rien qui soit étranger à la raison, alors que, dans la métaphysique du passé et jusqu'à l'époque de Wolff, on pouvait trouver un chapitre intitulé *de miraculis*, et un autre, *de revelatione*. Cette métaphysique entendait être un dogmatisme rationnel, en conséquence son rationalisme ne pouvait être que subjectif et contingent. À elle se substitua le système – de part en part nécessaire du point de vue interne – d'un rationalisme objectif, produit non de la raison subjective, mais de la raison elle-même » [2]. Ce rationalisme absolu appelle l'idéalisme absolu. Par ailleurs, la *Critique de la faculté de juger* ne vise plus à déblayer le terrain pour édifier la science suprême, mais à répertorier les formes de notre relation au supra-sensible. Il ne s'agit plus seulement de déconstruire les théories de la connaissance du supra-sensible, mais de déployer les diverses figures de présentation du supra-sensible en opérant un déplacement anthropologique de la critique. C'est en ce sens – et à cet égard le point de vue de Maïmon était juste – que la troisième *Critique* est en fait la première dans l'ordre des raisons, fondant en tant que réflexion la possibilité de l'entreprise critique.

LA POSITION DE LA *CRITIQUE DE LA FACULTÉ DE JUGER*

Pour les successeurs de Kant et nombre de ses commentateurs la *Critique de la faculté de juger* est déconcertante, car elle entame l'unité du système. Fichte en tire argument dans la *Wissenschaftslehre* (*WL*) de 1804 pour récuser l'entreprise critique. Si la *WL* est une philosophie transcendantale qui pose l'Absolu dans l'unité de l'être et du penser, elle se distingue néanmoins de la philosophie kantienne. Le propre de la philosophie transcendantale – et cela dès Kant – est d'abolir la différence être et penser. Si l'on admet que l'Absolu (A) se scinde, outre la distinction entre l'être (S) et le penser (D), aussi en x, y et z renvoyant aux trois *Critiques*, dès lors, tout est en soi et pour soi A, et en tant que x, y, z une modification de A, devant apparaître en S comme en D. La *WL* permet de penser

1. *Kant et la fin de la métaphysique*, Paris, Armand Colin, 1970, p. 500.
2. *Introduction à la philosophie de la mythologie*, trad. fr. J.-F. Courtine et J.-F. Marquet (dir.), Paris, Gallimard, 1998, p. 352.

l'unité de la philosophie kantienne, car il y a chez Kant trois absolus dont l'unité n'est pas assurée. Dans la première *Critique*, l'Absolu est l'expérience sensible = x, la dualité de l'être et de la pensée recoupant celle de la réalité phénoménale et de l'entendement. Dans la deuxième, l'Absolu est le monde moral = z, la dualité de l'être et de la pensée recoupant celle du Bien et de l'intention morale. Dans la troisième, l'Absolu est la racine commune et insondable des deux autres = y, la dualité de l'être et de la pensée recoupant celle de la finalité naturelle et du sentiment de plaisir et de peine. Or, le jugement de goût et le jugement téléologique n'étant que des signes de l'Absolu, ils ne révèlent pas un fondement réel permettant d'unifier le sensible et le supra-sensible.

Kant a saisi l'Absolu comme le lien de l'être et de la pensée, sans le concevoir dans son indépendance absolue, mais en en faisant une détermination de trois absolus, qui par là semblait être contingente : il y a un abîme entre nature et liberté et leur commune racine est insondable. Ainsi « la spéculation kantienne s'achève en son plus haut sommet avec l'évidence factice de la compréhension que derrière les mondes sensible et suprasensible, doit se trouver un principe de leur cohésion, donc un principe absolument génétique, créant absolument et déterminant les deux mondes »[1]. Cette vision demeure factice et n'est pas génétique : la loi de l'unité n'est que la résultante de deux termes complémentaires. Le principe suprême est une « synthèse *post factum* », car on trouve dans la conscience les termes d'une disjonction que la raison doit après coup comprendre comme en soi. L'unité absolue est saisie, sans qu'on puisse en déduire les termes de la disjonction. Kant ne peut penser l'unité qu'à partir de deux mondes hétérogènes et non à partir d'elle-même dans une intuition absolue. Dans la *Critique de la faculté de juger* la synthèse de l'intelligible et du sensible est reconstruite de manière extérieure : la finalité de l'œuvre d'art et celle de la nature sont des indices donnant à penser une unité, mais non le savoir effectif d'une unité. Il faut donc que dans la *WL* le moment factice devienne génétique, et « le point de vue de la *WL* dans l'intériorité de sa réflexion n'est nullement une synthèse *post factum*, mais une synthèse *a priori*, ne trouvant ni séparation ni unité mais les engendrant toutes deux d'un même coup »[2].

La troisième *Critique* est donc un ajout extérieur, où la raison n'apparaît pas comme une unité, mais comme l'accident de trois absolus hétérogènes. Or, l'unité fichtéenne du sujet et de l'objet réalise l'unité transcendantale de l'aperception, la *WL* se donnant comme le savoir du pur savoir. Si la faculté de juger entreprend de relier l'entendement et la raison, il reste que celle-ci fait signe vers un substrat intelligible qu'elle laisse indéterminé et, si la raison pratique le détermine, elle n'établit pas sa déterminabilité. La faculté de juger relie l'indéterminité et la déterminité, en rendant l'en soi déterminable, la finalité transcendantale rendant déterminable le substrat intelligible selon des fins. Mais le sensible et le suprasensible ne sont pas médiatisés et unitairement fondés. La philosophie transcen-

1. *WL* 1804, trad. fr. D. Julia, Paris, Aubier, 1967, p. 43.
2. *Ibid.*, p. 49.

dantale de Kant reste prise dans une évidence factice, alors que la *WL* s'élève à une évidence génétique. Si Kant a posé le vrai problème, celui de l'unité du théorique et du pratique, il n'a pas trouvé la bonne solution, en concevant la conscience de la loi morale comme un fait de la raison humaine finie, l'avancée de la troisième *Critique* se soldant alors par un recul.

Tel est également l'argument de Hegel dans *Foi et savoir*. Dénonçant le formalisme d'une philosophie d'entendement, il reconnaît que le point le plus intéressant du système kantien est celui où « il reconnaît une région, intermédiaire entre la diversité empirique et l'unité absolue abstraite », qui n'est pas une région pour la connaissance. Il trouve ainsi dans la faculté de juger réfléchissante « le moyen terme entre le concept de la nature et le concept de la liberté, c'est-à-dire entre la multiplicité objective déterminée par des concepts, l'entendement en général et la pure abstraction de l'entendement – il trouve la région de l'identité de ce qui est sujet et prédicat dans le jugement absolu au-dessus duquel la philosophie théorique ne s'est pas plus élevée que la philosophie pratique »[1]. Kant confie cette unité au jugement et non à la raison, même si celui-ci permet l'expression de l'Idée de la raison. Il retombe dans l'empirique, car l'Idée esthétique est une représentation de l'imagination. Lorsqu'il cherche à résoudre l'antinomie du jugement de goût à l'aide de la raison, celle-ci n'est plus qu'une Idée indéterminée du supra-sensible. Si dans la beauté, en tant qu'Idée intuitionnée, l'opposition de l'intuition et du concept disparaît, ce n'est là que le moment du négatif et, en tant que principe de l'esthétique, le supra-sensible reste inintelligible. Le beau n'est pas un moment du vrai, mais un jeu de facultés subjectives.

Si l'intuition de la nature organique exprime de façon plus précise l'Idée de la raison dans l'Idée d'un entendement intuitif, cette Idée n'est rien d'autre que celle de l'imagination transcendantale. En effet, « elle est activité intuitionnante, et en même temps son unité intérieure n'est rien d'autre que l'unité de l'entendement lui-même, la catégorie plongée dans l'étendue, qui devient alors entendement et catégorie, dans la mesure où elle se sépare de l'étendue »[2]. Kant a découvert dans l'imagination le principe d'une unité de l'intuition et du concept, mais a perdu cette unité en cours de route, ne voyant pas que l'imagination était la raison dans son existence empirique et en en restant à une conception empirique de l'imagination. De même, lorsqu'il pense un entendement intuitif comme Idée absolument nécessaire, il pense une raison où possibilité et effectivité sont identiques, mais il revient à un entendement discursif assigné à la donation intuitive empirique : « Il trouve dans l'expérience de sa pensée ces deux pensées, et devant choisir entre les deux, sa nature l'amène à mépriser la nécessité de penser la nécessité, le rationnel, une spontanéité intuitionnante, et il s'est absolument décidé pour la phénoménalité »[3]. Pour Kant, l'entendement intuitif n'est pas, comme l'imagination transcendantale, le véritable entendement, car notre entendement doit

1. *Foi et savoir*, trad. fr. A. Philonenko, Paris, Vrin, 1988, p. 119.
2. *Ibid.*, p. 121.
3. *Ibid.*, p. 122.

progresser de l'universel analytique au particulier, étant une faculté indépendante de la sensibilité. La triplicité raison théorique, raison pratique, faculté de juger fait de cette philosophie « une philosophie d'entendement achevée qui a renoncé à la raison »[1].

L'ÉQUIVOQUE DE LA *CRITIQUE DE LA FACULTÉ DE JUGER*

L'équivoque de la troisième *Critique* tient à l'interférence de l'empirique et du transcendantal, qui en fait aussi l'ouvrage le plus spéculatif de Kant, où les post-kantiens ont reconnu la tâche que Kant leur avait léguée, mais qu'il n'avait pu ou osé achever. Ce livre a donc pu être tantôt sous-évalué, considéré comme un appendice sur le jugement réfléchissant, soit surévalué au point de commander toute l'entreprise critique. G. Deleuze y voit une extraordinaire entreprise à un âge où les grands auteurs se renouvellent rarement, la grande découverte étant « l'émancipation de la dissonance, l'accord discordant »[2]. Alors que dans les deux premières *Critiques* c'est à chaque fois une faculté particulière qui légifère sur les autres, dans la troisième les différentes facultés s'accordent dans la dissonance, entrant dans des rapports libres et sans règle qui rendent possibles les rapports variables et réglés qui ont été établis auparavant. Tel est « l'aspect shakespearien de Kant, qui commence comme Hamlet et finit en roi Lear, dont les post-kantiens seraient les filles »[3]. Si Deleuze retrouve Maïmon, la troisième *Critique* étant la condition de possibilité des deux autres, il va plus loin en disant que cet accord discordant est la source du temps. Si en effet, selon le mot de Hölderlin, le temps cesse de « rimer », de sorte qu'il nous sépare de ce qui nous détermine en l'affectant, et si sa ligne d'errance devient notre ligne de vie selon la forme de la loi, un libre jeu des facultés est possible comme ce qui se tient à la source du sens interne.

Esthétique et téléologie donnent ainsi à penser la facticité du sens, effectuant la logique transcendantale dans une logique du sens. É. Weil souligne que, dans les deux cas, « nous nous trouvons devant des formes saisies immédiatement comme sensées », qui sont finales en elles-mêmes[4]. Or, si le jugement esthétique s'explique par la nature de nos facultés en leur aptitude à aller jusqu'au bout de leur puissance en un jeu déréglé, la considération téléologique nous conduit jusqu'au spéculatif, renvoyant le fini vers l'infini dans l'idée d'un *intellectus archetypus*. La grande question de la *Critique de la faculté de juger* est: « comment comprendre que le compréhensible et la compréhension soient, tous deux, des faits et ainsi, en dernière analyse, insensés? »[5]. Si la modalité de la

1. *Leçons sur l'histoire de la philosophie. La philosophie moderne*, trad. fr. P. Garniron, Paris, Vrin, 1991, p. 1895.

2. « Sur quatre formules poétiques qui pourraient résumer la philosophie kantienne », dans *Critique et clinique*, Paris, Minuit, 1993, p. 49.

3. *Ibid.*

4. « Sens et fait », dans *Problèmes kantiens*, Paris, Vrin, 1970, p. 75.

5. *Ibid.*, p. 104.

première *Critique* est le possible et celle de la deuxième le nécessaire, celle de la troisième est l'effectif, qui nous conduit à poser l'Idée d'une identité du possible et de l'effectif.

Kant découvre ainsi que l'être de l'étant ne se comprend qu'à partir d'un préalable sens de l'être antérieur à toute factualité. Il continue cependant à parler le langage de la métaphysique traditionnelle et cela explique l'équivoque d'une démarche qui appelle aussi bien l'idéalisme absolu qu'une interprétation phénoménologique. J. Taminiaux montre, à propos de l'esthétique, comment la démarche kantienne oscille entre ces deux perspectives [1]. Si la beauté nous assigne à notre finitude, l'idée d'une unité des facultés appelle aussi une subjectivité se posant elle-même absolument. Si donc Hegel et Heidegger comprennent en sens inverse l'imagination transcendantale comme racine commune de la sensibilité et de l'intellect, c'est parce que deux lectures sont possibles. L'une y voit une idée spéculative exprimant l'identité absolue de la raison, de la nature et de la liberté; l'autre y voit au contraire l'indice d'une assignation à une finitude essentielle. Dans les deux cas, il est question d'un recul : recul devant le spéculatif et repli sur une philosophie d'entendement, recul devant la finitude essentielle et repli sur la métaphysique traditionnelle.

Dans son cours sur Schelling, Heidegger comprend l'idéalisme allemand comme lieu d'effectuation absolue du système mathématique de la raison moderne. Kant est celui qui a établi la raison moderne comme raison humaine finie et montré qu'elle est, en tant que *teleologia rationis humanae*, savoir rationnel d'elle-même. Il a en même temps indiqué la nécessité du système comme exigence téléologique de la raison et c'est pourquoi la *Critique de la faculté de juger* est « un combat pour le système », même si le système demeure à l'état de problème, sa réalisation exigeant de dépasser Kant. L'*Opus postumum* indique la direction en concevant le principe suprême du système comme union dans le sujet du monde et de Dieu : « Le point de vue le plus haut de la philosophie transcendantale consiste dans l'union des idées de la raison théorique et de la raison pratique, de la nature et de la liberté en un seul et même sujet » [2]. Dès lors, « je suis un objet de moi-même, c'est-à-dire de mes représentations; s'il y a autre chose en dehors de moi, c'est un produit de moi-même. Je me produis moi-même. Je suis, est l'acte logique précédant toute représentation de l'objet; c'est un verbe par lequel je me pose » [3]. Le Moi est ainsi en passe de devenir l'*En kai Pan*, coïncidant avec la totalité absolue. Le sujet en tant que copule est médiation entre Dieu tel qu'il se tient en soi et le monde tel qu'il est proféré par le Verbe.

Kant a délimité l'essence de la connaissance, sans fonder cette essence, la critique n'assumant pas son auto-fondation. Tel est le problème post-kantien : si l'effectivité est la modalité de la faculté de juger en tant que médiation entre l'entendement et la raison, entre la possibilité de l'expérience comme nature et la

1. « Tensions internes de la *Critique du jugement* », dans *La nostalgie de la Grèce à l'aube de l'idéalisme allemand*, La Haye, M. Nijhoff, 1967.

2. *Opus postumum*, trad. fr. J. Gibelin, Paris, Vrin, 1950, p. 27.

3. *Ibid.*, p. 131.

nécessité de la loi comme liberté, Kant n'a pas pu penser l'unité spéculative de ces trois modalités, son système restant un système d'idées heuristiques. Sa conquête essentielle est d'avoir montré en quoi la raison humaine finie est par essence systématique, au sens où la liberté humaine est la clé de voûte du système authentique comme système de la liberté. Tous les grands systèmes post-kantiens seront de tels systèmes. Toutefois, parce que pour Kant la raison n'est que la faculté des Idées régulatrices pour la pensée de la totalité, le système des Idées n'est pas fondé et demeure problématique. Il convient donc d'établir un principe de fondation du savoir. Cette entreprise n'est possible qu'à partir du débat ouvert par Kant dans la *Critique de la faculté de juger*, qui n'est plus seulement la condition de possibilité de la démarche critique, mais aussi celle de l'idéalisme spéculatif. Peut alors s'opérer une métamorphose de la raison, qui devient intuition intellectuelle, retrouvant le sens grec du *Nous*.

Alors que, pour la philosophie dogmatique, le système est système mathématique de la raison, pour Kant c'est la raison qui est par essence systématique. Si pour lui les Idées ne sont que des règles ouvrant la raison sur un horizon, sur une nouvelle partition[1], c'est qu'elles ne sont pas connaissables comme des objets donnés à une intuition sensible. Il libère ainsi la possibilité d'un savoir inobjectif requérant pour sa saisie une intuition intellectuelle, se libérant de l'attitude qui se borne à connaître des choses et n'étant rien d'autre que la philosophie telle qu'elle voit l'unité de l'être et de la pensée. Il ne s'agit donc pas de revenir à l'ancien dogmatisme, qui affirme que la connaissance de l'absolu par purs concepts va de soi comme unité de l'être et du penser dans l'absolu, mais de radicaliser l'idéalisme, critiquement refondé, comme affirmation de cette unité au sein du savoir et du savoir dans l'absolu. Si l'absolu n'est pas un objet extérieur au savoir, mais l'unité originaire du connaissant et du connu, c'est dans le savoir absolu donné dans l'intuition intellectuelle que le système absolu de la raison devient conscient de soi et qu'il est fondé à partir de lui-même, devenant ainsi pleinement mathématique. C'est ce qui permet à un tel système d'être un système de la liberté

Si le problème de la troisième *Critique* était donc de trouver une médiation entre nature et liberté, il s'agit désormais de montrer comment la liberté régit la totalité de l'étant pour se concentrer en l'homme. Kant a ainsi rendu possible la problématisation du système comme conflit de la nécessité et de la liberté, c'est-à-dire aussi du rapport de Dieu et du monde. En ce sens, l'idéalisme allemand marque le point décisif de la rencontre de la métaphysique et du christianisme autour de la question de la kénose. Or, si Hegel réalise pleinement le système dans le savoir absolu, Schelling s'engage à partir de son traité de 1809 dans une autre voie, remettant en cause les fondements métaphysiques de la problématique issue de la levée des limitations critiques. En définissant la liberté comme liberté pour le bien et pour le mal, Schelling, souligne Heidegger, « ébranle par avance la

1. Il utilise le terme de *Vernunft-Vorspiel*, « prélude de la raison » (au sens musical).

Logique de Hegel »[1]. La réalité du mal fait en effet éclater le système, comme système de la liberté ordonné au vouloir raisonnable. Par là Schelling renforce la position de Kant, pour qui la liberté demeure incompréhensible. C'est pourquoi la *Critique de la faculté de juger* a, outre l'idéalisme absolu, une autre postérité que l'on peut définir comme réflexion des figures de la finitude dans une libération de la liberté.

Jean-Marie VAYSSE
Université de Toulouse II

1. *Schelling*, trad. cit., p. 171.

HEGEL ET LA *CRITIQUE DE LA FACULTÉ DE JUGER* DE KANT
FINALITÉ ET SPÉCULATION

Il est couramment admis – et avec raison, d'ailleurs – que la *Critique de la faculté de juger* de Kant a joué un rôle crucial dans la constitution et le développement de ce qu'on a coutume d'appeler l'idéalisme allemand. En effet, chacun des auteurs appartenant à ce « courant philosophique » s'est non seulement explicitement confronté à cet ouvrage, mais tous ont, implicitement ou explicitement, défini en bonne partie leur propre programme philosophique en regard des motifs et des enjeux développés dans la troisième *Critique*. Ceci signifie, d'un côté, que l'idéalisme post-kantien a défini les termes de son entreprise face aux problèmes et aux apories qu'il a cru déceler dans la *Critique de la faculté de juger* et, de l'autre, qu'il a estimé pouvoir les résoudre à l'aide des possibilités inhérentes aux concepts centraux développés par Kant dans son analyse du jugement réfléchissant. Cette ambivalence de la réception idéaliste de la philosophie kantienne dans son ensemble, et de la troisième *Critique* en particulier, s'est pour ainsi dire cristallisée autour de deux slogans qui émaillent l'ensemble des textes de Fichte, de Schelling et de Hegel : à savoir qu'il était, d'une part, nécessaire de distinguer l'esprit de la lettre du kantisme et qu'il fallait, d'autre part, retenir les résultats de cette philosophie, même s'il y manquait encore les prémisses.

Ainsi, pour ces auteurs, la *Critique de la faculté de juger* est avant tout un échec. Toutefois, elle contient, en même temps, les solutions à ses propres problèmes. Plus précisément, aux yeux de ces penseurs, le projet de la troisième *Critique* – projet qui consiste à vouloir démontrer que la faculté de juger est cette faculté intermédiaire qui permet d'assurer l'unité de la raison théorique et de la raison pratique – est celui d'une véritable philosophie digne de ce nom, c'est-à-dire d'une véritable philosophie de la réconciliation. Cependant, son échec révèle, selon eux, non seulement des insuffisances internes, mais il fait apparaître, du même coup, les insuffisances de l'ensemble du système critique : l'échec de la troisième *Critique* est l'échec du criticisme dans sa totalité. Néanmoins, la troisième *Critique* fournit les éléments conceptuels d'une philosophie de la réconciliation permettant de résoudre et de dépasser les apories du kantisme. Pour les idéalistes, les concepts centraux de cet ouvrage – soit ceux de jugement réfléchissant, d'imagination productrice, d'Idée esthétique, de génie, de *sensus communis*, de sublimité, de finalité interne et enfin d'entendement intuitif – tous ces concept donc, sont autant d'éléments permettant de résoudre les apories du criticisme, apories qui, d'après eux, trouvent leur expression dans l'ensemble des dualismes constitutifs de cette philosophie, et dont les plus importants sont, sans doute, ceux entre chose en soi et phénomène, entre raison théorique et raison pratique, entre nature et liberté.

Dans ce qui suit, nous nous concentrerons sur la lecture hégélienne de la troisième critique, et plus précisément sur son interprétation du jugement téléologique. Ceci nous semble justifié puisque, mis à part quelques propos sur l'art et sur l'esthétique dans ses *Vorlesungen über die Ästhetik*, Hegel s'est surtout attaqué à ce volet de la *Critique de la faculté de juger*. Pour lui, les concepts de finalité interne et d'entendement intuitif sont les concepts-clés par lesquels Kant semble s'être engagé sur la voie d'une véritable pensée spéculative. À ses yeux, ces deux concepts marquent les moments où Kant a mis au jour les éléments d'un concept de raison susceptible de dépasser les dualismes problématiques et aporétiques de sa philosophie. En termes hégéliens, les concepts de finalité interne et d'entendement intuitif sont les moments où Kant s'est élevé à l'Idée et a dépassé les limites de la philosophie de la réflexion.

I

Kant, on le sait, développe son analyse du jugement téléologique en trois étapes qui correspondent aux trois grandes sections du deuxième volet de la *Critique de la faculté de juger*. En un premier temps, il s'emploie, dans l'*Analytique*, à établir la possibilité du concept de finalité interne tout en le distinguant du concept de finalité externe. Ensuite, la *Dialectique* se confronte à l'antinomie du jugement téléologique et envisage la nécessité *pour nous*, c'est-à-dire pour notre entendement fini, de distinguer les deux maximes distinctes et « disparates » du mécanisme et du finalisme. C'est dans cette partie que Kant considère la possibilité d'un entendement intuitif. Enfin, la *Méthodologie* clôt l'ouvrage sur la question qui sous-tend l'ensemble de cette troisième *Critique* et qui est celle du « passage » (*Übergang*) de la nature à la liberté. Dans cette troisième et dernière partie, il s'agit d'établir et de légitimer ce passage par le biais d'un concept de culture de l'espèce humaine considérée comme « fin dernière » (*letzter Zweck*) de la nature.

Ainsi, il s'avère nécessaire, aux yeux de Kant, de distinguer deux types d'objets dans la nature eu égard à la manière dont on peut comprendre leur genèse ou leur origine. L'un de ces types est celui que l'on peut expliquer par le recours exclusif à des causes physiques et aux lois générales de la mécanique. Face à ces objets, il suffit de faire intervenir un principe de causalité que Kant nomme causalité selon des lois mécaniques. À cet effet, il donne plusieurs exemples de phénomènes naturels dont les chutes d'eau et les grèves de sable. Ce type d'explication conduit à une représentation de la nature comme une machine et ne peut permettre de saisir la spécificité de l'organisme ou du vivant. La seule causalité mécanique se trouve donc dans l'impossibilité de fournir les concepts permettant de penser la vie et l'origine du vivant.

Bien sûr, la nature nous montre divers objets qui échappent à cette causalité mécanique. Parmi ces objets, il y a, d'un côté, les produits de l'art qui sont réalisés par des êtres doués d'entendement selon des concepts préalables et il y a, de l'autre, des entités organisées donc, ce que l'on appelle des organismes et qui ont leur modèle dans les plantes et les animaux. Or, face à ce type d'objet nous devons admettre que nous ne pouvons comprendre leur production qu'à la seule condition de supposer un plan ou un concept qui guide la nature dans cette production. Ces objets sont ce que Kant appelle des « fins naturelles »[1]. Et ce plan, dans le cas des fins naturelles, n'est pas extérieur à l'objet, mais il lui est bien plutôt interne ou immanent. Dans un être vivant, soutient Kant, l'idée du tout est pensée comme immanente aux parties qui, rajoute-t-il, sont « réciproquement les unes par rapport aux autres cause et effet de leur forme »[2].

Par ailleurs, l'existence de tels objets considérés comme fins naturelles conduit inévitablement Kant à admettre un autre type de causalité que celle des lois mécaniques. Par définition, ces productions ne peuvent aucunement être pensées en termes de causes efficientes. Il faut donc envisager une causalité de type final. Toutefois, l'admission d'une telle causalité, concède Kant, implique une représentation de la nature comme si elle était un être rationnel. Car, d'après lui, seul un être doué de raison peut se donner des fins. Donc, s'il est exact que nous ne pouvons comprendre certaines productions de la nature qu'en termes de fins naturelles, nous devons admettre une représentation de la nature comme un être agissant selon des fins, c'est-à-dire que nous devons admettre quelque chose comme une représentation de la rationalité de la nature. Mais, pour Kant, cette représentation d'une rationalité de la nature doit être comprise dans les termes d'une « analogie » avec ce qu'il appelle une technique de la nature et qui *stricto sensu* ne nous dit rien sur la nature de ces productions :

> Le concept d'une chose en tant que fin naturelle en soi n'est donc pas un concept constitutif de l'entendement ou de la raison, mais peut être néanmoins un concept régulateur pour la faculté de juger réfléchissante, selon une analogie éloignée avec notre causalité d'après des fins en général, permettant de guider la recherche sur des objets de ce genre et de réfléchir sur leur fondement originaire ; ce qui n'a certes pas pour effet une connaissance de la nature ou de son fondement originaire, mais est davantage utile à ce pouvoir pratique de la raison qui est en nous, et avec lequel nous considérons par analogie la cause de cette finalité[3].

Ce principe de causalité finale, affirme Kant, ne fournit aucune connaissance de l'objet puisque nous n'en usons que dans la réflexion sur les objets pour lesquels objectivement nous manquons complètement d'une loi. Le principe de finalité sert seulement à réfléchir, c'est-à-dire à chercher pour une intuition

1. *CJ*, § 64, Ak V, 370 (Pléiade, II, p. 917-1299).
2. *CJ*, § 65, Ak V, 373.
3. *CJ*, § 65, Ak V, 376.

particulière donnée un universel que l'entendement ne peut fournir et qui demeurera subjectif. L'emploi de la causalité finale n'a donc qu'une nécessité subjective et son usage n'est que régulateur : la finalité règle notre manière de penser, mais ne nous informe pas sur la constitution de l'objet.

De prime abord, les distinctions établies par Kant dans son analyse du jugement téléologique entre cause mécanique et cause finale ne soulève pas de problème manifeste sinon ceux qui ont trait, d'une part, à l'impossibilité de subsumer la totalité des produits de la nature sous le concept de lois mécanique et, d'autre part, à la difficulté d'établir, dans un tel cadre conceptuel, une véritable théorie du vivant. Toutefois, cette distinction s'avère effectivement problématique lorsqu'on évoque une thèse défendue par Kant dans la *Critique de la raison pure*. En effet, dans le cadre de sa théorie de la connaissance, il soutenait que les seuls objets possibles de l'expérience étaient ceux qui se produisaient selon des causes physiques et des lois du mouvement. Ce qui veut dire, premièrement, que tous les événements et objets dans la nature qui sont considérés comme des effets sont entièrement déterminés par des événements et des objets qui les précèdent en tant que causes. Deuxièmement, cela signifie que, pour nous, la seule chose qui puisse être un objet d'expérience, et donc un objet connaissable, correspond à un objet dont il est possible de se représenter la causalité efficiente. Eu égard à cette conception, il va de soi que la distinction entre causalité mécaniste et causalité finale semble poser un problème dans la mesure où elle ouvre la possibilité à une double causalité qui avait été jugée irrecevable dans la théorie de la connaissance. Kant voit bien le problème et c'est à sa résolution qu'est consacrée l'antinomie de la faculté de juger téléologique, antinomie qui se présente comme un conflit entre deux maximes de la faculté de juger et qui s'énonce comme suit :

> *La première maxime est la thèse* : toute production des choses matérielles et leurs formes doit être considérée comme possible selon de simples lois mécaniques.
> *La deuxième maxime* est l'antithèse : quelques productions de la nature matérielle ne peuvent pas être considérées comme possibles selon de simples lois mécaniques (leur appréciation exige une tout autre loi de la causalité, à savoir celle des causes finales) [1].

Bien sûr, Kant tentera de résoudre cette antinomie en soutenant que ces deux maximes sont toutes deux légitimes, mais que l'antithèse ne peut être considérée comme un principe déterminant de la faculté de juger déterminante. Cette dernière n'est qu'un principe subjectif et régulateur de la faculté de juger réfléchissante qui nous fournit un fil conducteur dans notre appréciation des fins naturelles. Autrement dit, l'antithèse admet certes la représentation d'une fin de la nature et une causalité naturelle selon des fins comme principe d'explication des êtres vivants. Cependant, elle se voit du même coup retirer toute validité objective pour devoir se contenter de la seule validité subjective. En somme, les explications de type finaliste sont les seuls moyens dont nous disposons pour rendre

1. *CJ*, § 70, Ak V, 387.

compte de la génération des êtres organisés, mais elles sont considérées comme ne contribuant aucunement à nous faire comprendre la constitution réelle de la nature.

Pour Hegel, la résolution de ce problème n'est aucunement satisfaisante. Il n'y a, selon lui, aucune raison valable de ne pas attribuer une validité objective aux concepts de finalité naturelle et de causalité finale. Ainsi, son argument contre la position kantienne se développera sur deux fronts : il s'agira pour lui de mettre au jour les inconséquences et les contradictions de la thèse kantienne et, d'autre part, il s'attachera à démontrer que les concepts kantiens de finalité interne, de cause finale et d'entendement intuitif contiennent des éléments susceptibles de fournir un concept de rationalité qu'il qualifie de spéculative, et qui peuvent permettre de résoudre et de dépasser les problèmes inhérents à la théorie kantienne du jugement réfléchissant. Et ces problèmes, selon lui, doivent être reconduits aux fondements ultimes de la philosophie de Kant, philosophie qui, à ses yeux, est l'une des manifestations les plus abouties de la philosophie de l'entendement (avec celle de Jacobi et celle de Fichte).

Tout d'abord, en ce qui a trait au concept de finalité naturelle ou de finalité interne, Hegel estime que Kant a défini les déterminations de ce qu'il appelle un universel concret. De fait, en affirmant que les organismes vivants sont caractérisés par le fait que leur concept (leur finalité) est immanent à leur être (leur particularité), Kant conçoit un rapport entre l'universel et le particulier qui est complètement différent de celui qui a cours dans l'exercice du jugement déterminant. Dans le jugement de connaissance, en effet, la forme logique de la catégorie et le contenu empirique de l'intuition sont extérieurs l'un à l'autre, et ce malgré la médiation du schème temporel qui les identifie partiellement ou relativement. Un tel universel, nous dit Hegel dans la *Science de la logique*, « est un abstrait qui ne devient que grâce à un autre, un particulier, un concret »[1]. En revanche, la fin naturelle est un universel concret et Kant a effectivement vu juste lorsqu'il a reconnu que dans la finalité naturelle l'empirique est en lui-même pensé, que l'objet, ce qui est perçu, est en lui-même sujet pensant. En d'autres termes, Kant, d'après lui, a reconnu dans son analyse de la finalité naturelle l'identité absolue du sujet et de l'objet.

Toutefois, Hegel estime que Kant s'est empêtré dans des contradictions et a fait preuve d'inconséquence. D'un côté, Kant affirme la nécessité de penser un concept de causalité finale qui n'est pas celui où, comme il le mentionne au § 10, « la représentation de l'effet est le principe déterminant de sa cause et le précède »[2]. Il est donc nécessaire de penser une causalité qui n'est pas définie par l'extériorité de la fin, de la cause par rapport à l'effet. Néanmoins, il soutient d'un même tenant que la constitution ou la qualité propre de notre entendement nous impose de considérer les organismes vivants comme « produits intentionnellement en tant que fins »[3]. De fait, notre entendement ne peut concevoir la

1. G.W.F. Hegel, *Science de la logique*, t. 2, *La logique subjective ou doctrine du concept*, trad. fr., présentation et notes P.-J. Labarrière et G. Jarczyk, Paris, Aubier-Montaigne, 1981, p. 253.
2. *CJ*, § 10, Ak V, 220.
3. *CJ*, § 77, Ak V, 405.

dépendance des parties par rapport au tout qu'en faisant usage de la finalité par la causalité du concept. Il est certes possible de penser un autre entendement qui comprendrait cette dépendance sans y voir la causalité de la représentation. Seul un tel entendement connaîtrait de manière adéquate la finalité interne, car il y verrait une liaison causale pour laquelle un entendement n'est pas admis comme cause. Mais cet entendement, soutient Kant, n'est pas le nôtre. La seule chose qu'il puisse concevoir c'est « la représentation de la finalité externe ou finie, dans laquelle le but est pour le moyen et les matériaux où il se réalise une fin extérieure »[1]. Pour Hegel, la question se pose donc de savoir comment nous pouvons, d'un côté, admettre une finalité non représentée, immanente, non intentionnelle et, de l'autre, affirmer que la seule finalité que nous puissions concevoir soit représentée, intentionnelle et externe.

Selon Hegel, cette contradiction est attribuable à une « décision », à un parti pris qu'il estime arbitraire et illégitime. Cette décision renvoie à la thèse développée dans le cadre de la théorie kantienne de la connaissance selon laquelle seul un jugement déterminant, seul un jugement qui subsume un particulier sous un universel donné, peut être considéré comme un jugement de connaissance. Il en résulte donc qu'un objet qui trouve son principe de détermination de façon tout autre comme dans le cas des organismes vivants ne peut en aucun cas faire l'objet d'un jugement de connaissance. D'après Hegel, c'est cette distinction entre jugement déterminant et réfléchissant que semble remettre en question l'analyse kantienne de la finalité interne. Ainsi, dans l'*Encyclopédie* il précise son propos de la façon suivante :

> Alors que c'est un premier résultat de la philosophie critique, que la raison ne peut connaître que des phénomènes, on aurait pourtant, du moins pour la nature vivante, le choix entre deux manières de penser *également subjectives* et, d'après l'exposé kantien lui-même, l'obligation de ne pas connaître les produits de la nature suivant les catégories de qualité, cause et effet, composition, parties constitutives, etc. – Le principe de la *finalité interne*, maintenu ferme et développé dans une application scientifique, aurait entraîné une manière tout autre, plus élevée de les considérer[2].

II

Maintenant, en ce qui concerne l'antinomie de la faculté de juger et la possible coexistence des deux types de causalités, mécaniste et finale, Hegel estime, ici aussi, que la solution apportée par Kant n'est aucunement satisfaisante. Ainsi, pour Kant, cette antinomie de la faculté de juger est le conflit entre deux maximes « disparates » de la réflexion. Et ces deux maximes, selon lui, peuvent être conciliées puisque les principes du mécanisme et du finalisme sont deux modes de

1. *CJ*, § 77, Ak V, 408.

2. G.W.F. Hegel, *Encyclopédie des sciences philosophiques*, t. I, *La science de la logique*, trad. fr. B. Bourgeois, Paris, Vrin, 1970, § 58, p. 319.

réflexions complémentaires à propos de certains objets et non deux modes de connaissances de ces derniers. Cette disparité des maximes réside dans la finitude de notre esprit pour lequel possibilité et réalité, lois universelles, mécaniques, et lois particulières, contingentes, sont dissociées, comme deux points de vue sur le même objet.

Cela étant, ce conflit entre les maximes, selon lui, prend son point de départ du fait que la raison, comme il l'affirme au § 70, « a affaire à la nature comme ensemble des objets des sens externes » [1]. De ce fait, surgit nécessairement l'Idée rationnelle de la totalité et avec elle, l'illusion responsable de l'objectivation de l'En-soi. Toutefois, lorsqu'elle est ramenée à l'idée régulatrice de la conception causale des phénomènes, la nature renvoie effectivement à deux maximes qui correspondent à deux points de vue réfléchissants. D'un côté, il y a le point de vue selon lequel la forme de l'expérience réelle se subsume sous la forme de l'expérience possible. Ainsi, « en ce qui concerne les concepts généraux de la nature, soutient Kant, parmi lesquels un concept d'expérience en général (sans détermination empirique particulière) est tout d'abord possible, la réflexion est déjà guidée par le concept d'une nature en général, c'est-à-dire par l'entendement » [2]. On doit donc chercher, souligne-t-il, aussi loin qu'on le peut, à subsumer la matière réelle de l'expérience des objets sous le principe de la causalité mécanique, pris alors comme maxime de la réflexion. Par ailleurs, il existe un second point de vue selon lequel la forme de l'expérience réelle demeure contingente à l'égard de la forme de l'expérience possible. Il est alors possible de penser la forme spatio-temporelle irréductible à la première maxime à partir du principe de finalité dans lequel le tout détermine les parties, l'effet la cause, le postérieur, l'antérieur.

Toutefois, pour Hegel, cette solution recèle des contradictions et des inconséquences. L'argument qu'il développe tourne autour du statut qui est accordé par Kant aux concepts de finitude et d'entendement. Ainsi, la dualité des maximes de la réflexion, nous dit Kant, est fondée sur la structure même de notre finitude. Du point de vue mécaniste, le particulier est ramené aux catégories de l'entendement pur, alors que dans la perspective finaliste, le particulier est réfléchi téléologiquement et ne fait l'objet d'aucune détermination de la part de l'entendement pur. D'un point de vue finaliste, le seul moyen dont nous disposons pour parvenir à un concept de l'objet est celui de la réflexion téléologique, c'est-à-dire que nous devons faire appel à ce que Kant nomme une technique de la nature. Or, en admettant cette technique de la nature, nous sommes conduits à admettre le concept d'une cause agissant intentionnellement, et de ce fait, à la représentation d'un Être originel doué d'entendement ou de raison (donc d'un Dieu). Pour Kant, en effet, des fins sont des états de fait ou des événements qui sont causés par des représentations ou, en d'autres termes, comme il l'affirme au § 77, des fins sont des produits « d'une cause dont la raison de ses déterminations

1. *CJ*, § 70, Ak V, 386.
2. *Ibid.*

est uniquement la représentation de ses effets »[1]. Cette définition implique que l'on ne peut parler de fins que si l'on peut mettre en évidence quelque chose, une entité à laquelle il soit légitime d'attribuer des représentations ou des concepts d'objets. En d'autres mots, il n'est possible de parler de fins que si l'on peut identifier la source, l'origine des représentations. Ce qui signifie donc, que la possibilité d'établir un discours sensé sur des fins est nécessairement liée à l'admission d'un Être doué d'entendement et de raison. Mais, si l'on accepte la thèse kantienne selon laquelle nous ne pouvons rendre compte des organismes vivants qu'en termes de finalité naturelle ou de finalité interne, on doit alors admettre que cet Être doué d'entendement ou de raison qui donne sens au discours finaliste est soit immanent aux êtres vivants organisés, ce qui veut donc dire que nous devons penser quelque chose comme une rationalité de la nature, ou encore, nous devons admettre que cet Être est quelque chose qui fait surgir intentionnellement, selon un plan, les produits de la nature organisée. Pour Kant, le premier terme de cette alternative, celui qui admet une rationalité inhérente aux organismes vivants est inacceptable. Il ne reste donc que le deuxième terme, ce qui signifie que nous sommes nécessairement conduits à l'idée d'un Être originaire doué d'entendement et de raison, donc à ce qu'il appelle au paragraphe § 77 un entendement intuitif, un *intellectus archetypus*. Bien sûr, il ne sera aucunement question pour Kant d'accorder à cet entendement intuitif une quelconque validité objective ; il n'y a aucun moyen de prouver l'existence de cet être. En effet, puisque la représentation d'une technique de la nature n'est pas une représentation valide objectivement, qu'elle n'est qu'un principe heuristique, subjectivement valide auquel nous sommes renvoyés en raison de notre finitude, il en est également de même de ce que nous présupposons lorsque nous pensons une technique de la nature.

Mais, pour Hegel, admettre la nécessité de quelque chose comme un Être originaire doué d'entendement et de raison, c'est déjà pour ainsi dire en admettre trop. Et le fait de le ramener, après coup, à un simple principe heuristique qui n'est que subjectivement valide ne règle en rien le problème. Ainsi, en dépit de ce que soutient Kant, les deux principes antinomiques du mécanisme et du finalisme sont bien des « propositions » qui revendiquent une prétention à la validité objective ; elles disent quelque chose au sujet de la constitution des objets de la nature. Sinon, cela reviendrait, d'après Hegel, à admettre que « nous ne pouvons nous faire absolument aucun concept de la possibilité d'un monde tel qu'il y existe des êtres organisés »[2]. À ses yeux donc, autant la thèse mécaniste que l'antithèse finaliste doivent être considérées comme des propositions objectives. De plus, en transformant ces propositions objectives en maximes de la réflexion, Kant, selon Hegel, maintient la contradiction inchangée. Il ne fait que la transposer dans l'esprit et prive, de ce fait, l'antinomie de sa solution véritable : « on omet de s'enquérir, nous dit-il dans la *Science de la logique*, de ce qui seul représente un intérêt

1. *CJ*, § 77, Ak V, 408.
2. *CJ*, § 74, Ak V, 397.

philosophique, à savoir lequel de ces deux principes contient la vérité en soi et pour soi »[1].

D'ailleurs, Kant, selon lui, a lui-même indiqué le point de vue auquel les oppositions constitutives de notre finitude seraient dépassées et résolues dans l'identité. Ce point de vue est bien évidemment celui d'un entendement intuitif, infini. Tout comme le concept de finalité interne, celui d'un entendement intuitif est le moment qui, dans la logique de la théorie kantienne elle-même, fait apparaître la nécessité d'un concept spéculatif de raison :

> *En soi* et *pour soi* – soutient Hegel dans *Glauben und Wissen* – Kant reconnaît s'il est possible que le mécanisme de la nature, le rapport causal et le technicisme téléologique soient une seule et même chose, c'est-à-dire que la nature ne soit pas déterminée par une Idée qui lui soit opposeé, mais que ce qui se manifeste, selon le mécanisme, comme absolument séparé (l'un comme cause, l'autre comme effet) dans une connexion empirique de la nécessité, soit absolument lié dans une Identité originelle en tant que chose première [2].

L'entendement intuitif est donc cette conception qui permet de penser l'identité du mécanisme et de la finalité, de la réalité et de la possibilité. Et encore ici, la question se pose de savoir comment Kant peut, d'un côté, mettre à jour les déterminations d'un concept d'entendement considéré comme intuitif et infini, et de l'autre, estimer qu'il n'est pour ainsi dire qu'une Idée qu'on ne peut connaître et qui doit être reconduite au postulat d'un fondement suprasensible.

Pour Hegel, tout se passe comme si la critique de la faculté de juger téléologique nous mettait en présence de deux « méthodologies » : Kant, nous dit-il, « a ici devant les yeux les deux à la fois »[3]. D'une part, se présente la connaissance de la nature par l'entendement fini qui, au-delà d'une certaine constructibilité métaphysique, admet la contingence des lois empiriques particulières : cette connaissance est celle de la métaphysique de la nature. D'autre part, s'offre la possibilité, avec le concept d'un entendement intuitif, d'une philosophie spéculative de la nature. Mais ayant à choisir entre les deux, Kant, soutient Hegel, a, ici aussi, pris arbitrairement et illégitimement parti pour la seule connaissance phénoménale. Autrement dit, Kant fait encore preuve d'inconséquence puisque sa philosophie le conduit devant un choix entre deux connaissances possibles, celle du phénomène (qui pense la nature pour l'entendement fini) et celle de la vérité spéculative (qui envisage la nature en et pour soi) et qu'il choisit le phénomène au lieu de la vérité absolue. Après avoir engagé la philosophie de la nature dans la description de la finalité du point de vue de l'entendement intuitif, il reconduit arbitrairement cette possibilité dans un entendement autre que le nôtre, c'est-à-dire donc qu'il lui retire toute validité objective.

1. G.W.F. Hegel, *Science de la logique*, t. 2, *op. cit.*, p. 250.
2. G.W.F. Hegel, *Foi et savoir. Kant – Jacobi – Fichte*, intro. A. Philonenko, trad. fr. A. Philonenko et Cl. Lecouteux, Paris, Vrin, 1988, p. 122.
3. *Ibid.*

III

Pour Hegel, ces deux concepts de finalité interne et d'entendement intuitif qui sont développés par Kant dans son analyse du jugement téléologique ne sont rien d'autre que des concepts susceptibles de participer à l'élaboration d'une véritable logique spéculative. Selon lui, ils permettent, d'une part, de faire apparaître les insuffisances de la philosophie de l'entendement et, d'autre part, ils fournissent les éléments permettant de penser le dépassement des dualismes problématiques de cette philosophie. Ce n'est qu'au prix de ce dépassement, dans le cadre d'une nouvelle philosophie, d'une nouvelle métaphysique que pourrait être envisagée la réalisation du projet d'une unité de la raison formulé par Kant lui-même dans l'introduction de la *Critique de la faculté de juger*. Cette nouvelle métaphysique, Hegel s'est attaché à la définir dans les termes d'une philosophie spéculative en laquelle s'unissaient logique et métaphysique, logique formelle et contenus objectifs et qui, conformément à son propos, devait être le discours même dont le monde moderne avait besoin. Qu'il y soit parvenu et qu'il ait réellement réussi, rien n'est effectivement moins sûr. Mais il n'en demeure pas moins que ni la métaphysique traditionnelle, ni la métaphysique « à venir » de Kant n'auraient pu contribuer à la réaliser.

Martin THIBODEAU
Université d'Ottawa

LE DÉSENCHANTEMENT DE LA NATURE DE KANT À HEGEL

Lorsqu'on lit la première partie de la *Critique de la faculté de juger*, on peut s'étonner que Kant ne semble pas distinguer fondamentalement la beauté naturelle de la beauté artistique, comme si elles étaient faites de la même étoffe. Cela se manifeste à deux niveaux. Tout d'abord, les exemples du beau sont puisés aussi bien dans la nature, inorganique et organique, que dans les différents arts. Kant évoque indifféremment des paysages, des fleurs sauvages comme la rose, des jardins, des oiseaux tels le colibri, le faisan, le rossignol pour son chant, des crustacés, des insectes; mais aussi des édifices comme des palais, des poèmes, des dessins, une galerie de tableaux, la sonorité d'un violon, un morceau de musique, etc. Parmi ce florilège du beau, la beauté naturelle a une primauté, car elle constitue la base de la théorie, dans laquelle l'exemple de la fleur joue le rôle d'un paradigme. Cette position, atypique par rapport aux classiques, annonce l'éloge romantique de la nature. Chez Kant, l'association entre les formes naturelles et artistiques du beau, qui peut nous apparaître si discutable aujourd'hui, s'enracine dans la définition trinitaire du beau. Le beau est l'objet d'une satisfaction désintéressée, ce qui plaît universellement sans concept, et la forme de la finalité d'un objet sans représentation d'une fin [1]. Si le beau est situé du côté de sa réception par le spectateur, dans le libre jeu de son imagination et de son entendement, on comprend qu'il n'y ait aucune raison de le différencier en fonction des objets qui le suscitent. Deux objets différents – comme un être organisé ou une œuvre d'art – peuvent fort bien produire le même sentiment du beau dans le sujet. Quel est dès lors le rapport entre la nature et l'art? L'art ne fait-il que reproduire la beauté de la nature? Après avoir examiné les réponses kantiennes à ces questions, nous leur opposerons la thèse de Hegel, qui renverse justement la relation entre beauté naturelle et beauté artistique, accordant une primauté de celle-ci sur celle-là. Pour le philosophe spéculatif, la beauté artistique rompt radicalement avec le beau naturel. L'enjeu de cette confrontation est une réflexion sur la nature de la nature. Quelle conception déterminée de la nature est présupposée par la théorie du beau naturel et artistique?

1. Cf. *CJ*, § § 6, 9, 17, Ak V, 211, 219, 236 (trad. A. Renaut, *op. cit.*).

I

Quelle est, pour Kant, la relation entre l'art et la nature ? Il s'agit avant tout d'un effet de miroir, l'un étant le reflet de l'autre. La nature est belle en effet lorsqu'elle a l'apparence de l'art[1], c'est-à-dire d'une finalité intentionnelle. Tel est le sens de la finalité formelle sans fin. Le colibri est beau, comme s'il avait été fabriqué dans cette intention, bien que cela ne soit absolument pas le cas. Inversement, l'art « ne peut être appelé beau que si nous sommes conscients qu'il s'agit d'art et que celui-ci prend cependant pour nous l'apparence de la nature »[2]. Kant ne veut pas dire que l'art imite prosaïquement la nature. Au contraire, l'imitation servile de la nature a pour conséquence de détruire le sentiment du beau. Prenons l'exemple du rossignol, qui sera une figure récurrente de la poésie romantique, celle d'Eichendorff par exemple. Kant considère que

> le chant des oiseaux, que nous ne pouvons ramener à aucune règle musicale, semble contenir plus de liberté et, pour cette raison, comprendre en lui, pour le goût, davantage que le chant humain, même dirigé d'après toutes les règles de l'art musical[3].

La question qui nous intéresse ici est de savoir pourquoi le chant d'un oiseau se voit reconnaître un tel privilège sur le chant musical. C'est qu'un tel chant, outre qu'il semble échapper à toute règle et exprimer par là plus de liberté, « annonce la joie et le contentement pris à sa propre existence »[4]. Le beau naturel a cette propriété d'éveiller en nous des significations supérieures. Mais cela n'est possible que s'il s'agit de beau naturel, de sorte que cet intérêt spécifique pris au beau s'évanouit aussitôt que celui-ci n'est plus naturel. Kant donne l'exemple d'une soirée à la campagne lors de laquelle un jeune garçon malicieux dissimulé dans les buissons imite à la perfection le chant du rossignol à l'aide d'un roseau. Tant que les convives ne se doutent pas de la supercherie, ils apprécient pleinement la beauté du chant. Mais dès qu'ils en prennent conscience, aussitôt qu'ils découvrent qu'il s'agit d'une simple imitation, le chant leur devient insipide, voire pénible[5].

L'art n'imite pas la nature, il imite par ses propres moyens le sentiment du beau qu'elle procure à travers certains de ses produits, il reproduit, en d'autres termes, le même sentiment de plaisir désintéressé et de finalité sans fin que l'on éprouve devant le spectacle du beau naturel. L'art est intentionnel, mais il ne doit pas paraître tel pour être beau. Il a l'apparence de la nature, lorsqu'il fait oublier l'intention qui préside à la création de l'œuvre. Si l'on saisit une règle, un concept, on dirait aujourd'hui un message, on perd le sentiment du beau, un peu comme la découverte de l'étiquette du prix laissée sur un cadeau enlève à celui-ci toute sa

1. *CJ*, § 45, Ak V, 306.
2. *Ibid.*
3. *CJ*, § 22, Ak V, 243.
4. *CJ*, § 42, Ak V, 302.
5. *CJ*, § 42, Ak V, 302-303.

valeur[1]. Beauté naturelle et beauté artistique ont donc une racine commune, le jugement de goût réfléchissant : « car, qu'il s'agisse de beauté naturelle ou de beauté artistique, nous pouvons dire dans tous les cas : *est beau ce qui plaît dans le simple jugement appréciatif* (et non pas dans la sensation des sens, ni par l'intermédiaire d'un concept) »[2]. Comme telles, les deux formes de beauté peuvent être définies de la même manière, elles sont l'une et l'autre l'expression d'Idées esthétiques[3], à savoir de représentations de l'imagination qui donnent à penser en excédant tout concept. Voilà ce qui explique que Kant ait utilisé sans distinction des exemples de beau dans les deux domaines naturel et artistique.

Certes, beauté naturelle et beauté artistique ne se confondent pas purement et simplement. Ainsi, « une beauté naturelle est une *belle chose* ; la beauté artistique est une *belle représentation* d'une chose »[4]. Cette distinction implique deux spécificités de l'art. La beauté artistique prend en compte la perfection de la chose représentée, en plus de la simple finalité formelle. La représentation permet de rendre belles des réalités laides ou déplaisantes. Aristote avait déjà remarqué que la représentation d'un cadavre pouvait être agréable à regarder (*Poétique*, 48b 9-12). Kant donne les exemples des furies, des maladies, des dévastations de la guerre, réalités nuisibles qui peuvent devenir belles une fois décrites ou peintes[5]. Cette capacité de l'art à transformer la laideur du monde en beauté ne lui confère aucune supériorité sur la nature. Du point de vue esthétique, il n'y a pas de différence entre beauté naturelle et beauté artistique. Kant souligne en revanche que l'intérêt pris aux beautés de l'art n'est pas un intérêt moral, alors que

> prendre un *intérêt immédiat* pour la beauté de la *nature* (non pas simplement avoir du goût pour en juger) est toujours la caractéristique d'une âme bonne, [...] il indique du moins une disposition d'esprit favorable au sentiment moral, s'il s'associe volontiers à la *contemplation de la nature*[6].

C'est donc avant tout dans son aspect naturel que le beau est le « symbole du bien » (*CJ*, § 59). Si la beauté artistique dépasse la beauté naturelle quant à la forme[7], elle lui est inférieure du point de vue de sa capacité, plus limitée, à éveiller un intérêt moral. Kant établit donc une relation de continuité entre l'art et la nature, car la beauté artistique obéit au même procédé que la beauté naturelle, celui du jugement esthétique réfléchissant. Cette continuité est confirmée par la théorie du génie à l'origine de la création des œuvres d'art, qui est compris comme une disposition d'esprit « par laquelle la nature donne des règles à l'art » (*CJ*, § 46).

1. *Cf.* Proust, *Le Temps retrouvé*, Paris, Gallimard, 1986, p. 241 : « une œuvre où il y a des théories est comme un objet sur lequel on laisse la marque du prix ».
2. *CJ*, § 45, Ak V, 306.
3. *CJ*, § 51, Ak V, 320.
4. *CJ*, § 48, Ak V, 311.
5. *CJ*, § 48, Ak V, 312.
6. *CJ*, § 42, Ak V, 299.
7. *CJ*, § 42, Ak V, 299.

II

Pour élucider la conception de la nature sous-jacente à la théorie kantienne du beau, nous nous tournons maintenant vers Hegel, qui inverse la primauté entre beauté naturelle et beauté artistique. Dans son *Esthétique*, il exclut d'emblée le beau naturel de l'objet de son examen. Assurément, Hegel reconnaît qu'il existe une beauté proprement naturelle, mais elle est distincte de et même inférieure à la beauté artistique. Car « la beauté artistique est la beauté *née de l'esprit et renaissant toujours à partir de l'esprit* »[1]. Les œuvres d'art sont pour Hegel des manifestations de l'esprit. Dans l'art symbolique ou classique, l'œuvre est souvent l'expression de l'esprit du peuple tout entier, comme pour les pyramides ou la statuaire grecque. Dans l'art romantique, l'art a une dimension plus individuelle, il manifeste la subjectivité intérieure de l'artiste. Dans tous les cas, la supériorité de l'esprit sur la nature entraîne la supériorité de l'art sur le beau naturel, qui n'est lui-même qu'une réfraction, sur un mode imparfait, du beau propre à l'esprit. Ainsi « la sensibilité et l'intelligence à partir desquelles un paysage, par exemple, va être représenté en peinture, conféreront à cette œuvre de l'esprit un rang plus haut que le simple paysage naturel. Car tout ce qui est spirituel est meilleur que n'importe quel produit naturel »[2].

Dans ces conditions, toute idée d'imitation de la nature par l'art est une absurdité, « un faux-semblant singeant la vie »[3]. Non seulement l'imitation est superflue, mais elle est impossible, tant il est vrai que l'art ne peut rivaliser avec les produits de la nature. Même lorsqu'il s'en approche, le résultat est ennuyeux et rébarbatif. Hegel donne à ce sujet l'exemple kantien du chant du rossignol[4], dont l'imitation est sans intérêt. Mais au lieu d'en déduire, avec Kant, que le beau naturel, sauvage, possède un privilège irréductible, inaccessible à l'art, il en conclut, à l'inverse, que le beau naturel ne peut en aucune façon servir de modèle ou de référence au beau artistique, auquel il reste inférieur par nature. Pour quelles raisons ? Pour le comprendre, il faut rappeler la manière dont Hegel conçoit le beau. Le beau est l'Idée comme idéal, c'est-à-dire la représentation singulière, sensible, de l'Idée. L'Idée est l'unité du concept et de l'objectivité, c'est la pensée en tant qu'elle se donne à elle-même une réalité objective. Dans le cas du beau, cette réalité objective est le matériau brut du sensible. Le beau est ainsi le paraître sensible de l'Idée, l'Idée qui devient objet de l'intuition sensible. La première forme du beau est la beauté naturelle, l'unité immédiate du concept et de sa réalité sensible. Le beau dans la nature est « une vue *pleine de sens* (*sinnvoll*) des formations naturelles »[5]. Comme en français, le mot allemand *Sinn* (sens) a deux sens, il désigne les cinq sens (*die Sinne*), et renvoie en même temps à la notion de signi-

1. *Cours d'esthétique I*, trad. fr. J.-P. Lefebvre et V. von Schenck, Paris, Aubier, 1995 (noté *CE* I), p. 6 ; *Vorlesungen über die Ästhetik*, I, Werke 13, Frankfurt-am-Main, Suhrkamp, 1992, p. 14.

2. *CE* I, p. 43, Werke 13, p. 49.

3. *CE* I, p. 61, Werke 13, p. 65.

4. *CE* I, p. 62, Werke 13, p. 67.

5. *CE* I, p. 175, Werke 13, p. 173.

fication (*der Sinn*). Comme Kant, Hegel sait bien que le beau n'est pas de l'ordre du concept, mais il est toutefois le pressentiment du concept, dans la mesure où il exprime l'idée dans l'élément de l'intuition sensible. La beauté de la nature se rencontre avant tout chez les êtres vivants, justement parce que, parmi tous les êtres naturels, ils sont ceux qui se rapprochent le plus de l'esprit. La vie animale est le sommet de la beauté naturelle, mais elle n'en est pas la seule forme. Hegel évoque d'autres exemples de beau naturel non organique comme le cristal, ou certains spectacles de la nature : le silence d'un clair de lune, la sérénité d'une vallée, la sublime majesté de la mer déchaînée, la tranquille grandeur du ciel étoilé[1]. Alors que chez Kant, ces exemples illustrent l'expérience esthétique dans sa perfection, ils n'expriment pour Hegel qu'une forme inadéquate du beau.

D'où vient la « déficience » (*Mangelhaftigkeit*) du beau naturel ? Hegel souligne à ce sujet que la beauté naturelle est contingente, vulnérable, elle peut à tout moment disparaître, basculer dans son contraire, la laideur. Il donne l'exemple de la maladie, de la faim, de la vieillesse chez les animaux et les hommes. Même s'il échappe à ces avanies, le beau naturel est toujours entaché de particularité. Cette limitation est plus visible pour le corps humain que pour celui des animaux. Hegel évoque les physionomies ravagées par les passions, déformées par les épreuves de l'existence. Certaines sont « si particulières que le type universel des formes a presque entièrement disparu. La contingence des figures ne trouve pas de fin »[2]. Ce phénomène explique selon Hegel que la beauté des visages est en règle générale plus grande chez les enfants, parce que les particularités y sommeillent en germe et n'ont pas encore marqué les traits de leurs profonds sillons. Le beau naturel est donc fini, il manifeste l'idée dans le sensible tout en étant inadéquat à l'infinité et la liberté qui la caractérisent. D'où son imperfection, son infériorité vis-à-vis du beau artistique.

Pour caractériser le beau artistique, Hegel compare l'œuvre d'art à un œil qui permet de voir l'esprit qui l'anime. Il explique au préalable que l'âme de l'animal ne transparaît à aucun endroit de son corps. Il n'en va pas de même pour l'âme humaine, qui se manifeste à travers l'œil : « car c'est en l'œil que se concentre l'âme, et non seulement elle voit à travers lui, mais elle est vue en lui »[3]. L'œuvre d'art est à l'image du corps humain. Ainsi, « l'art transforme toute figure, en tout point de sa surface visible, en un œil qui est le siège de l'âme et qui porte l'esprit à la manifestation phénoménale »[4]. Mais la comparaison a elle-même ses limites. Car l'œuvre d'art contient bien plus que deux yeux, elle est un « Argus aux mille yeux »[5] dans la mesure où chacune de ses parties, chaque note, chaque morceau de marbre, le moindre espace du tableau – tel le petit pan de mur jaune dont parle Proust à propos de la *Vue de Delft* de ver Meer[6] –, est une manifestation de l'esprit

1. *CE* I, p. 179, Werke 13, p. 177.
2. *CE* I, p. 204, Werke 13, p. 200.
3. *CE* I, p. 207, Werke 13, p. 203.
4. *Ibid.*
5. *Ibid.*
6. *La Prisonnière*, Paris, Gallimard, 1986, p. 222.

qu'elle contient. Les yeux de l'œuvre d'art ne sont pas seulement destinés à nous regarder, ils ont aussi pour vocation de nous faire voir quelque chose. Quoi au juste? Contrairement à la beauté naturelle close sur elle-même, la beauté de l'œuvre d'art est une ouverture, une vue sur le monde de l'esprit. Même lorsqu'elle représente la beauté de la nature, l'œuvre d'art la montre transformée, à travers les yeux de l'esprit de celui qui l'a créée. On peut citer à ce propos ce que Ruskin disait de Turner à sa mort: « C'est par ses yeux, fermés à jamais au fond du tombeau, que des générations qui ne sont pas encore nées verront la nature »[1].

Revenons à Hegel. Qu'est-ce que qui explique cette divergence de fond avec Kant sur le statut qu'il convient d'accorder à la beauté de la nature, parfaite pour l'un, déficiente pour l'autre? Il s'agit de ce que nous appellerons le désenchantement de la nature[2]. Dans la philosophie de Hegel, la nature est descendue du piédestal sur lequel l'avait élevée Kant et après lui les romantiques (Novalis, Gœthe, Eichendorff, etc.). Et ce dès sa période de jeunesse, comme en témoigne son *Journal d'un voyage dans les Alpes bernoises*, où il ne cesse d'exprimer son indifférence face au spectacle des cascades et des montagnes, qui le laisse froid. Loin de contempler la beauté ou le sublime de la nature, le jeune Hegel n'y voit que l'expression d'une nécessité privée de sens, étrangère à l'homme :

> Dans la pensée de la durée de ces montagnes ou dans le genre de sublimité qu'on leur attribue, la raison ne trouvera rien qui lui impose, qui la force à s'étonner ou à admirer. La vue de ces masses éternellement mortes ne suscita rien en moi, si ce n'est l'idée uniforme, et à la longue ennuyeuse : *c'est ainsi*[3].

La montagne n'est pas seulement ennuyeuse, elle est dangereuse à cause des avalanches, des débordements des torrents ou des chutes de pierre.

L'œuvre de la maturité remet-elle en cause cette vision de la nature? Dans l'*Encyclopédie*, la nature est définie comme une sorte de Janus[4]. D'un côté, la nature regarde vers la raison, elle est l'esprit caché, l'esprit existant en soi. Cette expression traduit le fait que la nature comporte une rationalité, une intelligibilité, qui trouve sa forme la plus élevée dans le phénomène de la vie et se manifeste dans les sciences, ainsi que dans la philosophie de la nature. De ce point de vue, l'esprit est la vérité et le but final de la nature, qu'il présuppose et dont il doit se libérer dans les différents domaines qui sont les siens (droit, histoire, art, religion, philosophie). Selon son autre côté, la nature est l'être-autre de l'esprit (*Anderssein*), la contradiction non résolue, le royaume de l'extériorité et de la contingence.

1. Cité par Proust dans son article sur John Ruskin, *Écrits sur l'art*, présentation J. Picon, Paris, GF-Flammarion, 1999, p. 130.

2. J. McDowell emploie la même expression – qui vient de M. Weber – pour nommer le nouveau type d'intelligibilité créé par l'avènement de la science moderne, qui voit dans la nature un domaine de lois, en rupture avec la conception médiévale. Cf. *Mind and World*, Cambridge-London, Harvard UP, 1996, p. 70 *sq.* De ce point de vue, la philosophie de Hegel serait l'indice d'un second désenchantement de la nature, après le ré-enchantement kantien et romantique.

3. *Journal d'un voyage dans les Alpes bernoises* (du 25 au 31 juillet 1796), trad. fr. R. Legros et F. Verstraeten, Grenoble, Jérôme Millon, 1988[2], p. 78. Turner saura rendre belle, dans sa peinture les chutes du Reichenbach qui n'avaient pas séduit Hegel.

4. *Cf.* les § 245-258 de *La Philosophie de la nature*.

Comme telle, la nature est un milieu hostile, elle baigne dans l'élément de la négativité abstraite, le temps qui engloutit toutes choses dans le néant du passé, à l'image du dieu Kronos dévorant ses propres enfants. En elle-même, la nature ne contient aucun but final. Même sa forme la plus élevée, la vie organique, est en lutte permanente contre l'inorganique qui ne cesse de la menacer, elle contient en elle le germe de sa propre mort. Pour souligner l'étrangeté de la nature à l'esprit, Hegel compare la nature à un Protée ou au dieu des Bacchantes, dont le déchaînement de contingence défie en permanence l'unité du concept[1].

La philosophie de la nature ne contient pas la moindre allusion aux concepts de beauté ou de sublime. Au contraire, le spectacle de la voûte étoilée du ciel, admiré par Kant dans le célèbre final de la *Critique de la raison pratique*[2], est dénigré par Hegel dans une addition :

> On peut vénérer les étoiles en raison de leur calme, mais elles ne sont pas à mettre, quant à la dignité, au même rang que l'être individuel concret. Le remplissement de l'espace est l'éruption d'une multitude infinie de matières, mais c'est [là] seulement la première éruption à pouvoir divertir le regard. Cette éruption de lumière est aussi peu digne d'admiration qu'une éruption en l'homme ou que la multitude des mouches[3].

Derrière l'ironie mordante dirigée contre Kant, il y a une thèse philosophique sur la nature : en elle même, la nature n'est que le négatif de l'esprit, auquel elle reste inférieure, même dans ses formes les plus sublimes.

Pour résumer le statut équivoque de la nature, nous dirions qu'elle est profondément *unheimlich*, à la fois inquiétante et familière à l'esprit, inquiétante parce que familière. L'inquiétante étrangeté de la nature (*Unheimlichkeit*) explique pourquoi le beau naturel doit selon Hegel céder la place au beau artistique. Quel est le besoin, se demande-t-il, qui pousse les hommes à créer des œuvres d'art ? La création artistique s'inscrit dans cette tendance de l'homme « à enlever, en tant que sujet libre, son âpre étrangeté (*spröde Fremdheit*) au monde extérieur », à transformer la nature en un monde « familier » (*heimisch*) pour l'esprit[4]. De quelle manière ? L'art n'imite pas la nature, il l'idéalise, au sens où il résorbe son étrangeté pour en faire une figure adéquate à l'esprit. Chez Hegel, le processus d'idéalisation – terme classique repris aux réflexions sur l'art du XVIIIe siècle – désigne plus une rupture avec la nature qu'une glorification de celle-ci, il est « cette intégration dans l'esprit, cette élaboration d'une forme et d'une figure par l'esprit »[5]. L'idéalisation comporte trois aspects : spiritualiser, universaliser, pérenniser. Idéaliser, c'est donner une signification spirituelle à des phénomènes

1. *Encyclopédie des sciences philosophiques*, II, *La Philosophie de la nature*, add. § 246 et add. § 247, trad. fr. B. Bourgeois, Paris, Vrin, 2004, p. 342, 348, *Enzyclopädie der philosophischen Wissenschaften II, Naturphilosophie*, Werke 9, Frankfurt-am-Main, Suhrkamp, 1992, p. 19, 25.

2. *CRPr*, Ak V, 161, exemple repris dans la *CJ*, § 29, Ak V, 270.

3. *Philosophie de la nature*, *op. cit.*, add. § 268, p. 375, Werke 9, p. 81.

4. *CE* I, p. 45, Werke 13 p. 51. Le terme « *unheimlich* » ne se trouve pas chez Kant et Hegel. Il est employé par Schelling. Hegel utilise en revanche l'adjectif « *heimisch* » à propos de la nature telle qu'elle est représentée dans l'art (cf. *CE* I, p. 338, 345, 347, Werke 13, p. 330, 337, 338).

5. *CE* I, p. 225, Werke 13, p. 221.

quotidiens sans valeur particulière. Hegel donne l'exemple de la toile de Murillo représentant trois jeunes mendiants en train de manger et de jouer. Les personnages symbolisent la dure soumission de l'existence à la nature. Les mendiants sont exposés au froid, à la maladie, à la faim, etc. Mais la toile suscite une tout autre impression. On voit « qu'ils n'ont pas d'intérêts ni de fins particulièrement vastes, mais que cela n'est pas le fait de la stupidité : bien au contraire, c'est presque avec le contentement et la félicité des dieux olympiens qu'ils sont accroupis par terre »[1]. La beauté de la toile provient du sentiment paradoxal de sérénité que dégagent l'insouciance et la nonchalance des mendiants.

Conjointement au travail de spiritualisation, l'acte d'idéalisation artistique consiste à dépasser la particularité de la nature. Dans un portrait, le peintre gomme les défauts de la peau, les tâches de rousseur, les marques de petite vérole ou les vaisseaux sanguins[2]. Plus profondément, le simple fait de représenter un être ou une scène produit un effet d'universalisation. Un objet peint, sculpté ou évoqué dans un récit est détaché de tout contexte particulier. Cela est exemplairement le cas dans la poésie, car « la nature de l'expression dans l'art poétique est toujours la représentation universelle, à la différence du détail naturel ; au lieu de la chose, le poète donne toujours seulement le nom, le mot en lequel l'objet singulier devient une universalité »[3]. L'idéalisation est aussi une pérennisation, un dépassement de la négativité destructrice du temps naturel :

> À ce qui est éphémère dans la nature, l'art donne la solide consistance de la durée ; un sourire fugace, une bouche qui soudain se plisse malicieusement, un regard, une lueur fugitive, et, tout autant, certains traits spirituels dans la vie des hommes, des incidents, des événements sans lendemain qui se produisent et retombent dans l'oubli – tout cela, l'art l'arrache à l'existence momentanée et, sous ce rapport aussi, surmonte la nature[4].

Le processus d'idéalisation est ce par quoi l'art surmonte l'âpre étrangeté de la nature, pour lui substituer un monde familier à l'esprit.

Quel est, au juste, le monde singulier créé par les œuvres d'art ? Il s'agit du « fantomatique et silencieux pays de la beauté » (*von der Schönheit stille Schattenlande*), selon la parole de Schiller citée par Hegel[5]. L'art manifeste des esprits qui « sont morts à l'existence immédiate, ayant fait leurs adieux à l'indigence de l'existence naturelle »[6]. Il est un royaume des ombres, car l'esprit de chaque créateur hante son œuvre longtemps après sa mort, « il continue à nous éclairer, comme ces étoiles éteintes dont la lumière nous arrive encore »[7]. Mais la présence fantomatique de la mort ne concerne pas seulement la personne de l'artiste lui-même. Ce qui dans l'art est mort, au sens d'idéalisé, est avant tout la

1. *CE* I, p. 228, Werke 13, p. 224.
2. *CE* I, p. 221, Werke 13, p. 217.
3. *CE* I, p. 224, Werke 13, p. 219.
4. *CE* I, p. 220, Werke 13, p. 216.
5. *CE* I, p. 211, Werke 13, p. 207.
6. *Ibid.*
7. Proust, *Écrits sur l'art*, *op. cit.*, p. 130.

nature, tant il est vrai que tout ce qui fait la vie propre de la nature – la contingence, la particularité, la temporalité – est supprimé ou du moins modifié par le processus d'idéalisation de l'œuvre d'art, qui est toujours d'une certaine manière une « nature morte ».

III

La thèse hégélienne présuppose un désenchantement de la nature qui n'est plus, comme chez Kant, source d'admiration et de contemplation esthétique pour l'esprit. La « puissante et divinement belle nature », dont parle Hölderlin[1], laisse la place à un milieu hostile marqué par l'extériorité et l'étrangeté, dont la beauté sporadique est à jamais imparfaite. Comment ce phénomène de désenchantement, de Kant à Hegel, a-t-il pu se produire ? Sans doute parce qu'il était déjà en germe dans la conception kantienne de la nature. C'est le dernier point que nous voudrions examiner. Chez les romantiques eux-mêmes, la nature est présentée dans un clair-obscur ambigu. Dans *Les Souffrances du jeune Werther* de Gœthe, la fusion sereine avec la nature, chantée dans la lettre du 10 mai, est contrebalancée par une vision plus sombre :

> Et c'est ainsi que je m'en vais, chancelant, angoissé ! Autour de moi, le ciel et la terre avec leurs forces en tous sens agissantes ! Et moi, je ne vois rien qu'un monstre qui éternellement engloutit, qui éternellement rumine (*ein ewig verschlingendes, ewig wiederkäuendes Ungeheuer*)[2].

On n'est pas loin de la nature-Kronos de Hegel, dévorant ses propres enfants. Mais en quoi, chez Kant, la nature serait-elle considérée comme étrangère, hostile à l'homme ? La beauté de la nature n'est-elle pas, au contraire, le signe de son harmonie profonde avec l'homme ? L'esthétique kantienne implique elle aussi une conception de la nature en Janus. En tant que belle, la nature est familière à l'homme ; en tant qu'elle provoque en lui le sentiment du sublime, elle fait face à lui dans une inquiétante étrangeté.

Dans la nature, la beauté des fleurs, des plantes, des animaux de toutes espèces, « ne répond à nulle nécessité pour leur propre usage, mais donne l'impression d'avoir été choisie pour notre goût », elle semble « avoir entièrement pour fin la contemplation extérieure »[3]. Assurément, les plantes et les animaux n'ont pas été créés pour que nous puissions les contempler. Kant condamne un tel réalisme de la finalité naturelle du beau. Le sentiment du beau se contente de susciter cette impression sur le mode du « comme si », par le jeu du jugement réfléchissant. Tout se passe comme si la nature, dans sa beauté, avait été créée pour l'homme.

Le sublime n'exprime pas, comme le beau, une harmonie postulée de la nature avec l'homme, il repose au contraire sur l'étrangeté menaçante de la nature. Il

1. *Die mächtige, die göttlichschöne Natur* (*Wie wenn am Feiertage*...).
2. *Les Souffrances du jeune Werther*, trad. fr. H. Buriot Darsiles, Paris, Aubier, 1976, p. 59.
3. *CJ*, § 58, Ak V, 347.

suffit, pour le comprendre, d'examiner les exemples de Kant à ce sujet, qui correspondent pour la plupart à des situations, des milieux invivables ou extrêmement dangereux. La mer déchaînée, les dévastations de la nature les plus sauvages et les plus déréglées, les glaciers, les chaînes de montagne, les gorges profondes, les volcans, les ouragans, les orages, les cascades, les déserts inhospitaliers, etc., tous ces phénomènes naturels sont potentiellement mortels pour l'homme, ils manifestent la nature dans son inquiétante étrangeté. Le sublime, dans ses formes mathématique et dynamique, est une sorte de réplique de la raison à cette puissance menaçante et écrasante de la nature. En attribuant l'origine du sentiment du sublime à l'hostilité de la nature, nous ne le confondons pas avec la peur. La différence entre le sublime et la peur est en effet que dans cette dernière, l'homme est réduit à l'état de phénomène, la menace est trop proche pour qu'il puisse s'éprouver en même temps comme noumène. Si l'homme ne ressentait que la peur, il ne surmonterait jamais l'étrangeté menaçante de la nature. Or, le sublime, pour peu qu'il soit libéré de la peur du danger immédiat, permet à l'homme de transformer la vision inquiétante d'une nature hostile, potentiellement mortelle, en un spectacle qui le renvoie à lui-même, à ce qui lui est le plus propre – sa raison. L'étrangeté de la nature dans son immensité se renverse en miroir de la raison dans son infinité.

C'est pourquoi Kant insiste sur le fait que si la nature est belle, elle n'est jamais sublime en elle-même. La nature provoque en nous, dans certaines situations, le sentiment du sublime, qui provient, on le sait, du pouvoir infini de la raison faisant violence à celui fini de l'imagination :

> le sublime proprement dit ne peut être contenu dans aucune forme sensible, mais il ne concerne que les idées de la raison, lesquelles, bien qu'aucune présentation qui puisse leur être adéquate n'en soit possible, sont ravivées et rappelées dans l'esprit précisément par cette inadéquation, dont une présentation sensible est possible. Ainsi, le vaste océan, soulevé par la tempête, ne peut-il être nommé sublime. Sa vision est horrible (*gräßlich*) [1].

En elle même, la tempête est horrible, inhumaine, elle n'est sublime que dans la mesure où elle réveille en nous, par effet de contraste, l'idée de la raison dans sa supériorité sur la nature. Le sublime est dans l'esprit, non dans la nature[2].

Dans le § 83 de la *Critique de la faculté de juger*, Kant revient indirectement sur ce thème de la vulnérabilité de l'homme vis-à-vis de la nature, en énumérant tous les maux auxquels la nature l'a exposé : la peste, la faim, les périls provoqués par l'eau, le froid, les attaques d'autres animaux, etc.[3]. Mais ces références à l'hostilité de la nature sont là pour souligner que la fin dernière (*letzter Zweck*) de l'homme, comme être naturel, est la culture et non le bonheur. Le jugement réfléchissant téléologique atteint sa forme suprême dans l'idée que l'homme, en

1. *CJ*, § 23, Ak V, 245.
2. Dans son *Esthétique*, Hegel en conclut que le sublime ne peut se trouver que dans l'art, en particulier l'art symbolique. L'exemple le plus connu à ce sujet est la pyramide égyptienne.
3. *CJ*, § 83, Ak V, 430.

tant qu'être nouménal, a pour but final (*Endzweck*) la liberté dans sa conformité à la loi morale, qui transcende le domaine de la nature. De ce point de vue, la nature n'est pas là pour que l'homme puisse la contempler, mais afin qu'il y accomplisse par sa liberté sa destination finale, qui est morale. Autant dire que la nature n'a en elle-même aucun but, c'est l'homme qui, par le jugement réfléchissant téléologique, lui procure une fin dernière (la culture), et un but final (la moralité). D'où la formule célèbre de Kant : « sans les hommes, la création entière serait un simple désert, inutile et dépourvu de but final »[1]. À la lumière des analyses précédentes, on peut lire cette phrase comme une expression implicite de l'inquiétante étrangeté de la nature. La nature sans l'homme, c'est-à-dire en elle-même, est un désert non seulement inutile, mais, comme tout désert, hostile, inhospitalier, dangereux, indifférent à l'homme.

IV

En guise de conclusion, nous ferons deux remarques :

1) La nature est un Janus à deux visages. D'un côté, elle est le miroir de la raison, un livre ouvert écrit en langage mathématique, selon la formule de Galilée. De l'autre, émane d'elle une inquiétante étrangeté qui a une forme théorique (la contingence, la résistance au concept), et pratique (l'hostilité, l'indifférence vis-à-vis de l'homme – en un mot l'inhumanité)[2].

2) Qu'est-ce que Hegel apporte à l'analyse de Kant ? La thèse, juste à nos yeux, que l'art n'a pas pour vocation de susciter des sentiments esthétiques identiques à ceux éveillés en nous par la nature, précisément parce qu'il transforme l'inquiétante étrangeté de la nature en un monde familier à l'esprit. Nous pourrions dire, en ce sens, que nous avons l'art pour ne pas mourir de la nature. Kant ne semble pas avoir vu qu'il existe un abîme infranchissable entre le beau naturel et le beau artistique, que Hegel a en revanche souligné. Même lorsqu'elle représente la nature, l'œuvre d'art est la manifestation d'un esprit qui nous regarde et nous invite à le regarder. Mais si l'on soutient ce regard, il apparaît que l'art substitue à la nature une étrangeté peut-être plus inquiétante en réalité, celle de l'esprit.

Christophe BOUTON
Université Michel de Montaigne – Bordeaux 3

1. *CJ*, § 86, Ak V, 442.

2. Ce double aspect de la nature n'est pas une découverte de l'idéalisme allemand. Il est déjà présent chez un philosophe comme Spinoza, dans la pensée duquel on peut discerner « une face obscure de la nature : une nature sans fins, sans ordre, sans projet ni signification, en dernier ressort absurde, violente et destructrice » – ce que Kant appelle lui-même « l'idéalisme de la finalité » (Ch. Ramond, « Idéalisme et panthéisme. La lecture kantienne de Spinoza dans la *Critique de la faculté de juger* », dans *Dieu et la nature. La question du panthéisme dans l'idéalisme allemand*. Ch. Bouton (éd.), Hildesheim-Zürich-New York, Olms, 2005, p. 63).

KANT CONTRE LA MÉTHODE

RELIRE LA TROISIÈME *CRITIQUE* APRÈS GADAMER

Dans la première partie de *Vérité et méthode* Gadamer se livre à une présentation fort critique de l'analyse par Kant du jugement esthétique et de son approche de l'œuvre d'art[1].

On sait dans quel contexte s'opère cette lecture : Gadamer s'efforce de rétablir dans ses droits l'idée que la vérité n'est pas uniquement, ni même initialement ce dont on peut s'assurer par une méthode, telles celles que pratiquent les sciences de la nature. À preuve, en particulier, l'expérience de l'art. L'art, entend-il rappeler, a portée cognitive, il a prétention à la vérité, il est porteur de sens. C'est ce que la conception moderne de l'œuvre comme objet de la seule et pure conscience esthétique nous a fait oublier. Il s'agira pour lui de montrer 1) que cette conscience esthétique n'est qu'un sous-produit de la conscience méthodique, 2) que le succès de la méthode en sciences naturelles et, allant de pair, l'autonomisation de la sphère « esthétique » au XIXe siècle ont emprisonné la réflexion quant au statut des sciences humaines dans l'alternative suivante. Soit adopter le modèle méthodique des sciences dites « exactes » – le seul qui ait fait ses preuves –, c'est le choix positiviste, soit admettre, par delà des tentatives de délimitation d'une « méthode » autonome (comme chez Dilthey), que les sciences de l'humain évoluent dans cette sphère coupée de la réalité qui est celle de l'esthétique.

Or la responsabilité de l'évolution vers cette alternative incomberait à Kant : la *Critique de la raison pure* aurait achevé d'ériger en modèle unique de science le savoir que l'on doit à la méthode des sciences naturelles, elle aurait ainsi assuré le fondement des sciences naturelles modernes tout en intentant un procès aux chimères non méthodiques et invérifiables de la métaphysique, y compris, anticipativement, à toutes les disciplines de l'esprit qui voudraient s'ériger comme sciences (humaines) en constituant un champ du savoir ne correspondant pas aux normes de l'étude méthodique de la nature. Autrement dit, fut victime du tournant

1. H.-G. Gadamer, *Vérité et méthode. Les grandes lignes d'une herméneutique philosophique*, P. Fruchon, J. Grondin et G. Merlio (éd.), Paris, Seuil, 1996 (cité : VM, pages française puis allemande), Première partie, « Dégagement de la question de la vérité. L'expérience de l'art ». *Cf.* aussi l'utile *Introduction à Hans-Georg Gadamer* de J. Grondin, Paris, Le Cerf, 1999, p. 33-85.

qui s'opéra chez Kant, parce que ce tournant discréditait tout savoir non méthodique issu de la tradition humaniste, tout ce savoir *d'un autre genre* sur lequel il est naturel de fonder les sciences humaines – c'est leur terreau, ou élément d'origine, tant il est vrai que

> c'est se rendre à une évidence immédiate que de fonder les études philologiques et historiques, de même que le mode de travail des sciences de l'esprit, sur cette conception du *sensus communis*. Car il commande de manière décisive l'objet de ces sciences, l'existence morale et historique de l'homme, telle qu'elle prend forme dans ses actions et ses œuvres [1].

Sensus communis est un terme crucial dans la lecture que Gadamer effectue du rôle de Kant eu égard à la réflexion sur le statut des sciences humaines. Non seulement c'est un thème humaniste dont le nom peut de manière essentielle être associé à bon droit à cette sorte de savoir de culture, qui se distingue du savoir issu d'un apprentissage de méthodes et de contenus, et qui forme le jugement et le goût, lesquels sans se confondre avec la science, n'en ont pas moins une portée cognitive. Mais c'est aussi un terme encore essentiel dans le traitement kantien du jugement de goût pur, Kant étant à cet égard héritier et tributaire encore d'une tradition que son œuvre va pourtant rendre « invisible, voire désuète » [2].

LE SENS COMMUN

C'est d'abord sur ce thème du sens commun que je me pencherai, tel qu'il est, issu de la tradition humaniste, présenté par Gadamer, et tel qu'il est – prétend-il – « réduit » par la troisième *Critique*. Les limites de la pertinence de la lecture gadamerienne de ce texte kantien se repèrent en effet à même l'abord de ce concept.

Se proposant de cerner la vérité des sciences humaines à partir de la tradition humaniste, Gadamer commence par rappeler en quoi consiste pour cette tradition le *savoir*. Quatre concepts sont alors considérés qui sont destinés à le circonscrire : la *Bildung* de Herder – formation, culture et éducation à la fois ; le savoir au sens humaniste est savoir de formation et de culture, savoir de finitude et d'humilité aussi [3]. Pour nommer ce savoir, on peut parler d'un tact (comme Helmholtz) ou d'un *sens*. La *Bildung* (1) contribue ainsi à former le *sens commun* (2). Sans fondation ultime, les vérités de ce sens – dont Descartes entendait faire table rase parce qu'elles sont mal assurées et de tradition – forment une sorte de sagesse de vie, relatives qu'elles sont surtout aux sphères morale, historique et politique.

Ce qui est ainsi formé peut aussi être nommé une capacité de *juger* (3) ou un *goût* (4). Sens d'abord et surtout moral, le goût est un mode de connaissance

1. VM, p. 39 ; 28.
2. J. Grondin, *Introduction…*, *op. cit.*, p. 48.
3. *Cf.* J. Grondin, *Introduction…*, *op. cit.*, p. 45 : « savoir prendre une distance par rapport à la particularité, en commençant par la sienne, voilà en quoi consiste le savoir essentiel qui en est un de culture et de formation, parce qu'il nous transforme ».

essentiel à la vie en société : c'est un sens des convenances, de la mesure, une justesse de vue. « Goût et jugement, écrit Gadamer, sont des modes d'appréciation du singulier qui déterminent en référence à un tout s'il s'y accorde entièrement et si, par conséquent, il "convient" » [1].

Formation, sens commun, jugement et goût sont donc les termes avec lesquels Gadamer s'efforce de cerner la nature de ce savoir humaniste dont les caractères l'apparentent à la sagesse pratique aristotélicienne, laquelle s'oppose à la technique et à ses règles, ne s'enseigne pas, mais plutôt se forme et se cultive ; laquelle n'a pas non plus de contenu particulier, mais s'adapte aux situations concrètes dans ce qu'elles ont chacune d'unique. Loin qu'il s'agisse d'un savoir au sens théorique du terme, ce qui est en cause est un *sens*, sans démonstration.

Les termes retenus par Gadamer pour évoquer la conception humaniste du savoir sont tous présents dans l'analyse kantienne du jugement esthétique pur. Dans la lecture qu'il en propose, il n'est nullement question pour Gadamer de nier que Kant « s'alimentait encore à l'évidence de cette tradition » [2], mais – comme il l'indique en note – de « prendre la mesure de ce qui a été perdu » [3]. C'est cette mesure que Gadamer prétend prendre en particulier dans la section qu'il intitule « "Subjectivation" de l'esthétique par la critique kantienne ». En s'attaquant prioritairement à la conscience esthétique, ce que Gadamer souhaite montrer, c'est, comme le résume Grondin, que « l'intelligence purement esthétique de l'art est une abstraction induite par le monopole de la conscience méthodique » [4].

Kant est désigné comme le responsable de l'esthétisation de l'expérience de vérité qui n'appartient pas aux sciences exactes. Non seulement la *Critique de la raison pure* a fondé le savoir de ces sciences et en a fait une norme absolue, mais c'est dans la troisième *Critique* qu'on trouve les fondements de l'autonomisation de la sphère esthétique, qui se radicalisera au XIXe siècle en une déconnexion totale de la réalité et de la vérité. Cette sphère esthétique ne concernera plus alors que l'exercice libre de la subjectivité et l'art du génie ne pourra plus renvoyer à autre chose qu'à lui-même, ses œuvres ne seront plus que l'expression d'une expérience vécue (*Erlebnis*) que l'expérience esthétique du spectateur doit reproduire [5]. L'art cesse de parler du monde et de la réalité.

Ce mouvement s'amorce dans l'esthétique kantienne lorsque, circonscrivant l'autonomie esthétique, Kant le fait à l'aide des concepts de l'humanisme, mais détourne ces concepts qui, à partir de lui, « reçoivent un sens inédit » [6].

Quant au sens commun, plus précisément, le premier grand reproche que Gadamer adresse à Kant est de le réduire à n'être qu'un simple principe subjectif, assurant une universalité seulement subjective, c'est-à-dire formelle et *négative*, au jugement esthétique pur. Purement subjectif, le sens commun ne désignerait

1. VM, p. 54 ; 43.
2. J. Grondin, *Introduction...*, *op. cit.*, p. 48.
3. VM, p. 58 note 74 ; 47.
4. J. Grondin, *Introduction...*, *op. cit.*, p. 52.
5. Gadamer parle ici, c'est manifeste, en disciple de Heidegger.
6. J. Grondin, *Introduction...*, *op. cit.*, p. 53.

plus chez Kant que le sentiment de la réflexion – du libre jeu des facultés – et, parce que ce jeu est libre, cette réflexion désintéressée, ils sont de ce fait universels en tant qu'abstraits de l'immédiateté sensible et de l'impulsion ou émotion de l'individu singulier.

L'universalité du sens commun serait exclusivement négative : c'est, dit Gadamer, une universalité qui ne se définit que « par *privation*, par ce dont il est fait abstraction et non pas positivement par ce qui fonde l'existence commune et institue la communauté »[1]. Ce qui assure cette universalité, c'est l'abstraction des conditions individuelles, c'est cette abstraction qui maintient aussi l'idée de *socialité* inhérente au sens commun traditionnel, laquelle ne serait plus guère ici qu'un thème « annexe »[2].

Le sens commun devenu simple principe subjectif, le goût comme sens commun se trouve, c'est le second grand reproche, réduit à la seule expérience esthétique. En effet, la culture du sentiment moral n'a pas de place dans la philosophie morale kantienne et ses principes[3].

Le tort de Kant est donc d'exclure du goût « tout le domaine des mœurs et des convenances »[4] – « il n'est nullement exact que la faculté de juger ne soit productrice que dans les domaines de la nature et de l'art, dans l'appréciation du beau et du sublime »[5] – il y a aussi, clame Gadamer, « l'immensité de la mer du beau, qui se déploie dans la réalité morale de l'être humain »[6].

Aux yeux du philosophe herméneutique, la critique kantienne a de la sorte « limité l'usage du concept de goût au champ dans lequel il pouvait, comme principe propre du jugement, prétendre à une activité autonome et indépendante » et Kant « chassait du centre de la philosophie le concept plus vaste d'expérience correspondant au goût, de même que l'activité exercée dans le domaine du droit et des mœurs par la faculté du juger esthétique »[7].

Sur les deux points – subjectivisme du sens commun et restriction du goût à l'esthétique – on est en droit de s'interroger sur le bien-fondé de ces reproches. En tout cas d'y apporter quelques nuances.

Avec R. Makkreel, il est tout d'abord possible de relativiser le « subjectivisme » reproché à Kant en soulignant que le sens commun kantien n'explique pas seulement la possibilité de l'expérience esthétique dans l'esprit du sujet singulier, mais rend compte également du caractère *partageable* de cette expérience : le sens commun est ce qui rend possible la communicabilité univer-

1. VM, p. 60 ; 49.

2. Qui se traite dans une « méthodologie du goût » (c'est dire que pour traiter ainsi de la culture du goût et de son contenu, on quitte le domaine transcendantal qui seul intéresse Kant).

3. VM, p. 50 ; 39. Et en philosophie théorique, le sens commun n'a pas droit de cité non plus : la doctrine du schématisme n'a rien à voir avec le sens commun ; VM, p. 50 ; 39 : « De la compétence de ce que l'on pourrait appeler une faculté sensible de juger il ne reste pour Kant que le jugement esthétique de goût. On peut ici parler d'un véritable sens commun ».

4. VM, p. 55 ; 44.

5. *Ibid.*

6. *Ibid.*

7. VM, p. 57 ; 46.

selle du sentiment esthétique – ce que Gadamer ne songe pas à contester, mais il voit dans le sens commun kantien comme *sentiment* une notion « faible » de l'intersubjectivité, « inadéquate pour rendre compte pleinement de l'expérience esthétique et beaucoup moins substantielle que celle trouvée dans la conception humaniste du *sensus communis* », comme résume un autre commentateur [1]. Nous revenons ci-après sur cette prétendue faiblesse.

Ensuite, on peut, toujours en suivant R. Makkreel, faire observer que Gadamer suppose à tort que le sens commun est la condition de possibilité uniquement du jugement du goût et qu'il n'a donc chez Kant aucune portée cognitive. Le § 21 de la troisième *Critique* indique pourtant clairement que le sens commun est condition nécessaire de la communicabilité universelle de la connaissance *dans toute conception non sceptique* de celle-ci. La notion de sens commun est donc pertinente pour tout jugement réfléchissant et non pas seulement quant au goût [2], et son rattachement à la sphère cognitive est textuellement incontestable !

Mais pour contester la lecture de Gadamer, revenons ici sur le premier reproche mis en exergue : Kant aurait coupé le sens commun humaniste de sa portée sociale, communautaire et de la sphère morale en le subjectivant à outrance. À quoi il convient de répondre qu'il est abusif de présenter le caractère subjectif du sens commun comme n'assurant qu'une universalité formelle et négative, définie par « privation ». L'intersubjectivité assurée par le sens commun est si peu formelle et creuse qu'elle requiert l'effort constant de penser *en se mettant à la place* de tout un chacun (*CJ*, § 40) ; visée qui ne donne pas à cette universalité un caractère « annexe » et non transcendantal, puisqu'au contraire c'est, au § 40, en conclusion du passage capital de la *déduction* des jugements esthétiques purs menée aux § 38 et 39, que le sens commun ou goût apparaît tel, c'est-à-dire comme une « faculté de juger *a priori* de la communicabilité des sentiments liés à une représentation donnée (sans médiation d'un concept) » (§ 40). Et la « socialité » du goût est bien centrale et non annexe puisqu'après avoir annoncé, à la fin du § 40, que « si l'on était autorisé à admettre que la simple communicabilité universelle de notre sentiment dût déjà en soi comporter un intérêt pour nous [...], on serait en mesure de comprendre la raison pour laquelle, dans les jugements de goût, le sentiment est exigé de tous en quelque sorte comme un devoir » – voilà une universalité qui serait loin d'être négative et de pure forme ! –, Kant s'emploie immédiatement à cerner cet « intérêt » non pas empirique (§ 41), mais bien intellectuel (§ 42). Quel est-il ? Cet intérêt est moral, le goût ou sens commun kantien ne quittant certes pas ainsi la sphère éthique de l'existence communautaire [3].

1. A. Hance, « The Hermeneutic Significance of the *Sensus Communis* », *International Philosophical Quarterly*, 37 (1997) (p. 133-148), p. 139.

2. R.A. Makkreel, *Imagination and Interpretation in Kant. The Hermeneutical Import of the* Critique of Judgment, Chicago-London, University of Chicago Press, 1990, p. 157.

3. Pour la *Critique de la faculté de juger*, nous citons la traduction de la Pléiade, t. II, *Des* Prolégomènes *aux écrits de 1791*, *op. cit.*

Le raisonnement de Kant à cet endroit est bien connu, nous pouvons donc aller droit à l'essentiel. Il est un fait que nous exigeons l'adhésion d'autrui au jugement de goût comme un devoir et qu'on ne peut rendre compte de cette exigence en s'en tenant aux conditions de possibilité du jugement esthétique lui-même. La source de cette exigence ne pourra se trouver que dans un intérêt pour nous de ce qui est exigé, à savoir le partage universel d'un sentiment. En quoi donc l'*existence de formes* – que l'on dit belles – susceptibles de faire universellement l'unanimité du sentiment de plaisir éprouvé à leur simple contemplation peut-elle être elle-même objet de satisfaction ? La difficulté n'est pas seulement d'identifier cet intérêt, elle est en outre que cet intérêt relatif aux belles formes ne doit pas nuire au désintéressement du jugement sur celles-ci. L'intérêt qui permettrait de justifier le *Sollen* contenu dans le jugement de goût ne pourra donc être qu'*indirectement* lié à celui-ci et, cependant, il faudra qu'il le soit *a priori*, puisque c'est à même le jugement désintéressé, immédiatement et *a priori*, que nous exigeons d'autrui l'adhésion à notre sentiment. Le « quelque chose d'autre » avec lequel le goût doit « être représenté comme étant lié » de façon qu'un intérêt puisse *indirectement* s'attacher au jugement esthétique devra appartenir à la sphère *a priori*, ce sera « la propriété qu'a la volonté de pouvoir être déterminée *a priori* par la raison » (§ 41). C'est dire que c'est la *raison pratique* qui s'intéresse à la communicabilité du plaisir du goût ou à l'existence de la forme qui en est l'objet. Preuve, s'il en est, que le sens commun kantien – tout transcendantal qu'il soit devenu – n'a rien perdu des liens de son ancêtre humaniste à la sphère morale et politique. L'intérêt lié au jugement esthétique et qui permet de comprendre la valeur de nécessité exemplaire qu'on lui accorde est un intérêt moral. Intérêt moral que l'on peut, pour être fort bref, envisager sous deux aspects par ailleurs indissociables, celui de l'objet [1], celui des sujets.

Quant à l'objet, d'abord. La raison, en tant que raison pratique, se donne comme fin la réalisation de ses Idées morales dans le monde des phénomènes. Dès lors, elle s'intéresse à toute indication qui donne à penser que l'abîme entre nature et liberté peut être franchi. C'est dans cette optique qu'elle s'intéresse aux traces que la nature peut fournir en ses produits qu'elle est susceptible de s'accorder, ou de laisser place, à un exercice humain de la liberté selon des fins de la raison. Or les belles formes naturelles sont de telles traces : elles se révèlent *finales* pour le libre jeu des facultés cognitives, et cela veut dire aussi finales ou appropriées pour un sentiment de plaisir aussi désintéressé que le sentiment moral. Il s'agit en effet de formes *immédiatement finales* pour le sujet. Elles plaisent *a priori*, se montrent

1. *CJ*, § 42, pour le passage le plus significatif (Ak V, 300) : « Dans la mesure où la raison est aussi intéressée à ce que les idées (pour lesquelles, dans le sentiment moral, elle suscite un intérêt immédiat) aient également une réalité objective – c'est-à-dire à ce que la nature laisse une trace ou livre un indice témoignant qu'elle contient en soi un quelconque principe qui permette de supposer qu'il existe un accord, conforme à une loi (*gesetzmäßige Übereinstimmung*), entre ses produits et notre satisfaction indépendante de tout intérêt (satisfaction que nous reconnaissons *a priori* comme loi contraignante pour tous, sans pouvoir la fonder sur des preuves) –, la raison doit avoir un intérêt pour toute manifestation naturelle d'un tel accord ; par conséquent, l'esprit ne peut réfléchir sur la beauté de la *nature* sans s'y trouver du même coup (*zugleich*) intéressé ».

ainsi *a priori* conformes à un ordre des fins, sans qu'aucune fin déterminée empirique puisse leur être adéquate. Elles sont ainsi lourdes de promesses au regard de la faculté des fins les plus élevées.

Et du point de vue du sujet, c'est en vertu de l'analogie entre jugements esthétique et moral que le plaisir du goût intéresse la raison. C'est une exigence de la raison pure pratique qu'il existe une forme supérieure du sentiment de plaisir, le respect. Si le sentiment de plaisir ou de peine doit ainsi pouvoir être déterminé *a priori*, de manière universelle et nécessaire, à nouveau on comprend que la raison s'intéresse à tout signe indiquant la possibilité d'un consensus sensible universel. Or la forme de sentiment commun qu'est le goût est à cet égard tout particulièrement significative, puisque le plaisir esthétique associe désintéressement et prétention au partage universel et que la raison pratique requiert un tel désintéressement du sentiment. La raison pratique peut ainsi voir dans la communauté de sentiment à laquelle prétend le goût une préfiguration du consensus universel du respect pour la loi morale.

Ainsi les exigences rationnelles d'une compatibilité de la nature avec la réalisation des fins morales les plus hautes et d'une unanimité du sentiment de respect sont-elles au fondement de la quasi-obligation que nous voulons imposer à autrui : j'offre mon jugement de goût comme *exemplaire* de jugement visant la norme idéale d'une unanimité de sentiment. Le sens commun d'après lequel seul j'assure juger est ainsi posé en principe régulateur qui, comme le suggérait Kant au § 22, relève de « fins supérieures » de la raison : à savoir de l'intérêt qu'a la raison à repérer à même les produits de la nature des indices que cette dernière s'accorde avec la liberté. Or comme êtres moraux nous sommes tous concernés par l'exigence morale que la liberté puisse s'inscrire au sein de la nature. Le sens commun, en tant que norme idéale, ne fonde ainsi la nécessité exemplaire du jugement de goût que par l'intervention de l'intérêt intellectuel qui vient se lier au beau. Faisant intervenir les Idées morales en liaison avec l'existence de formes naturelles qui se révèlent finales pour la subjectivité dans sa liberté, le § 42 contribue donc à jeter le pont évoqué par l'introduction de la troisième *Critique* entre le domaine de la nature et le domaine de la liberté. Aussi le goût comme sens commun, dans la mesure où il repère dans la nature ces traces, signes ou indices de la possibilité de réaliser dans la nature ce qu'exige la volonté pure dans sa liberté, est bien chez Kant une instance qui demeure liée à la sphère pratique, et qui, comme intermédiaire, rapporte un singulier donné empirique dans la nature à notre destination morale et à la communauté des fins…

On pourrait suivre d'autres pistes [1]. Faute de temps, j'en resterai là pour le sens commun.

1. On pourrait dans la même ligne montrer par exemple que le sens commun kantien garde un rapport plus étroit que ne l'admet Gadamer aux notions éthico-politiques de sens moral et de sens commun telles qu'elles se dessinent chez Shaftesbury. Ou faire valoir la lecture très politique du sens commun et du jugement esthétique kantiens que propose Arendt en contraste avec celle de Gadamer.

L'IDÉE ESTHÉTIQUE

Reste qu'en offrant son autonomie à la sphère esthétique et artistique, Kant aurait sevré l'art de tout rapport à l'expérience de vérité ou du sens. C'est à nouveau méconnaître certaines dimensions du texte kantien. Ainsi de la portée de l'Idée esthétique. Il vaut la peine d'y revenir ici.

Le génie est le principe producteur des Beaux-Arts et, à ce titre, il est la condition qui rend possible qu'on porte un jugement de goût pur sur un produit de l'art. Or si le génie rend cela possible, c'est en présentant des Idées esthétiques. Il faut donc penser que dans l'œuvre des Beaux-Arts, c'est la présentation d'Idées esthétiques qui est au principe du libre jeu des facultés cognitives qui définit le jugement de goût. Ce sont elles qui animent ce jeu harmonieux. Comment?

Ce que l'on sait de l'Idée esthétique, c'est qu'il s'agit d'une « représentation de l'imagination qui donne beaucoup à penser, sans pourtant qu'aucune pensée déterminée, c'est-à-dire sans qu'aucun *concept* ne puisse lui être approprié et, par conséquent, qu'aucun langage ne peut exprimer complètement ni rendre intelligible »[1].

Sans prétendre mettre à découvert le secret de la création artistique, Kant apporte cependant quelques précisions sur la production des Idées esthétiques et les aptitudes du génie.

Il convient d'abord de prendre au sérieux le rapprochement de l'Idée esthétique avec l'Idée de la raison : « elles tendent vers quelque chose qui se situe au-delà des limites de l'expérience, et cherchent ainsi à s'approcher d'une présentation des concepts de la raison (des idées intellectuelles) »[2].

Quant à la formation de ces Idées esthétiques par l'imagination – la faculté des Idées esthétiques « n'est qu'un talent (de l'imagination) » –, la description[3] que Kant détaille présente la situation de l'artiste au travail : on a affaire à un libre-arbitre humain, se donnant au départ comme fin un concept de ce que son œuvre doit être. Sous ce concept, l'imagination, selon une opération coutumière pour ainsi dire, place une représentation, mais une représentation qui n'est ni un schème, ni une présentation du concept à strictement parler, mais qui a partie liée avec cette présentation, qui la sert, tout en donnant à penser bien plus que le concept ne peut comprendre. Il s'agit donc d'une représentation de l'imagination qui recèle un tel pouvoir de donner à penser qu'elle ne peut plus elle-même être comprise en un concept déterminé. Par là même, elle élargit – sur le mode sensible – le concept de départ, et ce sans limite. Mais ce faisant, l'imagination met en mouvement la faculté des Idées intellectuelles, la raison. L'Idée esthétique, donnant trop à penser pour aucun concept déterminé, est en effet ce par quoi l'imagination « rivalise » avec la raison « dans la recherche d'un idéal suprême ». Aussi anime-t-elle pour le moins les facultés de l'esprit en leur proposant un

1. *CJ*, § 49, Ak V, 314.
2. *CJ*, § 49, Ak V, 314.
3. Le passage le plus significatif est en *CJ*, § 49, Ak V, 315. Pour la lecture critique de ce passage par Gadamer, *cf.* VM, p. 69 ; 58.

champ illimité de représentations apparentées. Ce qui est ainsi l'affaire propre du génie dans l'œuvre est cet élan des facultés, cette création de l'imagination qui donnera à l'œuvre sa vie, son *Geist*, ce par quoi *elle parlera au spectateur* – trait que revendique Gadamer dans sa propre approche de l'expérience de vérité de l'art –, ce par quoi elle animera le jeu de ses *facultés cognitives*.

Il semble dès lors que, dans l'esprit du spectateur, le libre jeu de l'entendement avec l'imagination soit animé par l'Idée esthétique présente dans l'œuvre, laquelle en appelle à la *raison*. Le libre jeu des facultés cognitives tendrait ainsi naturellement à un élargissement de la faculté de connaître – l'entendement – vers la faculté de penser – la raison, parce que la réflexion ne peut aboutir à l'élaboration d'un concept convenant à ce qui se présente à la sensibilité. Élargissement pour ainsi dire sous-tendu et induit par une animation, une excitation toute particulière de l'imagination du spectateur, incapable de son côté de s'en tenir aux opérations ordinaires de schématisme ou de présentation des concepts devant la fort riche matière sensible que lui proposent les Idées esthétiques, avec lesquelles elle se met à jouer, dans un effort pour égaler, pour s'élever jusqu'à cette tension vers un maximum dans l'ordre sensible, mise en œuvre par le génie.

Par où l'on voit que si la création artistique met en mouvement la raison, l'œuvre doit aussi avoir tendance à hausser l'activité des facultés cognitives de celui qui juge selon le goût, en direction des Idées de la raison. C'est cette élévation qui, en quelque sorte, assure l'effacement du concept déterminé que la définition de l'art requiert au profit d'une Idée de la raison. Si l'entendement ne peut s'arrêter, dans le jugement de goût, à un concept, c'est précisément parce que dans sa tendance à un maximum l'imagination productrice d'Idées esthétiques rivalise plutôt avec la raison.

Non seulement les facultés cognitives du sujet sont appelées à s'activer, mais il est explicite que ce qui s'ouvre devant elles et pour elles, c'est un champ – illimité ! – de significations. Le lien avec la « vérité » ou le sens est d'autant moins brisé qu'appel est lancé à une méditation, à une interprétation sans fin. Qui plus est, ce n'est pas de la vérité du *savoir* des sciences exactes modernes qu'il s'agit, mais bien de cet autre registre du sens qui s'offre à *comprendre* : penser et non connaître, en termes kantiens.

Si l'on insiste sur le fait que le jugement esthétique est en outre jugement de *réflexion*, et sur ceci qu'il n'implique aucun concept déterminé, on voit que par là encore se confirme que tout au long il est question d'une expérience de vérité ou de sens, mais distincte – comme celle que Gadamer cherche lui-même à rétablir à partir de l'expérience de l'art – du savoir déterminé des sciences positives.

J'espère avoir réussi à suggérer que loin qu'il n'y ait à trouver chez Kant que cet ordre prétendument séparé de la réalité d'une subjectivité qui ne ferait que jouer avec elle-même, on trouve aussi chez lui, d'une part, l'indication d'une expérience de l'art qui est celle d'un surcroît de sens – dans l'Idée esthétique qui donne à penser dans un champ de significations s'étendant à l'infini ; d'autre part, une subjectivité loin d'être maîtresse de ce qui lui advient dans l'expérience esthétique et qui se trouve bien plutôt interpellée, voire interloquée par le jeu des formes et des figures qui la provoque à son tour au jeu, au jeu des facultés représentatives. Les Idées esthétiques ne constituent-elles pas le message ou la proposition de l'œuvre, qui rappelle au sens de l'être – à l'interrogation métaphysique –, en faisant pour le moins signe vers les Idées de la raison? L'expérience de l'art est bien indéniablement cognitive et de sens dans la troisième *Critique*.

Ne peut-on pas dès lors se demander en fin de compte si Gadamer n'applique pas lui-même à Kant l'alternative moderne qu'il veut dénoncer : soit le savoir des sciences de la nature, soit l'absence de tout rapport à la vérité et au sens? En prétendant que Kant, refusant au goût l'objectivité, le rabat sur l'esthétique en un sens qui le prive forcément de vérité, ce que Gadamer échoue à percevoir c'est qu'il y a précisément au sein de cette esthétique une place pour cette « autre vérité » qu'il cherche à rétablir dans ses droits. Cette place « cognitive » ou alèthéique, c'est celle de la réflexion elle-même, face à la nature, et en liaison à la portée morale du sens commun, et c'est le champ de significations sur lequel ouvre à perte de vue l'Idée esthétique, bien loin qu'il n'y aille avec le génie kantien que d'une subjectivité fermée sur ses *Erlebnisse*.

Danielle LORIES
Université Catholique de Louvain

RÉCEPTIONS

II

ÉTATS-UNIS

SUR CAVELL, KANT ET QUELQUES LECTURES DE WITTGENSTEIN DE 1965 À NOS JOURS[1]

Retracer et circonscrire l'histoire complexe et intriquée de l'influence mutuelle qui s'est exercée entre les interprétations de Kant et de Wittgenstein au sein de la philosophie anglo-américaine du XXe siècle est une tâche imposante, que les historiens commencent à peine à prendre au sérieux. Je me concentrerai dans ce qui suit sur un seul pan de ce thème plus large, à savoir sur la façon dont la réception de la *Critique de la faculté de juger*, dans la philosophie américaine des années soixante, croise et chevauche l'impact qu'ont alors les *Recherches philosophiques* de Wittgenstein. Ce qui me retiendra ici, c'est la façon dont les interprétations de ces deux textes se sont mutuellement éclairées dans le contexte d'un effort pour rejeter et pour dépasser les dogmes de l'empirisme qui dominaient intellectuellement la tradition anglo-américaine jusqu'à la fin des années cinquante.

Kant et Wittgenstein sont de toute évidence des figures exemplaires de ce mouvement de résistance, mais la *Critique de la faculté de juger* pourrait sembler quelque peu marginale, historiquement parlant, du point de vue de l'attrait exercé par Kant dans le monde anglo-américain. Après tout, jusque dans les années soixante-dix, on pouvait compter sur les doigts d'une seule main les livres écrits en anglais sur la troisième *Critique*. La troisième *Critique* faisait rarement l'objet de cours, hormis des cours d'esthétique, et était généralement stigmatisée pour son défaut d'unité, conséquence de l'appartenance de Kant à un monde naïvement pré-darwinien. Je voudrais montrer, avec l'œuvre de Stanley Cavell, comment la troisième *Critique* a finalement acquis droit de cité à la fin du siècle dernier dans la tradition anglo-américaine, en partie grâce à l'interprétation cavellienne des *Recherches Philosophiques*, jusqu'à conférer en retour une nouvelle intelligibilité à la pensée du second Wittgenstein.

1. Traduit de l'américain par Jean-Philippe Narboux. Je tiens à remercier les organisateurs du colloque, Christophe Bouton, Fabienne Brugère et Claudie Lavaud, et son public pour leurs remarques très utiles sur cette communication, ainsi que Jean-Philippe Narboux et Avner Baz pour des conversations avant et après le colloque qui m'ont été très profitables.

La fracture fondamentale qui divise les interprètes de Wittgenstein, historiquement et jusqu'à ce jour, sépare me semble-t-il deux courants théoriques : d'un côté, ceux qui lisent dans l'œuvre de Wittgenstein un argument qui utilise des ressources sémantiques ou épistémiques et invoque en dernier ressort la finitude ou les limitations expressives du langage, que ces limitations soient conçues comme vérifonctionnelles, constructivistes ou socio-constructivistes, antiréalistes, liées à des conditions d'assertibilité, formalistes, conventionnalistes, finitistes, empiristes, liées à un recensement sémantique des critères du langage ordinaire, ou comme on voudra encore ; d'un autre côté, ceux qui mettent l'accent, au contraire, sur la critique par Wittgenstein des présupposés qui sous-tendent l'aspiration même à ce genre d'arguments. Cette critique met l'accent sur la variété, l'irréductible complexité, et le caractère indéfini de l'évolution des capacités humaines d'expression. Les interprétations du premier genre conçoivent l'inexprimable et le métaphysique comme quelque chose qu'il s'agit de juguler en réfléchissant sur ce qui est grammaticalement illégitime ou sur ce qui est épistémiquement injustifiable. La pensée de Wittgenstein fait alors figure de garde-fou. Les interprétations du second genre considèrent que les questions de l'inexprimable et du métaphysique sont transversales par rapport à l'intérêt principal de la discussion philosophique, que ce sont des fictions ou des préoccupations résultant de conceptions simplifiées de l'expression et de l'expérience humaine. La pensée wittgensteinienne prend alors la valeur d'un guide[1].

Les lecteurs de Wittgenstein qui adoptent, comme je le fais, le second genre d'approche interprétative, sont tous redevables à Stanley Cavell. Il revient en effet à Cavell non seulement d'avoir d'emblée insisté sur le contraste entre ces deux manières de lire Wittgenstein, mais d'avoir assumé la tâche de montrer la pertinence des considérations relatives à l'expressivité et à la complexité non seulement pour la lecture de Wittgenstein mais aussi pour la pratique de la philosophie contemporaine comme telle, y compris quand elle réactivait la pensée de Kant, et en particulier celle de la troisième *Critique*[2]. Quelqu'un m'a dit il y a une douzaine d'années que les livres en anglais sur la troisième *Critique* avaient été écrits dans leur quasi-totalité par des auteurs ayant côtoyé Cavell. Que ce fait soit littéralement exact ou non, il contient plus qu'un simple noyau de vérité. Il n'était pas dû à la capacité bien réelle de Cavell à faire partager un intérêt pour la

1. Voir S. Cavell, *Must We Mean What We Say* (cité *MWM*), Cambridge (Mass.), Cambridge UP, 2002, Préface, p. xx : « Je suppose que l'idée du philosophe comme guide s'est formée en moi en résistance à l'idée encore courante du philosophe comme garde. Je devrais peut-être ajouter qu'à aucune période de ma vie il ne m'est apparu que les problèmes philosophiques étaient irréels, autrement dit que ces problèmes pouvaient faire l'objet d'un traitement, et qu'un terme pouvait ainsi être mis à la philosophie, comme si elle était chose dépassée. Les problèmes qui me retenaient tiennent bien plutôt à une aspiration inextinguible à l'irréalité ; Kant diagnostiqua de telles perplexités comme étant des illusions transcendantales ».

2. D'autres ont souligné le contraste entre ces deux sortes de lectures de Wittgenstein, les travaux de B. Dreben et de C. Diamond ont particulièrement compté pour moi. Je discute le travail de Diamond dans « Wittgenstein and the Inexpressible », dans *Wittgenstein and the Moral Life : Essays in Honor of Cora Diamond*, A. Crary (ed.), Cambridge (Mass.), MIT Press, 2007, p. 177-234.

philosophie des arts, et en particulier pour l'esthétique[1]. Il provenait bien plutôt de ce que la *Critique de la faculté de juger* avait joué un rôle majeur dans l'élaboration par Cavell d'une lecture de Wittgenstein d'inspiration en partie kantienne.

Dans les années soixante-dix et quatre-vingt, la lecture cavellienne de Wittgenstein inspira les travaux de ses étudiants (parmi eux, Ted Cohen, Paul Guyer, Hannah Ginsborg, Susan Neiman, Eli Friedlander, Katalin Makkai et moi-même) qui écrivaient alors explicitement sur la troisième *Critique*, dans un contexte dans lequel une exégèse sérieuse de Kant émergeait tant aux États-Unis qu'en France. La façon dont Cavell avait présenté l'intersection entre les *Recherches Philosophiques* et la *Critique de la faculté de juger* affectait notre compréhension de chacune de ces deux œuvres.

Beaucoup d'encre a coulé, durant les vingt-cinq dernières années, tant en anglais qu'en français, à propos de la relation entre la théorie du jugement esthétique de Kant et sa théorie de la connaissance[2]. Probablement à la faveur d'un intérêt croissant, à partir des années quatre-vingt, pour le concept de règle (dans les lectures de Wittgenstein élaborées par Fogelin, Wright et Kripke), s'est développée toute une littérature qui thématise le rapport entre la troisième *Critique* et les questions du schématisme et du rôle de l'imagination dans la perception[3]. Mais je voudrais remonter une cinquantaine d'années en arrière pour explorer un stade antérieur et formateur de la réception de Kant et de Wittgenstein, un stade où le positivisme logique projetait son ombre sur le paysage philosophique.

En 1965, Cavell publiait « Aesthetic Problems of Modern Philosophy », le premier et le plus important des essais jamais écrit sur les *Recherches Philosophiques*. Il apparut dans un collectif édité par Max Black et intitulé *Philosophy in America*, qui donnait une vitrine à des écrits récents de jeunes philosophes américains. Il fut réédité en 1969, dans le premier volume d'essais de Cavell, *Must We Mean What We Say?* À l'époque où Cavell écrivit cet essai (en 1962-63, juste avant de revenir à Harvard après avoir séjourné à Berkeley), toute une littérature dépeignait le second Wittgenstein comme une critique de l'empirisme en général, et en particulier du mythe du donné non interprété : cet effort pour dépasser une dichotomie non critique entre perception et conception était l'un des thèmes de prédilection de lecteurs de Wittgenstein aussi différents que G.E.M. Anscombe, Norman Malcolm, P.K. Feyerabend, P.F. Strawson et Wilfrid Sellars[4]. Aucun des quatre premiers de ces auteurs n'invoquait explicitement Kant

1. Cavell suggère lui-même qu'il se pourrait que le fait qu'il *n*'ait *pas* enseigné l'esthétique régulièrement ait permis à son intérêt pour la philosophie de demeurer vivant. Voir *MWM*, p. XXIX, et la citation dans la note ci-dessous.

2. Je songe ici aux travaux, notamment, de Longuenesse, Friedman, Guyer et Allison.

3. Voir S. Gibbons, *Kant's Theory of Imagination : Bridging Gaps in Judgement and Experience*, Oxford, The Clarendon Press, 1994 ; D. Bell, « The Art of Judgment », *Mind*, 96, 1987, p. 221-244.

4. Voir, par exemple, l'essai d'Anscombe, « The Intentionality of Sensation : a Grammatical Feature », dans *Metaphysics and the Philosophy of Mind : Collected Papers of G.E.M. Anscombe*, vol. 2, Minneapolis, University of Minnesota Press, 1981, p. 3-22. L'adaptation par Malcolm de « l'argument du cas paradigmatique » de Moore porte implicitement le sceau de cette sorte de lecture

dans sa lecture de Wittgenstein. Kant et Wittgenstein apparaissaient néanmoins comme des figures majeures dans les œuvres de P.F. Strawson et W. Sellars, qui établirent des connexions entre les deux penseurs sur les thèmes de l'imagination et de la perception, et sur le problème du schématisme. Strawson, en particulier, suscita une tradition de lectures de Kant qui souligne le rôle de l'imagination productive dans la pensée[1].

Pourtant, au début des années soixante, seul Cavell se saisit directement et explicitement de la troisième *Critique*, d'une manière aussi partiale que suggestive. Cavell utilisait Kant et Wittgenstein (ainsi qu'Austin) pour esquisser une réponse à l'empirisme qui ne s'organisât pas autour d'une critique du mythe du donné non interprété. Une telle critique soulignait, en arguant de motifs psychologiques, le caractère conceptuellement saturé de la perception, ou encore le caractère holistique de la relation qu'entretiennent les théories avec ce qui est susceptible de les corroborer. Au lieu d'avancer ce genre de critique, Cavell nous demandait de reconsidérer aussi bien ce qui nous est donné à titre de matériau brut pour une interprétation, à savoir la nature de notre expérience elle-même, que l'image que nous nous faisons de ce que cela signifie d'interpréter, de vouloir dire, ou de conceptualiser. On pourrait dire que cette réponse tentait de réinterpréter ou de restituer l'empirisme traditionnel ou l'épistémologie phénoménaliste plutôt que de la réfuter. Elle poussait aussi loin que possible l'effort pour faire droit à la vision empiriste de l'être humain comme une créature naturelle dotée d'une psychologie en développement et tributaire de son expérience immédiate, tout en se défiant du rationalisme dogmatique qui sous-tendait les conceptions de la signification qu'élaboraient les positivismes logiques.

C.I. Lewis – double inventeur de la logique modale et du concept du « donné » – est ici une importante figure d'arrière-plan. Son livre *Mind and the World Order* (1929) donna matière à une attaque par de nombreux philosophes, tant en Angleterre qu'en Amérique (citons parmi eux, outre ceux déjà mentionnés, Nelson Goodman, W.V. Quine et Donald Davidson), de la version pragmatique de l'épistémologie kantienne qui y était élaborée[2]. C'est probablement le caractère tout à la fois simple et ambitieux de la conception de la perception de

de Wittgenstein, même si Malcolm n'écrit pas lui-même explicitement au sujet du mythe du donné dans ce contexte (notons que C.I. Lewis – dont l'adaptation du kantisme, dans *Mind and the World Order*, signa l'acte de naissance de la notion de « donné » – eut pour élèves Malcolm et Cavell). La recension des *Recherches Philosophiques* par Feyerabend (*The Philosophical Review*, 64, 3, 1955, p. 449-483 ; traduite par Anscombe et acceptée pour publication par Malcolm) souligne ce que Feyerabend tient pour le caractère *conceptuellement saturé* de l'expérience, un thème récurrent des écrits ultérieurs de Feyerabend. Je discute la lecture que fait Feyerabend de Wittgenstein dans mon texte « Hommage à Vienne : Feyerabend et Wittgenstein (et Austin et Quine) », dans *Paul Feyerabend (1924-1994) : Ein Philosoph aus Wien*, K.R. Fischer und F. Stadler (ed.), vol. 14, Wien, Springer Verlag, 2006, p. 99-152.

1. Voir notamment S. Gibbons, *op. cit.*, p. 25, p. 30. Elle prolonge l'article de P. Strawson, « Imagination and Perception », dans *Kant on Pure Reason*, R.C.S. Walker (ed.), Oxford, Oxford UP, 1982, p. 82-99.

2. C.I. Lewis, *Mind and the World Order : Outline of a Theory of Knowledge*, New York-Boston, Charles Scribner's Sons, 1929 ; rééd. New York, Dovers, 1956.

Lewis qui rendait son épistémologie si séduisante pour nombre de ses élèves et invita ces derniers à l'amender ou à le réfuter. Austin, qui enseigna *Mind and the World Order* à Oxford dans les années trente, était l'un deux. En 1962, Cavell et Thompson Clarke, tous deux élèves à la fois de Lewis et d'Austin, étaient parvenus à l'idée que l'invocation par l'épistémologue traditionnel de ce que nous voyons *vraiment* pouvait être « presque complètement » « acceptée et absorbée » dans des procédures austiniennes [1]. « Aesthetics Problems of Modem Philosophy » fait droit à cette vision, mais va au-delà d'elle en faisant usage de la troisième *Critique*.

En dehors de l'examen de deux questions (la question de savoir si les poèmes ou les métaphores peuvent être paraphrasés, et celle de savoir si la tonalité est vraiment absente de la musique atonale), la suggestion fondamentale de l'essai de Cavell est que « le jugement esthétique [tel que le conçoit Kant] fournit un modèle au genre de prétentions émises par [*the sort of claim entered by*] les philosophes du langage ordinaire [...] quand, de façon typique, ils font appel à ce que nous disons et voulons dire, ou à ce que nous ne pouvons pas dire ou vouloir dire, ou à ce que nous devons dire ou vouloir dire » (*MWM*, p. 86). La prétention émise par le philosophe du langage ordinaire au nom du « nous », dans le moment même où elle semble de prime abord et avant tout reposer sur le « je », est une bonne raison de « trébucher sur les procédures de la philosophie du langage ordinaire », dans la mesure où « c'est une invocation bien particulière, pour ne pas dire excentrique, et dont on s'attend à ce que des philosophes qui en sont eux-mêmes tributaires aient à cœur de l'examiner » (*ibid.*). L'examen par Cavell des relations intriquées entre les deux aspects du jugement que sont le point de vue de la première personne d'un côté, et celui de l'intersubjectivité de l'autre, visait ainsi à faire ressortir et à résoudre des problèmes de méthode qui se posaient alors. En se tournant vers la troisième *Critique* pour interpréter Wittgenstein et Austin, Cavell entendait suggérer tout à la fois une dépsychologisation et une désempirisation des méthodes de la philosophie du langage ordinaire, méthodes qui faisaient alors l'objet des attaques de philosophes du langage d'obédience cognitiviste ou psychologiste [2], ou de philosophes qui, à l'instar de Grice, critiquaient ses dogmes, ou encore, dans le domaine des valeurs, par des philosophes psychologistes d'obédience émotiviste.

Cavell met avant tout l'accent sur le problème kantien de la voix universelle, en d'autres termes, sur la façon dont Kant insiste sur le fait que l'exigence d'un accord universel quant au jugement de goût (formulée aux § 7 et § 8 de la *Critique de la faculté de juger*) caractérise la logique du jugement comme tel. Dans ce traitement du problème kantien de la voix universelle, l'universalité et la nécessité du « je » est rendue problématique aussi bien par Kant que par Cavell, en ce qu'elle est fermement distinguée, d'une part, de toute forme de prédiction empirique ou

1. Cela est dit dans l'Avant-propos de *The Claim of Reason*, Oxford, Oxford UP, 1979. Lewis est explicitement mentionné (p. XVI et XXIV).

2. Par exemple, Fodor et Katz. Cf. *MWM*, note 10, p. 95.

psychologique (dire d'un objet qu'il est beau n'est pas prédire ou décrire la totalité des réactions des autres, mais faire valoir sa propre réaction comme exemplaire), d'autre part, de toute forme de classification conceptuelle qui pourrait être étayée par des preuves ou des démonstrations à partir de règles ou de lois relatives aux propriétés des objets ou des sujets. Cavell cite la troisième *Critique*, pour souligner le fait qu'aux yeux de Kant, un jugement esthétique, pour autant qu'il représente le goût de la réflexion plutôt que celui du sens, « n'est ni « théorique », ni « logique », ni « objectif », mais bien plutôt tel que son fondement déterminant ne saurait être autre que subjectif »[1]. Cavell commente cela en remarquant que « Kant semble dire qu'en dehors d'un certain esprit dans lequel nous effectuons des jugements, nous ne pourrions nullement avoir des concepts du genre de ceux que nous considérons comme esthétiques »[2].

Cavell puise dans la *Critique de la faculté de juger* de manière à contrebalancer ou à compliquer l'invocation de la dimension sociale du langage par l'invocation toute kantienne de l'idéal d'une subjectivité individuelle conçue comme la maîtrise par quelqu'un de l'expression de ses propres réactions à l'égard du donné. Il interprète le réquisit logique formulé par Kant comme signifiant que les jugements de goût sont singuliers, non seulement eu égard à leur forme logique[3], mais encore eu égard au fait qu'ils sont exprimés par un individu particulier dans un ensemble particulier de circonstances, et qu'ils le sont selon la modalité que précise Kant, à savoir en l'absence d'une quelconque règle déterminant le fondement subjectif ou intersubjectif du jugement, et en l'absence de toute propriété ou trait de l'objet qui cautionnerait sa vérité. De tels jugements sont effectués un par un, par chacun de nous, non pas simplement selon la modalité de l'autonomie mais, comme le précise Kant, selon celle de l'« héautonomie »[4]. Ce caractère *a priori* ou logique du principe du jugement réfléchissant est unique dans l'œuvre de Kant, en ce sens que son contenu doit être lu directement dans son statut de principe non-déterminant du jugement. En effet, le principe du jugement réfléchissant est, en un sens, non pas un principe ou une règle dont le contenu serait indépendant, mais simplement l'idée que bien juger (que juger avec sagacité et pas simplement de façon correcte ou valide) est possible ou, de façon équivalente, que la nature présente une affinité avec notre faculté de jugement[5].

L'insistance de Cavell sur l'idée que le fondement déterminant de tels jugements « ne saurait être autre que subjectif » fait ainsi signe vers la possibilité d'une aprioricité ou d'une normativité subjectives et non psychologiques (ou du moins apsychologiques) d'une toute nouvelle espèce. Il s'agit de faire valoir, non

1. « Aesthetic Problems… », *MWM*, p. 88.

2. « Aesthetic Problems… », *MWM*, p. 89.

3. Comme y insiste Kant (*CJ* § 8).

4. J'ai exploré ce thème dans mon essai « Heautonomy and the Critique of Sound Judgment : Kant on Reflective Judgment and Systematicity », dans H. Parret (ed.), *Kants Ästhetik/Kants Aesthetics/L'esthétique de Kant*, *op. cit.*, p. 192-218.

5. Voir mon essai « The Fact of Judgment : The Kantian Response to the Humean Condition », dans J. Malpas (ed.), *From Kant to Davidson : Philosophy and the Idea of the Transcendental*, London, Routledge, 2003, p. 22-47.

pas tant la dépendance contextuelle ou la sensibilité à l'occasion, que l'auto-réflexivité du jugement, autrement dit de naturaliser la structure conceptuelle ou la logique du jugement sans faire appel à un ensemble quelconque de concepts, de règles ou de principes.

L'accent mis par Cavell dans « Aesthetic Problems of Modern Philosophy » sur cet aspect subjectif du jugement constitua un facteur décisif dans l'élaboration de sa lecture de Wittgenstein et ouvrit la voie au traitement que donneraient *Les voix de la raison* (*The Claim of Reason*) de la notion wittgensteinienne de critère[1]. Dé-psychologiser et désempiriser la notion kantienne de jugement de goût revenait, de la part de Cavell, à lire chez Wittgenstein et chez Kant un effort pour logiciser des notions psychologiques, ou plutôt pour « défaire la psychologisation de la psychologie »[2]. Mais son concept wittgensteinien de nécessité « logique » ou « grammaticale » était englobant, puisqu'il circonscrivait un territoire qui va bien au-delà de celui qui est ordinairement dévolu à la logique et à la signification, et bien au-delà du territoire sur lequel s'était penché Kant dans la première et dans la deuxième *Critique*. Les nécessités grammaticales au sens de Wittgenstein ne sont réductibles, à l'aune d'un tel concept, ni à des catégories psychologiques, ni à des catégories sémantiques, intensionnelles ou linguistiques, ni à aucune des catégories épistémologiques usuelles[3]. Elles consistent en ce que Wittgenstein appelle « des faits généraux de la nature » : que nous marchons, que nous bavardons, que nous parlons, etc. « Je pense, écrit Cavell, que l'entente que nous avons communément de notions comme celles de nécessité, de contingence, d'énoncé synthétique et d'énoncé analytique, ne saura que faire des nécessités que, à la lecture des *Recherches philosophiques*, nous serons tentés d'essayer d'exprimer » (*MWM*, p. 91)[4].

Cette idée d'un effondrement de la façon dont les distinctions kantiennes étaient usuellement entendues (idée qui est développée par Kripke dans une tout autre direction) constitua une avancée décisive. Car de nombreux wittgensteiniens des années soixante (et après) étaient tentés de considérer de telles nécessités comme étant « purement linguistiques » et de les opposer à des nécessités en quelque sorte métaphysiquement réelles. Or, Cavell y insistait, la philosophie du langage ordinaire, loin de porter sur quelque chose de purement linguistique, « porte sur tout ce sur quoi le langage ordinaire porte »[5]. Cavell ne se contenta pas de se demander, à l'instar de Kripke, si l'entente usuelle des catégories épistémologiques de Kant était suffisante ou fructueuse pour comprendre Wittgenstein, ou d'insister sur une division nette entre le métaphysique et l'épistémologique. Au lieu de cela, il se demanda « dans quelle mesure ma relation à moi-même »

1. Cavell ne dit pas autre chose dans la Préface à *MWM*, édition revue et augmentée.

2. *Cf.* « Aesthetic Problems of Modern Philosophy », *MWM*, p. 91.

3. *Cf.* la remarque de Cavell dans l'essai *Must We Mean What We Say?*, « l'intension n'est pas à même de se substituer à l'intention » (*MWM*, p. 31).

4. Il avait écrit, un peu avant ce passage, que de telles nécessités ne sont ni analytiques, ni définitionnelles, ni données par des implications déductives (*MWM*, p. 31).

5. *Cf.* « Aesthetic Problems of Modem Philosophy », *MWM*, p 95.

(disons, mon expérience de moi-même) « est figurée par ma relation à mes propres mots » – « mes propres mots » étant ici censés sortir d'une conception kantienne de la logique ou de la grammaire du jugement de goût[1]. Un certain concept du « purement » linguistique (du « purement conceptuel » ou de l'« *a priori* ») était ainsi mis à l'épreuve et finalement abdiqué. Cela explique que les aspects du traitement kantien du jugement retenus par Cavell aient plus ou moins directement partie liée avec la question de savoir si mes jugements concernant mes mots (ou mes usages des mots) sont *a priori* ou *a posteriori*[2]. La réponse – suggérant par là-même une réponse à la question kantienne de savoir si les jugements de goût sont *a priori* ou *a posteriori* – est qu'ils ne sont ni tout à fait *a priori* ni tout à fait *a posteriori*, ni tout à fait nécessaires, ni tout à fait contingents, mais un mélange complexe de chacun de ces éléments.

Le résultat de l'analogie établie par Cavell entre le jugement de goût kantien et l'appel wittgensteinien à la grammaire est, me semble-t-il, que la conception de mes mots (ou de mes usages de mes mots) ne saurait être conçue dans des termes exclusivement épistémologiques tels qu'ils sont traditionnellement compris (par exemple par C.I. Lewis, ou même peut-être par Kant lui-même). Mes usages de concepts spécifiques ne sont donnés ni par un cadre d'arrière-plan consistant en règles qui constitueraient ce que je signifie, ni par les réactions d'un agent qui pense décrire les traits des objets ou ses propres réactions individuelles à l'expérience.

Il n'est guère surprenant, dès lors, que Cavell ne mette l'accent ni sur la structure psychologique de la théorie kantienne (par exemple sur la relation entre la perception et le jugement dans l'harmonie des facultés) ni sur les concepts de forme et de plaisir, ni sur le concept de finalité sans fin, ni sur le caractère désintéressé du jugement de beauté, mais bien plutôt sur ce qu'il appelle la « grammaire » du jugement esthétique. Cela le conduit à résister au sens littéral de l'idée kantienne de « jugement sans concept », et à lui substituer l'idée d'un jugement sans preuve ou sans structure déterminée de règles, quoique néanmoins concluant au moins du point de vue du sujet (sinon du point de vue de son environnement social)[3]. Dans cette lecture, l'idée kantienne de sens commun n'est ni

1. Cf. *MWM*, édition révisée, p. XXIV. « Figurer » peut vouloir dire : modeler, imaginer, dépeindre, former, exprimer concrètement, donner un sens à. Cavell écrit également (p. XXIV), au sujet des motifs qui furent les siens en écrivant cet essai : « J'ai choisi ce thème à la fois pour m'identifier aux arts, qui ont d'une certaine manière conspiré à la formation de mon intérêt pour une vie dans la philosophie (je fus peut-être aidé par le fait de n'avoir qu'une seule fois dispensé un cours d'esthétique en six ans d'enseignement à Berkeley, et ce de façon guère satisfaisante et sans que cela dût jamais se reproduire durant les vingt années qui suivirent) et parce que j'y étais incité par l'idée de développer la question de ma relation à mon langage en la rapportant à l'idée kantienne de ma capacité à conférer une objectivité à des jugements esthétiques, autrement dit ma capacité à leur assigner leur source spécifique de nécessité et d'universalité. J'entendais frayer un nouveau chemin dans l'effort continu pour élucider la question de savoir si mes jugements au sujet de ce que je veux dire en parlant (ou plus généralement en me conduisant d'une certaine façon) sont *a priori* ou *a posteriori* ».

2. Voir note précédente.

3. Pour la qualification de « concluant », voir « Aesthetic Problems of Modern Philosophy », *MWM*, p. 88.

tout à fait régulatrice ni tout à fait constitutive de la possibilité du jugement esthétique, mais se forme à travers le point de vue de chaque individu sur lui-même, à travers l'expression de soi dans le jugement[1]. Pour le dire autrement, Cavell ne met pas moins l'accent, dans sa lecture de Kant et de Wittgenstein, sur la subjectivité que sur l'intersubjectivité, sur le jugement comme dirigé sur soi et formé par soi que sur la dimension sociale du jugement, et il importe qu'il ne réduise aucune de ces deux dimensions à l'autre. Cela engage une sorte d'objection à Kant, une exigence que la *Critique de la faculté de juger* soit prolongée dans le style de Wittgenstein ou d'Austin. Cavell suggère que nous réexaminions le rôle des termes critiques qui sont spécifiques à l'argumentation esthétique – suggestion explicitement wittgensteinienne[2].

Cela vaut d'autant plus la peine d'être souligné que nombre de commentateurs de Kant ont eu tendance à mettre au premier plan, dans leur lecture de la *Critique de la faculté de juger*, la psychologie kantienne des facultés, en particulier les rôles joués par le sentiment de plaisir et l'imagination productive dans la connaissance en général, et dans la perception en particulier. Toute une littérature analyse la relation entre la théorie kantienne de l'esthétique et sa théorie de la connaissance en termes de catégories dans la *Critique de la raison pure*. D'après ces lectures, le pas qui fait passer du privé à ce qui est susceptible d'être partagé intersubjectivement doit être mis au premier plan : c'est le social qui fournit les normes à l'aune desquelles les jugements d'expérience (ou de sentiment) deviennent des jugements de perception (ou de goût). Pourtant, dès 1962, Cavell suggérait, en mettant l'accent sur l'expression du jugement dans la perspective de la première personne, un rôle tout différent pour le jugement esthétique : figurer ma relation à moi-même dans un cadre contingent, à savoir un cadre dans lequel, en toute occasion, il y a toujours de multiples concepts qui sont susceptibles d'être appliqués à un cas particulier ou à une instance particulière. La nécessité du jugement de goût est *exemplaire*, comme dit Kant, mais cette exemplarité, pour universelle qu'elle soit par son exigence, ne se dirige pas moins sur le soi, n'incombe pas moins au soi[3].

Afin de situer ce point au sein du développement de la lecture cavellienne de Wittgenstein, on notera que dans un essai antérieur, « The Availability of Wittgenstein's Later Philosophy » (un essai bien plus connu et bien plus cité que « Aesthetic Problems of Modern Philosophy »), Cavell avait déjà eu recours à une comparaison avec Kant dans sa lecture de Wittgenstein, établissant un parallèle entre la notion wittgensteinienne de grammaire et l'idée kantienne de logique transcendantale. Il soutenait qu'on peut considérer que Wittgenstein, tout comme Kant, procède à l'investigation des possibilités des phénomènes au sens de possibilités humaines par opposition à des possibilités inconditionnées. D'après cette

1. Sur l'idée du *sensus communis* comme étant à la fois régulative et constitutive, cf. *CJ* § 22.

2. *Cf.* les *Leçons et conversations sur l'esthétique* de Wittgenstein.

3. Cf. *CJ* § 19. Voir également là-dessus E. Friedlander, « On Examples, Representatives, Measures, Standards, and the Ideal », dans *Reading Cavell*, A. Crary and S. Shieh (ed.), New York, Routledge, 2006, p. 204-217.

lecture, il incombe de souligner qu'il n'y a pas de fondement métaphysique à la signification ou à la vie humaine comme telle, et que l'antidote en philosophie à la quête de tels fondements requiert de nous un effort pour parvenir à la connaissance de soi. Un des aspects de cet effort requiert de nous, d'après Wittgenstein, que nous examinions les contingences et les nécessités humaines à travers lesquelles nous sommes, jusqu'à un certain point, au diapason les uns des autres et en position de nous entendre mutuellement dans le langage. Cavell souligne, par delà cette comparaison entre Kant et Wittgenstein, que le style idiosyncrasique des *Recherches Philosophiques* – où le personnel prime sur le raisonné, la confession sur le dogme, l'exhortation sur l'argumentation et l'autorisation – est constitutif de son ambition philosophique[1]. Ce que les *Recherches* exigent de leur lecteur, dans cette lecture, ce n'est pas qu'il y souscrive ou les rectifie, mais qu'il soit stimulé par elles à former des pensées et des réponses de son cru[2].

En conjoignant ces deux idées – d'une part, l'idée qu'il n'y a pas de fondement général de la compréhension humaine, de la signification et du pouvoir communicatif du langage, d'autre part, l'idée d'un auto-examen individuel et de la confession comme expression de soi ou comme rapport à soi – Cavell est à même de défaire l'idée que le recours wittgensteinien à la « grammaire » et aux « critères » doive être compris dans les termes d'une intuition de significations délimitées par des règles socialement sanctionnées. Pour Cavell, la dimension sociale du langage et les patrons récurrents de notre entente mutuelle sont omniprésents, mais ils ne sont ni monolithiques, ni totalement gouvernés par des règles, ni survolables à l'avance, en partie parce qu'ils dépendent des pratiques d'individus, et du fait que chacun de nous, un par un, fait son entrée dans le langage pour s'en saisir[3].

Il est crucial, comme le souligne Cavell en invoquant le Kant de la troisième *Critique*, que Wittgenstein ait toujours insisté sur le caractère « intérieur » de la compréhension philosophique, et qu'il ait toujours été fasciné par le point de vue de la première personne sur son propre langage : sur le caractère idiosyncrasique, quoique ni privé ni inaccessible, de ma relation à ce que mes propres mots veulent dire. Wittgenstein a toujours considéré que faire de la philosophie, c'est faire un travail sur soi. Un problème philosophique, écrit-il dans les *Recherches*, a la forme « *Je* ne m'y retrouve plus » (*I don't know my way about*), « Je suis déconcerté » (*I'm stumped*), « Je suis perplexe » (*I'm at a loss*) (*Recherches philosophiques*, § 123). La philosophie, aux yeux de Cavell, a moins à voir avec un effort pour établir dans ses droits le concept d'une normativité intersubjective qu'avec celui pour m'inculquer une compréhension de ma propre situation dans le langage, pour m'aider à faire face à ce qui peut ou ne peut pas me rendre intelligible à moi-même, que ce soit en moi-même ou chez autrui.

1. « Preface to the updated edition of *Must We Mean What We Say ?* », *MWM*, p. XXII.

2. On se souviendra que Wittgenstein fait explicitement référence à de telles pensées dans la Préface des *Recherches Philosophiques*.

3. Sur ce point voir Ed. Minar, « Wittgenstein and the "Contingency" of Community », *Pacific Philosophical Quarterly*, vol. 72, n°3, 1991, p. 203-234.

Ce qui fait ici difficulté, toutefois, c'est que Wittgenstein ne propose aucune théorie générale de la façon dont le pronom de la première personne « Je » fonctionne dans le langage : à vrai dire, il nie que le pouvoir expressif du « je » puisse être compris en dehors d'une investigation mettant au jour les types de phrases qui commencent par « je ». En outre, nul n'est un critique plus virulent du mentalisme, c'est-à dire des pseudo-théories qui postulent des objets et des processus psychologiques cachés et privés afin de rendre compte de la signification. C'est pourquoi, historiquement, l'accent a d'abord été mis par la plupart des lecteurs des *Recherches philosophiques* sur la façon dont Wittgenstein surmonte le privé, sur sa critique des théories psychologistes individualistes de la signification. Dans « Deux concepts de règles » (1955), John Rawls exploitait le thème wittgensteinien du caractère public et irréductiblement social des concepts moraux, sur la réciprocité des raisons. Dans les années soixante, on partait du principe que la contribution majeure de Wittgenstein à la philosophie de la psychologie consistait dans son rejet du mentalisme cartésien, et on lisait Wittgenstein comme un behavioriste logique. Dans les années soixante-dix, il était devenu le héros du constructivisme social.

Autant la critique wittgensteinienne du mentalisme et son insistance sur le langage conçu comme un art social sont largement connues, autant il est tout à la fois plus décisif et plus important de donner un sens positif et non mythologique à son intérêt pour les concepts de subjectivité, de privé et d'intérieur. Cela continue d'être la frontière qui structure l'interprétation de sa pensée. Wittgenstein ne *rejette* pas les idées ordinaires de « conviction intérieure » ou de « compréhension intérieure »; pas plus qu'il ne nie le fait qu'un être humain peut constituer une énigme pour un autre, ou que je puis être une énigme pour moi-même. Au lieu de cela, il entend mener une investigation sur la distinction ordinaire entre l'intérieur et l'extérieur[1]. Comme l'avait affirmé Cavell dans « Aesthetic Problems... », avec une prescience exemplaire, le but de Wittgenstein était « de défaire la psychologisation de la psychologie, de montrer les nécessités auxquelles sont soumises les catégories psychologiques et comportementales; et même, pourrait-on dire, les nécessités présentes dans l'action et la passion humaines elles-mêmes »[2].

L'une des contributions majeures de Cavell, dans « Aesthetic Problems... », à travers la comparaison qu'il y mène entre Wittgenstein et Kant sur les jugements réfléchissants, aura été d'avoir appelé de ses vœux un effort pour penser à nouveaux frais et faire ressortir de telles nécessités, en les concevant comme ancrées dans les aspects subjectifs de la voix humaine.

Juliet FLOYD
Boston University

1. Voir sur ce point S. Laugier, *Du réel à l'ordinaire : quelle philosophie du langage aujourd'hui ?*, Paris, Vrin, 1999.

2. *MWM*, p. 91.

PRUDERIE PRUSSIENNE ET ROMANTISME AUTRICHIEN PENSÉES KANTIENNES SUR L'ESTHÉTIQUE SELON WITTGENSTEIN

1. INTRODUCTION

Dans ses *Leçons sur l'Esthétique*, Wittgenstein analyse la particularité du « type d'explication que quelqu'un recherche lorsqu'il éprouve une impression esthétique » [1]. Wittgenstein propose deux caractéristiques principales de l'explication esthétique. Il soutient que l'explication esthétique concerne en premier lieu *l'objet particulier* à la source de l'impression esthétique : « Si j'admire un menuet, je ne peux pas dire : prenez-en un autre, cela fait le même effet. Que voulez-vous dire ? Ce *n'est pas* la même chose » [2]. Donc, si l'impression esthétique est intimement liée à son objet particulier, l'explication esthétique ne peut se satisfaire d'une explication de la seule *réponse* esthétique, qui fait abstraction de cet objet. Bien qu'il concède aux associations et attitudes inspirées par une image d'être « aussi d'une importance (cruciale) », Wittgenstein insiste sur le fait que dans le cas d'une impression esthétique, « nous pourrions faire toutes ces associations avec une image différente, et pourtant nous voudrions toujours voir *cette* image là » [3]. Une explication esthétique qui ne parviendrait pas à expliquer ma réponse esthétique comme une réponse à *cet* objet-ci (par opposition à cette *espèce* d'objets), échouerait par conséquent à saisir l'engagement esthétique « […] dans notre cas » [4].

Mais qu'en est-il de l'« haecceité » de l'objet d'une impression esthétique que l'explication esthétique cherche (ou devrait chercher) à saisir exactement ? La seconde caractéristique de l'explication esthétique présentée par Wittgenstein est négative. Il précise que l'explication esthétique « n'est pas une explication

1. L. Wittgenstein, *Lectures and Conversations on Aesthetics, Psychology and Religious Belief*, Compiled from notes taken by Y. Smythies, R. Rhees and J. Taylor, edited by C. Barrett, Berkeley-Los Angeles, University of California Press, 1966, III § 11, p. 21.

2. *Ibid.*, IV § 9, p. 34.

3. *Ibid.*, IV § 12, p. 36.

4. *Ibid.*, IV § 9, p. 34.

causale, elle n'est pas corroborée par l'expérience »[1]. Dans le passage d'où cette citation est tirée, le type d'expériences que Wittgenstein cherche visiblement à écarter de l'explication esthétique correspond aux expériences obtenues par le biais d'expérimentations psychologiques. Le point soulevé par Wittgenstein est en fait plutôt général : l'explication esthétique n'est pas du tout le genre d'explication qui peut être corroborée par l'expérience.

Bien entendu, Wittgenstein ne nie pas que je puisse dire quelque chose comme « Oui. C'est de ce rythme particulier dont je voulais parler »[2], lorsque j'explique pourquoi une impression esthétique me rend perplexe. Ici, le point soulevé par Wittgenstein est qu'invoquer l'objet de cette manière ne signifie pas *corroborer* l'impression. Supposons que cette invocation ait une fonction de corroboration. La présence de « ce rythme particulier » serait alors un critère définissant le caractère bel et bien approprié de mon état. Wittgenstein cherche à montrer ici qu'il n'existe pas de critère de ce type dans le cas de l'esthétique. En matière d'esthétique, faire usage de critères reviendrait à se défaire de sa responsabilité, ce serait une tentative de désaveu de votre impression esthétique. En appeler à l'expérience ici serait pointer du doigt un critère, en disant par exemple : « c'est le rythme qui a produit cette impression esthétique ». Wittgenstein observe : « Les gens aimeraient dire : "Ce qui est vraiment important, ce sont les couleurs". Vous dites cela principalement parce que vous voudriez que cela soit le cas »[3]. Une impression esthétique, à l'instar de l'amour sincère, est bien plus exigeante. Liez votre attirance à tel ou tel trait particulier, et l'essentiel du romantisme vous échappera. Le regard, l'odeur et le toucher sont bien des expériences. Vous pouvez peut-être même dire : « *j'aime* cette chose que tu fais ». Mais continuez en disant avec une fausse note de romantisme : « Et c'est *pourquoi* je t'aime », et il y a des chances que vous vous retrouviez bientôt à feuilleter de nouveau les petites annonces. La raison en est évidente : faîtes appel à un critère, et vous invoquerez quelque chose qu'un *autre* pourrait satisfaire – ce que ni l'art ni l'amour ne peuvent tolérer.

Alors, une impression esthétique, bien qu'elle mette en jeu l'effet d'un objet, n'est pas un effet au sens habituel du terme : se référer aux propriétés empiriques ne permet pas de l'expliquer entièrement. Comme en amour, explication signifie ici disculpation. Si vous avez besoin d'excuses, vos sentiments n'étaient probablement pas les bons pour commencer. Wittgenstein est très clair là dessus lorsqu'il parle de la peinture. C'est « comme si on souhaitait dire [qu'une impression esthétique] n'est pas une impression sur les yeux : c'est un effet, mais pas un effet purement visuel »[4]. Bien que limitée à la particularité sensible de son objet, une impression esthétique enregistre de cet objet quelque chose qui, quoique présent, demeure en un certain sens invisible.

1. *Ibid.*, III § 11, p. 21.
2. *Ibid.*, III § 10, p. 21.
3. *Ibid.*, IV § 12, p. 36.
4. *Ibid.*, IV § 12, p. 36.

L'explication esthétique est alors plutôt un oiseau rare. Ce n'est pas une explication empirique ordinaire. Lorsque je dis « C'est de ce rythme particulier que je voulais parler », je n'essaye pas de justifier mon impression mais j'espère seulement que vous la verrez de mon point de vue. S'il y avait un critère là dedans, ce serait : « quand on a désigné quelque chose, vous avez été satisfait » [1]. Mais quelle sorte d'*explication* cela serait-ce ? Mis à part son insistance sur le fait que l'explication esthétique saisisse l'« haecceité » d'un objet et ne doive pas être une référence à l'expérience, Wittgenstein ne dit pas grand-chose de plus. C'est probablement parce qu'il pense que le reste ne peut qu'être *montré*. La philosophie se laisse prendre à l'éternel piège de l'art : « tais-toi et embrasse moi ».

2. PLAN DE LA DISCUSSION

Kant devient pertinent pour cette histoire romantique lorsque, prude comme toujours, il pense que l'on peut dire bien plus à propos de l'explication esthétique. Dans sa *Critique de la faculté de juger*, Kant présente une théorie du jugement qui se trouve satisfaire plutôt bien les contraintes de Wittgenstein : la théorie du *jugement réfléchissant*. La théorie de Kant est une description complexe des sources et mécanismes de la réponse cognitive et émotionnelle précise à un objet, que Wittgenstein identifie si bien mais ne pense pas pouvoir mieux fonder.

La conception que Kant a du jugement réfléchissant s'accorde avec les caractéristiques de l'explication esthétique de Wittgenstein, parce que le jugement réfléchissant associe deux aspects apparemment incompatibles. Le jugement réfléchissant est épistémologiquement *a priori* et cependant – en dépit de cela – logiquement particulier. Cela veut dire que le jugement réfléchissant est une forme de jugement qui d'une part, n'est pas empirique (il est au contraire de provenance transcendantale) et cependant ne s'applique pas à tous les objets de l'expérience (il s'applique à certains d'entre eux mais pas à d'autres). Un jugement réfléchissant ne peut pas par conséquent être corroboré par l'expérience et pourtant s'applique à tel ou tel objet empirique. En résumé, c'est précisément le type de jugement que Wittgenstein semble avoir eu en tête.

Mon objectif dans cette présentation est d'esquisser les grandes lignes d'une argumentation en faveur du fait que cette conception du jugement réfléchissant est effectivement celle de Kant – et donc que Kant présente une théorie précisément là où Wittgenstein choisit le silence. En fin de compte, l'analyse kantienne de l'esthétique de Wittgenstein se présente comme suit. Dans ses *Leçons sur l'Esthétique*, Wittgenstein perçoit très clairement les particularités de l'explication esthétique mais il opère avec une conception empiriste pré-kantienne des impressions et des idées, incapable de rendre compte de ces particularités. Les ressources de la philosophie transcendantale de Kant permettent en revanche de le faire.

1. *Ibid.*, III § 9, p. 20.

Il y a deux façons de montrer que Kant défendait bien la théorie du jugement réfléchissant que je lui attribue. L'une consiste à se concentrer sur ce que Kant dit du jugement réfléchissant dans l'introduction de la *Critique de la faculté de juger*. C'est la manière directe : il s'agit d'une explication de la façon dont les caractères épistémologique *a priori*, et logique particulier, apparemment incompatibles, finissent par s'associer dans un même jugement. Malheureusement, une telle explication requiert une analyse détaillée de la fonction cognitive que Kant vient de baptiser « faculté de jugement réfléchissant » et du rôle transcendantal du « principe de finalité » qui gouverne cette faculté. De telles analyses vont bien au delà de la portée de cette présentation. Je dois me contenter de donner un résumé de mon point de vue dans le § 4.

La seconde façon d'argumenter en faveur de ma conception du jugement réfléchissant, celle dans laquelle je m'engage ici, consiste à se concentrer sur l'une des deux *variétés* de jugement réfléchissant – le jugement esthétique réfléchissant ou téléologique réfléchissant – que Kant examine dans le corps de sa troisième *Critique*. La discussion qui en résulte est une argumentation détournée. En se concentrant sur l'esthétique de Kant, et étant donné ce que Kant dit à propos du jugement esthétique réfléchissant (§ 3), je soutiens que l'on doit comprendre le *jugement réfléchissant* comme je le recommande (§ 4).

3. Le jugement esthétique *a posteriori*

Selon Kant, le jugement esthétique réfléchissant est une forme de jugement par laquelle nous exprimons le fait de trouver un objet beau. Plus précisément, il s'agit d'un jugement selon lequel la *forme* d'un objet empiriquement donné a la capacité de mettre nos facultés cognitives dans un état harmonieux. D'après Kant, « le pouvoir *esthétique* du jugement [...] détermine, selon le goût, la conformité de l'objet (de sa *forme* [n.s.]) à nos facultés cognitives » (*CJ*, Ak V, 194). Le pouvoir esthétique du jugement détermine cela « selon le goût » (c'est-à-dire, *esthétiquement* ou en se fondant sur des *sensations*), parce que les états où les facultés cognitives sont mises en jeu de manière harmonieuse sont ressentis comme un type de plaisir spécial : le plaisir « désintéressé » (*CJ*, § 2, Ak V, 205)[1]. C'est par des sensations de plaisir désintéressé que nous prenons conscience de l'adéquation harmonieuse d'un objet à nos facultés cognitives. Et Kant insiste sur le fait que c'est cette joie désintéressée, par opposition au simple plaisir intéressé ou « charme », qui caractérise notre expérience de la beauté.

Le jugement esthétique réfléchissant ou jugement de la beauté d'un objet est donc basé sur les sensations. C'est un jugement de *l'adéquation* de la *forme* d'un objet au *jeu harmonieux des facultés cognitives* et au *plaisir désintéressé*. Étant basé sur la sensation, le jugement esthétique réfléchissant est clairement une forme de jugement *a posteriori*. À première vue, il semble donc peu probable

1. *Cf.* aussi *CJ*, § 9, Ak V, 217 *sq.*

qu'une analyse du jugement esthétique réfléchissant supporte ma thèse que le *jugement réfléchissant* est *a priori*. Mais un examen plus approfondi révèle que si le jugement de plaisir désintéressé est effectivement *a posteriori*, le plaisir *lui-même* est le résultat d'exercice de nos facultés cognitives *a priori*. Lorsqu'elle est correcte, l'évaluation *esthétique a posteriori* de la nature désintéressée d'une sensation de plaisir présuppose qu'un jugement *réfléchissant a priori* soit la source du plaisir jugé. Ce jugement *a priori* réfléchissant est, en conséquence, un jugement que nous sommes déjà constamment en train de faire et que, sous certaines circonstances (discutées plus bas en § 4.3) nous expérimentons comme plaisant. Le jugement de la beauté d'un objet est par conséquent une combinaison de facteurs *a priori* et *a posteriori* : c'est un jugement *a priori* réfléchissant, *a posteriori* esthétique. Pour parvenir à cette conclusion, nous devons commencer par analyser la nature du plaisir que Kant situe au cœur de notre engagement esthétique dans le monde : le plaisir désintéressé.

3.1. *Le plaisir désintéressé*

Kant explique que le plaisir désintéressé est le plaisir qui n'est pas basé sur un intérêt dans l'objet, pas plus qu'il ne crée un tel intérêt, donc un désir *de* cet objet[1]. Si nous apprécions un tel objet, ce n'est pas du point de vue de la pure gratification animale, c'est-à-dire pas avec le besoin de consommer ou de posséder la chose (ainsi que d'autres de la même sorte) afin d'en tirer une sensation de plaisir. Le plaisir désintéressé n'est donc pas le type d'excitation ou de confort que nous tirons des objets du simple fait de notre condition de créatures douées de sensation. Le plaisir désintéressé est plutôt une forme de plaisir que nous ressentons du fait d'être des créatures intelligentes dotées de facultés cognitives. On peut donc dire en première approximation que le plaisir désintéressé doit être une forme de *plaisir cognitif* dans un objet.

Les étapes suivantes de l'argumentation peuvent être résumées assez rapidement. Pour Kant, le plaisir cognitif est le plaisir dans l'application de concepts aux objets. Un tel plaisir cognitif ne pourrait cependant pas être désintéressé s'il provenait de l'application de concepts à ce que Kant appelle la « matière » de la sensation, c'est-à-dire la couleur d'un objet, sa sonorité, son odeur, etc. Ceci est dû au fait que la matière de la sensation est reliée aux sensations de plaisir et de déplaisir *antérieures* à sa subsumption exhaustive sous des concepts empiriques. Le plaisir désintéressé dans un objet doit être un plaisir découlant de la connaissance des caractéristiques de l'être d'un objet, qui ne soient pas liées à des intérêts perceptifs antérieurs. Ces caractéristiques sont pour Kant les *caractéristiques formelles* d'un objet – l'arrangement géométrique des parties formant un ensemble dans l'espace, ainsi que la succession des parties constituant un ensemble dans le temps. Cependant, même la connaissance des caractéristiques formelles d'un objet n'est pas en elle-même désintéressée. Je vais sûrement développer un intérêt dans – et m'efforcer de satisfaire mon désir pour –

1. Cf. *CJ*, § 1, Ak V, 204 *sq*.

des objets ayant des propriétés géométriques complexes, si leur étude est une source d'enchantement pour moi. On doit donc se poser la question suivante : dans quelles *circonstances* le plaisir cognitif tiré de la contemplation des caractéristiques formelles d'un objet est-il ressenti comme un plaisir désintéressé dans cet objet ?

La réponse de Kant est que le plaisir cognitif dans un objet est désintéressé lorsque nous essayons de connaître des aspects de la forme d'un objet qui échappent en fait à une conceptualisation déterminée. Le plaisir cognitif dans un objet est désintéressé si l'aspect de la forme de l'objet que nous essayons de connaître n'est *pas conceptualisable*. Dans ce cas, nous sommes *par hypothèse* incapables de déterminer quel aspect au juste de la forme de l'objet nous pousse à cette activité cognitive agréable. Il n'y a simplement rien qui pourrait nous intéresser, ni *dans* l'objet, ni à son sujet. Une activité désintéressé, et agréable, de nos facultés cognitives doit par conséquent être ce que Kant appelle une activité cognitive « libre » ou *indéfinie* (*open-ended*) : une activité qui ne se termine pas avec un concept déterminé, mais « joue » continuellement sur toute la gamme des possibilités conceptuelles.

Il ne suffit cependant pas qu'une activité cognitive désintéressée et agréable soit indéfinie de manière seulement *conditionnelle*. Il existe des activités cognitives conditionnellement indéfinies qui découlent d'énigmes empiriques, autrement dit de problèmes qui ont en principe une solution mais qui – dans certaines circonstances – n'ont pas encore été résolus. Le plaisir (s'il y en a) éprouvé lors de telles activités cognitives conditionnellement indéfinies est un plaisir *intéressé*. Il découle de notre désir de trouver une solution au problème présent, et de satisfaire notre curiosité. Un plaisir vraiment désintéressé ne peut donc pas provenir d'activités de nos facultés cognitives qui soient seulement conditionnellement indéfinies. Seul le plaisir dans les activités cognitives *par principe indéfinies* est un plaisir qui ne dérive pas d'un désir de satisfaire notre curiosité (puisque ici notre curiosité ne peut pas *par principe* être satisfaite), ni ne provoque un intérêt cognitif dans l'objet (puisque nous ne sommes pas capables *par principe* de déterminer à quoi exactement nous prenons plaisir lorsque nous prenons plaisir à cet objet). Un plaisir vraiment désintéressé doit en d'autres termes être un plaisir provenant de nos tentatives de connaître des aspects de l'être d'un objet qui sont par principe *non conceptualisables*.

L'insistance de Kant sur le fait qu'un jugement esthétique réfléchissant – c'est-à-dire un jugement de plaisir *vraiment* désintéressé en présence d'un objet – soit un jugement de l'adéquation de la *forme* d'un objet à nos facultés cognitives, se comprend alors mieux si on la considère comme une première étape négative de son argumentation. Kant cherche à nous détourner de l'idée que la beauté d'un objet réside entièrement dans ses caractéristiques accessibles aux sens. Mais cette abstraction de la *matière* de la sensation n'est pas le dernier mot de Kant, loin s'en faut. La source d'une activité cognitive *véritablement* indéfinie – donc la source de plaisir *vraiment* désintéressé dans un objet – ne peut pas non plus être la *forme* intuitive de l'objet. Elle ne peut qu'être un aspect de l'être de l'objet présent aux sens mais cependant *non conceptualisable* par principe, donc *inconnaissable* par principe. En résumé, un jugement esthétique réfléchissant est un jugement sensible de l'adéquation d'un aspect entièrement *inconnaissable* de l'objet à nos facultés cognitives.

4. Le jugement réfléchissant *a priori*

4.1. *Une supposition de* designedness[1] a priori

La question inévitablement posée ici est : comment un aspect en principe inconnaissable de l'existence d'un objet peut solliciter nos facultés cognitives ? S'il est véritablement inconnaissable, alors nous ne pouvons sûrement avoir aucun rapport cognitif avec lui – qu'il soit plaisant ou autre. Je soutiens ailleurs que la théorie du jugement réfléchissant de Kant se résume à ceci : c'est une théorie de notre lien cognitif à des aspects de l'objet présents aux sens mais impossibles à conceptualiser par principe – donc inconnaissables[2]. Une esquisse de mon argumentation devrait suffire ici. Dans l'introduction de la *Critique de la faculté de Juger*, Kant installe une nouvelle capacité cognitive parmi nos plus hautes facultés : la faculté du jugement réfléchissant. La tâche de la faculté du jugement réfléchissant est d'aborder la sensation d'une manière qui confère une signification cognitive au contenu sensoriel. Kant pense que les contenus sensoriels en eux-mêmes – indépendamment de l'éclairage que la faculté du jugement réfléchissant projette sur eux – ne seraient en principe pas conceptualisables pour des intellects comme les nôtres. Pour des raisons que Kant expose dans sa première *Critique*, ils ne seraient pas alors des objets de conscience (pas plus qu'ils ne pourraient nous en présenter). L'approche cognitive qui transforme d'abord les contenus sensoriels en candidats à la conceptualisation et à la conscience est la présupposition transcendantale de *designedness*, de finalité de la réflexion : c'est la présupposition qu'un ordre conceptuel réside de fait dans le donné aveugle ou (jusqu'à présent) non encore conscient de nos sens. Kant nomme cette présupposition le principe transcendantal de la finalité de la nature.

À la lumière de cette fonction cognitive du principe de finalité (changer le contenu sensoriel en candidat à la conceptualisation), il est manifeste que l'essentiel de la *Critique de la faculté de juger* porte sur les exceptions à ce principe. La troisième *Critique* se focalise principalement sur notre accès cognitif aux aspects de la réalité (tels que la beauté et la vie) qui n'auraient pas l'identité phénoménologique qu'ils ont s'ils pouvaient être subsumés sous des concepts. La troisième *Critique* traite donc principalement des aspects de la réalité qui de par leur nature même ne sont pas conceptualisables – donc, des aspects de la réalité pour lesquels la capacité du jugement réfléchissant échoue dans sa fonction de promouvoir la

1. N.d.T. : *Designedness* : le fait d'être le résultat d'une intention, d'un dessein, ici d'avoir un plan, une finalité.

2. *Purpose and Purposiveness in Kant's* Critique of the Power of Judgment, Dissertation, non publié.

conceptualisation. Étant donné que la conceptualisation est une condition nécessaire à la conscience de soi de l'expérience humaine, la question philosophique centrale soulevée par la *Critique de la faculté de juger* est par conséquent la suivante : comment des aspects de la réalité ne pouvant être conceptualisés (comme la beauté et la vie) peuvent ils se manifester au premier plan à notre conscience phénoménale ?

La réponse de Kant à cette question réside dans sa théorie du jugement réfléchissant. Imaginez une situation dans laquelle la présupposition transcendantale de *designedness* du principe de finalité échoue (pour des raisons inconnues et inconnaissables) à remplir sa fonction cognitive – c'est-à-dire prévenir un aspect sensible de la réalité contre tout déficit de connaissance. L'aspect sensible en question ne laisserait alors plus aucune trace dans la conscience humaine. L'idée essentielle de Kant est que la supposition déjouée dont il est question, elle, *laisserait* une trace. Son effet cognitif habituel ayant été inexplicablement déjoué, la supposition de *designedness a priori* de la faculté du jugement réfléchissant adhère, comme par défaut, à l'objet (à d'autres égards connaissable) et à l'aspect en question présent aux sens, mais inconnaissable. Il en résulte une attribution de *designedness* à un objet empiriquement donné, attribution qui n'est pas empiriquement motivée. C'est ce que Kant appelle un « jugement réfléchissant ». On pourrait dire que le jugement réfléchissant est l'effet de recul cognitif qui survient lorsque le principe de la faculté du jugement réfléchissant rencontre un aspect de la réalité qui met en échec la fonction cognitive ordinaire de ce principe. C'est la façon dont la présence d'un aspect non-conceptualisable de la réalité parvient néanmoins à s'inscrire (même indirectement) dans la conscience phénoménologique.

Supposons donc que les aspects inconnaissables de la réalité peuvent se faire remarquer sous la forme de cette empreinte digitale cognitive particulière (c'est-à-dire sous la forme d'une attribution non-empiriquement motivée d'une supposition de *designedness a priori* à un objet empiriquement donné). En revenant à notre analyse du jugement esthétique réfléchissant, nous devons maintenant nous demander : est-ce que ce jugement réfléchissant *a priori* peut déclencher l'état cognitif par principe indéfini, et le plaisir désintéressé lui étant associé, qui caractérisent le jugement esthétique réfléchissant ? La réponse est : il n'y a guère d'autres choses qui pourraient le faire.

4.2. *Le jugement réfléchissant* a priori *provoque le jeu indéfini*

Lorsqu'elles sont contraintes, sans raison empirique discernable, à considérer un objet empirique particulier comme le résultat d'un plan, l'imagination et la compréhension n'ont pas d'autre choix que de *rechercher* un fondement empirique à cette appréciation de l'objet curieusement dénuée de toute motivation empirique. Autrement dit, lorsqu'un objet frappe inexplicablement notre attention comme le produit d'un plan, nos facultés se mettent naturellement en marche pour rendre compte de cette apparence. La tâche consistant à rechercher *a posteriori* des raisons pour une supposition véritablement *a priori* est cependant condamnée dès le départ. Une supposition *a priori* sur l'origine conceptuelle d'un objet donné aux sens continue de s'appliquer à cet objet alors même que nos tentatives pour lui trouver un fondement empirique continuent d'échouer. Par conséquent, la tâche visant à fonder cette supposition est relancée à chaque fois : avec chaque échec successif pour la fonder, la supposition elle-même persiste avec obstination et l'effort de fondation recommence depuis le début.

Un jugement réfléchissant *a priori* déclencherait effectivement une activité indéfinie de nos facultés cognitives identique à celle qui réside au cœur de la théorie de l'esthétique de Kant. Étant donné qu'une telle activité de nos facultés cognitives véritablement indéfinie ne peut pas être causée par un aspect empirique de l'être d'un objet (§ 3.1), et puisque notre seul lien cognitif avec les aspects non empiriques de l'être d'un objet est la présupposition de *designedness a priori* d'un jugement réfléchissant (§ 4.1), il s'ensuit que le jugement réfléchissant peut déclencher *à lui tout seul* l'activité en question.

4.3. *Le jugement réfléchissant* a priori *provoque le plaisir désintéressé*

Rien de tout cela n'aurait beaucoup d'intérêt pour la théorie de l'esthétique de Kant si le type d'activité cognitive indéfinie provoquée par un jugement réfléchissant *a priori* n'était pas une source de plaisir pour nous. Qu'elle doive en être une est cependant difficile à voir de prime abord. Au lieu d'être une source de plaisir, une activité de nos facultés cognitives par principe indéfinie semblerait plutôt une source probable d'irritation considérable ou même pire.

La chose importante qu'il faut noter ici c'est que pour Kant, le plaisir est une affaire d'auto-prolongation d'un état représentatif. Dire que l'on ressent du plaisir revient à dire qu'une représentation donnée, par exemple une intuition sensible (disons le goût d'une crème glacée à la vanille ou les sonorités d'un Stradivarius), a une propension à nous faire nous exposer encore plus à celle-ci. Ressentir du plaisir signifie se trouver dans un état représentatif qui a tendance à nous maintenir dans ce même état. Le déplaisir est donc un état représentatif qui a la propension à nous en faire sortir.

Maintenant, un état représentatif dans lequel nos facultés cherchent des raisons *a posteriori* pour une supposition de *designedness a priori* est un état représentatif dont la tache est réaffirmée – par elle-même – avec chaque tentative inévitablement infructueuse de l'accomplir. C'est un état représentatif qui contient donc en lui-même la *force motrice* qui alimente sa propre perpétuation. Dire qu'il est par principe indéfini revient donc à dire que c'est un état représentatif de nos facultés cognitives qui, selon les termes de Kant, « se fortifie et se reproduit lui-même » (*CJ*, § 12, Ak V, 222). *En tant qu'il est* fortifié par lui-même – cet état est une aventure énergique, exubérante, et donc *agréable*. Loin d'être matière à s'angoisser, c'est une chose plaisante et extatique. Puisque ce plaisir n'est pas basé sur une propriété empirique de l'objet que nous pourrions désirer, nous le jugeons donc désintéressé.

Le jugement esthétique réfléchissant opère alors à deux niveaux – l'un *a priori* réfléchissant, le second *a posteriori* et esthétique. Le jugement esthétique réfléchissant est en premier lieu un jugement *réfléchissant a priori* : ici, une attribution empiriquement non motivée de la supposition de *designedness a priori* du principe de finalité à un objet empiriquement donné aux sens, reflète la présence dans l'objet d'un aspect en principe inconnaissable de son être. Le jugement esthétique réfléchissant est en second lieu un jugement *esthétique a posteriori* : le caractère *a priori* du jugement réfléchissant se manifeste à travers le discernement *ex post facto*, basé sur les sentiments (et donc, esthétique), que l'objet est pour nous une source de plaisir désintéressé.

5. Le phénoméne de la beauté

Dans son explication de la beauté au début de l'*Analytique du beau*, Kant suggère que, phénoménologiquement parlant, la beauté d'un objet consiste en l'expérience d'un sentiment de plaisir désintéressé couplée à un sens de la *designedness* de l'objet, qui n'est cependant fondé ni dans la nature réelle de l'objet en tant qu'artefact, ni dans sa simple apparence de chose finalisée. Pour Kant, les beaux objets sont des objets de plaisir désintéressé qui présentent une forme de finalité complètement dénuée de but. À la lumière des deux niveaux du jugement esthétique réfléchissant qui ont été discutés, ces caractéristiques phénoménologiques déroutantes de la beauté peuvent maintenant être expliquées sans difficulté.

D'après la théorie de Kant, les objets authentiquement beaux sont des objets qui contiennent des aspects à propos desquels la présupposition transcendantale de *designedness* du principe de finalité échoue à remplir sa fonction cognitive usuelle (c'est-à-dire, que ce sont des objets qui contiennent des aspects sensibles en principe inconnaissables ; *cf.* § 4.1). En dépit de cet échec, nous avons un accès cognitif indirect à ces aspects empiriquement inconnaissables de l'être d'un objet, parce que la présupposition de *designedness a priori* du principe de finalité se manifeste ici sous la forme d'une attribution, sans motivation empirique, d'une origine conceptuelle aux objets qui présentent ces aspects : *comme si* c'était une assertion *a posteriori* à leur sujet. Ce jugement réfléchissant *a priori* constate donc la présence d'aspects de l'être d'un objet inconnaissables en principe, en nous donnant une sensation indéniable que cet objet est le produit d'une conception ou d'un plan, sans pour autant fonder cette impression empiriquement. Même lorsque l'objet en question est effectivement un artefact, il présente alors une forme de *designedness* (finalité) qui n'est pas basée à son origine dans un plan (il est « sans but »).

Ce jugement *a priori* particulier déclenche une activité cognitive par principe indéfinie qui, parce qu'elle se fortifie elle-même, est ressentie agréablement (*cf.* § 4.3). Étant donné que ce plaisir n'est pas un plaisir dû aux propriétés empiriques d'un objet, il ne présuppose ni ne provoque un désir de l'objet. Il est en revanche un sentiment de plaisir authentiquement désintéressé.

Par conséquent, la beauté phénoménologique d'un objet – sa finalité sans but : le plaisir désintéressé que nous prenons en lui – n'est pas un aspect du monde qui s'observe empiriquement. La beauté est plutôt la façon dont nous *enregistrons* le caractère *a priori* d'une présupposition de *designedness* que nous nous trouvons mystérieusement poussés à faire à propos d'un objet empirique. La beauté, pourrait-on dire, n'est rien d'autre que le testament épiphénoménal d'un effondrement occasionnel de la fonction cognitive ordinaire du principe de finalité – donc la trace de la présence dans certains objets d'aspects sensibles restant au-delà des concepts.

Avec cette théorie épiphénoménale de la beauté, un sens précis a été donné à la remarque centrale de Kant : « juger de l'objet [...] *précède* le plaisir en lui » (*CJ*, § 9, Ak V, 218, je souligne). Cette primauté du jugement est l'expression du fait qu'une impression esthétique n'est pas principalement une « impression sur les yeux », dans l'esthétique de Kant. Wittgenstein qui soupçonnait cela était lui-même emprisonné dans la façon traditionnellement empiriste de traiter de l'esthétique. Selon Wittgenstein, bien qu'elle ne soit pas une impression sur les yeux, une impression esthétique – *en tant qu'*impression – est cependant antérieure à toute réponse cognitive qu'elle engendre, qui (c'est ce que Wittgenstein continuait à penser) doit assurément venir après les faits. L'énigme de Wittgenstein, selon laquelle une impression esthétique n'est pas une *impression* au sens ordinaire, et une explication esthétique n'est pas une *explication* au sens ordinaire, n'a finalement pas pu le convaincre que pour les questions d'esthétique, l'ancien modèle empiriste de l'« impression-idée » doive être entièrement abandonné. Cela réduisit la philosophie au silence tout en laissant l'art intact. La contribution à l'esthétique de Kant, courageuse, et durable je pense, consiste en ce qu'il a abandonné le modèle empiriste et tenté d'expliquer avec tout l'appareil des principes transcendantaux que sa philosophie théorique avait à offrir, comment quelque chose de présent aux sens et pourtant invisible peut tant nous passionner et nous séduire.

Thomas TEUFEL
Baruch College, The City University of New York

Y A-T-IL JAMAIS DE SURPRISE EN LOGIQUE ? LOGIQUE ET TÉLÉOLOGIE : KANT ET WITTGENSTEIN

S'il y avait une logique même sans qu'il y ait un monde,
comment pourrait-il donc y avoir une logique
étant donné qu'il y a un monde ?
Tractatus 5.5521.

Qu'est-ce, pour la pensée en général, que d'*avoir prise* sur le monde? Le principe de toutes les philosophies d'inspiration transcendantale – de la *Critique de la raison pure* de Kant au *Tractatus logico-philosophicus* de Wittgenstein – est de montrer qu'on aurait tort d'aborder cette question *par la négative* en demandant en quoi consisterait le «*fait*», pour la pensée comme telle, de *ne pas* ou de *ne plus* avoir prise sur le monde (de *ne pas* ou de *ne plus* être ne serait-ce que *capable d'*être vraie ou fausse), pour ensuite spécifier les *conditions en vertu desquelles* la pensée surmonte toujours déjà une telle éventualité, avant même d'être vraie ou fausse. D'après cette tradition transcendantale, la question d'une telle éventualité appelle bien moins une solution qu'une dissolution. Il s'agit de montrer que le fossé «*logique*» qui semble naître sous nos pieds quand nous imaginons que la pensée *n'*ait *pas* ou *plus* prise sur le monde n'est que l'illusion d'un fossé [1], et que nous n'imaginons pas ce que nous croyons alors imaginer (tout au plus, ce que nous croyons imaginer n'a que la *forme* de quelque chose d'imaginable).

Kant montre dans la première *Critique* que si la pensée (qu'elle soit perceptive ou judicative) a prise sur le monde, c'est que le monde et la pensée sont toujours déjà à la mesure l'un de l'autre, qu'ils sont nécessairement en harmonie l'un avec l'autre. On pourrait dire qu'ils sont constitutivement faits l'un pour l'autre si cela ne suggérait deux contributions séparées à leur harmonie sous la forme d'une

1. C'est ce que J. Conant appelle le «traitement kantien du scepticisme» (« *the kantian way with skepticism* »), *cf.* «Varieties of Skepticism», dans D. McManus (ed.), *Wittgenstein and Skepticism*, Londres, Routledge, 2004. Dans les termes de J. McDowell, ce traitement consiste à montrer qu'on ne saurait adopter une «vue de côté» (« *a view from sideways on* ») sur la prise qu'a la pensée sur le monde; *cf.* «Having the World in View: Sellars, Kant and Intentionality», *The Journal of Philosophy*, vol. 95, 9, 1998, conf. 1, sect. 4.

codestination[1], donc que leur harmonie repose sur une harmonisabilité, et est comme telle contingente. C'est une seule et même chose pour une pensée d'avoir un contenu, autrement dit d'être une pensée en un sens autre que purement formel, et d'avoir prise sur le monde, d'avoir ce que Kant appelle une « validité objective ». Wittgenstein tire les conséquences de la démarche transcendantale quand il montre, dans le *Tractatus*, que nous n'échouons pas moins à donner un sens à la thèse de l'harmonie nécessaire entre la forme de la pensée et celle du monde qu'à l'hypothèse de leur éventuelle disharmonie.

Sans doute Kant distingue-t-il, là où Wittgenstein estime qu'on ne doit ni ne peut distinguer : d'une part, entre une logique *formelle* et une logique *transcendantale*, c'est-à-dire entre les règles maximalement générales qui sont constitutives de toute pensée abstraction faite de sa matière (*i.e.* de son objet éventuel), autrement dit les normes constitutives de toute pensée *en tant que telle*, et les règles plus spéciales qui sont constitutives de toute pensée en tant qu'elle a une matière (*i.e.* qu'elle se rapporte à un domaine d'objets), notamment les normes constitutives de l'objectivité comme usage *particulier* de la pensée ; d'autre part, entre une *esthétique* transcendantale et une *logique* transcendantale, c'est-à-dire entre une science des règles *a priori* auxquelles ne peut manquer de se conformer n'importe quel objet en tant qu'il est intuitionné, et une science des règles *a priori* auxquelles il ne peut manquer de se conformer en tant qu'il est conçu (règles que Kant dans les deux cas appelle encore « formes », mais en un *second sens* du terme : ce sont les formes *de l'objectivité*[2]). Wittgenstein n'admet pas que la négation d'un jugement synthétique *a priori* au sens de Kant, à défaut d'être réellement cohérente, soit du moins formellement cohérente (*i.e.* non contradictoire)[3], autrement dit il n'admet pas la distinction kantienne entre l'absolue nécessité des formes logiques et la nécessité relative (c'est-à-dire contingente *à l'aune de la première*) des formes de l'objectivité. Mais le point crucial est qu'un corollaire commun de leurs démarches respectives est que *l'applicabilité de la logique ne saurait jamais faire problème* : que, dans les termes du *Tractatus*, « il ne peut jamais y avoir de surprises en logique »[4].

Or, Kant, dans la *Critique de la faculté de juger*, et Wittgenstein, dans *De la certitude*, *semblent* bien revenir sur le problème de l'applicabilité de la logique (sur ce dont la logique *doit présumer* si elle doit être applicable) et demander derechef si la pensée et le monde sont bien faits l'un pour l'autre. Mais, puisque aucun des deux ne désavoue la dissolution à laquelle il avait procédé du problème de l'harmonie, force est d'admettre ceci : ou bien il s'agit encore et toujours de dissoudre le même problème (c'est-à-dire le problème de la portée objective de la

1. *Cf.* sur ce point J. McDowell, « Intentionality and Interiority in Wittgenstein », dans *Mind, Value and Reality*, Cambridge (Mass.), Harvard UP, 1998, p. 306-307.

2. Sur cette double acception du mot « forme », voir *CRP* A 50-54.

3. *Cf.* sur ce point H. Putnam, « Rethinking Mathematical Necessity », dans *Words and Life*, Cambridge (Mass.), Harvard UP, 1994, p. 255.

4. *Tractatus logico-philosophicus*, trad. fr. G.-G. Granger, Paris, Gallimard, 1993 (cité *TLP*), 6.1251.

pensée), mais *sous une forme supplémentaire*, peut-être *ultime*; ou bien il s'agit de lui conférer pour la première fois un sens *à la faveur d'un déplacement*. Nous voudrions montrer ici qu'en un sens l'une et l'autre chose sont vraies, ou plus exactement qu'il s'agit, pour le Kant de la troisième *Critique* comme pour le dernier Wittgenstein, quoique naturellement selon des voies très différentes, de *déterminer* a contrario *sous quelles conditions le problème de l'harmonie, entendu comme problème de l'harmonie* contingente *entre la forme de la pensée et celle du monde, cesse de coïncider avec le pseudo-problème de la portée objective de la pensée*, autrement dit *sous quelles conditions il est autre chose qu'une version ultime du pseudo-problème de l'harmonie* nécessaire *entre la forme de l'objectivité et celle du monde*. Plus généralement, il nous semble que toute une tradition analytique inspirée par Wittgenstein – de C.I. Lewis à Travis en passant par Goodman et Putnam – redécouvre la démarche spécifique de la *Critique de la faculté de juger*: réélaborer en la déplaçant la question de la prise qu'a la pensée sur le monde une fois récusé le pseudo-problème de la portée objective de la pensée[1].

Ce qui suit se divise en trois sections. Dans la première section, nous nous attachons à établir un certain parallèle entre la *Critique de la faculté de juger* et *De la certitude* sur la question de la finalité logique de la nature. Le bénéfice de cette lecture est bilatéral: d'un côté, il permet de conférer une certaine unité au texte de *De la certitude* en faisant ressortir la spécificité du problème qu'y soulève Wittgenstein, à savoir le problème de l'harmonie *contingente* entre la forme de la pensée et celle du monde, en tant qu'il doit être nettement distingué du problème de l'harmonie nécessaire ou problème de la portée objective; d'un autre côté, il permet en retour de conférer un sens à (et pour tout dire de prendre au sérieux) la revendication par Kant, dans les Introductions à la *Critique de la faculté de juger*, du caractère proprement *logique* de la finalité dont le principe transcendantal de la faculté de juger énonce la nécessaire présupposition. Dans la seconde section, nous considérons l'objection d'après laquelle le parallèle établi dans la première section fait en réalité les frais d'une lecture de *De la certitude* dans les termes de la *Critique de la faculté de juger*, lecture qui conduit à méconnaître que Wittgenstein n'y redécouvre l'idée de finalité logique – ou, ce qui est équivalent, celle de *surprise logique* – que pour en avérer l'incohérence. Contre quoi nous faisons valoir, dans la dernière section, que si *De la certitude* dissout bien, en effet, une certaine façon de soulever la question d'une finalité logique de la nature, ce n'est pas, comme le voudrait l'objection, au nom de l'idée que le problème de l'harmonie contingente n'est qu'une version du faux problème de l'harmonie nécessaire, mais au contraire au nom de l'irréductibilité du premier au second.

1. Ce qui suit est profondément influencé part les essais de J. Floyd sur Kant (notamment « Heautonomy: Kant on Reflective Judgment and Systematicity », dans *Kants Ästhetik*, H. Parret (ed.), *op. cit.*, ; « The Fact of Judgment: the Kantian Response to the Humean Condition », dans *From Kant to Davidson. Philosophy and the Idea of the Transcendental*, J. Malpas (ed.), Londres, Routledge, 2002) et par les essais de Ch. Travis sur Putnam (notamment « Engaging », inédit).

I

Notre propension à donner notre assentiment à certains énoncés négatifs (« les automobiles ne poussent pas dans la terre », « les chats ne poussent pas sur les arbres ») comme à autant d'énoncés obvies dont il s'avère que nous sommes *sûrs*, constitue le thème récurrent de *De la certitude*[1]. Wittgenstein suggère que cette *sûreté* tient à ce que les énoncés négatifs en question ne sont pas des énoncés empiriques comme les autres :

> Il est tout à fait sûr (*es ist ganz sicher*) que les automobiles ne poussent pas dans la terre. – Qui croirait le contraire, nous sentons qu'il pourrait ajouter foi à *tout* ce que nous réputons impossible et qu'il pourrait contester tout ce que nous tenons pour sûr. Mais comment *cette* croyance particulière tient-elle avec l'ensemble de toutes les autres (*hängt mit allen andern zusammen*) ? Nous aimerions dire que quiconque peut croire ce genre de choses n'admet pas notre système de vérification tout entier (*das ganze System unsrer Verifikation nicht annimt*)[2].

La sûreté de ces faits négatifs obvies apparaît donc comme la contrepartie de l'impossibilité d'envisager que *ce qui* est nié dans ces énoncés *ait lieu*. Cette impossibilité apparaît elle-même comme la conséquence de ce que de tels faits négatifs obvies sont *trop étroitement intégrés à tout un ensemble de « faits » du même genre* pour pouvoir être niés. Tout se passe comme si on ne pouvait pas douter d'une certaine *vérité* sans renoncer à tout jugement[3], comme si un certain *fait négatif* (par exemple le fait que « les automobiles ne poussent pas dans la terre ») *contribuait*, en tant qu'il a partie liée avec tout un ensemble d'autres faits du même genre, *à la délinéation de ce à quoi un sens peut être conféré*. En principe, « logique » désigne précisément la sphère de ce qui n'admet pas la surprise. Mais admettre que certains énoncés factuels négatifs contribuent à la logique, c'est très exactement admettre qu'on aurait affaire, si on était confronté à ce qu'ils nient, à rien moins qu'à des surprises *logiques*.

La sûreté de ces faits négatifs obvies a une double portée logique. En premier lieu, dans la mesure où les lois logiques se caractérisent par le fait de ne pas admettre de négation intelligible, les faits négatifs obvies en question revêtent un caractère quasi-logique. En second lieu, ce sont typiquement des faits de ce genre que présuppose l'applicabilité d'un énoncé logique au sens large. Il en va d'un énoncé logique, premièrement, comme il en va d'une règle de jeu. Certes, la règle « le fou ne peut se mouvoir qu'en diagonale » n'est ni confirmée par le fait qu'on déplace – fût-ce *régulièrement* – la figurine appelée « fou » en diagonale, ni infirmée par le fait qu'on la déplace – fût-ce *régulièrement* – autrement qu'en diagonale. Dans la mesure où l'espace logique des coups aux échecs ne coïncide

1. Pour une analyse d'ensemble de ce texte, voir E. Marrou, *Commentaire de* De la certitude, Paris, Ellipses, 2006.

2. *Über Gewissheit* (cité *ÜG*), *De la certitude*, trad. fr. D. Moyal-Sharrock, Paris, Gallimard, 2006, § 279, trad. modifiée.

3. *ÜG*, § 494.

nullement avec l'espace physique des déplacements de figurines sur l'échiquier, les règles du jeu d'échecs sont indifférentes à la matière dans laquelle sont taillées les figurines ou à leurs physionomies respectives. Il n'en demeure pas moins qu'il faut bien que les figurines soient taillées *dans une matière ou une autre* et que *si* les figurines perdaient régulièrement *leur* physionomie (c'est-à-dire la physionomie de leur *type*) sous l'effet de modifications de température humainement imperceptibles, ou poussaient spontanément sur l'échiquier, alors les règles ne pourraient plus être *suivies*, ou du moins elles perdraient (en un *premier* sens) l'*intérêt* qu'elles ont pour nous. Deuxièmement, il en va d'un énoncé logique comme il en irait d'une règle de jeu *qui trouverait à s'appliquer* (c'est en ce sens qu'un énoncé logique est plus ou autre chose qu'une règle de *jeu*). Par exemple,

> s'il y avait des hommes sur Mars et qu'ils menassent la guerre survenue entre eux comme on déplace les figurines sur l'échiquier, alors le Grand Quartier Général se servirait des règles du jeu d'échecs pour ses prédictions [1].

Or, dans ce cas, *si* les armées de Mars se mettaient à disparaître et à réapparaître régulièrement par télétransportation, alors la syntaxe des échecs perdrait (en un *second* sens, à savoir en tant que syntaxe ayant une application, en tant que *grammaire*) l'*intérêt* qu'elle aurait acquis pour nous (2 + 1 ne feraient certes pas *autre chose* que 3 « si tout au monde était cousu ou noué » mais, à supposer même qu'un *autre* énoncé grammatical que « 2 + 1 = 3 » n'ait pas été adopté, ce dernier énoncé n'aurait pas le *même* intérêt [2]). Une règle ne peut donc être utilisée (suivie et appliquée) sans que soit *eo ipso* présupposée, ne serait-ce que par défaut, la vérité de la négation de chacun des scénarios qui la ferait déchoir de la place qu'elle occupe dans nos vies. Tout se passe comme si on ne pouvait tirer le fil d'une grammaire, la *réfléchir*, sans faire venir à soi la pelote tout entière des faits naturels obvies dont elle est solidaire par défaut, autrement dit sans *réfléchir négativement*, de fil en aiguille, tous ces faits [3].

Ainsi les faits négatifs obvies semblent figurer à la fois *à côté* des règles *au sein de* notre système de vérification et *sous* ce système de vérification en tant qu'ils sont présupposés par ces règles. Ce dont chacun de ces faits est la négation constituerait, s'il y avait un sens à en parler, à la fois une *surprise quasi-logique* et une *surprise pour la logique* (sapant l'applicabilité de celle-ci). Ces deux aspects sont liés mais distincts, au sens où les règles n'*assertent* nullement les faits négatifs qu'elles s'avèrent *présupposer* :

> La proposition « 12 pouces = 1 pied » est dite exprimer une convention. Mais le fait de mesurer perdrait entièrement *son caractère ordinaire* si, par exemple, mettre bout à bout douze morceaux longs d'un pouce ne procurait pas ordinairement une longueur qui peut à son tour être préservée d'une certaine façon. Cela veut-il dire que je doive dire que la proposition « 12 pouces = 1 pied » asserte

1. *Wittgenstein et le Cercle de Vienne*, trad. fr., Mauvezin, TER, 1991, p. 77.

2. Nous faisons allusion au § 7 des *Grundlagen der Arithmetik* de Frege.

3. En dernier ressort, il n'est pas dit qu'il y ait un sens à *quantifier* sur ces faits négatifs. Voir la section III.

> toutes les choses qui donnent au fait de mesurer une raison d'être? Non. La proposition *est fondée dans* une technique. Et, si vous voulez, également dans les faits physiques et psychologiques qui rendent cette technique possible. Mais il ne s'ensuit pas que son sens consiste à exprimer ces conditions. Le contraire de la proposition « 12 pouces = 1 pied » ne dit pas que les règles ne sont pas assez rigides, ni que nous ne comptons pas ou ne calculons pas tous de la même façon [1].

Les règles ne présupposent pas des faits négatifs obvies au sens où leur nécessité en serait tributaire, mais au sens où tout se passe comme si elles requéraient de la nature qu'elle fût *ordonnée au dessein d'aller à la rencontre du dessein qui leur est sous-jacent*, et ce en l'espèce d'un double accord (accord *psychologique* des réactions naturelles des uns avec celles des autres, accord *physique* de la nature avec elle-même) sans la présupposition duquel ces règles ne pourraient *participer* à aucun gain de connaissance[2].

C'est ici qu'un parallèle avec la démarche de la *Critique de la faculté de juger* s'impose pour mieux saisir l'unité et l'originalité du problème soulevé dans *De la certitude*. On sait que Kant entendit rendre compte, dans la *Critique de la faculté de juger*, de la *systématicité* du sens.

En premier lieu, la *Critique de la raison pure* n'avait pas statué sur la possibilité d'une incohérence de la nature au sens d'une disharmonie entre les lois empiriques particulières. La *Critique de la faculté de juger* montre que notre pensée ne pourrait pas avoir systématiquement une prise sur le monde, ou avoir une prise systématique sur le monde, si nous ne prêtions pas à la nature un dessein ou une « technique à l'égard de ses lois particulières »[3]. Or, le raisonnement auquel Kant a recours vient directement étayer l'idée de Wittgenstein que les jugements qui nous servent de gonds ou de points-fixes ne sont pas obvies intrinsèquement, mais plutôt en tant qu'ils participent d'une totalité de jugements qui nous a été rendue plausible[4], ou encore l'idée qu'ils ne sont tenus fixes par rien sinon par ce qui pivote autour d'eux[5]. Kant suggère en effet que les lois empiriques particulières doivent leur légalité ou leur nécessité de lois *particulières* à leurs connexions les unes avec les autres. Des lois empiriques particulières qui, en tant que telles (c'est-à-dire à l'aune de la *Critique de la raison pure*), sont contingentes, acquièrent une nécessité en étant incorporées à une totalité de lois du même genre par la médiation de laquelle elles se prêtent mutuellement appui[6].

En second lieu, la *Critique de la raison pure* avait laissé dans l'ombre le problème de l'applicabilité de la logique[7], pour autant qu'elle n'avait pas

1. Wittgenstein, *Remarques sur les fondements des mathématiques*, trad. fr., Paris, Gallimard, 1983, VII, § 1.

2. *Remarques sur les fondements des mathématiques*, VII, § 1-3.

3. *CJ*, 1re Introduction, Section 2, Ak XX, 204, trad. A. Renaut, *op. cit.*

4. *ÜG*, § 140-144.

5. *ÜG*, § 144, 152.

6. Voir sur ce point P. Guyer, *Kant and the Claims of Taste*, Cambridge (Mass.), Harvard UP, 1979, p. 46.

7. Formelle, et donc aussi transcendantale. *Cf.* G. Lebrun, *Kant et la fin de la métaphysique*, Paris, Armand Colin, 1970, rééd. Paris, Livre de Poche, 2003, p. 423.

demandé à quelles conditions la formation de concepts est possible dans ses aspects logiques. La *Critique de la faculté de juger* montre que la présupposition transcendantale d'une affinité quasi-logique entre les lois de la nature est *en même temps* la présupposition d'une affinité de la nature avec la logique[1]. Le spectre d'une disharmonie entre les lois particulières menace l'applicabilité même de la logique au monde dans la mesure où il met en péril l'existence d'un « stock » d'objets comparables à un objet donné, stock sans lequel les trois opérations logiques de comparaison, de réflexion et d'abstraction ne seraient pas possibles[2]. C'est donc en même temps le spectre d'une surprise *pour la logique*. Il est contré par la présupposition qu'enveloppe le principe transcendantal de la faculté de juger pour autant qu'il rend compte de l'applicabilité de la logique au monde, à savoir la représentation de la nature

> comme possédant les qualités nécessaires à la constitution d'un *système logique* de sa diversité sous des lois empiriques[3].

Cela revient, dans les termes de Wittgenstein, à nous représenter la formation de concepts comme indexée sur une certaine « histoire naturelle »[4]. On se donne par là le moyen de comprendre à quel titre et en quel sens

> mes jugements eux-mêmes caractérisent la manière dont je juge, la nature du jugement (*das Wesen des Urteilens*)[5].

Ce dont il retourne dans *De la certitude*, c'est bien d'harmonie *finale* et non d'harmonie *intentionnelle* (au moins si par « intentionnalité » on désigne chez Kant la portée ou validité objective). Inversement, le problème de la finalité est oblitéré aussi longtemps qu'on considère que seul ce qui est dénué de contenu (formel au sens de *sinnlos*) peut être *logiquement* nécessaire. D'une telle oblitération, le *Tractatus* est naturellement le meilleur exemple : comprendre l'harmonie (*au sens du* Tractatus) entre la forme de la pensée et celle du monde, c'est comprendre que le problème de la finalité ne peut pas même être formulé, puisque appliquer la logique au monde est *ou bien* a priori *possible ou bien totalement impossible*[6]. La logique, dit Wittgenstein, « remplit le monde »[7].

1. Voir là-dessus J. Floyd, « Heautonomy : Kant on Reflective Judgment and Systematicity », art. cit.
2. *CJ*, 1re Introduction, Section 5, Ak XX, 211-212.
3. *CJ*, § 8, Ak V, 214.
4. *Recherches Philosophiques*, II, section XII.
5. *ÜG*, § 149.
6. Dans le *Tractatus*, les principes comme le principe de continuité dans la nature ou le principe de la moindre dépense dans la nature sont élevés au rang de formes logiques dans lesquelles sont couchées les propositions sur la nature (*TLP* 6.34), c'est-à-dire au même rang que la dite « loi de causalité » – laquelle n'est rien d'autre que la forme logique qui se montre dans toutes les lois de la nature (*TLP* 6.32, 6.36) –, tandis qu'inversement la prétendue loi d'induction est rabaissée au rang de proposition empirique (*TLP* 6.31).
7. *TLP* 5.61. Il y a le problème de savoir à quelles conditions on peut penser ce qui (soit *de dicto*, soit *de re*) n'est pas le cas ; le problème de l'harmonie finale engage un autre problème que celui-ci, un *second problème de la négation et du non-être*.

Le parallèle que nous venons d'établir permet, en retour, de prendre au sérieux le geste par lequel Kant qualifie la finalité présupposée de « finalité *logique* », là où certains commentateurs de Kant tiennent pour acquis qu'il ne saurait avoir en vue ici la logique au *sens propre* de logique *formelle*[1] – comme si, du reste, ce n'était pas justement la formalité de la logique qui était ici en question. Nous sommes tentés d'assigner à la négation de l'énoncé « ce n'est pas le cas que l'intérieur de la lune est tout entier en fromage de Roquefort » un *degré d'inintelligibilité moindre* que celui (maximal) de la négation de l'énoncé « pour tout *p*, non (*p* et non *p*) est vrai ». Si ce qui précède est juste, il se pourrait que la *Critique de la faculté de juger*, loin de tenir ce contraste pour acquis, le mette en question, comme le ferait plus tard *De la certitude*[2]. Il y a encore un sens à parler en termes de « présupposition » là où il n'y a plus de sens à parler en termes de « savoir » (parce que la négation de ce qui est censé être « su » n'a pas le minimum de sens requis).

Enfin, le parallèle prévient un contre-sens possible et répandu sur la *Critique de la faculté de juger*[3]. Wittgenstein écarte la formulation suivante du problème de l'harmonie finale :

> Maintenant, est-ce que cela veut dire que je ne puis émettre de jugement que pour autant que les choses se comportent de telle et telle façon (pour ainsi dire : avec bienveillance) ?[4].

Nous représenter la nature comme logiquement agencée ne revient nullement, en effet, à nous la représenter comme nous faisant une *faveur*, comme si on pouvait identifier quelque chose de tel que la contribution *séparée* de la nature au système du jugement et nous représenter cette contribution comme *bienveillante*.

II

Mais l'idée de « surprise en logique » – même entendue au sens d'une surprise *quasi*-logique qui fût en même temps une surprise *pour* la logique – a-t-elle seulement un sens ? Le parallèle entre la *Critique de la faculté de juger* et *De la certitude* nous a permis d'établir, d'une part, que le présupposé transcendantal d'une finalité logique de la nature n'était autre que le présupposé d'après lequel notre expérience ne tolérait aucune contre-finalité du type de celle que constituerait une déception (ou surprise négative) *pour la logique*, et, d'autre part, qu'elle ne tolérait aucune contre-finalité de ce type au sens exact où une telle déception serait de nature *quasi*-logique. Mais cela veut seulement dire que l'idée de finalité logique vaut ce que vaut l'idée de surprise logique, n'a ni plus ni moins

1. *Cf.* par exemple H. Allison, *Kant's Theory of Taste*, Cambridge, Cambridge UP, 2001, p. 33.
2. *Cf.* H. Putnam, *op. cit.*
3. Ce contre-sens est l'équivalent pour la *CJ*, ou le pendant, du contre-sens qui consiste à tenir les conditions de possibilité de l'expérience exhibées par la *CRP* pour autant de *restrictions*.
4. *ÜG*, § 615, trad. modifiée.

de sens qu'elle, et *non* qu'elle *a* un sens. Or, dans *De la certitude*, Wittgenstein ne montre-t-il pas précisément, à y regarder de plus près, qu'il n'y a nullement place, entre les « surprises logiques » et les surprises au sens ordinaire du terme, pour des surprises *quasi*-logiques qui auraient la structure des premières sans en avoir l'inintelligibilité, et l'intelligibilité des secondes sans en avoir la structure ? Et que les prétendus faits négatifs obvies censés être sous-jacents aux critères du sens ne sont en réalité qu'une chimère, dans la mesure où ils ne sont que le portrait *en négatif* de telles surprises, l'empreinte laissée par le spectre de tels scénarios ? Ne s'agit-il pas de montrer qu'*au sens où* « on ne peut pas imaginer le contraire » de tels faits « *a priori* », on ne peut pas non plus imaginer *ces faits eux-mêmes*[1] ? Il s'ensuivrait que le concept kantien d'une « finalité logique », ou bien est mal nommé (dans la mesure où ce n'est pas *à rigoureusement parler* de finalité *logique* qu'il s'agit), ou bien ne renvoie à rien (dans la mesure où il n'y a rien de tel qu'une conformité *contingente* de la nature à des lois *logiques*). Il n'y aurait tout bonnement aucune place pour un *a priori* transcendantal *et néanmoins* non constitutif[2], ou encore pour une *facticité du sens* comme tel[3].

De fait, l'idée de présupposés *factuels* du sens, ou l'idée de faits qu'on ne pourrait pas ne pas présumer (fût-ce *pour soi-même*, comme y insiste Kant) à titre de pré-conditions du sens, peut être lue à la fois comme la version *ultime* et comme l'*aveu*, par une certaine conception du sens, de ce qui la caractérise depuis le début, à savoir la tentation d'assigner une contrepartie ou une assise quasi-factuelle à certains non-sens[4]. Elle en est l'aveu, pour autant que le caractère quasi-factuel des prétendues conditions du sens est assumé. Mais elle en est en même temps le bastion ultime, pour autant que l'idée de « présupposés » est censée contourner l'aporie à laquelle est acculée toute thèse négative sur le sens en tant qu'elle présuppose l'intelligibilité de ce dont elle entend et prétend nier l'intelligibilité : à défaut de pouvoir faire l'objet d'un déni (d'une assertion négative) l'inintelligibilité de tel doute dans tel contexte ferait du moins l'objet d'une présupposition négative au sens exact où il serait vrai de l'inintelligibilité de ce doute qu'elle *va sans dire*, quand bien même cela ne pourrait être *asserté*. Or, *De la certitude* semble précisément établir que s'il n'y a pas de sens à dire « les

1. Cf. *Recherches Philosophiques*, § 251, trad. fr. Paris, Gallimard, 2004, p. 138.

2. L'objection wittgensteinienne rencontrerait une difficulté pointée par les commentateurs de la *CJ* : P. Guyer souligne ainsi qu'on ne voit pas comment le présupposé de systématicité peut n'être qu'une « maxime *subjective* » (plutôt qu'un principe *constitutif*) et néanmoins renvoyer à une condition qui doit pouvoir être remplie par la nature si un certain réquisit cognitif doit pouvoir être satisfait (et *non à ce réquisit lui-même*), autrement dit comment il peut ne pas être une condition *sine qua non* de l'expérience *comme telle* sans pour autant n'être qu'une fiction utile (« *a self-serving delusion* », écrit Guyer). *Cf.* P. Guyer, *op. cit.*, p. 47 *sq*.

3. Il est remarquable que les lectures de la *CJ* qui y discernent une analyse des « *faits de sens* » ou du « *sens comme fait* » considèrent comme allant de soi qu'il y a un sens (aux yeux de Kant et dans l'absolu) à tenir le sens pour « fortuit », bref à envisager une contingence de la nécessité du sens. *Cf.* par exemple É. Weil, *Problèmes kantiens*, Paris, Vrin, rééd. 1990, chap. 2, p. 103.

4. *Cf.* J. Conant, « Le premier, le second et le dernier Wittgenstein », dans *Wittgenstein, dernières pensées*, Ch. Chauviré, S. Laugier et J.-J. Rosat (éd.), Paris, Agone, 2002.

automobiles ne poussent pas sur les arbres », ce n'est pas au sens où cela serait *trop superflu pour pouvoir être asserté dans le contexte présent*, ou encore au sens où le contexte présent ne serait pas *approprié* à l'*assertion* de cet énoncé *étant donné le sens qui est le sien et fût-il vrai*, mais au sens où un tel énoncé n'a, en l'état et jusqu'à preuve du contraire, encore reçu *aucun sens déterminé, c'est-à-dire aucun sens* tout court[1]. Ce n'est pas que le « fait qu'on ne puisse douter » de ce que « les automobiles ne poussent pas sur les arbres » soit trop obvie pour devoir et pouvoir être mentionné, mais que *la question ne se pose même pas*, faute qu'on ait conféré un sens à l'éventualité que (c'est-à-dire ici à la suite de mots) « les automobiles poussent sur les arbres ».

En tout état de cause, *De la certitude* montre que le monde ne pourrait « désarçonner » un jeu de langage *à force d'irrégularités* que dans l'exacte mesure où ces irrégularités seraient *reconnues comme telles* à l'aune du jeu de langage qu'elles seraient censées « désarçonner », où ce serait encore une façon qu'*on* aurait de rester en selle. Demander *si*, *le cas échéant*, il serait « pensable que je reste en selle, aussi fort que les faits se cabrent »[2] ou *si* au contraire « cela *devrait* nécessairement me désarçonner »[3], c'est ne pas voir qu'à tout prendre la position d'un jeu de langage (et en un sens la position qu'*est* un jeu de langage) à l'égard du monde – le « rien au monde ne me convaincra du contraire » ou « rien ne parle pour, tout parle contre » – devrait moins être caractérisée comme une *posture* que comme une *attitude* ou une *décision* (si cela ne suggérait déjà qu'on en envisage une *autre*)[4] :

> La question est bien celle-ci : « S'il te fallait, même dans ces choses les plus fondamentales, changer d'avis ? ». Et là, la réponse me semble être : « Tu n'*as* pas à changer d'avis. C'est précisément en cela que réside leur caractère "fondamental" »[5].

On ne saurait *mettre le doigt* sur une *éventualité inouïe* par un coup d'œil dans les coulisses de nos jeux de langage. Pour qu'il y ait un sens à douter de ce que « les automobiles ne poussent pas sur les arbres » (ou à conférer à cet énoncé un degré de probabilité inférieur à un), il faudrait que les raisons d'en douter ne soient pas elles-mêmes *plus sujettes* au doute que ce dont elles sont censées faire douter :

> Si quelque chose arrivait (si, par exemple, quelqu'un m'apprenait quelque chose) qui soit de nature à me faire douter de mon propre nom, il y aurait certainement aussi quelque chose qui ferait paraître les raisons de ces doutes elles-mêmes douteuses, de sorte que je pourrais décider de conserver ma croyance initiale[6].

1. *ÜG*, § 348.
2. *ÜG*, § 616, trad. modifiée.
3. *ÜG*, § 619, trad. modifiée.
4. *ÜG*, § 381 et 368.
5. *ÜG*, § 512, trad. modifiée.
6. *ÜG*, § 516, trad. modifiée. Voir le commentaire de H. Putnam dans « Rethinking Mathematical Necessity », *op. cit.*, p. 252.

III

Est-ce à dire que l'idée de finalité logique (*i.e.* d'harmonie contingente) ne soit que le *précipité* du faux problème de la validité objective de la pensée ou de l'intelligibilité de l'expérience (*i.e.* de l'harmonie nécessaire entre la forme de l'objectivité et celle du monde) et qu'elle ne fasse que *trahir* l'origine commune de l'émergence et de la résurgence de ce faux problème, à savoir la différence de généralité entre la logique transcendantale et la logique formelle (laquelle est formelle au sens strict précisément en vertu du fait qu'elle est *maximalement* générale)[1]? Le même *écart* de généralité qui rendait *formellement ou analytiquement intelligible* (c'est-à-dire non contradictoire), dans la *Critique de la raison pure*, la possibilité que la logique transcendantale ne trouve pas à s'appliquer (quand bien même pouvait-on montrer qu'une telle possibilité était néanmoins *exclue* (synthétiquement) *a priori*), rendrait encore *transcendantalement ou synthétiquement intelligible*, dans la *Critique de la faculté de juger*, la possibilité que la logique formelle ne trouve pas à s'appliquer à l'expérience *dans sa particularité*, c'est-à-dire *en tant qu'elle n'est pas prise en charge par la logique transcendantale*. Par une sorte de passage au complémentaire, la *moindre* généralité des formes pures de la pensée d'objets par rapport aux formes pures de la pensée *tout court*, que les premières devaient à la *particularité pure* qu'*est* leur domaine de validité (l'expérience *en général*) et qui rendait nécessaire une habilitation transcendantale des formes de l'objectivité (là où une habilitation des formes de la pensée comme telle n'eût pas eu le moindre sens), deviendrait leur *trop grande* généralité par rapport aux *particularités* des expériences auxquelles doit pouvoir s'appliquer la logique formelle, dès lors que le problème de l'applicabilité de la logique formelle acquerrait un sens.

Nous ne le croyons pas. Autrement dit, nous ne croyons pas que *De la certitude* puisse être lu comme le déploiement, à l'encontre de la *Critique de la faculté de juger*, d'un second volet de l'objection que le *Tractatus* adressait implicitement à la *Critique de la raison pure* quand il montrait le non-sens qu'il y aurait à envisager que les limites du sens (*i.e.* à l'intérieur desquelles nos énoncés ont un sens) puissent excéder les limites de nos sens (*i.e.* du sensible)[2].

Ce qui est vrai, c'est qu'il n'y a strictement aucun sens à envisager (fût-ce pour l'écarter) l'hypothèse d'une contre-finalité logique – qu'il s'agît de la contre-finalité logique d'une nature inouïe (où il ne serait plus vrai que « les automobiles ne poussent pas sur les arbres » va sans dire) *ou* de la contre-finalité d'une logique inouïe (où il ne serait plus vrai que « non (*p* et non *p*) » est une tautologie) – *aussi*

1. J. McFarlane a montré que Kant *concluait* au caractère *formel* de la logique générale pure à partir de sa *généralité maximale*. *Cf.* « What Does It Mean To Say That Logic Is Formal ? » et « Frege, Kant, and the Logic in Logicism », *The Philosophical Review*, vol. 111, 1, 2002 p. 46 *sq.*

2. Strawson arbitre ce dernier débat dans *The Bounds of Sense, An Essay on Kant's Critique of Pure Reason*, Londres, Methuen, 1966. Voir sur ce point l'étude de S. Laugier, « Arguments transcendantaux et limites du sens », dans *Langage ordinaire et métaphysique : Strawson*, J. Benoist et S. Laugier (éd.), Paris, Vrin, 2005.

longtemps qu'on entend par là l'hypothèse de la *falsification d'un énoncé logique ou quasi-logique* (*i.e.* de la vérité de quelque chose comme la négation interne d'une « vérité » logique ou quasi-logique), bref l'hypothèse d'une *illogicité*. Mais il se pourrait que l'hypothèse d'une contre-finalité logique puisse recevoir un autre sens.

Wittgenstein montre, dans ses *Conférences de 1939*, qu'« aller contre des lois logiques » ne veut rien dire *si* cela veut dire la même chose qu'« entrer en conflit avec certains faits », mais qu'au sens où « aller contre des lois logiques » ne veut pas dire la même chose qu'« entrer en conflit avec certains faits », cela ne peut vouloir dire que ceci : *donner une suite* non naturelle *à la technique conformément à laquelle nous utilisons des énoncés empiriques particuliers* (en un mot : conformément à laquelle nous *jugeons*), *donc faire quelque chose qui, rapporté à cette technique, est* totalement incommode. Pour autant que cela ait un sens, « aller contre une loi logique » ne signifie pas *admettre quelque chose comme la négation interne de cette loi*, mais *ne plus admettre (nier de l'extérieur) cette loi* : non pas *faire quelque chose d'erroné parce qu'interdit* (des inférences qui y contredisent) mais *faire autre chose* (que ce que *nous* appelons « inférer »)[1]. Or, de la même façon, quand *De la certitude* et la *Critique de la faculté de juger* semblent envisager sérieusement que la nature puisse aller contre la logique (celle que nous sommes tentés de lui prêter comme celle que nous faisons nôtre), ce qui est envisagé, c'est que la nature aille contre la technique judicative qui nous est naturelle et dont la logique est le prolongement (*i.e.* la technique conformément à laquelle nous organisons nos jugements en un tout) en allant contre sa propre technique (*i.e.* la technique conformément à laquelle elle semble s'organiser en un tout), rendant ainsi la technique judicative qui est la nôtre aussi *contre-naturelle*, aussi *incommode*, que l'était tout à l'heure une logique « inouïe ». Du reste, la nature ne semblerait pas frapper d'obsolescence nos lois logiques en dérogeant à sa technique, si notre technique judicative n'avait *déjà* cessé de nous paraître naturelle, donc si nous n'avions déjà cessé de reconnaître comme nôtres les lois logiques qui en sont le prolongement. Envisager une contre-finalité logique de la nature est la seule façon d'envisager une contre-naturalité de nos lois logiques, et réciproquement. Un dessein de notre nature et un dessein de la nature ne peuvent apparaître que conjointement et à la faveur d'un déphasage entre les deux.

D'un côté, les canons de la déduction logique ne sont jamais que les étalons à l'aune desquels nous faisons des inférences particulières et ils ne se conforment pas moins à la logique à l'œuvre dans ces inférences que celle-ci ne se conforme à eux[2], de sorte qu'en un sens ils ont été « inventés pour convenir à l'expérience »[3] sur laquelle portent ces inférences (fussent-ils ensuite rendus indépendants de

1. *Lectures on the Foundations of Mathematics, Cambridge 1939*, Chicago-Londres, The University of Chicago Press, 1975, conf. XXIII à XXV.

2. N. Goodman, *Fact, Fiction and Forecast* (1979), rééd. Cambridge (Mass.), Harvard UP, 1983, p. 63-64.

3. Wittgenstein, *Lectures on the Foundations of Mathematics*, *op. cit.*, conf. IV, p. 43.

celle-ci[1]). D'un autre côté, la projection du prédicat d'une régularité ne se conforme pas moins aux canons de l'induction (*i.e.* de la projectibilité) que ceux-ci ne se conforment aux régularités dont nous avons effectivement projeté les prédicats[2], de sorte que la nature ne saurait se comporter de façon non pertinente – et rendre obsolètes nos canons logiques en privant notre manière de juger de pertinence – que nous n'ayons déjà remanié nos canons de pertinence et nos canons logiques. Supposons qu'on décide de fixer rigidement la référence du prédicat « rouge » comme étant la couleur de *ce* rubis parce qu'on a remarqué que tout ce qui est rouge est, à un degré variable et quantifiable, de la couleur de ce rubis, de sorte que la proposition « la couleur de ce rubis est le rouge-étalon » fonctionne comme une proposition logique. Il va de soi que cette proposition logique ne serait pas rendue *fausse* par une entorse à la régularité qui en a rendu le choix naturel (laquelle entorse rendrait seulement fausse cette autre proposition qu'est la proposition « la couleur de ce rubis est le rouge-étalon » *entendue empiriquement*). Mais cette proposition ainsi que la proposition « une chose ne peut pas être rouge et verte au même endroit » ne seraient pas *non plus* rendues *fausses* par le « fait », s'il devait « s'avérer » que c'en est un, que les rubis (à commencer par celui-ci) virent alternativement du rouge au vert et du vert au rouge à chaque minute, ou que les choses (qu'on appelait) « rouges » virent alternativement du rouge au vert et du vert au rouge à chaque minute, *comme s'il y avait un sens à envisager que le rouge-étalon se révèle être un étalon de non-rouge, c'est-à-dire de non-(rouge-étalon)*; pas plus que ce dernier « fait » ne rendrait *fausse* la proposition logique d'après laquelle « une chose ne peut pas être rouge et verte au même endroit » ou la proposition (dont on sera peut-être enclin à dire qu'elle est plus *proprement logique* que la précédente) qu'« une chose ne peut pas à la fois être et ne pas être rouge ».

Que l'application des lois logiques se donne comme *indexicalement ancrée* tant dans un *dessein de la nature* que dans notre *nature comme dessein*, les expose à l'obsolescence et non à la fausseté (l'idée n'est pas que nos lois logiques auraient pu être autres qu'elles ne sont, que nous aurions pu adopter leurs négations, mais que nous aurions pu en avoir d'autres, ne pas les adopter). Encore ne peut-elle se donner *comme telle* qu'au terme d'un conditionnel *contrefactuel*, et au *plus-que-parfait* : *si* les choses rouges viraient alternativement du rouge au vert et du vert au rouge à chaque minute (ou si les automobiles poussaient dans la terre) – en sorte que nous adoptions cette feuille *de houx* comme étalon de *vrouge* et la proposition logique « une chose ne peut pas être vrouge et blaune[3] au même endroit » – *alors* nous *serions* enclins à dire *rétrospectivement* que nous *avions* pour ainsi dire *présupposé* par défaut, *avalé* en même temps que les vérités des jugements dans lesquels nous nous accordions, le *non-sens de ce qui est nié par telle négation qui*

1. Leur reconnaître le statut de canons logiques, *c'est* exclure qu'une quelconque expérience puisse les invalider.

2. N. Goodman, *op. cit.*, p. 97. C'est-à-dire aux régularités dont les prédicats sont « implantés » (« *entrenched* »).

3. C'est-à-dire tantôt bleu tantôt jaune.

entre-temps d'externe (gratuite) est devenue interne (comme : « les rubis ne sont pas vrouges » ou « les choses rouges ne sont pas vrouges »). Il ne pourrait s'avérer que notre système de jugements avait été circonscrit négativement par tout un ensemble de jugements indéfinis dont nous avions présupposé par défaut qu'ils correspondaient à des questions qui ne se posaient pas *sans que ces questions se mettent à se poser*[1]. Enfin et surtout, dans la mesure où les faits contrefactuellement envisagés *ne sont pas possibles avant d'être là*, il y va d'un conditionnel contrefactuel *d'un type bien particulier, comparable au conditionnel qu'établit une preuve indirecte en mathématiques*[2] *et comme lui susceptible de voir son usage renversé en usage positif* uniquement dans le cas où son antécédent acquerrait un sens.

Non seulement la logique, à l'instar d'une grammaire, n'est pas un *organon* mais un *canon*, au sens où elle n'est pas *mise en œuvre pour juger* mais *réfléchie après coup* comme ce qui est déjà *à l'œuvre* dans n'importe quel jugement[3], mais l'histoire naturelle à l'œuvre sous la logique n'admet qu'une *réflexion* a contrario *qui laisse le sens en sursis.*

Jean-Philippe NARBOUX
Université Michel de Montaigne – Bordeaux 3

1. Voir notre essai « L'obvie en négatif », *Critique*, 62, 708, 2006.

2. En tant qu'une telle preuve déploie, dans le but de montrer que la négation qui lui sert de prémisse n'a pas de sens, les conséquences qu'*aurait* celle-ci *si* elle en avait un. La comparaison du conditionnel contrefactuel de contre-finalité logique avec le conditionnel d'une preuve par *reductio ad absurdum* reprend une suggestion de C. Diamond d'après laquelle la dérivation de conditions nécessaires pour la solution d'une énigme procède de la même façon qu'une *reductio*. Voir *The Realitic Spirit*, Cambridge (Mass.), MIT Press, 1991, p. 275.

3. Kant, *Logique*, Ak IX, 11, Ak XVI, 3.

LANGAGE PRIVÉ ET JUGEMENT RÉFLÉCHISSANT CHEZ WITTGENSTEIN ET KANT

UN HÉRITAGE KANTIEN

On a souvent souligné la présence d'un héritage kantien chez Wittgenstein. On a pu lire parfois chez lui une nouvelle forme de philosophie transcendantale, malgré les différences importantes existant par ailleurs entre les deux philosophes [1]. Je voudrais évaluer certains aspects de ces rapprochements, plus particulièrement, entre les *Recherches philosophiques* de Wittgenstein [2] et la troisième *Critique* de Kant.

Je m'intéresserai plus précisément à la normativité des concepts empiriques [3] : je l'aborderai à partir du problème du langage privé tel qu'il est posé dans les *Recherches*, en centrant la discussion autour des concepts de sensation (avec l'exemple principal de la douleur), autour desquels l'argumentaire est d'abord

1. Pour ne citer que quelques études, *cf.* pour le *Tractatus*, E. Stenius, *Wittgenstein's* Tractatus. *A Critical Exposition of its Main Lines of Thought*, Oxford, Blackwell, 1960; pour les *Recherches*, S. Cavell, *The Claim of Reason, Wittgenstein, Scepticism, Morality, and Tragedy*, Oxford, Oxford UP, 1979, trad. fr. S. Laugier et N. Balso, *Les voix de la raison*, Paris, Seuil, 1996. Pour des rapprochements plus récents, citons, entre autres contributions, C. Diamond, *The Realistic Spirit, Wittgenstein, Philosophy and the Mind*, Cambridge (Mass.), MIT Press, 1991, trad. fr. É. Halais et J.-Y. Mondon, Paris, PUF, 2005; J. Conant, « Varieties of Skepticism », dans D. McManus (ed.), *Wittgenstein and Skepticism*, Londres, Routledge, 2004; J. Floyd, « The Fact of Judgement : the Kantian Response to Humean Condition », dans J. Malpas (ed.), *From Kant to Davidson : Philosophy and the Idea of the Transcendental*, Londres, Routledge, 2003; H. Putnam, « Rethinking Mathematical Necessity », dans A. Crary and R. Read (ed.), *The New Wittgenstein*, Londres, Routledge, 2000; J. Bouveresse, *Essais*, V, *Descartes, Leibniz, Kant*, Marseille, Agone, 2006; J. Benoist, *L'apriori conceptuel*, Paris, Vrin, 1999. *Cf.* aussi notre ouvrage *L'illusion de sens. Le problème du réalisme chez le second Wittgenstein*, Paris, Kimé, 2006, chap. I. Pour une histoire de l'accueil de la troisième critique par la tradition analytique, *cf.* l'article de Floyd ici-même dans ce recueil.

2. *Cf.* ici et par la suite *Philosophische Untersuchungen/Philosophical Investigations*, G.E.M. Anscombe, G.H. von Wright and R. Rhees (ed.), Oxford, Blackwell, 1953, 2e éd. 1958, trad. anglaise G.E.M. Anscombe; trad. fr. F. Dastur, M. Élie, J.-L. Gautero, D. Janicaud et É. Rigal, *Recherches philosophiques*, Paris, Gallimard, 2005.

3. *Cf.* dans ce volume, H. Ginsborg, « Qu'est-ce que la faculté de juger ? », qui instruit ce problème en soulevant la question des relations entre première et troisième critiques.

construit. L'argumentaire s'étend dans un deuxième temps à la perception (en particulier aux jugements de couleur); mais je ne ferai qu'évoquer les concepts perceptifs, ceux-ci obéissant également à une forme de normativité originaire, mais selon des constellations grammaticales distinctes.

Je me propose de montrer premièrement une véritable communauté d'esprit entre Kant et Wittgenstein dans leur commune défense d'une normativité réfléchissante, pour adopter les termes de Kant, une normativité qui seule peut rendre compte de la construction de nos concepts empiriques, en évitant les deux écueils que seraient, selon ces deux philosophes, d'un côté une pensée empiriste de l'abstraction, et, de l'autre, une pensée par trop a prioriste ne laissant aucune place à quelque légalité du contingent, pour reprendre une formulation de la « Première introduction » de la *Critique de la faculté de juger*.

Dans un deuxième temps, j'évoquerai quelques limites de ce rapprochement, limites qui montreront en particulier pourquoi Wittgenstein ne peut décidément être rangé au sein des philosophes transcendantaux. Ces limites portent sur la façon même dont Wittgenstein défend une conception du caractère originaire de la normativité des concepts de sensation, à savoir à partir d'une distinction entre justification et droit (selon l'emploi de ces termes propre aux *Recherches*). Je montrerai que l'idée même propre à la démarche transcendantale de placer la faculté de juger réfléchissante sous un principe *a priori* de la réflexion s'oppose au rejet wittgensteinien de la question de la justification en ce lieu. Si normativité originaire il y a, selon Wittgenstein, elle s'oppose à un a priorisme apparaissant dans le cadre des *Recherches* comme une nouvelle manière d'amoindrir son originarité même.

JUGEMENT RÉFLÉCHISSANT ET CONCEPT EMPIRIQUE

L'idée la plus générale d'un jugement réfléchissant est celle d'un jugement revendiquant une normativité sans la justifier à l'aide de quelque concept déjà donné, et sans que cette absence rende la demande illégitime : tout au contraire, l'usage particulier se présente lui-même comme exemplaire de ce qu'il est bon de dire en ces circonstances ou bien en des circonstances semblables. La remarquable diversité des jugements réfléchissants est une des difficultés de la troisième Critique. Si esthétique et téléologie sont les deux cas particuliers auxquels elle se consacre, je les laisserai de côté pour centrer mon propos sur les thèses plus généralement épistémologiques défendues dans la « Première introduction ». Ces thèses posent en particulier le problème de l'articulation entre les philosophies du jugement des première et troisième Critiques.

La « Première introduction » distingue entre les concepts universels de la nature, pour lesquels « la faculté de juger n'a nul besoin d'un principe particulier de la réflexion »[1], et les concepts empiriques, qui, eux, « présupposent une loi

1. *CJ*, Première introduction (*PI*) V, Ak XX, 212, trad. Pléiade, *op. cit.*, t. 2.

particulière de la nature », présupposition que Kant exprime ainsi en termes transcendantaux : cette loi particulière est « la seule d'après laquelle l'expérience *particulière* est possible »[1]. Dans ce cas, écrit Kant,

> [...] la faculté de juger a besoin d'un principe propre, également transcendantal, pour sa réflexion, et on ne peut la renvoyer à nouveau à des lois empiriques déjà connues, pas plus qu'on ne peut transformer la réflexion en une simple comparaison avec des formes empiriques dont on a déjà des concepts[2].

L'adossement aux concepts universels ne suffit pas plus que le renvoi à des concepts empiriques déjà donnés (sous peine, dans ce cas, de circularité). On en déduit la nécessité d'un principe *a priori* propre de la réflexion. On répond alors au problème de la menace d'une hétérogénéité radicale de la nature – selon un schéma d'opposition au scepticisme manifestant tout l'enjeu de la méthode transcendantale :

> Car cette question se pose : comment pourrait-on espérer que la comparaison des perceptions permette de parvenir à des concepts empiriques de ce qui est commun aux différentes formes de la nature si la nature (comme il est pourtant possible de le penser) avait mis en ces formes, en raison de la grande diversité de ses lois empiriques, une si grande hétérogénéité que toute comparaison (ou du moins la comparaison pour sa majeure partie) serait vaine, pour ce qui est de la tentative de découvrir en ses formes une harmonie et un ordre hiérarchique des espèces et des genres ?[3].

Kant répond donc à cette question en affirmant que la conceptualisation empirique suit un principe *a priori* d'ordre, où la revendication du jugement réfléchissant puise sa légitimité. Ainsi peut-il proposer cette comparaison inattendue de l'épistémologie avec l'esthétique : la faculté de juger réfléchissante procède « à la *manière de l'art*, d'après le principe universel mais en même temps indéterminé d'une ordonnance finale de la nature en un système [...] »[4].

La seconde partie de la *Critique de la faculté de juger* applique ces développements aux concepts empiriques soumis à une organisation téléologique. À cette lumière s'éclaire la rationalité de la classification, dont le problème est posé par la « Première introduction ». L'objet premier de la partie épistémologique de la troisième Critique est bien celui des « formes de la nature », Kant ne soulevant pas ici le cas de la normativité des concepts de sensation. Cependant la généralité de son propos nous autorise à ouvrir une discussion sur ces concepts, qui posent de manière particulièrement intéressante le problème d'une normativité originaire.

1. *CJ*, *PI* V, Ak XX, 213.
2. *Ibid.*
3. *Ibid.*
4. *CJ*, *PI* V, Ak XX, 213-4.

Sensation et langage privé

L'usage des concepts de sensation a en effet une caractéristique importante étroitement liée à la thématique d'une normativité originaire : à savoir qu'il n'est pas soumis à la possibilité d'un certain type d'erreur d'identification. Cet usage jouit ainsi d'une certaine forme d'incorrigibilité : demander à qui affirme avoir mal, par exemple, ce qui le justifie à affirmer une telle chose est dénué de sens ; je ne peux pas me tromper à cet égard. Mon jugement n'est ainsi médié par aucun concept préalable et distinct que je devrais invoquer pour justifier l'application du concept de douleur : la normativité à laquelle mon jugement obéit est donc en ce sens immédiate, ou encore originaire.

Ce cas est différent de celui où je peux défendre mon jugement en le justifiant. Considérons, à titre d'exemple, deux jugements distincts que l'on pourrait porter dans une même situation : un tel éprouve une sensation de chaleur qu'il exprime en ces mêmes termes ; le médecin, quant à lui, déclare après examen qu'il a de la fièvre. Autant il est absurde de demander quelque justification de la phrase « J'ai chaud », autant le deuxième jugement peut répondre à la question de la justification en produisant des concepts qui ont fonction de médiation (ceux en l'occurrence qui définissent les symptômes de la fièvre), concepts auxquels le jugement doit s'adosser. Si les deux usages du langage sont ici normés, c'est d'une normativité distincte, selon que la question de la justification est douée de sens ou non.

La défense d'une normativité originaire de nos concepts de sensation est un des résultats philosophiques de la discussion sur le langage privé menée par les *Recherches*, argumentaire dont je rappellerai maintenant quelques étapes.

L'argumentaire contre le langage privé entend, de manière générale, établir le non-sens de l'idée d'un langage absolument privé des sensations, c'est-à-dire qui ne soit compréhensible que par le seul locuteur qui les vit. Un de ses éléments centraux est qu'on ne peut concevoir l'auto-attribution de sensations comme proprement épistémique – ce que le privatophone est pourtant amené à croire, du seul fait, comme nous le montrerons, de l'exigence d'absolue confidentialité ; le privatophone introduisant par là entre lui et sa sensation une médiation précisément malencontreuse.

À l'appui de son fantasme d'un langage compréhensible par lui seul, le privatophone affirme en effet qu'il a quelque chose commme une *connaissance directe* de sa sensation, connaissance qu'on peut dire introspective : cette « connaissance » est indifférente au lien naturel entre la sensation et son expression physique, lien qui, en effet, autorise habituellement autrui à comprendre le sens de mes termes. Cette indifférence assure, soutient-il, l'absolue confidentialité du langage privé.

Selon l'argumentaire des *Recherches* contre ce fantasme, toute relation proprement épistémique à un objet donné, « directe » ou non, implique la possibilité d'une erreur à son égard. Si on « connaît » sa sensation, on peut en particulier bien ou mal la connaître, et ceci dès la donnée même de la sensation : on pourra en principe *toujours* se demander si on a affaire à une douleur ou à une sensation de chaleur. Autrement dit, on pourra se tromper sur sa sensation. Mais, objectent les *Recherches*, la sensation ne contient rien d'opaque qui en autoriserait semblable déficit de connaissance, ni, par conséquent, quelque connaissance juste, directe ou indirecte.

Wittgenstein considère ainsi comme philosophiquement dangereux de parler de connaissance là où il s'agit bien plutôt d'expression (linguistique) de la sensation. Car on demande à une connaissance ce qui la justifie, ouvrant ainsi la possibilité d'une identification fautive. La question « Comment sais-je que c'est bien une douleur, et non une autre sensation ? » ne se pose pas, car il n'y a précisément pas savoir ici, mais expression – mouvement bien différent – d'une sensation donnée.

Ainsi apparaît, dans ce rejet de la demande de justification, la normativité originaire de l'expression des sensations, originaire puisqu'elle ne dépend d'aucune médiation par quelque procédure justificative, passant par l'usage de quelque concept pré-existant, par exemple par la donation d'un critère. Quand j'ai mal, je n'identifie pas ma douleur comme telle en en appelant à quelque critère que ce soit. Primitif, le concept de douleur n'est appliqué sur le fondement d'aucun concept préalable.

Ainsi doit-on rejeter un certain usage en ces lieux de la notion d'introspection. Si le privatophone affirme définir ses termes sur la seule foi d'un regard introspectif jeté sur ce qu'il ressent, il perd dès lors, puisqu'il est seulement besoin d'accorder foi à quelque regard intérieur, l'immédiateté de la vie sensible, et constitue le rapport à soi comme épistémique. Il perd justement la donnée sensible comme telle, en affirmant qu'une forme de regard permettrait de l'identifier. La métaphore du regard intérieur aligne précisément, en renvoyant au regard, la sensation sur un objet doué d'une opacité possible. Le privatophone ne peut s'empêcher de traiter la sensation comme un objet doué de la même grammaire à certains égards que l'objet physique – ce qui l'amène à perdre l'incorrigibilité idoine.

Tentons de défendre le privatophone, pour voir s'il est réellement condamné à manquer cet élément de grammaire : ne pourrait-il pas accepter le rejet de la justification conceptuelle pour le langage des sensations, tout en défendant l'idée que son langage des sensations demeurera malgré tout privé ? Les *Recherches* répondront non. Le point central ici est l'hypothèse de départ selon laquelle le privatophone est pure faculté sensible dénuée de toute expressivité naturelle, c'est-à-dire de quelque chose comme un corps qui serait le lieu d'expression de cette sensibilité. C'est, selon la lecture de Cavell en particulier, un élément indispensable pour faire fonctionner l'argumentaire du langage privé, qu'on ne doit pas imaginer comme le langage d'un être dont la sensibilité peut justement s'exprimer. La question est donc au fond : peut-on encore dire « J'ai la sensation S », lorsque l'expressivité naturelle de l'animal est supposée détruite ?

Imaginons donc que j'aie une douleur physiquement inexpressive, comme le veut le privatophone. Imaginons, par exemple pour donner corps, pour ainsi dire, au fantasme, que je me sois transformé en pierre, proposent les *Recherches*, et que mes douleurs continuent (§ 288). Il semble alors, dit Wittgenstein, qu'on sera en droit de se demander si ce qu'on ressent est bien une douleur, et qu'on n'aura plus droit à la réaction habituelle qui consiste à rappeler, grammaticalement, que « douter d'avoir mal ne veut rien dire ». Cette réaction sensée n'est en effet plus donnée à qui défait le lien entre la sensation et son expression naturelle, car

> Si je suppose que le jeu de langage normal comportant l'expression de la sensation est aboli, j'ai besoin d'un critère d'identité pour la sensation, et alors la possibilité de l'erreur existe également (*Recherches*, § 288).

Lorsque nous avons détruit l'expressivité naturelle, nous perdons précisément la possibilité d'avoir un concept reconnaissable de sensation et, en même temps, un langage véritable des sensations : c'est ce qui se produit chez le privatophone, qui dit être capable de définir ses termes par sa pure et simple faculté de « reconnaître à nouveau la sensation », par sa faculté « introspective », et autres équivalents épistémiques détruisant la sensation comme telle.

L'exemple de la statue de pierre a donc pour fonction d'instruire le problème suivant : si je n'exprime physiquement rien, comment puis-je moi-même dire que je ressens des sensations, c'est-à-dire des choses qu'on ne sera prêt à appeler telles que si elles n'acceptent aucune médiation épistémique ? La statue de pierre, voilà un lieu où nos concepts habituels n'ont plus cours, non parce que nous ne saurions pas quoi dire dans un cas simplement nouveau, mais parce que ce que nous disons habituellement a perdu son ancrage naturel. Il s'agit là d'une fiction linguistique, selon les *Recherches*, et l'assurance à laquelle je prétends en affirmant que transformé en pierre, je continue à souffrir, n'est que celle du conteur, jouant des mots comme de simples surfaces linguistiques, pour reprendre l'expression de Diamond dans *L'esprit réaliste*, surfaces parce que dénuées de l'ancrage des concepts réels dans ce que nous devons bien appeler la nature humaine. Cavell a usé du terme de fantasme pour cette fiction.

Ce fantasme effectue donc le double mouvement suivant, qui ruine la prétention de sens : parvenu dans une situation inédite, dont l'expressivité de l'animal humain a disparu, j'ai besoin d'un critère d'identité, mais je ne veux pourtant en produire aucun, car je sais que je perdrais alors la sensation comme telle à travers une fausse procédure d'identification. Mon langage ne peut donc seulement s'édifier, car il veut des critères au fondement de l'emploi de ses termes, tout en s'interdisant de se les donner. Ce n'est donc pas un langage. Le fantasme du langage privé défigure ainsi tout à la fois la sensibilité humaine et le langage.

Si l'on ne peut bien ou mal identifier ses sensations, on peut, par contre, les décrire avec un vocabulaire plus ou moins riche, ce qui est une autre question. On pourra, si on veut, user du terme de connaissance dans ce cas (ce qu'on fait parfois ordinairement), mais cela se fera en un sens second, sans la suggestion malheureuse, véhiculée par les termes du privatophone, d'une opacité, propre aux seuls objets qui admettent une erreur d'identification. En particulier, on pourra défendre le terme de connaissance de soi, en avançant le fait que ce qu'on dit de sa sensation pourra être vrai ou faux, mais cette connaissance de soi ne peut être mise en défaut par semblable opacité. Si les mots peuvent parfois me manquer pour parler de ma sensibilité, ce n'est pas qu'il faille toujours pour eux quelque chose comme une justification, et que celle-ci manquerait alors, mais que je ne possède pas les concepts me permettant l'expression désirée ; je ne maîtrise pas un langage suffisamment raffiné de mes sensations.

Le discours sur le sensible est ainsi expressif et non épistémique, au sens premier de ce terme où la connaissance autorise une possible opacité de son objet. On peut définir ainsi le genre d'opacité ici en jeu : est possiblement opaque un objet dont on peut ne pas posséder l'ensemble des descriptions vraies, en supposant la maîtrise du langage adéquat. Ce qui n'est pas vrai de la sensation. On appelle souvent du nom de référence le rôle linguistique de l'objet possiblement opaque : selon cet usage, la sensation n'est pas la référence du nom de sensation. Mes mots ne font pas référence à ma douleur, mais l'expriment.

Une manière de voir la différence entre exprimer une sensation et connaître un objet (le privatophone étant pris dans un mixte avorté des deux) est de rapprocher expressions linguistique et naturelle des sensations. Pas plus que la douleur, s'exprimant dans le cri, n'est médiée par la mise en œuvre de quelque concept, source de quelque identification, son expression linguistique ne connaît semblable médiation (médiation que le privatophone par contre s'est condamné à rechercher, tout en en récusant le besoin) :

> Comment puis-je aller jusqu'à vouloir me glisser au moyen du langage entre l'expression de la douleur et la douleur elle-même ? (*Recherches*, § 245).

Mais là où le cri reste en un sens naturel, l'expression linguistique de la douleur est conceptuelle, obéissant cependant à une normativité qui ne suit la médiation d'aucun concept justifiant. L'argumentaire contre le langage privé montrant ainsi comment la recherche d'une telle médiation est une image déformée tant de la nature humaine que de la conceptualité caractérisant notre langage des sensations, on peut l'associer à certaines dimensions de la thématique du jugement réfléchissant de Kant. Une de ses dimensions est donc que le jugement réfléchissant permet de répondre au problème frappant l'élaboration des concepts empiriques, qu'on ne peut décrire en supposant toujours déjà donnés d'autres concepts. Chez Kant, le jugement réfléchissant répond au problème de l'originarité en montrant un mouvement d'élévation vers le concept. Chez Wittgenstein, l'élaboration du concept de douleur ne peut s'expliquer par quelque adossement à des concepts préalables : tout adossement de ce type sera la perte de l'idée d'un donné de la sensibilité, donné dont l'expression linguistique précède toute possibilité d'erreur et d'identification justifiée. La problématique du jugement réfléchissant répond bel et bien au problème du donné chez Kant, et permet d'ailleurs de comprendre comment l'épistémologie kantienne ne succombe pas au mythe du donné. Sans ouvrir ici la question propre du mythe du donné telle qu'elle est soulevée par John McDowell en connexion avec la première *Critique*, on avancera l'idée que la *Critique de la raison pure* l'évite précisément si on la voit sous le prisme de la troisième *Critique*.

JUSTIFICATION ET DROIT

Dans les *Recherches*, Wittgenstein exprime l'immédiateté de la normativité des concepts de sensation en proposant une distinction entre justification et droit. Devant l'objection selon laquelle les concepts de sensation ne reposeraient pas sur une normativité « véritable », si on ne peut en justifier l'usage, Wittgenstein répond en affirmant qu'user d'un concept avec droit n'implique pas qu'on doive fournir pour cet usage une justification. Il distingue ainsi, dans les *Recherches*, deux manières d'être dans le juste, qui sont confondues dans l'idée d'un langage privé :

> 289. « Quand je dis "J'ai mal" je suis en tout cas justifié à mes propres yeux ». – Qu'est-ce que cela signifie ? Cela signifie-t-il : « Si un autre pouvait savoir ce que j'appelle "avoir mal", il admettrait que j'utilise le mot correctement » ? Utiliser un mot sans justification ne signifie pas l'utiliser à tort.
>
> 290. Je n'identifie évidemment pas ma sensation par des critères, mais j'utilise la même expression. [...] (*Recherches*, § 289-290).

La justesse dans l'emploi du langage de la douleur ne relève pas d'une juste identification de celle-ci, produite par quelque attention que soit. On pourrait penser que le terme d'identification n'est pas si maladroit pour l'expression de la douleur : mais le problème est justement lié à cette apparence. Les situations sont semblables par certains aspects, dissemblables par d'autres ; un élément essentiel au jeu de la justification (la donation de critères) est inexistant dans l'expression linguistique de la douleur (dénuée de critères). Lorsqu'on confond les deux jeux, la qualité épistémologique du premier (un savoir justifié) se reporte sur le second cas, qui devient une forme de savoir, mais cette fois-ci injustifié, soit condamné à perdre la normativité (le langage ne peut dès lors apparaître), soit condamné à perdre la sensation comme telle.

Quand le privatophone répond donc que l'attention introspective est la source de l'usage correct, il perd aussi bien le droit de parler de langage (on ne peut identifier sans critère), que celui de parler de sensation (on ne peut vouloir identifier pareille chose). L'un et l'autre sont défigurés par son cérémonial. L'idée d'un regard intérieur identifiant est ainsi renvoyée non seulement à son impuissance, mais à l'illusion de croire qu'il est besoin en ce lieu de quelque puissance de ce style : qu'est-ce en effet que ne pas reconnaître une sensation de douleur ou de froid ? Ce qui permet de rapprocher le jugement réfléchissant de l'expression linguistique des sensations telle qu'elle est décrite par Wittgenstein, c'est donc bien une pensée particulière de la conceptualité, pensée qui diagnostique dans la confusion des deux types de jugements une forme de cécité à la sensation comme telle. On peut en retour à partir de ce rapprochement entre Kant et Wittgenstein éclairer la notion wittgensteinienne d'incorrigibilité à partir de l'idée d'un jugement réfléchissant.

Dans le cas des concepts de perception, le problème de la normativité originaire se pose de manière différente ; je ne ferai que l'évoquer. Une différence fondamentale avec la sensation est qu'on se situe alors dans une problématique où le concept peut, dans certaines situations, être appliqué faussement, quand bien même de manière originaire, d'un côté, et parfaitement correcte, de l'autre, du fait du caractère externe de l'objet, dont il n'y aurait aucun sens à dire qu'on l'exprime. Autrement dit, c'est la possibilité de l'erreur, ou en d'autres termes, le fait de l'opacité possible, qui distingue les problématiques. Une des difficultés ici est que le partage même entre concepts de perception et de sensation est un enjeu philosophique (on placera la couleur dans l'un ou l'autre lieu par exemple selon qu'on épousera ou non la thèse selon laquelle nous percevons toujours d'abord une donnée sensible plutôt que directement la chose même). Une ligne de partage intéressante, présente dans les *Recherches*, est donnée précisément par le fait que la grammaire de l'opacité référentielle, au sens que nous avons défini ici, vaut ou non.

On pourrait être tenté, à partir du fait de l'opacité, de dire que l'application des concepts de perception est toujours corrigible, quelle que soit la situation. Mais si nous affirmons cela, nous épousons une position sceptique, qui ne rend pas justice à une autre forme d'incorrigibilité également réelle dans le cas de la perception, liée là aussi au rejet d'une médiation conceptuelle. Je renvoie ici à la distinction opérée par Cavell au début des *Voix de la raison* entre deux types de critères invoqués dans la discussion sceptique : des critères qu'il rapporte aux discussions austiniennes qui peuvent être invoqués sur le fondement d'une identification préalable de l'objet, et des critères wittgensteiniens, qui disent l'essence de la chose, selon l'emploi que proposent les *Recherches* de ce terme, et dont la méconnaissance nous laisse non pas dans l'hésitation entre diverses possibilités, mais nous laissent tout simplement dans l'incapacité de formuler linguistiquement quelque chose. Ainsi ne peut-on mettre selon cette distinction sur le même plan les deux conceptualités suivantes : celle qui me permet de nommer un arbre comme tel, et celle qui permet de distinguer sur ce fondement diverses variétés d'arbres. L'application du terme d'arbre est originaire, et un doute à l'égard de l'identification d'un arbre comme tel est, en certaines circonstances, incompréhensible, là où l'application des variétés, dans la vie ordinaire, relève d'une connaissance seconde, qu'on pourra dire spécialisée. On peut imaginer certainement quelqu'un pour qui cet exemple précis ne pourrait fonctionner : l'important est de voir ici la différence dans la normativité en jeu dans l'un et l'autre cas. Je refermerai cette parenthèse sur les concepts de perception, pour en venir maintenant à une des divergences fondamentales entre Kant et Wittgenstein autour de cette question même d'une normativité originaire.

NORMATIVITÉ ET TRANSCENDANTAL

Du point de vue des *Recherches*, on peut contester l'interprétation selon laquelle on trouve dans la troisième *Critique* kantienne la défense d'une normativité originaire, si nous pensons celle-ci à partir de l'argumentaire contre le langage privé. En effet, la « Première introduction » défend l'idée que cette normativité originaire obéit à un principe *a priori*. C'est précisément là un point que Wittgenstein ne suivrait pas chez Kant, et interpréterait comme une nouvelle manière de tenter de fonder cette normativité en lui donnant précisément un principe.

L'argumentaire contre le langage privé laisse à un naturalisme le problème de savoir ce qu'il y a en deçà des normes originaires : il n'y a dans cet en-deçà rien qui puisse fournir quelque chose comme une justification en dernier ressort de ce que nous faisons. Selon les *Recherches*, penser une justification, même d'ordre second, en renvoyant à un principe à proprement parler qui soit au fondement de la normativité originaire d'une faculté de juger réfléchissante, c'est pouvoir penser une évaluation rationnelle de ce qui la précède. Ce lieu où un principe *a priori* du jugement réfléchissant pourrait se glisser est problématique selon Wittgenstein : aussi problématique en réalité que la médiation de premier ordre entre la douleur et son concept.

La « Première introduction » présente le jugement réfléchissant comme demandant une forme d'unification de l'expérience qui aille au-delà de ce que peuvent donner les concepts universels de la nature, et qui offre ce qu'on pourrait appeler une cohérence à l'expérience. Il semble qu'on puisse dès lors juger de la normativité réfléchissante au regard de cette exigence de cohérence ; on pourrait considérer par exemple tel ensemble de concepts empiriques comme susceptibles d'une forme d'économie conceptuelle plus grande que celle qu'ils offrent présentement.

La philosophie des *Recherches* aura peine à accueillir semblable comparaison. On peut construire un système meilleur qu'un autre des espèces animales par exemple, mais peut-on parler d'économie (terme kantien) conceptuelle au niveau originaire sans renier l'originarité supposée ? L'argument de régression que Kant opposait à l'idée d'une faculté de juger purement déterminante réapparaît, du point de vue d'un philosophe étranger à la démarche transcendantale, dans les termes dont Kant use pour, malgré tout, évaluer la normativité des concepts empiriques établis par réflexion.

Si nous n'avions pas un tel principe, alors tout acte de réflexion se ferait uniquement à l'aventure et à l'aveuglette, dit Kant[1]. Kant n'est pas ici en train de proposer une psychologie du développement conceptuel, bien entendu, mais une forme de justification de la procédure poursuivie dans la construction de ces normes originaires. Mais le fait que nous ayons là une justification à nouveau, non pas au niveau de la construction du concept de douleur, mais à un niveau « méta », peut-on dire, en vertu d'un principe que cette construction suivrait, c'est encore laisser trop de place à la justification selon Wittgenstein, là où il s'agit d'accepter la naturalité d'un animal normé. Nous ne pouvons, dans cette perspective qui n'est donc pas transcendantale ici mais bel et bien naturaliste, justifier nos normes conceptuelles par un appel à un principe de la réflexion, qui demande qu'on se soumette au principe d'une ordonnance finale de la nature en un système. S'il ne s'agit pas d'un principe au sens propre, c'est-à-dire de quelque chose à quoi on

1. *CJ*, *PI* V, Ak XX, 211-212.

peut soumettre le jugement, alors la question se pose de savoir ce qui permet d'appeler cela un principe.

Kant rejette bien l'idée que l'on suivrait un principe objectif, mais passe dès lors à sa subjectivité. Ce mouvement précisément transcendantal est (entre autres choses) ce que Wittgenstein ne peut accueillir dans les *Recherches*, en proposant une originarité qu'il conçoit comme plus radicale : non pas un principe de la réflexion *in fine*, mais, pour reprendre une belle expression de Bouveresse [1], une force de la règle. La justification a une fin, comme l'écrit Wittgenstein – thématique l'éloignant d'un des éléments essentiels de la pensée transcendantale kantienne.

Layla RAÏD
Université Michel de Montaigne – Bordeaux 3

1. *La force de la règle, Wittgenstein et l'invention de la nécessité*, Paris, Minuit, 1987.

RÉCEPTIONS

III

PHILOSOPHIE FRANÇAISE

L'ACCORD DISCORDANT DES FACULTÉS
LECTURES DELEUZIENNES DE KANT

L'importance de Kant pour l'esthétique contemporaine est décisive, comme l'attestent les multiples fortunes de la notion de sublime, en particulier dans l'œuvre d'un philosophe contemporain, Deleuze, qui, s'il prend souvent parti contre Kant, élabore néanmoins sa philosophie de l'art par une méditation critique et renouvelée de son œuvre. Non seulement Deleuze revient sans cesse à sa lecture de la troisième *Critique*, mais Kant est l'une des figures décisives en regard de laquelle il construit son système, tant pour ce qui concerne l'élaboration de cet *empirisme transcendantal* paradoxal qui culmine dans les années de *Différence et Répétition* (1968) que pour la place de la création dans sa dernière philosophie, où l'importance de Kant et de son analyse du sublime s'affirme à nouveau dans sa philosophie du cinéma, de l'image et du temps (*L'Image-mouvement* et *L'Image-temps*, 1983 et 1985).

LA DOCTRINE DES FACULTÉS ET LA *CRITIQUE DU JUGEMENT*

Dans sa lecture de Kant, Deleuze connaît différentes accentuations stratégiques : si la monographie qu'il lui consacre en 1963, *La Philosophie critique de Kant. Doctrine des facultés*, place exactement sur le même plan conceptuel les trois *Critiques*, l'article « L'idée de genèse dans l'esthétique de Kant », paru la même année dans la *Revue d'Esthétique*, insiste au contraire sur le renouvellement qu'introduit la troisième *Critique*, et sur la fracture décisive qu'ouvre en elle l'Analytique du sublime [1].

La divergence entre ces deux lectures tient autant au statut du commentaire en histoire de la philosophie qu'à la place de la question de l'art. Du corpus kantien, Deleuze ne retient dans sa monographie que les trois *Critiques*, qu'il expose sur le

1. Deleuze, *La Philosophie critique de Kant. Doctrine des facultés*, Paris, PUF, 1963 et « L'idée de genèse dans l'esthétique de Kant », *Revue d'Esthétique*, 1963, rééd. dans *L'Île déserte. Textes et entretiens 1953-1974*, Paris, Minuit, 2002, p. 79-101 (cité : « L'idée de genèse... »).

plan continu d'une théorie générale des facultés, par une contraction dont la densité structurale est saisissante. Deleuze durcit l'unité architectonique du système, et considère la doctrine des facultés comme le noyau d'un « véritable réseau, constitutif de la méthode transcendantale »[1], permettant de considérer les trois *Critiques* comme « un système de permutations ». Cette lecture du système, qui revient à un commentaire inspiré du tableau récapitulatif qui clôt l'Introduction de la *Critique du jugement*[2], révèle l'influence de Gueroult et projette les trois *Critiques* sur un plan systématique unifié en négligeant les autres aspects de l'*opus* kantien. Deleuze répond ainsi au parti pris qui est alors le sien en matière d'histoire de la philosophie : isoler le problème philosophique constituant du système et s'y tenir comme à une formule permettant de générer, voire de déduire le cristal de l'œuvre.

Cette formule est la suivante : dans chacune des trois *Critiques*, les facultés, au sens de facultés de l'âme, imagination, entendement, raison, entrent dans des rapports divers sous la direction de l'une d'entre elles portée à son exercice supérieur, pour répondre à un intérêt de la raison. Si l'entendement légifère dans la faculté de connaître selon l'intérêt théorique de la raison dans la *Critique de la raison pure*, la raison légifère à son tour dans la faculté de désirer supérieure selon l'intérêt pratique de la raison dans la *Critique de la raison pratique*. Dans la *Critique du jugement*, l'imagination entre en scène et permet le libre jeu des facultés dans l'expérience esthétique. En propulsant la doctrine des facultés au rang de matrice théorique du kantisme, Deleuze peut agencer les trois *Critiques* comme différentes faces d'un unique système de régulation des facultés, sous l'autorité alternée de l'une d'entre elles, portée à son exercice supérieur. Pourtant la même année, dans le long article qu'il écrit pour la *Revue d'esthétique*, Deleuze réévalue le statut de la troisième *Critique* et la place clairement en position de prééminence, en s'appuyant sur la fracture qu'ouvre en son sein l'Analytique du sublime.

Dans *La Philosophie critique de Kant*, Deleuze soulignait le fait que l'accord déterminé des facultés supposait bien, comme sa condition nécessaire, la possibilité d'un accord indéterminé, libre, entre des facultés qui diffèrent en nature. Si les facultés entrent dans des rapports variables sous l'autorité de l'une d'entre elles portée à son exercice supérieur, c'est à une condition qui excède la logique des permutations structurales. Qu'est-ce qui fonde la possibilité, pour les facultés subjectives dans leur disparité constituante, d'arriver à former un accord ? Ce nouvel enjeu place désormais la *Critique du jugement* et la question de l'art en première ligne.

Si en effet la *Critique de la raison pure* et la *Critique de la raison pratique* définissent un rapport harmonieux et stable entre les facultés sous l'autorité de l'une d'entre elles, la *Critique du jugement* ne peut ni affirmer ni postuler l'existence d'un sens commun esthétique modérant l'accord entre les facultés, de

1. Deleuze, *La Philosophie critique de Kant*, *op. cit.*, p. 17.
2. Deleuze traduit ainsi le titre de la *Kritik der Urteilskraft*.

sorte qu'elles doivent entrer dans un nouvel agencement. C'est cet accord étonnant, inharmonieux, complexe qui génère la place croissante de la troisième *Critique* dans l'œuvre de Deleuze. D'une part, jamais les facultés ne pourraient tour à tour assumer un rôle législateur et déterminant si les facultés toutes ensembles n'étaient capables d'un tel accord indéterminé. Dans cette mesure, Deleuze estime que le sens commun esthétique ne complète pas seulement les deux autres, mais qu'il les rend possibles. D'autre part, l'Analytique du sublime promeut l'idée d'une synthèse discordante, qui fait passer de la belle harmonie classique des facultés dans l'appréhension du beau à leur dérèglement, leur désaccord, leur disparité constituante éprouvée devant l'informe ou le difforme – immensité ou puissance – du sublime. Il ne s'agit pas seulement de garantir la condition de possibilité d'une harmonie des facultés dans l'exercice de la connaissance ou de la liberté pratique. Il s'agit en outre de transformer profondément le concept même de cet accord, et de passer d'une théorie classique de l'harmonie comme consonance des facultés à une théorie romantique de la dissonance. C'est pourquoi il faut conférer à la troisième *Critique* une nouvelle place dans le dispositif : elle « ne vient pas simplement compléter les deux autres », mais en réalité elle « les fonde »[1].

La singularité de la troisième *Critique*, que Deleuze relevait également dans sa monographie, s'avère maintenant décisive. En effet, dans la *Critique du jugement*, la faculté de sentir n'accède pas à son usage supérieur, alors même qu'elle révèle, dans l'accord libre des facultés qu'elle promeut, la condition de possibilité du jugement, et qu'elle articule en retour et soude la *Critique de la raison pure* à la *Critique de la raison pratique*. L'imagination n'accède pas pour son compte à une fonction législatrice, mais s'émancipe seulement de la tutelle de l'entendement, émancipation qui permet le libre jeu des facultés et fonde la possibilité pour une faculté de devenir législatrice. La libre harmonie subjective qui se découvre dans le jugement esthétique (jugement réfléchissant) permet le passage de la faculté de connaître à la faculté de désirer et assure l'unité rétrospective des trois *Critiques*[2].

Autrement dit, la *Critique du jugement* complète et fonde les *Critiques* précédentes précisément parce qu'elle manque d'un domaine propre. En termes kantiens, cela implique que le jugement esthétique ne peut en aucun cas être légiférant, ni impliquer aucune faculté législatrice sur ses objets, puisqu'il n'y a selon Kant que deux sortes d'objets, les phénomènes sur lesquels l'entendement légifère et les choses en soi, renvoyant à la législation de la raison dans la raison pratique. D'où la spécificité du jugement esthétique, ni législatif, ni autonome, mais « héautonome », ne légiférant que sur soi. Cette héautonomie, que Deleuze reprend dans sa philosophie du cinéma, confère à la troisième *Critique* un rôle de fondation du système. Voilà le point de rebroussement sur lequel Deleuze fait subir à Kant une distorsion complète, et qui lui permet de penser – ou faut-il dire,

1. Deleuze, « L'idée de genèse… », art. cit., p. 116.
2. Deleuze, *La Philosophie critique de Kant*, *op. cit.*, p. 16-17, 94-95, 72.

de fausser ? – l'usage supérieur d'une faculté en l'entendant comme son passage à la limite, selon un modèle qui révèle l'influence du concept de sublime.

Si Deleuze coupe court à cette thématique du fondement dans sa monographie pour projeter les trois *Critiques* sur un seul plan en durcissant leur complémentarité, c'est qu'il poursuit dans cet ouvrage un objectif différent : celui d'une présentation systématique du kantisme. Indiquer en quoi la *Critique du jugement* renouvelle les *Critiques* précédentes l'aurait contraint à s'expliquer sur le rôle principiel que sa lecture confère implicitement à l'art, et sur le privilège qu'il accorde à l'Analytique du sublime, ce qui l'aurait fait dévier de sa méthode de critique immanente. Sa belle construction architectonique accentuant le rôle des facultés aurait été menacée, et il n'aurait pu insister si clairement sur leur articulation synchronique, ni sur le système qu'elles constituent. Si donc la monographie répond à un souci systématique en histoire des idées, l'article, paru la même année mais centré sur la question de l'art, permet à Deleuze d'insister sur un autre aspect du kantisme, auquel il donnera de plus en plus d'importance : l'harmonie disjointe du sublime et le dérèglement des facultés, qui renouvellent la philosophie de l'art.

Kant, Proust et la doctrine des facultés

C'est en termes kantiens que Deleuze détermine la place de l'art, au double sens d'une esthétique du sensible et d'une philosophie de l'art ; c'est vis-à-vis de Kant qu'il inscrit sa tentative de construire une critique transcendantale de la pensée, cet « empirisme transcendantal » dans l'élaboration duquel l'art joue un rôle décisif. Le premier ouvrage que Deleuze consacre entièrement à l'art et à la littérature, qui paraît l'année suivante, signale bien cette influence kantienne. *Proust et les signes* cherche à condenser *La Recherche du temps perdu* en une formule constituante générant le cristal de l'œuvre[1].

Selon cette grille de lecture, le roman de Proust doit se lire comme une doctrine des facultés, mettant systématiquement en correspondance une typologie des signes (signes mondains, signes amoureux, signes sensibles, signes de l'art) avec des facultés portées à leur usage supérieur, de sorte que chaque espèce de signe convoque une faculté selon une logique ascendante qui fait de *La Recherche* une véritable recherche de la vérité. Les signes se différencient en fonction de la faculté qu'ils poussent à son exercice supérieur. Deleuze utilise sans vergogne le travail qu'il vient d'achever sur *La philosophie critique de Kant*. De même que chez Kant, chaque faculté est portée à son exercice supérieur lorsqu'elle légifère *a priori* sur les objets qui lui sont soumis, c'est-à-dire, en termes kantiens, lorsqu'elle porte sur son domaine[2], de même chaque faculté, chez Proust, est

1. Deleuze, *Proust et les signes*, Paris, PUF, 1964.

2. Kant, *CJ*, Introduction, II, Ak V, 174 et Deleuze, *La Philosophie critique de Kant*, *op. cit.*, p. 15-16.

portée à son usage transcendant ou supérieur sous l'action du signe qui l'active. La typologie des facultés commande la pluralité des mondes de signes que Deleuze détaille dans *La Recherche*, et orchestre l'itinéraire initiatique du narrateur, passant d'un monde à un autre, de la sphère du snobisme à celle de la jalousie, de l'émotion suscitée par les qualités sensibles à l'expérience assumée de l'art.

L'équilibre mobile des facultés se recompose à chaque niveau de l'itinéraire proustien, en s'élevant de l'univers social du snobisme au monde déchirant de l'amour, de l'émotion des signes sensibles à la spiritualité de l'art. Ces mondes se hiérarchisent en fonction de la faculté qu'ils sollicitent et de l'aptitude que celle-ci manifeste à répondre à l'intrusion des signes : la sensibilité les saisit, la mémoire involontaire et l'imagination animée par le désir les développent, l'intelligence volontaire les rate et la pensée pure les mobilise. Selon cette échelle, les signes mondains du snobisme relèvent seulement de l'intelligence décevante, les signes amoureux convoquent une sensibilité déchirée par la jalousie et secondée par l'intelligence encore, tandis que les signes sensibles, faisant appel à la mémoire involontaire et à l'imagination désirante, préparent l'exercice de cette faculté noétique que l'art seul révèle : la « pensée pure » [1]. Ainsi s'opère cette traversée du vécu sensible vers l'art en quoi consiste *La Recherche du temps perdu*.

Deleuze applique à Proust le modèle kantien d'une harmonie des facultés sous l'autorité d'une faculté portée à son usage supérieur, mais le transforme profondément. Chez Proust en effet, la faculté est portée à son usage supérieur par l'irruption involontaire et violente d'un signe : seule la rencontre sensible suscite la mémoire involontaire, et déclenche chez le narrateur sa vocation pour l'art sous forme d'une expérience intense : « un peu de temps à l'état pur » [2]. Deleuze comprend cet involontaire proustien sur le mode d'un débordement, à travers le modèle pathétique du sublime qui s'impose comme une puissance dont la force excède les limites organiques du sujet. En recourant à une typologie des facultés plus bergsonienne que kantienne – la distinction entre intelligence volontaire et pensée pure reprend la distinction bergsonienne entre intelligence et intuition – Deleuze place le thème proustien de l'involontaire dans le cadre bergsonien d'une opposition entre l'intelligence doxique, matérielle et active, et l'intuition réceptive, passive et enchantée.

Deleuze fait subir ainsi au cadre de la théorie des facultés une métamorphose complète en interprétant l'usage supérieur des facultés comme un usage involontaire. Là où Kant insiste sur l'autonomie et le caractère non empirique de l'exercice pur, Deleuze formule cette pureté comme passivité et présence irruptive du signe matériel dans la pensée. En substituant le volontaire et l'involontaire proustien à l'empirique et au pur kantien, l'involontaire se fait le mode d'exercice le plus haut d'une faculté. Alors, l'exercice supérieur d'une faculté peut être compris comme son passage à la limite sous la violence subie par la rencontre involontaire d'un signe, forçant la pensée à créer. L'affection passive, que Kant

1. Deleuze, *Proust et les signes*, *op. cit.*, p. 105-106.
2. Proust, *Le Temps retrouvé*, Paris, GF-Flammarion, 1986, p. 262.

jugeait pathologique, s'avère chez Deleuze la condition de la création de la pensée et de son inventivité [1].

L'EMPIRISME TRANSCENDANTAL SELON DELEUZE

L'éloge de l'involontaire permet à Deleuze de développer cet *empirisme transcendantal* paradoxal, dont l'édification occupe la première partie de son œuvre jusqu'à *Différence et Répétition*, et révèle l'importance de l'art pour la philosophie. Le romancier, guidé par l'expérience réelle de l'art, produit une typologie des facultés qui permet au philosophe de réformer l'image fautive que la pensée se donne d'elle-même dans son usage seulement théorique. À la dialectique spontanée de la raison dans son usage spéculatif, la pratique de l'art fournit l'antidote nécessaire, parce qu'elle montre que la pensée n'est pas affaire d'autonomie, de spontanéité, ni de volonté bonne, et qu'il faut écarter le modèle cartésien, finalement reconduit par Kant, d'une pensée transparente à elle-même et capable de se doter spontanément d'une méthode pour se frayer une voie vers la vérité. La pensée ne se produit pas comme l'activité spontanée du penseur, et ne présuppose pas une affinité du penseur avec le vrai, ce qui imposerait à la philosophie un idéal de recognition.

Là où l'exercice volontaire d'une faculté se contente de reproduire l'image représentative que la pensée se donne d'elle-même, son exercice involontaire l'amène à un exercice transcendant mais disjoint, où la matière du signe s'exerce comme une force subie sur un mode extrinsèque, irréductible à un acte spontané, volontaire et doxique. Deleuze entend ainsi conserver de Kant l'inspiration critique tout en évitant le piège dans lequel tombe Kant, selon lui, et qui consiste à décalquer les structures transcendantales sur les actes doxiques d'une conscience ordinaire. Kant, « le grand explorateur » qui « découvre le prodigieux domaine du transcendantal », avait posé correctement le problème *quid juris* de la pensée, et semblait armé pour transformer l'image de la pensée, en soumettant Dieu et le moi à « une sorte de mort spéculative », en substituant au moi substantiel le « moi profondément fêlé par la ligne du temps » [2], mais il sacrifiait son avancée spéculative sur l'autel de la raison commune, en obligeant la pensée à retrouver en elle-même les présupposés de la doxa. Or, le transcendantal ne peut être déduit des formes ordinaires auxquelles le sens commun s'est habitué à obéir, ni stabilisé et réduit aux limites psychologiques de l'expérience humaine. Pour répondre à une véritable création en pensée, l'idéalisme de la structure transcendantale doit laisser la place à une véritable découverte empirique, qui se confronte à l'expérience réelle et non seulement à l'expérience possible, mentale et subjective. C'est ce que Deleuze entend par « empirisme transcendantal ».

1. Deleuze, *Proust et les signes*, *op. cit.*, p. 121.
2. Deleuze, *Différence et Répétition*, Paris, PUF, 1968, p. 176-178.

LE SUBLIME ET LE CINÉMA

En tordant ainsi le kantisme pour affirmer que « la forme transcendantale d'une faculté se confond avec son exercice disjoint, supérieur ou transcendant »[1], Deleuze saluait pourtant d'une autre manière l'inventivité profonde de Kant. Loin d'en finir avec le kantisme, il indiquait plutôt la direction d'un nouvel usage de la *Critique du jugement*, prenant cette fois résolument appui sur l'Analytique du sublime, et sur l'accord discordant entre les facultés qu'elle promeut. En somme, la torpille grâce à laquelle Deleuze fait voler en éclat l'édifice mesuré de la doctrine des facultés provient de l'œuvre de Kant elle-même. La définition du sublime que Deleuze inocule avec insolence dans la doctrine des facultés fait peut-être à ses yeux vaciller le massif kantien, mais elle lui permet en réalité de passer d'une lecture classique de la belle ordonnance systématique à cette vision du système qui donne la « formule d'un Kant profondément romantique ». S'il considérait en 1963 que « dans la *Critique du Jugement*, le classicisme achevé et le romantisme naissant trouvent un équilibre complexe » – l'esthétique formelle du beau équilibrant le pathos du sublime –, Deleuze déplace de plus en plus le centre de gravité du système vers la découverte tardive du sublime, invention théorique qui relance selon lui l'appareil kantien, et culmine avec l'exercice déréglé des facultés, « dernier renversement kantien [...] qui va définir la philosophie future »[2].

Au moment de se lancer dans l'entreprise hardie d'une philosophie du cinéma, Deleuze reprend la *Critique du jugement*, et l'associe à *Matière et Mémoire* de Bergson, pour problématiser les rapports entre pensée et signe. La pensée surgit sous le choc d'une sensation : c'était le résultat de l'empirisme transcendantal dans l'analyse de Proust. La violence faite à la pensée révèle le mode sur lequel la pensée se montre inventive, et corrélativement, son essentielle passivité. Passivité et création s'impliquent nécessairement, et la création se produit sur un mode extrinsèque, contingent et matériel. On pouvait croire Deleuze à ce point tout à fait détaché de Kant, alors que cette hérésie du point de vue kantien l'inscrit au contraire dans la postérité romantique de Kant. Impossible en effet de lire « les signes de l'art nous *forcent* à penser » sans y voir la trace de l'Idée esthétique, « symbole qui *donne* à penser »[3], même si Deleuze transforme la surabondance du don en exposition clinique de rapports de forces.

De ce point de vue, la définition du sublime sert de modèle non seulement pour la philosophie de l'art, mais pour la création de pensée. Dans l'Analytique du sublime, en effet, Kant découvrait l'accord discordant des facultés et l'effraction du sensible comme violence. Le jugement « c'est sublime » exprime une harmonie paradoxale, un accord réalisé au sein d'une tension douloureuse. À cette caractérisation, classique depuis Burke, du sublime comme affect mixte de plaisir et de

1. Deleuze, *Différence et Répétition*, *op. cit.*, p. 186 ; *Proust et les signes*, *op. cit.*, p. 121.
2. Deleuze, *La Philosophie critique de Kant*, *op. cit.*, p. 83 ; *Critique et Clinique*, Paris, Minuit, 1991, p. 47-49.
3. Kant, *CJ*, § 49 et Deleuze, *Proust et les signes*, *op. cit.*, p. 120.

douleur, « accord discordant, harmonie dans la douleur »[1], Deleuze donne, on l'a vu, deux prolongements singuliers : l'affection du sublime doit être comprise comme une effraction, portant les facultés à leur point de tension maximale, point de rupture que Deleuze considère comme leur usage transcendant, leur limite. Et cette limite, où la faculté s'exténue devant la disproportion de l'affect, marque le point où elle se rebrousse en pathos. Ce point était acquis en 1963 : « Voilà que le sublime met l'imagination face à ce maximum, la force à atteindre sa propre limite, la confronte avec ses bornes. L'imagination est poussée *jusqu'à la limite de son pouvoir* »[2].

Comment déterminer cette force qui s'impose à la pensée en débordant nos facultés ? En 1983, Deleuze l'appelle « image », en se référant à l'analyse bergsonienne de l'image comme complexe de forces en mouvement, signe matériel qui nous affecte[3]. Or le sublime chez Kant se définit justement par l'excès et la disproportion, sous lesquels le sujet se trouve submergé, en même temps que défait par la grandeur (sublime mathématique) ou la puissance (sublime dynamique) d'une affection. Deleuze valorise, à la différence de Kant, le moment d'impuissance et de passivité, où la faculté, poussée à la limite de son pouvoir, subit la nouveauté intrusive d'une image qui la force à penser, et se déploie en pathos. Est sublime l'image (ou complexe de forces) qui dépasse nos capacités de riposte et enraye nos schèmes sensori-moteurs, portant nos facultés à leur limite. Alors, nous passons de la perception engagée dans l'action à un nouveau mode de rapport au sensible, que Deleuze détermine, sur le mode de l'intuition bergsonienne, comme un passage du mouvement actif (image-mouvement) au changement intensif (image-temps). Le sublime apparaît comme le mode sur lequel certaines images, certains complexes de signes, nous sollicitent et nous forcent à penser. Non toutes les images il est vrai, car la plupart d'entre elles se complaisent à provoquer en nous un réflexe doxique, une conduite sensori-motrice qui se contente de répéter un cliché. En délivrant la perception de l'action commune et du cliché des conduites ordinaires, le sublime nous empêche de décharger les situations en motricité. Portant la perception à la limite de son pouvoir, il la libère pour un exercice sensoriel supérieur, que Deleuze nomme vision, images sensorielles optiques ou sonores.

Cette distinction entre l'image motrice, active et individuée (image-mouvement) et l'image bouleversante qui dépasse nos capacités de réaction et nous fait sentir « un peu de temps à l'état pur » (image-temps) explique la valeur opératoire du concept de sublime dans l'analyse du cinéma. Non seulement la notion, dans la dimension technique de sa distinction entre sublime mathématique et dynamique, permet à Deleuze d'asseoir son analyse des différents types de montage et des propriétés de l'image cinématographique, mais surtout elle rend compte du passage entre l'image-mouvement, le cinéma d'action centré sur les

1. Deleuze, « L'idée de genèse… », art. cit., p. 121.
2. Deleuze, « L'idée de genèse… », art. cit., p. 122.
3. *Cf.* sur ce point notre ouvrage *Deleuze et l'art*, Paris, PUF, 2005.

péripéties de personnages individués, qui caractérise plutôt le cinéma d'avant-guerre, et le néoréalisme contemporain de l'image-temps.

Dans le cinéma d'avant-guerre, Deleuze sélectionne quatre différents types de montage, le montage organique actif du cinéma américain (Griffith), le montage dialectique et matériel du cinéma soviétique (Eisenstein), l'école française (Renoir) et l'expressionnisme allemand (von Stroheim), – sans qu'il faille donner à cette classification de rôle exhaustif, ni prescriptif: Deleuze s'essaye simplement à proposer une typologie des images, qui aide à la création de concepts cinématographiques. Les catégories du sublime mathématique et dynamique permettent de préciser la singularité des écoles française et allemande, qui se distinguent des cinémas américain et soviétique parce qu'elles franchissent et dissolvent les bornes organiques d'un montage centré sur l'action individuelle ou collective et l'alternance entre segments d'actions et gros plans psychologiques. L'école française, avec son goût pour le mouvement (le cinétisme, comme art du visuel, dans *Ballet mécanique* du peintre Léger, ou *Photogénie mécanique* de Grémillon), et son sens de l'eau, de la mer ou des rivières (Vigo, *L'Atalante*) dépasse la belle unité organique et s'oriente vers une mécanique des fluides affranchie de toute consistance organique définie. En distinguant le «plus de lumière!» du cinéma expressionniste allemand du «plus de mouvement!» du cinéma français d'avant-guerre [1], Deleuze relance de manière inventive la distinction entre le sublime mathématique et dynamique. Alors que dans le cinéma français, chez Gance ou chez L'Herbier, l'imagination est aux prises avec l'immense et la disproportion de quantités de mouvement qui la réduisent à l'impuissance dans le vertige d'une danse mécanique, dans l'expressionnisme allemand de Wegener ou de Murnau la modulation du clair-obscur dissout les contours du montage réaliste dans la puissance de la lumière.

Le sublime est opératoire pour penser la dissolution des formes individuelles organiques dans le devenir intensif des forces: c'est pourquoi il est également requis pour penser le passage de l'image-mouvement à l'image-temps. Ces deux catégories représentent moins deux étapes successives de l'histoire du cinéma que deux modalités, en réalité coexistantes, du rapport à l'événement. Selon qu'un événement est assimilable sur le mode sensori-moteur, qu'il entre dans les catégories d'action du personnage ou qu'il dépasse ses capacités de riposte, il relève de l'image-mouvement ou de l'image-temps. Lorsque l'événement retentit sur un mode sensori-moteur, encadré par une perception qui le saisit et une action qui y répond, l'image se fait image-mouvement, centrée sur l'unité individuelle organique d'un corps qui prolonge une situation en action.

L'image-temps consiste en une dissolution et une intensification sublime de l'événement qui rompt la belle unité classique de l'image-mouvement, organisée autour de la psychologie d'un personnage et de l'unité d'une action. La situation ne se prolonge plus en situation, elle s'éprouve. Le sujet, incapable de riposte, n'est plus en mesure de neutraliser l'événement par un échappement moteur, une

1. Deleuze, *L'Image-mouvement*, Paris, Minuit, 1983, p. 73.

action, une réaction psychologique, mais se trouve rivé, sans défense, à la puissance d'une affection. L'histoire narrative organique laisse la place à une description différente, que Deleuze nomme l'image-temps : le mouvement cesse d'être translation motrice pour se faire expression du devenir. Il fallait que la voie causale et psychologique du mouvement soit barrée pour que se déclenche la violence visionnaire de l'événement comme voyance. Le sublime nous empêche de dissiper l'affect en énergie motrice et nous oblige à la convertir en pensée.

En conclusion, on mesure la fécondité mais aussi la distorsion que subissent les catégories kantiennes au gré de ce parcours dans l'œuvre de Deleuze. Ces opérations successives tentées sur le corpus kantien ne doivent pas scandaliser les commentateurs puisqu'elles indiquent au contraire la vitalité résistante de son texte. Si Deleuze estimait prendre congé de Kant, c'est en retournant contre lui sa propre définition du sublime, de sorte qu'à une première lecture, classique et structurale de la doctrine des facultés, succédait, avec l'empirisme transcendantal et la lecture de Proust, une lecture romantique de la troisième *Critique*, axée sur le libre jeu des facultés et leur exercice transcendant, réinterprété comme débordement sublime, débordement qui prend, avec la philosophie du cinéma, l'ampleur d'une véritable logique de la pensée.

Si Deleuze élabore cette théorie de l'exercice transcendant, et trouve dans l'Analytique du sublime cet « accord discordant » qui lui permet de substituer un pathos de l'Idée à la transparence de la raison, il s'agit bien sûr d'une création deleuzienne. Kant n'aurait pas validé cette transformation du sublime en catégorie de l'art, ni cette esthétique matérielle du pathos et de l'usage transcendant des facultés, qui place la pensée en rapport avec son impouvoir et sa passivité, tout comme il aurait reculé devant cette lecture du sublime mathématique et dynamique comme puissance informelle et difforme.

La désinvolture même de l'opération assure pourtant la mutation du concept et sa vivacité dans la philosophie de l'art actuelle. C'est bien Kant qui invente cet usage disjoint, cette violence faite à la pensée, et qui promeut une nouvelle image de la pensée, où les facultés entrent dans un type inédit de rapport, un « libre jeu » indéterminé, tandis que la pensée éprouve la limite de son pouvoir sous la force qui l'affecte. La fécondité du concept de sublime permet ce parcours contrasté dans l'*opus* kantien, et explique l'inlassable curiosité avec laquelle Deleuze ouvre toujours à nouveau la *Critique du jugement*. Le sublime ne permet pas seulement de définir le rapport de la pensée avec le sensible, de la philosophie avec l'art ; il assure la conversion du bien-connu, des clichés sensori-moteurs et des conduites doxiques en découverte du nouveau, sur ce mode irruptif et violent que Deleuze fixe à la création, et grâce auquel « la subjectivité prend un nouveau sens, qui n'est plus moteur ou matériel, mais temporel et spirituel » [1].

Anne SAUVAGNARGUES
Ens-LSH de Lyon

1. Deleuze, *L'Image-temps*, Paris, Minuit, 1985, p. 67.

LE MOMENT SUBLIME DE LA PHILOSOPHIE FRANÇAISE

Peut-être le moment est-il venu pour nous de « savoir hériter ». J'emprunte à Stanley Cavell l'expression « savoir hériter », qui servira ici à formuler le problème d'une lecture. De quelle lecture s'agit-il ? J'ai intitulé ma contribution : « Le moment sublime de la philosophie française ». Mais c'est plus restrictivement du rapport conflictuel de Jean-François Lyotard avec Jacques Derrida que je vais parler. Car c'est par la mise en surface de ce conflit, qui a opposé la *différance* derridienne au *différend* lyotardien, que s'éclairent, à mon sens, la référence à la philosophie critique et surtout le surgissement ainsi que la reprise de la catégorie kantienne de sublime.

Il faut prendre la mesure d'un *Kampfplatz* philosophique français, caractéristique des années quatre-vingt, dans lequel s'est tramé tout un réseau d'oppositions où les noms de Jacques Derrida et de Jean-François Lyotard ont polarisé une logique d'objections complexes et engagé avec eux d'autres noms, d'autres œuvres. Ce jeu d'oppositions, aimanté par les pôles derridien et lyotardien, a produit des effets nominaux, des transformations de références, par où le nom de Kant a suivi des chaînes de substitution et a été soumis à des interprétations très remarquablement changeantes.

La question vers laquelle tendra la restitution de ce *Kampfplatz* est la suivante : de quel Kant, de quel nom de Kant, de quel usage du nom de Kant héritons-nous, quand nous faisons nôtre la lecture par Jean-François Lyotard de l'*Analytique du sublime* ?

Je voudrais mettre en exergue à mon enquête une phrase extraite de la *Leçon inaugurale* prononcée par Michel Foucault au Collège de France et publiée, en 1971, sous le titre *L'Ordre du discours* :

> Toute notre époque, que ce soit par la logique ou par l'épistémologie, que ce soit par Marx ou par Nietzsche, essaie d'échapper à Hegel [1].

Ce que je tenterai aujourd'hui de montrer est que Kant fut pour Jean-François Lyotard ce qu'Emmanuel Lévinas fut pour Jacques Derrida, un biais chaque fois singulier d'échapper au hégélianisme. On verra, en outre, combien cette analogie

1. *L'Ordre du discours*, Paris, Gallimard, 1971, rééd. 2005, p. 74.

sera appelée à être complexifiée du fait de l'alliance lyotardienne de Kant avec Emmanuel Lévinas, alliance destinée à être objectée au « Lévinas » de Jacques Derrida. Par échappée à l'hégélianisme, il faudra comprendre une confrontation à l'accomplissement du *logos* grec dans et par la dialectique hégélienne mais aussi une réflexion philosophique sur l'universel, saisie d'un immense mouvement d'inquiétude, suscité par la question lévinassienne de l'altérité. Aussi le déploiement oppositif des stratégies derridienne et lyotardienne d'échappée à l'hégélianisme, stratégies qui vont en un certain point croiser leurs incompatibilités, et les croiser à travers le nom de Kant ou plutôt à travers un usage kantien du nom d'Emmanuel Lévinas (par Jean-François Lyotard) et un usage heideggerien du nom d'Emmanuel Lévinas (par Jacques Derrida), implique-t-il toute une mise en récit de l'histoire de la philosophie française, du moins d'un de ses pans majeurs. Le sublime kantien se comprendra donc comme une figure conceptuelle très polémique, inséparable de cette histoire, presque comme une de ses focales majeures. On saisit par avance combien l'évidence de la lecture esthétique de l'*Analytique du sublime* va s'en trouver secouée, si une telle évidence fut jamais partagée...

Enfin, une dernière remarque préjudicielle : il ne s'agit nullement pour moi de produire un désengagement critique. Je crois que nous avons tous vécu de la fécondité de ces lectures de Kant, qui ont façonné différentiellement ce que j'ai nommé un moment sublime de la philosophie française. Il faut penser en elles, à partir d'elles, ce qu'elles signifient, engagent et impliquent contradictoirement voire polémiquement, et ne pas les tenir illusoirement pour ce qu'elles ne sont pas : une lecture ingénue du texte kantien. Il serait naïf de croire qu'il y a des lectures innocentes. Et tout aussi vain de se rêver sans héritage. J'entends donc faire œuvre d'histoire de la philosophie au sens où il s'agit pour moi d'une histoire sans cesse recommencée de la lecture, lecture chaque fois prise dans une intrigue philosophique, qui la porte parfois à son insu et en dit souvent plus long sur le lecteur que sur le livre lu.

Je commencerai donc par ressaisir la stratégie anti-hégélienne de Jacques Derrida jusqu'au point de sa confrontation avec celle de Jean-François Lyotard, confrontation qui eut effectivement lieu par deux fois à Cerisy, en juillet 1980, lors d'une décade consacrée au travail de Jacques Derrida, puis, deux ans plus tard, lors d'une autre décade consacrée à la question « Comment juger ? ». De ces deux confrontations nous pouvons lire les textes, pour la première dans le recueil intitulé *Les fins de l'homme* [1], pour la seconde dans le volume collectif intitulé *La faculté de juger* [2].

Mais reprenons les choses en amont, depuis ce qu'on pourrait nommer la « correction » [3] par Jacques Derrida de l'anti-hégélianisme d'Emmanuel Lévinas,

1. *Les fins de l'homme. À partir du travail de Jacques Derrida*, colloque de Cerisy 23 juillet-2 août 1980, Paris, Galilée, 1981.

2. J. Derrida, V. Descombes, G. Kortian, P. Lacoue-Labarthe, J.-F. Lyotard, J.-L. Nancy, *La faculté de juger*, colloque de Cerisy juillet-août 1982, Paris, Minuit, 1982.

3. Ma compréhension du rapport de J. Derrida à Hegel et à E. Lévinas est ici entièrement redevable à l'étude de F. Guibal, « L'altérité de l'autre – autrement. Sur les traces de Jacques Derrida »,

« correction » qu'on lit dans *L'écriture et la différence*, dans la séquence de ce livre intitulée « Violence et métaphysique ». La question de l'autre, de son altérité absolument autre, infiniment irréductible, a été objectée par Emmanuel Lévinas à l'héritage hégélien du *logos* grec, compris comme « impérialisme du Même » [1]. Reste que Jacques Derrida a vite soupçonné dans le combat d'Emmanuel Lévinas le « rêve d'une pensée purement *hétérologique* en sa source. Pensée pure de la différence pure » [2] et y a corrigé « une faute intra-philosophique » [3], faute qui rendait cette « pensée pure de la différence pure » réfractaire à toute expression discursive, sauf à accepter d'être reconduite par la discursivité du côté de « l'altérité de l'*eteron* en général » [4]. « Dès qu'il parle contre Hegel, note Jacques Derrida, Lévinas ne peut que confirmer Hegel, l'a déjà confirmé » [5]. Comment penser, en effet, une différence sans la dire ? Et comment la dire sans faire déchoir sa pureté du côté de « l'*eteron* en général » ? Visant « l'autrement qu'être », Emmanuel Levinas n'atteindrait que « l'être autrement » [6]. Cette correction n'était toutefois pas une conclusion, bien plutôt engageait-elle Jacques Derrida à initier un parcours qui devait rendre justice au « frayage hétérologique » [7], propre à la philosophie d'Emmanuel Lévinas. Et ce prolongement de la « correction » par un travail en faveur de l'altérité visée par Emmanuel Lévinas a conduit Jacques Derrida à repasser, selon ses propres termes, dans « l'ombre immense » [8] de Hegel où il voyait se tenir, malgré eux, tous les philosophes qui tentaient de lui échapper. « Penser "avec Hegel, selon son texte, contre son texte, dans sa bordure ou sa limite interne" pour lui faire dire, malgré lui, le "dehors absolu qui ne s'y laisse plus interner" » [9] définit alors la tentative nouvelle de Jacques Derrida, conçue comme la continuation en effectivité de l'hétérologie lévinassienne. C'est donc à l'intérieur du hégélianisme, à l'intérieur de la puissance du même que Jacques Derrida va tenter d'infléchir « le vieux corps » [10] du langage, va entrelacer « alternativement dedans et dehors, dessous et dessus, en deçà et au-delà » [11], en produisant de l'« espacement », de la « temporisation » [12], enfin, en un mot de la « différance » ou encore de l'« archi-écriture » ou de l'« archi-trace » :

dans J. Derrida et P.-J. Labarrière, *Altérités*, Paris, Osiris, 1986. Dans cette étude remarquable, F. Guibal évoque la détection par J. Derrida d'« une faute » dans la pensée d'E. Lévinas.

1. Cette expression est celle de F. Guibal, art. cit., p. 10.
2. Voir J. Derrida, *L'écriture et la différence*, Paris, Seuil, 1967, p. 224.
3. Voir F. Guibal, art. cit., p. 10.
4. Voir J. Derrida, *L'écriture et la différence*, *op. cit.*, p. 187.
5. *Ibid.*, p. 176.
6. Voir F. Guibal, art. cit., p. 10.
7. Cette expression est de F. Guibal, art. cit., p. 10.
8. Voir *L'écriture et la différence*, *op. cit.*, p. 120.
9. Voir F. Guibal citant *Marges de la philosophie*, art. cit., p. 11.
10. Voir *L'écriture et la différence*, *op. cit.*, p. 387 : « Il faudra imprimer au langage un certain tour stratégique qui, d'un mouvement violent et glissant, furtif, en infléchisse le vieux corps pour en rapporter la syntaxe et le lexique au silence majeur ».
11. *Textes pour Emmanuel Lévinas*, cité par F. Guibal, art. cit., p. 18.
12. Voir J. Derrida, *Marges de la philosophie*, Paris, Minuit, 1972, p. 14.

> …malgré les rapports d'affinité très profonde que la différance ainsi décrite entretient avec le discours hégélien, tel qu'il doit être lu, elle peut en un certain point non pas rompre avec lui, ce qui n'a aucune sorte de sens ni de chance, mais en opérer une sorte de déplacement à la fois infime et radical [1].

La différance est le lieu sans lieu d'une tentative de pliement de l'*Aufhebung* à s'écrire autrement : « Peut-être, tout simplement, à s'écrire » [2], écriture avancée dans le désaveu du langage de la présence et de l'absence, dans le refus de l'opposition métaphysique entre l'activité et la passivité, etc. Cette tentative Jacques Derrida l'a inscrite dans l'héritage de trois noms, Friedrich Nietzsche, Sigmund Freud et Martin Heidegger, avant de la dédier à Emmanuel Lévinas :

> …la pensée de la différance implique toute la critique de l'ontologie classique entreprise par Lévinas. Et le concept de trace comme celui de différance, organise ainsi, à travers ces traces différentes et ces différences de traces, au sens de Nietzsche, de Freud, de Lévinas […] le réseau qui rassemble et traverse notre « époque » comme délimitation de l'ontologie (de la présence) [3].

Prononçant ainsi la clôture de l'ontologie, interrogeant radicalement l'essence du présent et de ses formes de présence, la différance derridienne s'annonçait être l'écriture nouvelle ou l'archi-écriture par où s'inscrirait dans le discours du même un « autrement qu'être », un autrement compris comme modalité sans substance ni essence, propre à ouvrir le même à l'incommensurabilité de l'autre, à l'imprésentable, à l'imprenable, à l'inidentifiable de l'autre et à son appel par-delà toute loi :

> De cet appel, on ne s'acquitte jamais. « Tu dois, donc tu peux », je l'entends toujours comme un « tu dois, donc tu ne peux pas quoi que tu fasses ». À ce signe de détresse, je reconnais cette voix de l'autre qui dicte et à qui il faut obéir. C'est pour moi le seul impératif. On reconnaît que cette voix est de l'autre à cela qu'on ne peut y répondre, pas à la mesure de ce qui de l'autre vient de l'autre […] la loi oblige celui qu'elle destine à manquer la destination. – Me référant à une telle incarnation figurale de la loi chez Blanchot, je dirai : la loi est quelqu'un, c'est un autre. Et son *double bind* fait le pathos ou la *Stimmung* avec lesquels je vis ces questions […] l'explication avec Kant entre autres [4].

Dans ce déroulé (beaucoup trop rapide) de la démarche anti- mais intra-hégélienne de Jacques Derrida, nous touchons le point innommé, puis fugacement avoué, de sa référence à Kant. Maurice Blanchot et Emmanuel Lévinas autorisent en effet à soutenir que la sublimité du commandement moral (« tu dois ») s'atteste non pas dans le sentiment du respect, compris en son sens kantien, non pas même dans la loi d'un autre, mais dans l'autre comme loi. Ce qui s'opère dans la mise en trame de ces trois noms : Maurice Blanchot, Emmanuel Lévinas et Kant, est indubitablement un bouleversement radical de la pensée kantienne de la loi

1. *Ibid.*, p. 15
2. *Ibid.*, p. 21
3. *Ibid.*, p. 22.
4. Voir *Les fins de l'homme*, *op. cit.*, p. 183-184.

morale : la loi morale et son universalité sont reléguées hors champ. Ce qui est soigneusement préservé, c'est le sentiment d'obligation, c'est-à-dire le respect comme écoute. Mais séparé de la loi dont il est l'écoute en acte, le respect kantien déchoit en un affect, il n'est plus le devenir motif de la loi morale, il est la manière dont la voix, l'appel m'atteignent. Cette réduction de la loi morale et de son universel révèle l'action d'une autre référence, d'un autre nom, pris dans l'héritage derridien d'Emmanuel Lévinas. Il s'agit de Martin Heidegger pour lequel le *Dasein* est un être appelé, qui n'accède à lui-même, comme le formule clairement le paragraphe 57 de *Être et temps*, que depuis l'appel (*der Ruf*) de l'Être. Et cette vocation ou revendication ontologique prime, selon Martin Heidegger, sur toute prescription nécessairement ontique. L'envoi destinal de l'Être est plus originaire que toute loi. Il y a donc, dans la démarche de Jacques Derrida, un bien entendu travaillé, creusé, par les noms conjoints d'Emmanuel Lévinas, de Martin Heidegger et de Maurice Blanchot. Tout se passe comme si la structure d'auto-transcendance comprise à l'intérieur de la finitude – que Martin Heidegger avait bien identifiée dans le respect kantien – avait suffi à modeler la structure obligeante de la différance derridienne, conçue comme écriture éthique mais d'une éthique sans loi, d'une éthique où l'obligation, la responsabilité, auraient été délivrées de leur sens métaphysique : « Il est vrai, disait Jacques Derrida en faisant corps avec l'œuvre lévinassienne, que l'éthique au sens de Lévinas est une éthique sans loi, sans concept [...] il s'agit d'une éthique de l'éthique »[1], puisque autrui définit la loi des lois. Et Jean-Luc Nancy résumait encore : « L'archi-écriture est une voix sublime qui ne dit que la question – de la finitude »[2].

Du sublime de l'archi-écriture derridienne, on peut donc retenir provisoirement deux choses : la première est qu'elle congédie, comme métaphysique obsolète, toute pensée de l'universalité de la loi morale et du jugement supportée par celle-ci. Le Kant du jugement et de la loi est ironiquement associé par Jacques Derrida à Kafka, l'auteur du *Procès*, et est ainsi retourné en objection contre Jean-François Lyotard. Le philosophe de Königsberg, tout comme Kafka et Jean-François Lyotard, n'auraient fait qu'aggraver notre culpabilité devant une loi inassignable :

> Si la loi est fantastique, si son site originel et son avoir-lieu ont vertu de fable, on comprend que « *das Gesetz* » demeure essentiellement inaccessible, alors même qu'elle, la loi, se présente ou se promet. D'une quête pour parvenir jusqu'à elle, pour se tenir devant elle, face à face et respectueusement, ou pour s'introduire à elle et en elle, le récit devient le récit impossible de l'impossible. Le récit de l'interdit est un récit interdit. [...] se tenir devant la loi, comparaître devant elle, c'est s'y assujettir, la respecter, d'autant plus que le respect tient à distance, maintient en face et interdit le contact ou la pénétration[3].

1. Voir *L'écriture et la différence*, *op. cit.*, p. 164.
2. Voir *Les fins de l'homme*, *op. cit.*, p. 182.
3. Voir J. Derrida, « Préjugés. Devant la loi », dans *La Faculté de juger*, *op. cit.*, p. 117-118.

Or, ce que Kant donne à penser n'est nullement la présence toujours en retrait de la loi morale, à laquelle nous ferions face pour la voir se soustraire à la présence qu'elle promet. Pour Kant, nous nous tenons « sous » (*unter*) la loi morale et non, selon les mots de Jacques Derrida, « en face de la loi sans jamais lui faire face »[1]. Respecter la loi morale ne signifie pas être tenu en respect, c'est-à-dire à distance, mais signifie au contraire être transi par l'impératif catégorique. La signification kantienne de l'autonomie me paraît avoir été profondément sacrifiée à une certaine négligence philosophique, d'origine heideggerienne, pour la juridiction critique et son tribunal, lesquels étaient suspectés par l'auteur de *Être et temps* de reconduire le *Dasein* vers des transactions langagières propres aux échanges du « on », c'est-à-dire en deçà de l'appel, en deçà de la voix de l'Être – ou de l'autre, selon Jacques Derrida.

Le deuxième point à retenir du sublime de l'archi-écriture derridienne est que la disqualification qu'elle opère du discours judiciaire et moral kantien la conduit à chercher du côté de la littérature, du côté du falloir de l'écrire, de cet « il faut » de l'écrire auquel le nom de Maurice Blanchot est si fortement attaché, un équivalent de nécessité pratique. Jacques Derrida écrit en effet :

> …et si la loi, sans être elle-même transie de littérature, partageait ses conditions de possibilités avec la chose littéraire ?[2].

Or, il n'est pas si certain que le falloir de l'écrire soit homologable ou substituable au langage de la loi. Car s'il y a bien, pour tout écrivain, un falloir de l'écrire, ce falloir n'est peut-être pas celui d'une liberté…

J'ajouterai enfin que Kant, comme j'ai tenté de le montrer par ailleurs[3], a mis en attente l'invention d'une écriture de la loi morale, susceptible de tenir le rôle laissé vacant par l'ancienne rhétorique et, plus précisément, par les genres épidictique et judiciaire de la rhétorique antique. On ne saurait donner trop vite la littérature pour équivalent de ce discours moral laissé vacant et nommé par Kant *Rhetorik*.

La sublimité derridienne a donc profondément changé, fondu la référence kantienne dans les noms de Martin Heidegger et d'Emmanuel Lévinas et n'a préservé l'intégrité de cette référence qu'en la confondant avec une philosophie de la culpabilité. C'est pourquoi la « sublimité » derridienne s'est trouvée confrontée à plusieurs critiques lyotardiennes, elles-mêmes tendues vers l'invention d'un nouveau concept philosophique, celui de « différend ».

Je reprends ma mise en récit du *Kampfplatz* de la sublimité…

En juillet 1980, lors de la décade de Cerisy consacrée au travail de Jacques Derrida, Kant surgit en forme d'objection majeure adressée par Jean-François

1. Voir J. Derrida, « Préjugés. Devant la loi », *op. cit.*, p. 50. Sur cette lecture kafkaïenne de Kant par Derrida, je me permets de renvoyer à mon article « L'aphasie de Kant ? (…et si l'être de la loi morale n'était que littérature…) », *Revue de Métaphysique et de Morale*, n°4, déc. 2004.

2. Voir J. Derrida, « Préjugés. Devant la loi », *op. cit.*, p. 109.

3. Je me permets ici de renvoyer à mon livre *Entendre raison. Essai sur la philosophie pratique de Kant*, Paris, Vrin, 2004.

Lyotard à Jacques Derrida. La conférence de Jean-François Lyotard s'intitule : « Discussions, ou : phraser "après Auschwitz" ». Et voici comment elle commence :

> Cette conférence a été intitulée *Discussions*. Un tel titre annonce un genre de discours, la *dialektikè*, thèses, arguments, objections, réfutations que les *Topiques* et les *Réfutations sophistiques* analysent et cherchent à normer. La « grande » dialectique, la dialectique spéculative écarte ce genre comme frivole [1].

Contre le discours spéculatif hégélien qui abolit le duel, le deux, l'*agon*, caractéristiques de la tradition dialectique depuis Platon et Aristote jusqu'à Kant, Jean-François Lyotard préconise un retour à l'éristique, au dissensus, aux conflits sans relève. Et dans ce retour, il s'associe, selon ses propres mots, « le nom d'Adorno et les couleurs de la dialectique négative »[2]. C'est ainsi que s'impose l'objection frontale d'une négativité sans relève, qui, avec Adorno, constitue Auschwitz en « modèle » – « modèle » désignant ici « une expérience de langage qui fait arrêt au discours spéculatif »[3]. Après le nom d'Adorno surgit celui de Kant, significativement associé à celui d'Emmanuel Lévinas. Tout se passe comme si Jean-François Lyotard, arrachant Emmanuel Lévinas à l'appropriation derridienne, le reconduisait du côté de Kant pour raviver une opposition frontale au hégélianisme. Emmanuel Lévinas quasi kantianisé ou Kant associé à Emmanuel Lévinas servent à nommer une thèse tournée contre Jacques Derrida. Cette contre-thèse est celle de l'irréductibilité de l'usage pratique de la raison et du régime prescriptif du discours rationnel à son régime théorique ou descriptif, thèse elle-même figurée ou emblématisée par l'irréductibilité du judaïsme au *logos* grec, et par conséquent hégélien. Là où Jacques Derrida récusait une opposition tranchée entre le Juif et le Grec d'Emmanuel Lévinas pour substituer à cette opposition une injonction réciproque, chargée d'articuler la pensée de l'altérité avec son élévation au langage, là enfin où Jacques Derrida évoquait une « interpellation du Grec par le non-Grec »[4], Jean-François Lyotard durcit d'une manière très étrange le caractère inintégrable, inassimilable, irréductiblement étranger des Juifs[5]. Manière très singulière et très pathétique de rappeler à Jacques Derrida que la voix du « tu dois » est inassignable, inidentifiablement autre, et manière aussi d'objecter que la responsabilité, le falloir de l'obligation ne sauraient éluder la question du jugement.

Kant devient pour ainsi dire le Juif de Hegel, il est, pour Jean-François Lyotard, celui que *L'Esprit du christianisme et son destin* assimile à l'incapacité de médiation prétendument caractéristique des Juifs. Le nom de Kant, ainsi associé à ceux d'Adorno et d'Emmanuel Lévinas, sert à désigner l'irreprésenta-

1. Voir *Les fins de l'homme*, *op. cit.*, p. 283.
2. Voir J.-F. Lyotard, « Discussions, ou : phraser "après Auschwitz" », dans *Les fins de l'homme*, *op. cit.*, p. 284.
3. *Ibid.*, p. 286.
4. Voir *L'écriture et la différence*, *op. cit.*, p. 196.
5. Pour un développement de ce soupçon d'étrangeté voir É. de Fontenay, *Une tout autre histoire. Questions à Jean-François Lyotard*, Paris, Fayard, 2006.

bilité du « tu dois », son incommensurabilité absolue à la représentation, au dire, et par suite, sert à opposer à Jacques Derrida l'impossible reprise du « tu dois » dans une écriture de l'*Aufhebung*, c'est-à-dire l'impossible devenir différance de l'obligation et de la responsabilité.

D'où le rebondissement de la confrontation de Jacques Derrida avec Jean-François Lyotard, de nouveau à Cerisy, lors d'une décade consacrée à la question « Comment juger ? ». Jean-François Lyotard écrivit en guise d'« Avertissement » au volume collectif rassemblant certains des textes prononcés : « La question était : comment juger ? Mon nom avait servi de nom de code à la décade »[1].

Si Jean-François Lyotard avait bien le sentiment d'être devenu le nom de code de la question du jugement, Kant en était le nom surcodé, celui qui allait bientôt servir à nommer « le différend », concept qui signifie « l'expérience de l'imprésentable de l'idée, de l'impartageable du langage »[2], soit, disons-le par avance, le sublime kantien (selon la compréhension de Jean-François Lyotard).

C'est ainsi que l'archi-écriture derridienne s'est vue opposer l'écriture du différend :

> Pour nous philosopher, ce n'est rien d'autre qu'écrire, et ce qui est intéressant pour nous dans « écrire », ce n'est pas de concilier, mais d'inscrire ce qui ne se laisse pas inscrire[3].

Et c'est bien dans cette perspective que les *Leçons sur l'Analytique du sublime* doivent être lues. Je cite un extrait des deux courtes pages de leur présentation par Jean-François Lyotard :

> S'il fallait en désigner le propos de quelques mots, on pourrait dire que ces leçons visent à isoler, dans le texte kantien, l'analyse d'un différend dans le sentiment, qui est aussi celle d'un sentiment du différend, et à rapporter le motif de ce sentiment au transport qui conduit toute pensée (y compris critique) à ses limites[4].

On aura sans doute compris qu'il s'agit pour moi de procéder à une exhumation de Kant, interne non seulement à une large décennie de philosophie française dont on se plaît à croire qu'on la connaît bien, mais surtout à la polarité conceptuelle qui en a profondément marqué et infléchi le destin, celle de la différance derridienne et du différend lyotardien. Il est, à ce titre, très saisissant de lire la conférence de Jacques Derrida prononcée à Cerisy, lors de la décade consacrée à « Comment juger ? », conférence qui commence ainsi : « Comment juger – Jean-François Lyotard ? » et qui s'enchaîne par : « Qui est Jean-François Lyotard ? ». Jacques Derrida signifie ainsi la difficulté de l'adresse, car c'est bien le sens de « l'adresse » mais aussi de « l'appel », de « l'apostrophe »[5], qui définissent le cœur de sa confrontation philosophique avec Jean-François Lyotard.

1. Voir *La faculté de juger*, *op. cit.*, p. 7.
2. Voir G. Sfez, *Jean-François Lyotard, la faculté d'une phrase*, Paris, Galilée, 2000, p. 16.
3. Voir J.-F. Lyotard, *Témoigner du différend. Quand phraser ne se peut*, Paris, Osiris, 1989, p. 118.
4. Voir J.-F. Lyotard, *Leçons sur l'Analytique du sublime*, Paris, Galilée, 1991.
5. Voir *La faculté de juger*, *op. cit.*, p. 89.

Pour mieux situer encore le sens et l'enjeu du sublime lyotardien, il faut, je crois, prêter attention à ce que Jean-François Lyotard nomme le « différend ». Le différend désigne tout un spectre de torts dont le bord extrême est figuré par le « modèle d'Auschwitz »[1]. Ces torts, dont on remarquera qu'ils font revenir avec force l'instance kantienne du tribunal critique, reléguée par Jacques Derrida du côté de Kafka, sont cependant des torts qu'on ne peut pas transformer ni articuler en plaintes ou en litiges. Ils désavouent le langage, les phrases du tribunal de justice, que pourtant ils appellent. Ils témoignent d'un langage divisé par l'impossibilité d'appréhender de manière homogène la plainte de toutes les victimes, celles de l'extermination, celles de l'économie capitaliste, etc. Le différend désigne donc un spectre de torts que l'on ne peut attester, dont le langage en vigueur interdit l'attestation. Le tort, dit Jean-François Lyotard, « serait ceci : un dommage accompagné de la perte des moyens de faire la preuve du dommage »[2].

La référence à Kant intervient tout d'abord comme lieu d'une insuffisance hétérologique, c'est-à-dire d'une insuffisance de « sublimité », au sens de Jean-François Lyotard. Kant est, certes, celui qui a pensé l'hétérogénéité des usages pratique et théorique de la raison, il est aussi celui qui a dissocié les phrases éthiques et cognitives, celui qui a fait de l'indéductibilité de la loi morale une des thèses majeures de sa philosophie pratique. Mais il est également le philosophe qui, selon Jean-François Lyotard, n'a pas su tenir jusqu'au bout cette hétérogénéité et a cherché à surmonter l'abîme, à penser un passage par-dessus lui, apte à traduire l'obligation de la loi dans le discours de la légitimation. Ce passage, qui correspond à toute l'entreprise kantienne de la *Typique de la faculté de juger pratique pure*, Jean-François Lyotard y lit un compromis du prescriptif avec le descriptif, une concession faite par Kant au descriptif, à l'intrusion de ce dernier dans le prescriptif, intrusion opérée sur le mode du « *als ob* » (du « comme si »), puisque j'évalue la loi morale qui m'oblige comme si elle était dans sa forme légale, dans sa *Gesetzmässigkeit*, analogue à une loi naturelle. Ce passage, ménagé par la *Typique* de la deuxième *Critique*, entre l'obligation et la légalité de la loi, Jean-François Lyotard y reconnaît par conséquent un « métalangage descriptif »[3], où l'éthique kantienne perd sa puissance hétérologique et déchoit par rapport à l'éthique lévinassienne qui, elle, pense une obligation absolue, une écoute absolue de l'appel, comprises comme événement précédant toute phrase de légitimation. « Entendre une voix qui vous parle est *ipso facto* accepter l'obligation à l'égard de celui qui vous parle », écrit Emmanuel Lévinas, cité en exemple par Jean-François Lyotard[4].

Il me semble que la dissociation de l'obligation et de la légitimation, revendiquée par Jean-François Lyotard, menace l'éthique d'un danger que Kant avait de toutes ses forces philosophiques cherché à prévenir par la *Typique*. Ce

1. Ce point est très clairement établi par G. Sfez, *Jean-François Lyotard, la faculté d'une phrase*, *op. cit.*

2. Voir *Le différend*, Paris, Minuit, 1983, p. 18.

3. *Ibid.*, p. 175.

4. *Ibid.*, p. 164.

danger, disait Kant, est celui de l'empirisme et du mysticisme. Il est singulièrement devenu pour nous aujourd'hui celui du mysticisme. J'ajouterais même que si Jean-François Lyotard convoque de manière répétée, et selon une répétition assez effarante, l'exemple d'Abraham en même temps que celui des SS qui commandaient la mort des déportés, c'est peut-être précisément parce qu'il néglige gravement la nécessité kantienne de ne pas séparer la voix du devoir de l'instance du jugement qui, seul, peut donner ou retirer au devoir le sens légitime d'une obéissance obligée.

Il faudrait ici revenir sur le sens de l'obligation kantienne pour la distinguer de l'appel lévinassien. Il me semble que ce qui est délibérément négligé tant par Jacques Derrida d'ailleurs que par Jean-François Lyotard, c'est que la source kantienne de l'obligation n'est pas un « qui » mais la raison, raison qui sépare, dans son imposition à la volonté, l'amour de soi de l'amour-propre, raison qui promeut un « amour de soi raisonnable », c'est-à-dire un rapport transformant du soi à la loi.

Mais je poursuis mon récit…

Faute de trouver dans la deuxième *Critique* la puissance hétérologique qu'il y cherchait, Jean-François Lyotard se tourne vers l'*Analytique du sublime*. Il ne s'agit nullement pour lui d'esthétiser l'éthique kantienne mais plutôt de transférer du côté d'une esthétique de l'irreprésentable la possibilité de témoigner du différend :

> Le différend ne signifie pas que deux parties ne s'entendent pas. Il requiert que chacune connaisse l'idiome de l'autre (forme, Idée) bien qu'elle ne puisse satisfaire à sa demande avec les moyens de son propre idiome [1].

Le différend lyotardien, ainsi traduit en sublime kantien, sert à attester de tout ce que la dialectique spéculative hégélienne, et avec elle l'archi-écriture derridienne, oublie :

> […] le « laissé-pour-compte » de la prétendue « dialectique » du sublime est considérable : ce qui se perd sans relève dans le sublime, c'est toute la nature comme « écriture » des formes, et tout ce par quoi la pensée est attachée […] à cette écriture, son pouvoir de forme lui-même [2].

Enfin, l'ultime bénéfice que trouve Jean-François Lyotard à lier le sublime kantien au concept de « différend », c'est de promouvoir, au bénéfice de l'éthique lévinassienne et de son écriture de l'éthique, un Kant redevenu, positivement cette fois, un philosophe du jugement mais tenu séparé de l'universel, emporté par l'*Analytique du sublime* hors de l'architectonique de sa propre philosophie critique :

> Ni universalité morale ni universalité esthétique, mais plutôt la destruction de l'un par l'autre dans la violence de leur différend, qui est le sentiment sublime. [Car] Le

1. Voir *Leçons sur l'Analytique du sublime*, *op. cit.*, p. 187.
2. *Ibid.*, p. 161.

différend lui-même ne peut pas exiger, même considéré subjectivement d'être partagé par toute pensée [1].

Les retombées de cette démarche lyotardienne sont nombreuses, elles demandent un travail à part entière, que cette conférence n'aura fait qu'indiquer et rendre nécessaire. Les limites de cette conférence me contraignent donc à rester au seuil d'un approfondissement du questionnement. Je retiens toutefois deux points décisifs :

1) Le transfert d'une pensée anti-dialectique, d'une pensée de l'impartageable, de l'irreprésentable en direction du sublime kantien puis en direction d'une pratique artistique de l'irreprésentable demanderait que soient élucidés le statut et la fonction de l'esthétique et de l'art pour Jean-François Lyotard. Jacques Rancière s'est récemment interrogé sur la « figure » lyotardienne de l'irreprésentable et sur le hégélianisme que semble supporter, malgré elle, une pareille figuration [2].

2) Le sublime kantien, transformé par Jean-François Lyotard en concept éminemment polémique, avait pour effet, sinon pour fin, de lier Emmanuel Lévinas et Kant dans une pensée sans loi de l'obligation et, plus encore, dans une pensée du jugement moral séparé de l'universel. Il faudrait revenir sur cette invention d'une philosophie pratique par l'action réciproque et mutuellement transformante des noms d'Emmanuel Lévinas et de Kant.

« Savoir hériter » de ces lectures revient, selon moi, à savoir entendre ce qui est dit de Kant derrière ce que le nom de Kant prononce effectivement. Et revient encore, plus profondément, à repenser les conditions kantiennes du discours moral à partir d'une réflexion renouvelée sur le rapport de la philosophie à l'écriture. En un mot, il me semble que la tâche difficile, pensée tant par Jacques Derrida que par Jean-François Lyotard, fut celle d'une écriture de l'obligation, mais que cette tâche fut transférée par Jacques Derrida du côté de la littérature et par Jean-François Lyotard du côté de l'esthétique. Il me paraît donc temps de ressaisir cet héritage, dans sa richesse comme dans ses apories, pour penser une nouvelle écriture de la loi, écriture qui ne serait plus déléguée aux écrivains ni aux artistes mais assumée par la philosophie elle-même.

De quelle écriture de la loi morale la philosophie est-elle capable ? C'est un problème difficile dont il nous faut être les héritiers aujourd'hui et que Kant lui-même nous a légué avec un fil conducteur nommé par lui « *Rhetorik* ».

Michèle COHEN-HALIMI
Université de Paris X – Nanterre

1. *Ibid.*, p. 286.
2. Voir *Le Destin des images*, Paris, La fabrique, 2003, p. 146 *sq.*

Y A-T-IL UN INTÉRÊT AU DÉSINTÉRÊT ? LECTURE DE KANT SELON BOURDIEU

Pourquoi faut-il toujours en revenir à la *Critique de la faculté de juger* de Kant en matière d'appréciation esthétique alors même que son propos n'est pas tant le beau ou le jugement de goût que l'analyse de leurs conditions de possibilité ? Plus encore, pourquoi enraciner le développement de l'esthétique au XVIIIe siècle dans un tel texte alors que Kant, dans la première introduction par exemple, prend soin de récuser toute discipline nommée esthétique pour qualifier le projet d'une critique du goût[1], préférant réserver le nom d'esthétique pour une théorie scientifique des formes de la sensibilité ? Ainsi, tout récemment encore, Jacques Rancière, dans *Malaise dans l'esthétique* (Galilée, 2004), entreprenant une description des discours philosophiques qui ont fait la naissance et le devenir de l'esthétique, fait de Kant le premier à avoir pensé le malaise de l'esthétique comme régime d'identification spécifique de l'art. Depuis Kant, selon Rancière, faire appel à l'esthétique c'est revendiquer une conduite philosophique inhabituelle, malaisée, qui manque de justification et repose sur la difficulté à faire coexister une tâche philosophique, celle de la rationalité ou de la pensée pure et un terrain largement empirique, qui comprend à la fois des formes affectives de l'expérience sensible et des pratiques de l'art. Le régime esthétique selon Rancière peut être caractérisé par un rapport nouveau de l'art à la vie, rapport nouveau qui s'instaure dans le surgissement de l'ordinaire, du commun ou de l'anonyme. Désormais, après Kant, il faut insister sur la fonction communautaire de l'art qui tient tout d'abord à l'élaboration de la figure anonyme du spectateur, qui n'est plus l'expert, le connaisseur, le critique ou l'amateur, figures de l'appréciation de l'art avant le régime esthétique.

Certes, l'approche philosophique de Rancière permet d'insister sur un aspect primordial de la réflexion kantienne en matière de jugement de goût dans la

1. *CJ*, 1re introduction, section XI, Ak XX, 247 : « Nous n'appellerons pas *esthétique* (pour ainsi dire : doctrine des sens) la critique de ce pouvoir eu égard à la première sorte de jugements, mais *Critique de la faculté de juger esthétique*, parce que la première expression possède une signification trop vaste, dans la mesure où elle peut désigner aussi la sensibilité de l'intuition », p. 137 (trad. A. Renaut, *op. cit.*).

Critique de la faculté de juger : l'indifférence esthétique qui tient à l'absence de sollicitation mondaine. Dès lors, il est aisé de rappeler que l'examen du goût n'est pas tant entrepris en vue de la formation à une culture (ce qui reviendrait à s'interroger sur l'éducation et la compétence du spectateur en matière d'appréciation esthétique) mais plutôt en vue d'une fin transcendantale qui consiste à détecter la présence d'une faculté de juger *a priori*[1]. Une telle thématisation du goût, qui laisse de côté la caractérisation empirique du spectateur – peu importe qu'il soit amateur de beautés, pourvu d'une sensibilité raffinée ou délicate, etc. –, peut donc concerner tout un chacun dans la mesure où il s'agit de penser les conditions de possibilité d'un jugement esthétique qui s'échappe nécessairement des hiérarchies, des distinctions sociales ou psychologiques. Le jugement élaboré à partir du beau peut alors instaurer une communauté, un « partage du sensible » comme l'écrit Rancière sur le mode d'un accord possible des subjectivités anonymes, l'idée d'un sens commun servant de trouvaille théorique à cet égard. Il n'en reste pas moins étonnant que la lecture de Kant dans *Malaise dans l'esthétique* combine cet appel à une communauté esthétique structurée par un sujet anonyme (sans détermination empirique) avec une lente assomption de l'ordinaire dans l'art. Or, pourquoi les lecteurs de la *Critique de la faculté* ont-ils besoin d'associer à ce texte, en particulier à l'« Analytique du beau », la référence à l'art, c'est-à-dire au devenir de ce qui ne saurait exister sans retour du culturel, du matériel et de l'intérêt, alors que le beau naturel constitue massivement la norme de la réflexion kantienne sur ce jugement réfléchissant qu'est le jugement de goût ?

Pourquoi la critique de la faculté de juger esthétique a-t-elle, à travers sa réception, toujours fait l'objet de déplacements théoriques importants eu égard à son projet initial ? J'aimerais analyser ici l'un de ces déplacements qui vaut aussi comme un morceau de combat sociologique contre la philosophie de Kant, à savoir celui accompli par Pierre Bourdieu dans *La Distinction, critique sociale du jugement*. Le livre de Bourdieu commence avec la reprise d'une figure philosophique chère à Rancière : celle du spectateur anonyme, non déterminé empiriquement, et donc apte à la construction d'un espace commun esthétique, ce qui dessine une politique de l'esthétique grâce à la conception d'un espace public ouvert idéalement à tous. *La Distinction* propose une autre lecture que celle adoptée de manière classique par l'institution philosophique et dont le livre de Rancière est à certains égards l'un des relais actuels. Elle prétend dévoiler les catégories sociales de perception et d'appréciation que Kant met en œuvre dans son analyse du jugement de goût. Faisant chez Kant (mais contre Kant lui-même) une lecture sociale du jugement de goût, le sociologue Bourdieu veut montrer que, malgré les dénégations du transcendantal, le spectateur est toujours spécifié ou marqué socialement. Ainsi, le désintérêt, pièce maîtresse de la contemplation

1. *CJ*, préface, Ak V, 170 : « Étant donné que l'analyse de la faculté du goût, en tant que faculté de juger esthétique, n'est pas entreprise ici en vue de la formation et de la culture du goût [...], mais uniquement dans une perspective transcendantale, elle sera [...] jugée aussi avec indulgence par considération de ce que cet objectif a de restreint ».

esthétique selon Kant, masque-t-il un intérêt, celui qui est lié à la reproduction des manières d'être culturellement des classes dominantes. Que peut nous apprendre cette lecture iconoclaste de la *Critique de la faculté de juger*, qui débute avec une trahison du kantisme : un déplacement du jugement de goût sur le terrain social alors même que Kant insiste sur la fin non anthropologique mais transcendantale de la troisième Critique ? En d'autres termes, peut-on affranchir le jugement de goût de tout intérêt ?

LE DÉSINTÉRÊT DANS L'« ANALYTIQUE DU BEAU » : LA LIBERTÉ DE LA FORME

Dans l'histoire de l'esthétique philosophique, Kant est considéré comme celui qui consolide une discipline encore fragile, inventée par Baumgarten, par une réflexion sur la faculté de juger esthétique et la définition du beau à partir de la satisfaction désintéressée. La réflexion sur le beau n'a pas pour fin l'élaboration d'une théorie des beaux-arts. Elle s'interroge sur ce qui rend possible philosophiquement l'énoncé « ceci est beau ». Elle établit ce jugement à coup sûr esthétique puisque non-logique dans lequel peut s'accomplir une quête du plaisir pur qui n'est pas l'agrément ; en effet, ce plaisir ne dépend pas d'un désir de consommation ou de jouissance dans lequel on nomme intérêt la satisfaction que nous unissons à l'existence d'un objet. Kant semble d'ailleurs renoncer à toute doctrine concrète de la beauté (ni poétique, ni théorie de la peinture, ni culture du goût) pour attester obliquement de sa présence dans une structure du sujet qui, ne trouvant en lui que des représentations des objets (des fleurs, des oiseaux, des dessins à la grecque) accompagnées de plaisir, fait l'expérience d'un état de l'esprit libre ou indifférent à l'égard de l'existence des objets que l'on peut se représenter. Ainsi, faut-il d'abord comprendre la référence à la satisfaction désintéressée comme un désintérêt du plaisir à l'égard de l'existence des objets contemplés. Peu importe la présence physique de l'objet ; le simple plaisir pris à contempler le beau se déploie dans le cadre d'une rupture consommée avec l'observation anthropologique. Le désintérêt, selon les propres termes de Gérard Lebrun dans *Kant et la fin de la métaphysique*, institue une liberté insolite, esthétique qui tient dans une abstention à l'égard de l'existant en général. Dès lors, la réalité du sensible fait l'objet d'une neutralisation qui repose tout entière sur la possibilité de cette modification d'attitude qu'est le désintérêt. Selon les propos extrêmement éclairants de Gérard Lebrun :

> Le désintérêt kantien annonce l'attitude imaginaire telle que la décrit Fink : non pas une constitution fictive, mais la constitution d'un « Schein », acte par lequel nous effectuons – *encore « naïvement »* – une thèse de non-réalité (*Unwirklichkeit*). Tel est pour Fink le trait caractéristique de la perception esthétique ; tel est aussi le niveau où se place l'Analytique du beau. Lorsque Fink tente de cerner la « Bildlichkeit » comme telle (comme noème enveloppant une thèse de non-réalité), il paraît souvent commenter les premiers paragraphes de la *K.U.* (« Je n'ai pas besoin d'un concept pour découvrir de la beauté en une chose »). Les « ombres

et les reflets » qu'il prend pour exemples de thèmes de perception esthétique sont les répliques – plus agressivement anti-platoniciennes – des « dessins libres » ou des « traits entrelacés sans but » dont parle Kant [1].

L'attitude imaginaire désigne le mode de relation contemplatif à l'objet qui ne débouche ni sur une appropriation logique (la réflexion qui s'instaure ne repose pas sur un jugement de connaissance de l'objet), ni sur une instrumentalisation dans une perspective hédoniste ou pragmatique. À travers le jugement de goût, la satisfaction désintéressée est à la fois le corollaire et la condition *sine qua non* d'un état de l'esprit qui ne brime pas l'imagination qui peut ainsi correspondre librement avec l'entendement, sans jeu réglé *a priori* comme c'est le cas dans le jugement de connaissance. Le monde réel des objets peut alors advenir dans le monde libre des formes. Il ne s'agit pas de prendre en gage l'objet en tant qu'il existe mais en tant qu'il inspire une réflexion libre (selon une attitude imaginaire non conforme aux attitudes ordinaires adhérentes à la réalité des objets) qui le dégage comme forme esthétique. Avec Kant, la beauté se caractérise donc par la forme.

Il reste à déterminer ce qu'il faut entendre par forme, et plus encore liberté de la forme. Le caractère de la forme, c'est sa pureté. La forme sera d'autant plus pure qu'elle sera indépendante de tout contenu représentatif; ainsi en va-t-il, au § 16 de l'« Analytique du beau », de la différence entre beauté libre et beauté adhérente, la première n'étant pas soumise à une norme de la représentation, la seconde ne produisant la perfection qu'à condition que sa diversité s'accorde selon le concept qui donne la règle de la liaison du divers en elle. La première sorte de beauté est nécessairement particulière, ayant en elle-même sa propre raison d'être perçue. La deuxième sorte de beauté témoigne d'une adéquation de l'objet évalué avec un devoir être de la perfection de la chose, disponible pour la regarder. Selon Kant, c'est seulement dans le premier registre de la perfection que le jugement de goût est pur, produisant l'unité d'une diversité qui se fait spontanément dans l'appréhension de l'imagination qui vient en quelque sorte au devant de cette capacité d'unifier généralement propre à l'entendement. Si la *Critique de la faculté de juger* est un texte important de la modernité esthétique qui se constitue en Allemagne au XVIIIe siècle, c'est parce qu'il essaie de penser le régime des valeurs esthétiques : pureté, désintérêt et regard sur les formes désinvesti des règles de la perception ordinaire soumise à la législation de l'entendement. Plus encore, comme le souligne très bien Guillermit, le pur c'est le formel [2], c'est-à-dire l'unification d'une diversité en une unité sans que soit déterminé ce que celle-ci doit être [3]. La manière dont Kant analyse la valeur esthétique de la couleur est à cet égard particulièrement intéressante. Une couleur est belle à condition qu'elle soit

1. G. Lebrun, *Kant et la fin de la métaphysique*, Paris, Armand Colin, 1970, rééd. Paris, Le Livre de Poche, 2003, p. 494.

2. L. Guillermit, *Critique de la faculté de juger esthétique*, Paris, Éditions Pédagogie Moderne, 1981, p. 86-60.

3. *CJ*, § 15, Ak V, 226-229.

pure et non simplement parce qu'elle relève de ce qui nous plaît, nous affecte par l'attrait[1]. Ainsi, selon Kant, il existe deux sortes de sensations :

– Soit, « la couleur verte des prairies relève de la sensation *objective* en tant que perception d'un objet du sens »[2]. La sensation est alors représentation objective des sens.

– Soit, « son caractère agréable relève de la sensation *subjective*, qui ne représente aucun objet ; c'est-à-dire d'un sentiment qui considère l'objet comme objet de satisfaction (ce qui n'est pas une connaissance de celui-ci) »[3]. La sensation peut-être alors de l'ordre du sentiment esthétique qui se constitue comme libre unité de la diversité, libre jeu de l'imagination et de l'entendement.

Si nous posons la question de savoir à quelle condition une couleur peut être qualifiée de belle, nous abandonnons le terrain de la sensation *stricto sensu* comme élément d'une science du sensible. Qualifier une couleur de belle revient à l'appréhender dans sa pureté ou dans sa forme. Il ne s'agit ni de percevoir par le sens l'effet des vibrations lumineuses dans la stimulation de l'organe sensoriel, ni d'en rester à la simple satisfaction subjective liée à un intérêt (l'agrément des sens qui entraîne le gracieux, le charmant, le plaisant ou le réjouissant). Une couleur pure est une couleur dans laquelle l'esprit sent par la réflexion un jeu régulier des impressions qui est l'appréhension d'une forme dans la liaison des représentations diverses. Ainsi, appréhender la beauté de la couleur, c'est expérimenter un état de l'esprit sur le mode de l'harmonie continue en train de se faire, de la liaison du divers dans l'unité sans prédétermination ; en d'autres termes, à partir d'un ensemble de sensations, j'éprouve qu'une pluralité s'unifie d'elle-même, subjectivement. Il y aurait une expérience mentale inédite, subjective mais universellement communicable, puisée dans la possibilité de se rapporter à la beauté. Comme l'écrit Kant dans le paragraphe 9 : « Ainsi, dans cette représentation, l'état de l'esprit doit-il nécessairement consister en un sentiment du libre jeu des facultés représentatives dans le cadre d'une représentation donnée »[4]. Plus précisément, cet état de l'esprit est maintenu et animé par le libre jeu de l'imagination et de l'entendement, l'imagination gagnant là une force de production qu'elle ne possède pas dans d'autres états de l'esprit. Le jugement de goût acquiert, grâce à Kant, la possibilité de sentir le monde sur un certain mode investi par des valeurs comme celle du beau à condition d'associer beauté et forme.

La philosophie de Kant permet-elle alors d'envisager un sens nouveau de la forme ? D'une part, elle peut faire écho à une certaine tradition de lecture néoclassique de la beauté comme belle forme dans laquelle la suprématie du dessin sur la couleur permet de défendre, contre le style rococo qui domine la première moitié du XVIIIe siècle, un art austère refusant de céder aux séductions de la

1. Sur tout ce développement, voir *CJ*, § 3, Ak V, 206-207.
2. Cf. *CJ* § 3, Ak V, 206.
3. *Ibid.*
4. *CJ*, § 9, Ak V, 217.

couleur[1]; d'autre part, elle autorise une nouvelle compréhension de la forme, libre ou pure, c'est-à-dire non prescrite par des règles déjà là, surgie d'un certain regard du spectateur désinvesti à l'égard de toute utilité; d'où des formes contemplées qui peuvent sembler inessentielles ou évanescentes. C'est eu égard à cet apport sur le formel que la *Critique de la faculté de juger* a pu être comprise comme autorisant une réflexion philosophique sur l'art, et ceci de la part même des commentateurs les plus avertis de ce texte. Ainsi, Louis Guillermit n'hésite pas à écrire que Kant pense avant l'heure le regard que l'on a sur l'art abstrait: « On voit ainsi que les œuvres d'art "abstraites" (au même titre que ces objets que cite Kant [les flammes d'un feu, les ridelles d'un ruisseau murmurant]) ne méritent d'être appelées "informelles" qu'au sens où aucune forme ne finit par les fixer et les définir; mais elles sont, en fait, un pur jeu de formes, c'est-à-dire provocation inépuisable à la signification et à la rêverie méditative »[2]. On peut encore citer Olivier Chédin pour qui Kant, par-delà son époque, permettrait de comprendre la peinture de Cézanne « peinture éminemment "réfléchissante", dont la moindre touche fut indéfiniment méditée »[3]. L'art comme jeu de formes qui maintient le regard à l'intérieur de ces formes et uniquement en elles aurait donc à voir avec la beauté selon Kant et l'expérience mentale qui la supporte. Certains théoriciens et critiques d'art modernistes, partisans de l'abstraction expressionniste américaine comme Clement Greenberg ont fait de Kant un modèle de défense de l'art pur alors même que, pour Kant, le paradigme du beau n'est pas le beau artistique. Greenberg a cru trouver, chez Kant, un caractère absolu du jugement esthétique révélé dans des démarches artistiques qui, correspondant à la logique moderniste de concentration progressive de chaque art sur les moyens formels qui font sa définition propre, produisent la concentration et le recueillement du spectateur[4].

On comprend bien comment Clement Greenberg a pu retrouver Kant dans son élaboration d'un formalisme plutôt froid, dans sa défense de l'entreprise d'« autopurifiation » de la peinture qui est comme un retour sans complaisance à la peinture et à ses conventions, retour qui doit supprimer toutes les conventions non essentielles à la viabilité de ce medium. Ainsi, l'artiste (Greenberg aime citer

1. *Cf.* H. Honour, *Le Néo-classicisme*, trad. fr. P.E. Dauzat, Paris, Le Livre de Poche, 1998, surtout chap. 4, « L'idéal », p. 137 : sur la suprématie du dessin comme « trait ferme et déterminé », dont la simplicité et l'austérité témoignent de la beauté formelle : « dans cette attitude spartiate, l'artiste néo-classique avait le soutien de Kant pour qui le dessin seul, même le trait sans ombre, suffit à la vraie représentation de l'objet : la couleur est superflue. En vérité, on finit par trouver la couleur trompeuse. Elle masque la pureté des formes essentielles, de même que les vêtements déguisent et défigurent le corps humain ».

2. L. Guillermit, *op. cit.*, p. 36.

3. *Cf.* O. Chédin, *Sur l'esthétique de Kant et la théorie critique de la représentation*, Paris, Vrin, 1982, p. 125 : il y aurait dans la peinture de Cézanne une maturation qui « fait éprouver concrètement le pouvoir de "réfléchir" (la forme) dans l'acte créateur ».

4. C. Greenberg écrit en 1960 « Modernist Painting », dans *The Collected Essays and Criticism*, J. O'Brian (ed.), Chicago, University of Chicago Press, 1993, vol. 4; *cf.* aussi Y. Michaud, *L'art à l'état gazeux*, Paris, Stock, 2003, chap. 3. Y. Michaud fait de Greenberg celui qui a fait résider le Grand Art, non dans la réalisation plastique proprement dite, mais dans la valeur esthétique – les expériences de contemplation qu'il peut produire.

Pollock ou Rothko) se concentre-t-il sur un travail de la création qui est aussi appel à son imagination investie dans le domaine des formes picturales; il doit oublier tout ce qui est extérieur à la peinture et risque de la renvoyer au monde ordinaire. La vérité de la peinture repose sur les jeux de formes purement internes qui permettent un regard contemplatif ou désintéressé désinvesti de toute fonctionnalité[1]. Par une réflexion sur les moyens de la peinture, les peintres abstraits américains ont créé des objets jamais imaginés avant eux (des jeux de formes nouvelles, un travail inédit sur les couleurs, des formats immenses). Ils ont aussi autorisé des manières de regarder l'art dans toute sa pureté, pureté qui pourrait ressembler à la pureté du regard esthétique kantien. Clement Greenberg s'estime kantien dans la mesure où il juge l'art de son temps par des valeurs esthétiques qui ont leur fin en elles-mêmes, et sont à ce titre désintéressées ou gratuites[2]. Alors, ne faut-il pas constater que le désintérêt kantien a rapidement constitué une vulgate qui a permis une réutilisation très large de la *Critique de la faculté de juger*, réutilisation parfois complètement décontextualisée et transfigurée ? Comment comprendre cette postérité de la référence au désintérêt ou au formel (au pur, au libre) ? N'est-il pas pertinent dès lors de faire appel à la lecture sociologique de Kant selon Bourdieu qui rend compte des raisons sociales de la perduration de la référence au désintérêt ? En effet, la critique du jugement de goût kantien par Bourdieu est tout à fait symptomatique du problème que nous tentons de traiter dans la *Critique de la faculté de juger*. Elle commence par prendre acte d'un *a priori* philosophique posé clairement par Kant : l'expérience mentale du désintérêt comme position d'une valeur esthétique. Elle s'inscrit dans une reprise très fréquente au XXe siècle, celle du statut formel ou pur conféré à la valeur esthétique pour raccorder la préoccupation de la forme à une norme projetée dans le regard sur l'art, celle des recherches formelles qui ont souvent coupé ce regard de tout contenu extérieur à l'histoire de l'art.

L'INTÉRÊT CACHÉ DU DÉSINTÉRÊT : KANT SELON BOURDIEU

L'invention kantienne du désintérêt est-elle illusoire, produite par une philosophie coupée de la réalité sociale ? Doit-elle être associée à une conception de l'art tout aussi aveugle au monde social, celle de l'art pour l'art ? Du point de vue de Kant, aucun de nos jugements n'est tout à fait pur ; le désintérêt témoigne d'une visée transcendantale sur le jugement esthétique qui pose en quelque sorte l'essence ou l'idéal de ce jugement. Plus encore, toute œuvre d'art en tant qu'elle provient d'une intention humaine (contrairement aux œuvres de la nature) inclut

1. C. Greenberg, *Art et culture*, Paris, Macula, 1982, « Peinture à l'américaine », p. 226.

2. *Cf.* Th. de Duve, *Clement Greenberg entre les lignes*, suivi d'un débat avec Cl. Greenberg, Paris, Éditions Dis Voir, 1996, p. 131, selon Greenberg lui-même : « L'expérience esthétique est une fin en soi [...]. Ce n'est pas un moyen pour quoi que ce soit d'autre[...]c'est une valeur ultime [...]. La science n'est pas une fin en soi, c'est un moyen. Mais l'art peut aider à remplir votre vie. Il ne vous fait aucun bien en dehors du fait de remplir votre vie ».

ce moment par lequel l'artiste a des intentions subjectives. Puisque les œuvres d'art ont été produites de main d'homme, il est à peu près impossible d'éviter que le sujet de goût n'aille juger de l'habileté technique de l'auteur en fonction de l'idée directrice qu'il lui prête. Bref, comment faire l'économie alors de la catégorie de l'intérêt sinon quand il s'agit de ces dessins aux traits entrelacés sans but (les rinceaux) ou des improvisations en musique[1] ?

En ce sens, la critique que Bourdieu fait de Kant part d'une question difficile du point de vue de Kant lui-même : que faire du désintérêt sinon un idéal de la contemplation esthétique dont les manifestations dans l'expérience sont rares, surtout lorsqu'il s'agit de beauté artistique ? Mais, surtout, la référence kantienne chez Bourdieu fonctionne à nouveau comme une lecture de la *Critique de la faculté de juger* selon une réception qui, au XXe siècle, fait de ce texte une réflexion sur la valeur formelle des œuvres d'art. Ainsi, comme dans toute une tradition de lecture de l'« Analytique du beau », Bourdieu insiste sur le fondement du jugement esthétique en mettant en avant son fonctionnement mental ou subjectif comme jeu de formes libres qui concerne l'exploration du formel dans l'art. Un tel jugement est fondé sur une rupture avec la réalité sensible objective, ce qui implique, dans la contemplation artistique, un souci de la recherche formelle, de tout ce qui introduit, dans l'art, de la distance par rapport aux conventions admises et tend à mettre le spectateur à distance, en état de réflexion[2]. Ce jugement, difficile à pratiquer pour un public populaire selon Bourdieu tant il éloigne de la perception ordinaire, est renforcé dans sa légitimité sociale par le poids de la culture scolaire qui impose des lectures formalistes des œuvres d'art. On retrouve bien cette collusion du désintérêt et du formel appliquée ici (comme chez Greenberg) au domaine de l'art en quittant le registre de la nature. Comment ne pas assentir à une telle réception pour un texte qui a si bien pensé le registre de la pureté de la forme, en privilégiant cependant le modèle de la nature, forme qui est devenue dans l'histoire de l'art occidental à partir du XIXe siècle l'un des maîtres mots des grandes métamorphoses artistiques ?

En même temps, le combat sociologique engagé par Bourdieu, à l'égard de ce pilier de la philosophie académique qu'est Kant, nous entraîne largement en dehors du kantisme, déplaçant la référence au désintérêt sur un chemin que, précisément, Kant avait refusé de prendre : celui de la culture du goût qui distingue le bon et le mauvais goût, les hommes raffinés ou délicats du commun des mortels, voire de la vulgarité. Forcément, Kant, refusant l'analyse des matérialités sociales qui font le jugement de goût, refuse aussi l'analyse du goût en termes d'éducation

1. *CJ*, § 52, Ak V, 325-326, jusqu'à la dernière phrase : « D'une façon générale, ce sont les beautés de la nature qui s'accordent le plus avec l'intention première de l'art, quand on est dès l'enfance accoutumé à les observer, à les apprécier et à les admirer ».

2. P. Bourdieu, *La Distinction*, Paris, Minuit, 1979, p. V : par opposition, l'esthétique populaire, non-kantienne, implique la subordination de la forme à la fonction : « le public populaire refuse toute espèce de recherche formelle et tous les effets qui, en introduisant une distance par rapport aux conventions admises [...] tendent à mettre le spectateur à distance, l'empêchant d'entrer dans le jeu et de s'identifier complètement aux personnages » ; *cf.* aussi p. 31-32 sur l'art moderne, qui, du coup, n'est pas un art pour tout le monde (référence à J. Ortega y Gasset).

ou de dressage social dont l'utilité est de préserver les privilèges d'un ensemble d'individus qui jugent justement et peuvent alors être reconnus, légitimés dans une société donnée. Sur ce point, Kant, selon Bourdieu, ne fait qu'exprimer une constante de la pensée sur le goût, « terrain par excellence de la dénégation du social »[1]. D'une certaine manière, la référence à Kant dans *La Distinction*, commence avec un rappel de la nécessité de l'examen sociologique des questions philosophiques puisque les philosophes comme Kant, dans les nuées du transcendantal, ont oublié la force de détermination et de structuration du social. Soucieux uniquement de réenchanter le monde par des fictions métaphysiques, ils n'ont pas compris que la vérité de ce monde est sociale, durement sociale, en proie à des rapports de domination qui font perdurer l'ordre des forts, ce qui est particulièrement le cas dans le domaine du goût, « un des enjeux les plus vitaux des luttes dont le champ de la classe dominante et le champ de production culturelle sont le lieu »[2]. Dans cette perspective, le désintérêt kantien du jugement de goût est inconsciemment[3] porteur d'une vérité sociale que Bourdieu s'empresse, dès l'introduction, de révéler : la perduration de la domination de la classe cultivée qui qualifie ainsi un goût pur pour se distinguer des classes populaires au goût vulgaire fortement enraciné dans des rapports fonctionnels aux objets. Le goût vulgaire s'exerce dans un art peu légitimé par ceux qui pratiquent la haute culture (par exemple, en musique, *le Beau Danube bleu*, *la Traviata*; souvent, la photographie). Le désintérêt est porteur d'un intérêt caché, social : celui qui consiste à préserver le mode d'être légitime d'une culture, définissant un partage distinctif dans l'espace social entre bon et mauvais goût, goût noble et populaire. Plus encore, le regard pur ou désintéressé, qui implique une rupture avec l'attitude ordinaire à l'égard du monde, est une rupture sociale qui condamne l'esthétique populaire « fondée sur l'affirmation de la continuité de l'art et de la vie, qui implique la subordination de la forme à la fonction »[4]. Ainsi, le désintérêt est le produit stratégique d'une culture qui s'acquiert par des *habitus* ou des capacités acquises dans la culture dominante ou légitime. Notre rapport à la culture est tel que le jugement esthétique fonctionne comme un appareil de transformation des pratiques et des œuvres en signes distinctifs dans lesquels nous reproduisons les conditions sociales du partage, du classement et de la hiérarchisation des comportements culturels. La pureté du jugement de goût doit être comprise comme l'instance de distinction par excellence des classes dominantes; elle se maintient et se reproduit comme propension ou prétention « à apprécier une œuvre "indépendamment de son contenu" »[5], propension à des investissements gratuits. Bourdieu propose alors une analyse (qui vaut aussi comme une dénonciation ou une démystification sociologique) de ce qu'il nomme la « disposition esthétique », qui se caractérise par une mise à l'écart du monde de la fonctionnalité.

1. *La Distinction*, *op. cit.*, p. 9.
2. *Ibid.*
3. *Ibid.*, la sociologie comme « psychanalyse sociale ».
4. *La Distinction*, *op. cit.*, p. V.
5. *La Distinction*, *op. cit.*, p. 56.

Cette mise à l'écart s'acquiert par un apprentissage de la culture légitime, qu'il soit implicite ou diffus comme l'est l'apprentissage familial ou explicite et spécifique comme l'apprentissage scolaire[1]. La disposition esthétique vaut comme un conditionnement de l'appréciation des œuvres d'art, qui rend certaines œuvres plus légitimes que d'autres, mais aussi comme un type d'attitude reproductible socialement, distancié face aux urgences de la vie ordinaire[2].

Finalement, Bourdieu dévoile dans *La Distinction* l'origine sociale (et donc intéressée) du jugement de goût élaboré par Kant. L'intérêt caché d'un tel jugement tient à l'analyse sociale du retour du culturel. La culture est toujours là, miroir d'une société qui est un espace de rapports de force. La définition de l'art est un enjeu de luttes entre les classes, la disposition dominante (esthétique) constituant la norme du regard jeté sur les œuvres d'art. La visée transcendantale de l'analyse kantienne sur le jugement esthétique s'écroule pour le sociologue tant un tel jugement est investi d'idéologie et donc tenu de bout en bout par un intérêt, intérêt d'une classe dominante qui affirme sa distinction à l'égard des classes laborieuses par une distance affectée à l'égard des nécessités économiques, stylisation de la vie qui est aussi l'affirmation d'un pouvoir sur la nécessité dominée[3]. L'analyse kantienne du jugement de goût est, selon les propres termes de Kant, trop restreinte, si restreinte qu'elle en omet d'apprécier les liens nécessaires entre le jugement de goût et la culture du goût, liens qui, nécessairement, font surgir l'analyse sociale d'un tel jugement et son caractère éminemment intéressé.

QUELLE EST L'UTILITÉ DE LA LECTURE SOCIOLOGIQUE DE KANT ?

À bien des égards, la lecture bourdieusienne de la pureté du jugement de goût n'est pas satisfaisante d'un point de vue interne à la doctrine de Kant, principalement pour deux raisons : tout d'abord, elle ne tient pas compte des précautions prises par Kant lui-même, penser les conditions de possibilité du jugement de goût – un idéal esthétique – qui mènent à une visée transcendantale, ni psychologique (il y a une véritable difficulté à évoquer la notion même de disposition), ni sociale (la notion de style de vie est peu kantienne); ensuite, elle prend pour argent comptant le fait que le jugement de goût dans la *Critique de la faculté de juger* concerne un mode d'appréciation dominant des œuvres d'art. C'est oublier que le jugement esthétique est d'abord chez Kant un jugement fait à l'occasion de la contemplation de la nature.

En même temps, la réflexion de Bourdieu devient extrêmement pertinente dès qu'elle fait de la pureté du jugement de goût un symptôme dans la monstration de

1. *Ibid.*

2. *Ibid.*, « Ces conditions d'existence se caractérisent par la mise en suspens et en sursis de la nécessité économique et par la distance objective et subjective aux groupes soumis à ces déterminismes ».

3. *La Distinction*, *op. cit.*, p. 59.

la disposition scolastique de la philosophie qui déréalise l'art en lui prêtant une essence fictive. Même si Bourdieu s'inscrit bien dans l'erreur typique du XXe siècle consistant à raccorder le dispositif du désintérêt à celui des œuvres d'art, il n'en reste pas moins que la philosophie, à travers le Kant de la *Critique de la faculté de juger*, peut se voir reprocher une trop grande idéalisation esthétique qui fait entrer dans le monde ludique ou imaginaire, délivré des fins pratiques et théoriques habituelles, cet état mental qu'autorise selon Bourdieu la *skholè*, la disposition scolastique qui rend possible un regard indifférent au contexte et à l'existence objective de la réalité[1]. Alors, peut-on dire que Kant, ayant autonomisé le jugement esthétique, a aussi idéalisé l'art qu'il aurait enfermé derrière l'écran de la valeur esthétique d'une beauté la plus libre possible[2] ? Faut-il faire du kantisme une instance normative dans notre regard sur l'art ou faut-il revenir de manière plus serrée au texte pour appréhender cette figure paradigmatique du beau naturel ?

En guise de conclusion, disons que la critique de Kant par Bourdieu reste profondément kantienne ; Bourdieu veut réaliser le projet kantien sur le terrain de la dérivation sociale des catégories esthétiques tout comme Durkheim avait voulu, dans les *Formes élémentaires de la vie religieuse*, élucider l'archéologie sociale des catégories à partir de la *Critique de la raison pure*, renvoyant les catégories à des schèmes d'organisation sociale. En ce sens, le problème de la sociologie de tradition durkheimienne, à laquelle appartient Bourdieu, a toujours été non pas de sortir de Kant mais de l'accomplir en reprenant la perspective critique pour la transformer.

Fabienne BRUGÈRE
Université Michel de Montaigne – Bordeaux 3

1. *Cf.* la critique sociologique de la disposition scolastique comme disposition philosophique à la pensée pure libérée des urgences de la vie dans P. Bourdieu, *Méditations pascaliennes*, Paris, Seuil, 1997. Le projet est de faire une critique de la raison savante (p. 9), « jusqu'à un point que les mises en question laissent d'ordinaire intouché et tenter d'expliciter les présupposés inscrits dans la situation de *skholè*, temps libre et libéré des urgences du monde qui rend possible un rapport libre et libéré à ces urgences, et au monde ».

2. L'idéalisation, c'est la naïveté du théoricien qui ignore que l'autonomie de l'art relève d'une construction vécue par les agents eux-mêmes qui refoulent tout ce qui précède pour agir à l'intérieur d'un champ structuré par la compétition ; *cf.* l'excellent article de M. Meyer, « De Kant à Bourdieu : un renouvellement de l'esthétique ? », *Revue Internationale de Philosophie*, vol. 56, n°220, 2/2002.

TABLE DES MATIÈRES

ANNÉE 1790 – KANT, *CRITIQUE DE LA FACULTÉ DE JUGER* BEAUTÉ, VIE, LIBERTÉ

Sous la direction Christophe BOUTON,
Fabienne BRUGÈRE et Claudie LAVAUD

À LA MÊME LIBRAIRIE

Kant actuel. Hommage à Pierre Laberge, sous la direction de F. DUCHESNEAU, G. LAFRANCE et Cl. PICHÉ
Avec des contributions de H. Allison, K. Ameriks, F. Duchesneau, D. Dumas, D. Dumouchel, J. Ferrari, S. Goyard-Fabre, J. Grondin, O. Höffe, G. Lafrance, L. Langlois, F. Marty, O. O'Neill, Cl. Piché, A. Renaut, I. Schüssler, D. Weinstock

Kant. L'année 1793. Sur la politique et la religion, sous la direction de J. FERRARI
Avec des contributions de B. Andrieu, G. Barthel, J. Castaing, M. Castillo, M. Crampe-Casnabet, J. D'Hondt, A. Dieth, D. Dumouchel, V. Dufief, S. Goyard-Fabre, J. Grondin, Ph. Hamou, J.-E. Joos, P. Kerszberg, J. Kopper, Ch. Kounkou, G. Lafrance, L. Langlois, R. Malter, L. Marcil, F. Marty, D. Mavouangui, J.-Ch. Merle, E. Moutsopoulos, E. Ortigues, J.-M. Paul, T. Pentzopoulou-Valalas, Cl. Piché, F. Proust, A. Robinet, J. Roy, I. Schüssler, L.K. Sosoe, G. Tartelin, H. d'Aviau de Ternay, J. Vuillemin, H. Wichmann,

Kant. L'année 1795. Essai sur la paix, sous la direction de P. LABERGE, G. LAFRANCE et D. DUMAS
Avec des contributions de J. Boulad-Ayoub, B. Bourgeois, J.-F. de Raymond, I. Desmartis, M.W. Doyle, D. Dumas, D. Dumouchel, J. Ferrari, J. Fournier, S. Goyard-Fabre, P. Haggenmacher, O. Höffe, P. Laberge, G. Lafrance, M. Lagueux, L. Langlois, A. Legault, D. Leydet, F. Marty, J.-Ch. Merle, A.R. Ndiaye, Cl. Piché, A. Renaut, H. von Riekhoff, J. Roy, G. Seel, L.K. Sosoe, Ch. Thumerelle, J.-L. Vieillard-Baron, K.N. Waltz, D. Weinstock

Kant. L'année 1796. Sur la paix perpétuelle. De Leibniz aux héritiers de Kant, sous la direction de J. FERRARI et S. GOYARD-FABRE
Avec des contributions de J. Ferrari, S. Goyard-Fabre, J. Kopper, G. Lafrance, R. Malter, M.-Cl. Mery, A. Robinet

Kant. Les années 1796-1803. Opus postumum, sous la direction de I. SCHÜSSLER
Avec des contributions de F. Capeillères, J. Castaing, O. Dekens, F. Duque, J. Ferrari, S. Goyard-Fabre, F. Guerrero Jiménez, J. Kopper, Z. Kuderowicz, L. Langlois, S. Marcucci, F. Marty, E. Moutsopoulos, Cl. Piché, F. Pierobon, I. Schüssler, G. Seel, H. d'Aviau de Ternay, R.R. Terra, Th. Pentzopoulou-Valalas, V. Waibel, H. Wichmann

Kant. L'année 1797. La métaphysique des mœurs, sous la direction de S. GOYARD-FABRE et J. FERRARI
Avec des contributions de B. Bourgeois, J. Ferrari, S. Goyard-Fabre, G. Lafrance, F. Marty, Cl. Piché, A. Renaut, P.-H. Tavoillot

Kant. L'année 1798. Sur l'anthropologie, sous la direction de J. FERRARI
Avec des contributions de G. Antonopoulos, B. Bourgeois, R. Brandt, M. Cohen-Halimi, M. Castillo, J. Ferrari, B. Geonget, S. Goyard-Fabre, J. Kopper, G. Lafrance, F. Marty, A. Renaut, A. Robinet, H. d'Aviau de Ternay, R.R. Terra, B. Vandewalle

Kant. Les années 1781-1801. Critique de la raison pure. *Vingt ans de réception*, sous la direction de Cl. PICHÉ
Avec des contributions de M. Baum, M. Bondeli, Ch. Bouton, S. Dirschauer, D. Dumouchel, R. Duval, J. Ferrari, Ch. Gauthier, Y. Gauthier, S. Grapotte, D.-J. Hoffmann, J. Lambinet, L. Langlois, S. Lapointe, H. Lorenz, M. Morais, E. Moutsopoulos, Cl. Piché, M.-A. Ricard, T. Rockmore, L.K. Sosoe, M. Thibodeau, D. Thouard, E. Tourpe, M. Vetö, V. Waibel

Kant. Les sources de la philosophie kantienne aux XVIIe et XVIIIe siècles, sous la direction de R. THEIS et L.K. SOSOE
Avec des contributions de A. Aichele, H. d'Aviau de Ternay, Ch. Bouton, N. Campagna, C. Carvajal, G. Chamayou, R. Croitoru, Ch. Doude van Troostwijk, D. Dumouchel, J. Ferrari, S. Grapotte, M. Groult, N. Hadj Abderrahmane, Ph. Huneman, J. Kopper, J. Lambinet, D. Lang, L. Langlois, M. Lequan, H. Lorenz, D. Lories, F. Marty, H. Mbulu, M. Morais, E. Moutsopoulos, H. Panknin-Schappert, A. Pelletier, Y. Prelorentzos, M. Puech, L.K. Sosoe, R. Theis, P. Verdeau, H. Wichmann, E. Witt, V. Zeman

ACHEVÉ D'IMPRIMER
EN MAI 2008
PAR L'IMPRIMERIE
DE LA MANUTENTION
A MAYENNE
FRANCE
N° 08N-67

Dépôt légal : 2e trimestre 2008